액체 현대

액체현대

LIQUID MODERNITY

지그문트 바우만 지음
이일수 옮김

P 필로소픽

목차

1장　해방
61

2장　개인성
127

┃ 일러두기 ┃

- 이 책의 번역은 Polity Press에서 2000년에 출간된 *Liquid Modernity*의 2012년판을
  저본으로 하였다.
- 지은이 주는 후주(1, 2, 3 …)로, 옮긴이 주는 각주(*, **, *** …)로 하였다.
- 책, 신문, 잡지 등의 제목은《 》로, 논문이나 단편 등의 제목은〈 〉로 묶어 표기하였다.
- 본문 중 〔 〕안의 어절은 옮긴이가 보충 작성한 것이다.

깨어 있으려는 분투 — 《액체 현대》 2012년 개정판을 옮기며

지그문트 바우만이 타계한 게 2017년이니 벌써 4년여가 흘렀다. 국내에도 그의 저서 수십 권이 번역되어, 그가 몸담았던 학문 분야인 사회학뿐 아니라 미래 사회의 모양새와 사람살이에 관심 있는 일반 독자들에게까지 풍부한 지적 자극과 영감을 제공하고 있다.

혼히 대학교수가 쓴 강단 사회학 저서는 그 분야 특유의 전문용어들로 빼곡하여, 서점에 들른 일반 독자가 선뜻 집어들기에는 좀 부담이 되고 망설여지게 마련이다. 수를 헤아릴 수 없는 이 땅의 다종다양한 전문 분야와 전문성은, 전세계적으로 대략 이백여 년 간 진행되어온 명시적 분업화의 결과다. 세간에 떠도는 '전문 바보'라는 비아냥거림이 생각난다. 이는 우리가 평생을 바치는 어떤 전문성이 오히려 넓은 견지에서는 전문적으로 파악하고 헤쳐 나갈 방법에 대해 그 누구도 문외한이 되게끔 하는 어떤 지배에 봉사하는 게 아닐까 하는 의구심을 가진 사람이 만들어낸 표현일지도 모른다. 어떤 것을 잘하는 게 다른 것도 잘하리라는 보장은 아니라는, 분업화의 현주소를 통렬하게 짚어낸 표현으로 볼 수도 있다. 내 할 일만, 내가 명받은 바만 성실히 수행하면 나머지에 대해서는 위탁하고 위임하고 눈감는 전문성. 그 전문성이 결국 개개인들을 편협한 독선과 내면적 무기력으로 이끌고, 찰나적 대리만족의 은신처로 이끄는 것은 아닐까?

이채롭게도 바우만의 이 책은 각자의 전문분야에 고립된 개개인들의 섬들을 연결하는 미덕이 있다. 사회학계의 방대한 선행 연구들을 성실히 망라하면서도, 이를 분석하고 논평하여 글쓴이 자신의 과감하고 의미 있는 논조를 짜나가는 데다가, 무엇보다도 책 전체에 걸쳐 전문분야라는 장벽을 뛰어넘는 친근함이 있다. 이 친근함은 어디에서 오는 걸까? 옮긴이가 보기에 그 답은, 이 책이 강단 사회학의 방법론이 허락하는 한, 그 학문적 예지 intelligence는 예지대로 담아내되 그날그날을 사는 일상인들의 본질적 곤경과 그 원인을 지극히 세심한 관심과 연민으로 보듬는, 이 학자의 훈련된 **시선**에 있는 것 같다.

우리 모두 어느 정도는 스스로 전문적이 되고 있다는 '착각' 내지는 '감'을 갖게 된 공통 분야가 있다. 지구촌 소식이 그러하고, 쇼핑이 그러하다. 이러한 '감'이 완전히 사실무근인 것은 아니다. 지구촌 풍경은 요즘 휴대통신수단을 보유한 이들이라면 그다지 생소하거나 먼 주제가 아니다. 바우만식으로 표현하자면, 빅데이터에 기초한 검색 엔진, 사적인 볼거리들의 공유와 그 네트워킹이 가히 구텐베르크의 활자 발명에 비견될 전대미문의 지식 시대를 예고하고 있다. 오늘을 사는 개개인들은, 집 안팎에서 틈만 나면 휴대전화를 만지작거리며 빛의 속도로 떠도는 이 지구촌이라는 동네의 소식과 풍경을 접할 수 있다. 소비라는 주제에 대해서는 어떠한가? 소비라면 우리는 각자의 세계관과 인간관을 걸고, 다들 한마디씩 할 만큼의 자기 주견이 있는 편이다. 우리가 소비로 자아실현을 하려고 마음을 먹었든, 소비로부터 거리를 두는 '미니멀리즘'을 선택했든, 삶의 의사결정에서 소비와 그 결과들이 나날의 결정에서 무척이나 큰 의미를 갖게 된 게 사실이다.

지구촌 소식, 쇼핑과 소비뿐만 아니다. 이민자들과 공존하며 꾸려갈 다인종 사회, 그 안에 도사린 위선/독선의 위험, 빈부격차와 계약직 노동의 실태, 이 모든 것이 수렴되는 극명한 지점으로서의 개개인의 치유 불가능한 내면의 고독과 불안. 무척이나 당면한, 그러면서도 우리 발목이 푹푹 빠지는 험한 길들이 왜 생겼고, 그 길들에서 우린 어떤 경험을 하고 있는지 우리는 더 제대로 알고 싶다.

이렇게 본다면, 이 책은 확실히 '식견 높은 소수 전문가들'의 우월적, 배타적 회람을 위한 게 아니라, 너나할 것 없는 현대 개개인들의 일상생활을 관통하는 거대한 흐름을 다학제 간 접근방식으로 망라하려는 의도임에 틀림없다. 개인 내면의 고독과 불안을 다룰 때는 인문학, 빈부격차와 노동의 소외를 다룰 때는 경제학,

다인종 사회의 복잡한 현안과 권력관계를 논할 때는 정치학, 쇼 핑과 소비를 논할 때는 친숙한 미디어 다큐멘터리의 서사를 닮 았다.

이 책에 담긴, 자본의 전지구적 지배 양상을 근심 가득한 시선 으로 추적한 석학들의 예리한 분석 성과도 챙기는 한편으로, 우 리는 이 책을 읽으며 학문이나 예술의 존재이유가 이런 것이겠구 나, 수긍해볼 수도 있겠다. 즉, 인간사회에서 '박탈'을 감지하고, 그 박탈의 걷잡을 수 없는 만연에 적당히 젖거나 속수무책의 절 망감으로 도피처를 찾아 눈을 질끈 감거나 숨지 않고, 그 만연한 흐름을 힘차게 거슬러 올라가서, 바로 여기에 그 박탈의 진원이 있다고, 거센 물살로 말미암아 추레해진 옷매무새일망정 옷깃을 여미고 침침해진 눈과 피멍이 든 두 발로 뭍에 올라서서 증언하 는 일이 바로 그것이다.

2000년 첫 출간된 그의 저작, *Liquid Modernity*는 국내에는 2009년 '액체 근대'라는 제목으로 소개되었다. 2012년 개정판을 우리말로 다시금 옮기는 작업을 하면서, 이제 '액체 현대'라고 옮 기는 게 낫겠다는 생각이 든다. 'modernity'는 근대, 근대성, 현대, 현대성 등 맥락에 따라 글쓴이의 의도에 따라 다양하게 풀이되 는, 참으로 함의가 넓고 유연한 개념이다. 이 단어는 서구사회 19 세기 산업화를 전후한 시점부터 오늘날에 이르는 삶의 양식의 추 이를 담아내므로 고대, 중세와 크게 대별되는 '근대'라 총칭하는 게 더 알맞을 때가 있고, 19세기까지를 근대로, 20세기 이후를 현대로 부르는 통상의 용례에 걸맞게 근/현대로 각기 알맞게 풀이되어야 할 때도 있다. 이렇게 본다면, 이 책은 '지금, 여기'의 전 지구적 상황에 섬세한 주의를 기울이고, 현 상황이 과거 근대와 어떻게 다른지에 초점을 두기에, 그 강조점을 가장 잘 살리기 위해서는 '액체 현대'라 풀이해야 마땅하다고 본다.

덧붙이건대, 이 책은 사회학 저서로서 포괄적이고도 섬세한 통찰을 담았으되, 특히나 다수의 사회 하층subaltern 주변을 더욱 거세게 소용돌이치며 휘감는 자본의 물살을 예의주시하며 이를 제대로 직시하는 데서부터 모든 새로운 길이 열린다고 귀띔해주는, 인생 선배의 무척이나 다듬어진 충고에 더 가깝다. 그 충고를 해독하고 우리말로 옮기는 과정을 기꺼이 함께 나누고 토론해준 동반자 김진국, 그리고 이 책의 의의에 주목하여 우리말 책으로 꾸려준 필로소픽 출판사 편집진의 노고에 감사하며 옮긴이의 말을 맺는다.

2022년 4월, 연구실에서
이일수

2012년 개정판 서문:
액체 현대 재고

십여 년 전쯤 나는 당시 관철되던 삶의 양식에 '액체성'이라는 은유를 적용하고 그 은유의 의미를 풀려고 했다. 그 시절 나를 줄곧 맴돌던, 거슬리면서도 완강히 버티는 불가사의가 있었으니, 다름 아닌 액체-현대적 인간 상황이었다. 그 상황은 다가올 사태를 알려주는 어떤 귀띔, 초창기 형식, 전조, 불길한 징후였을까? 아니면 오히려 일회적으로 잠시 스쳐가는, 미완의 미결정 상태, 일관성 없는 과도기적 정착이었을까? 인간이 사이좋게 모여 산다는, 그 지극히 어려운 과제를 풀어갈 두 개의 뚜렷한 해법들, 이 독자적이고 지속가능하면서도 온전하고 일관된 해법들 중간에 놓인 잠시의 막간 같은 것이었을까?

그러한 진퇴양난에 답을 전혀 찾지 못한 채 지금까지 왔지만,

우리가 일종의 '최고 지도자 부재' 시대를 살고 있다는 확신만큼은 점차 강해진다. 그 시대란, 과거의 행동방식이 더 이상 유효하지 않고 오랜 기간 학습하거나 물려받은 생활방식들이 더 이상 현재 인간 조건에 적합하지 않은데도, 어려움을 헤쳐 나갈 새로운 방법과 생활방식이 아직 창안되지도 자리 잡지도 못했고 작동하지도 않는 시대다. 우리는 여전히 현존 방식과 환경 중 어떤 것이 '액화'되었는지, 그중 어떤 것이 바뀔 필요가 있는지 없는지조차 모른다. 현존 방식들이 전부 비판을 면치 못했고, 전부 또는 대부분이 한 번 이상은 '대체 요망'이라는 꼬리표가 붙은 적이 있었는데도 말이다.

가장 중요한 점은, 과거 선조들과는 달리 우리가 지향하는 것 같은 '목적지'라는 것이 우리에겐 없다는 점이다. **전지구적** 사회, 경제, 정치, 사법 체제가 필히 모델로 삼아야 할 어떤 종착지에 대한 뚜렷한 상이 없다. 목적지는커녕 무엇을 할지 아예 모르는 채 실험하고 이리저리 헤매며 최근 난제들에 대처한다. 이산화탄소 오염을 줄이겠다고 석탄 동력 발전소를 철거하고 핵발전소를 세웠다가 체르노빌, 후쿠시마의 원귀가 우리 주변을 떠도는 파국을 불렀다. 우리 대다수가 인정하길 거부하지만, 권력(뭔가를 행하는 능력)이 정치(어떤 일이 행해져야 하고, 우선순위가 부여되어야 하는지 결정할 능력)로부터 분리되었고, 그리하여 "할 일이 무엇인지"에 대한 혼란에 더하여 "누가 그 일을 해야 할지"도 전혀 모른다는 것을, 우리는 안다기보다는 느끼고 있다. 부모와 조부모에게 물려받은 집단적, 목적의식적 행동을 실행에 옮길 유일한 실행주체들은 국가라는 테두리에 갇혀 있고 작금의 전지구적 문제들(그 문제들의 근원과 결과를 고려한다면)을 상대하기에 적절치 않음이 분명하다.

물론 우리는 과거에도 그랬듯이 지금도 여전히 현대적이다. 이러한 현대적 "우리"는 최근 몇 해 동안 수적으로 꽤나 증가했다. 최근에는 우리 전부/대부분이 지구상의 모든/대부분 지역에서 현대적이 되었다고 말할 수 있겠다. 이 말은, 십 년 이십 년 전과는 다르게 오늘날엔 몇몇 극소수 예외를 빼면 지구상의 모든 나라들이 '현대화'라는 이름의 강박적이고 충동적인, 멈출 수 없는 변화에 종속되어 있음을 뜻한다. 또 이 변화에 필히 수반되는 지속적인 인력 감원 조치를 포함한 모든 것들, 그리고 이로 말미암은 사회적 긴장에 종속되어 있음을 뜻한다.

현대적 생활방식들이 여러 다양한 측면에서 상이할 수는 있다. 하지만 그 방식들을 모두 아우르는 것이 있는데, 이는 그 방식들이 깨지기 쉽고 일회적이며 공격에 취약하고 변하기 쉬운 속성을 지녔다는 점이다. 현대적임to be modern은 강박적으로 집요하게 현대화를 한다는 것to modernize이다. 그 속성이 온전히 유지되기는커녕 그 상태로 머무는 것to be도 쉽지 않다. 늘 개념 정립이 덜 된 채로 완성을 피하며 영원히 '되어가는 상태becoming'이다. 이전 구조가 낡아서 사용기한 만료가 선포되는 즉시 새롭게 들어서는 각 구조들은 그저 또 다른 일회적 해결책, '추후 통보가 있을 때까지'라는, 익히 알려진 임시방편일 뿐이다. 언제 어디서나 늘 '무언가의 이후' 상태라는 것은 근대성과 떼려야 뗄 수 없는 측면이다. 시간이 갈수록 '근대성'은 전설 속 프로테우스*가 그랬던 것처럼 그 형식을 바꾼다. 과거에 '탈근대'라고 잘못 지칭되던 것, 내가 그 핵심에 좀 더 가깝게 '액체 현대'라고 불러온 그것은, 변화야말로 **유일하게** 영속하는 것이고, 불확실성만이 **유일하게** 확실한 것이라는, 점차 커지는 확신이다. 백 년 전에 '현대적임'이란 '완벽의 최종 단계'를 추구하는 것을 뜻했다. 그러나 그것은 이제 그 어떤 '최종 단계'도 보이지 않고 누구도 그 단계를 원하지 않는, 무한 개선을 뜻한다.

나는 과거에도 그랬고 지금도 고체성 대 액체성이라는 난제를 이분법적으로 사고하지 않는다. 이 두 상태는 변증법적 결속 (프랑수아 리오타르François Lyotard의 언급, 즉 우리는 우선 탈근대적이 되지 않고서는 근대적이 될 수 없다고 말했을 때 그가 염두에 두었을 종류의 결속)으로 불가분하게 묶인 한 쌍이라 본다. 결국 사물과 현상의 고체성을 추구하는 것이야말로, 사물과 현상의 액화를 가장 자주 촉발하고 계속 작동시키며 이끄는 힘이다. 액체성은 고체성의 반대 개념이 아니라 마치 부모가 내 자식이 아니라고 부인하는데도 다른 부모를 구할 수 없는 자식의 입장같이, 고체성을 추구해온 결과다. 그리하여 냉각과 제동, 주형 작용을 촉진하려는 쥐어짜는 노력의 결과, 무정형의 액체가 새어나온 것이다. 근대성의 '고체'와 '액체' 단계를 구분해주는 무언가가 있다면 (즉 이것들을 발생 순서대로 놓는다면), 이는 두 단계들에서 공통적

---

* 그리스 신화에 나오는 신으로 둔갑술에 능하다.

으로 했던 노력 뒤편의 명시적/잠재적 의도들이 변했기 때문이다.

고체가 녹게 된 원래 이유는 보통 말하는 그 고체성에 분노해서가 아니라, 현존하는 세습된 고체 덩어리들이 충분히 견고하지 않다는 불만을 품어서였다. 그야말로 오로지 질서에 집착하며 질서 수립에 강박적인 현대 권력층 기준에서 보자면 세습된 고체들은 충분히 견고하지 않은(변화에 대한 저항력이나 면역력이 불충분한) 것으로 보이게 되었다. 그러나 이후, (세계에서 우리 지역은 오늘날까지) 고체는 임시적인 것, "다음 통보가 있을 때까지" 액체 마그마를 응결한 것쯤으로 간주되고 수용되었다. 궁극적 해결이라기보다는 그저 임시방편이었다. 고체성이 아닌 유연성이 매사 모든 것의 이상적 조건으로 추구되어왔다. 모든 고체들은 (일시적으로 바람직한 것들을 포함하여) 그럴 필요가 있을 시 쉬이 고분고분하게 녹는다는 전제 하에서만 용인된다. 지속 가능한 어떤 구조물을 짜맞추고 이것을 고체로 굳혀 단단하게 만들려는 노력이 시작되기도 전에 다시 녹여 없앨 적절한 기술을 손에 쥐고 있어야 한다. 세워진 구조물을 해체할 권리와 능력을 갖고 있다는 믿음직한 면모를 보이는 일이, 진지하게 그 구조물을 세우는 일보다 우선시된다. 조립이 되자마자 해체되기 시작하는, 전적으로 '썩어서 소멸될 수 있는' 구조물들이 오늘날 가장 이상적이며, 전부는 아니더라도 대부분의 구조물들이 이 기준에 부합하고자 분투해야 한다.

요약하자면, '고체' 단계에서 근대성의 중심부가 미래를 제어하며 결정해갔다면, '액체' 단계에서 으뜸 관심사는 미래가 저당 잡히지 않았음을 보장하는 쪽으로 바뀌었다. 그리하여, 미래가 가져오리라 기대되고 기필코 가져와야만 할, 아직 발견되지 않은 미지의 불가해한 기회들을 선제적으로 함부로 써버릴 모든 위협을 피하는 쪽으로 바뀌었다. 니체의 대변인인 차라투스트라는 이러한 인간 조건을 예견하면서 '현재의 서성거림'을 통탄한 바 있다. 이 서성거림은 '의지'를 위협한다. 과거의 업적과 악행이라는 그 두툼하고 무거운 매장량에 허덕이면서, '의지'가 '이를 악물고' 신음하며 축 쳐져 그 무게에 짓눌리게 되리라는 위협이다. 해체되기에는 너무도 견고하게 고정되어버린 것들에 대한 두려움, 너무 오래 머물러서 폐를 끼치는 것들에 대한 두려움, 우리 손과 발을 묶는 것들에 대한 두려움, 파우스트Faustus가 아름다운 순간을 부여잡고 영원히 곁에 두려 했던 실수를 저지른 탓에 지옥에 가게 된 그 길을 우리가 뒤따라 갈 것이라는 두려움, 장 폴 사르트르는 이런 두려움을 추적하여 우리가 미끌미끌하고 사악한 물질들을 만질 때 오장육부로 체감하는 즉각적이고 태생적인 분노를 환기시킨 바 있다. 하지만 징후적이게도, 액체 현대로 접어든 시점에서는 그 두려움이 그저 인류 역사의 원동력이라는 식으로 기술되었다. 실상 그 두려움은 근대성의 도래가 임박했다는 징후였다. 게다가 우리는 그 출현을 어떠한 온전하고도 진실된 범례적 역사의 분수령으로 볼 여지도 있겠다.

물론, 내가 무척이나 자주 언급했듯이 근대성 전체는 그 강박적이고 집착적인 현대화로 이전 시대와 확연히 구분되며, 그 현대화는 액화와 용해, 쇠를 제련하여 용해하는 과정과 같다. 그러나―하지만! 애초에 현대인의 마음을 가장 크게 사로잡은 것은 제련의 기술보다는(겉보기에는 고체 구조물들이 버티는 힘이 부족해서 녹는 것처럼 보였다), 용해된 금속이 쏟아져 흘러들 그 주형틀들의 디자인과 용해물을 틀 안에 가두는 기술이었다. 현대인들은 완벽을 추구했다. 이들이 도달하고자 한 완벽 상태라는 것은, 모든 변화란 그저 악화일로일 뿐이므로 결국 중압감과 고된 노동이 끝난 상태를 의미했다. 초기에 변화는 일종의 준비과정, 과도기적 조치로 보였고, 안정과 평온의 시대로 우리를 이끌어줄 것만 같아 보였다. 그리하여 위안과 안식을 주리라고 말이다. 변화는, 낡고 녹슬고 군데군데 썩어서 산산이 분해되어 분열적으로 번식하는, 그렇지 않으면 믿을 수 없는, 열등한 구조, 골조, 방식들에서 벗어나서, 주문자 맞춤형, 완벽하므로 최종적인 대체물들―방풍에 방수는 물론, 역사도 차단하는―로 이행하는 시기에만 국한된, 일종의 없어서는 안 될 생필품처럼 간주됐다. 말하자면 변화는 지평선의 황홀한 전망을 향하는 운동 같은 것이었다. 그 전망은 질서 혹은 (근대적 추구를 더할 나위 없이 잘 종합한 탤컷 파슨스Talcott Parsons를 떠올리자면) '자기 평형 시스템'에 대한 전망이다. 질서가 모든 혼돈으로부터 위풍당당하게 솟구쳐 올라, 그 정착 상태로 완강하게, 돌이킬 수 없게 회귀하리라는 전망. 철저하고 번복 불가능한 '확률 왜곡'(몇몇 사건들이 일어날 개연성을 극대화하고 다른 사건들의 개연성은 최소화하는)이 빚어내는 질서. 사건사고들, 우발적 사태들, 용광로, 불분명, 애매모호함, 유동성, 주문제작자들의 여타 골칫거리, 악몽들과 마찬가지로, 변화도 **'일시**

적 성가심a temporary irritant'으로 간주되고 다뤄졌으며, 가장 확실한 사실은 변화가 그 자체로 인정되는 일은 없었다는 점이다(오늘날엔 그 반대가 된다. 리처드 세넷Richard Sennett이 언급했듯이, 완벽하게 독자적인 조직들은 그 지속적 독자성을 입증해보이겠다는 오로지 그 이유 하나로 잘려져 나가는 형국이다).

19세기 경제학자들 중 가장 존경받고 영향력 있는 사상가들은 경제가 '모든 인간 욕구가 해결되는 지점까지' 성장하게 되면 더 이상 성장하지 않고 '경제 안정' 상태가 동일한 크기와 내용을 가지고 해마다 갱신될 것이라 예상했다. '차이'와 더불어 살아간다는 문제 역시 잠시의 불편으로 간주되었다. 즉, 혼란스럽게 다변화된 세상이, 차이로 충돌을 빚고 외견상 화합 불가능한 적수들 간의 전투로 말미암아 끊임없이 뒤죽박죽되다가 결국, '모든 전쟁을 끝낼 전쟁'이나 (진화론적) 적응과 동화의 도움을 받아 평화롭고 단일하고 단조로운 상태로, 즉 갈등과 적대를 완전히 제거한 계급 없음의 상태로 결론이 날 것이라 믿었다. 라인란트 출신의 격양된 두 젊은이, 칼 마르크스와 프리드리히 엥겔스는 자본주의 용광로가 바로 이런 종류의 안정적이고 말썽 없는 사회로 우리를 데려가려면 꼭 해야 할 용광로 작업을 경탄 어린 시선으로 바라보았다. 보들레르는 자기가 제일 좋아하는 '현대 화가' 콩스탕탱 기스Constantin Guys*가 덧없는 순간 속에서 영원을 엿본다며 치켜세웠다. 요약건대, 당시의 현대화는 **선천적으로** 고정된,

---

* 19세기 프랑스 화가.

운명이 예정된 결승점이 있는 길이었고, 일을 하게 되면 실직하게 될 운명의 운동이었다.

그렇지만 강박적이고 집착적인 현대화가 없는 근대성은 어떤 불지 않는 바람, 흐르지 않는 강처럼 모순어법에 불과하다는 사실을 깨닫거나 선포하는 데는 상당한 시간이 걸렸다. 현대 삶의 형식은 견고성이 떨어지는 열등한 고체들을 녹이는 일을 그만 두고, 그 과도한 고체성으로 말미암아 성장 가능성이 없는 고체들을 녹이는 일로 옮겨갔다. 현대 삶의 형식은 애초부터 바로 이런 종류의 일을 수행했던 것일 수도 있겠다(뒤늦게 깨달은 사실이지만, 우리는 이제 그렇다는 것을 확신한다). 하지만 제임스 밀이나 보들레르의 시대에, 혹은 이 문제에 관해서는 《공산당 선언》저자들의 시대에, 그게 그런 것 아니겠느냐 추정하기만 해도 그 양식의 대변인들이 열띤 반박을 했을 것이다. 20세기로 진입하면서 에두아르트 베른슈타인Eduard Bernstein은 사회민주주의라는 계몽주의 합창단에 가려져 소리를 내지 못하다가 사회주의 기득권층의 아레오파고스**로부터 격노에 찬 파문을 당했는데, 그가 감히 '목표는 아무것도 아니고 그 운동이 전부다'라는 추정을 내놓았다는 이유에서였다. 보들레르와 마리네티Filippo Marinetti***는 외견상 공동의 주제를 지녔음에도 둘 간의 근본적 가치론적 차이로 수십 년 전 분리되었다. 바로 그 차이가 이후의 문제의 차이를 만

** 고대 아테네의 최고 재판소로 아레오파고스 언덕에 있었다.
*** 이탈리아의 시인·소설가.

들어낸 것이었다.

근대성은 지속성 있던 것들이 산산조각 나고, 그 빈 공간에 일시적이며 잠시 쓰고 버릴 것들의 소용돌이가 가득 차게 되리라는 끔찍한 징후와 전망으로 말미암아 촉발되었다. 두 세기가 채 지나지 않아, 지속성과 일회성의 우열관계는 역전되었다. 소용돌이치는 급격한 선회 속에서, 이제 근대성은 모든 것이 뒤집힐 수 있고 가장 가치 있는 것들이 폐기처분될 수 있도록 기능한다. 유대관계는 쉽게 끊어내고 의무는 쉽게 폐지되고, 게임의 룰은 작금에 행해지는 게임보다 오래가지 않거나 때로는 현재의 게임 중에 없어진다. 그리하여 우리 모두는 참신함을 뒤쫓는, 멈출 수 없는 질주에 내던져지고 만다.

마틴 제이Martin Jay*가 적절히 주장한 바, '액체 현대'의 도래는 전지구적 차원에서 동시에 일어나는 것이 결코 아니다. 지구의 각기 다른 지역들에서 '액체 단계'로 가는 여정은 역사의 다른 여정들과 마찬가지로 각기 다른 날짜에 발생하고 각기 다른 속도로 진행된다. 또한 결정적으로 중요한 사실은, 액체 단계는 각기 다른 배경에서 따로따로 발생한다는 점이다. 그 여정을 이미 마친 선수들이 전지구적 무대에 있다는 것만으로도 그 여정의 세부 일정을 모방하거나 반복할 가능성은 없게 된다. '후발주자'는 대체로 무늬를 아로새기는 것들의 궤적을 망원경으로 보게 마련이라고 나는 시사한 바 있다. 현재 중국은 '자본의 원시축적'이라는

* 미국의 역사학자.

도전과 과제에 몰두 중인데 그 도전 과제는 극단적 사회 양극화를 초래함은 물론, 거대한 규모의 사회적 이탈과 동요와 불만을 생성한다고 알려져 있다. 원시축적은 어떤 종류의 자유에도 호의적인 무대가 아니다. 생산자와 소비자 종류가 어떻든지 말이다. 사태는 이렇게 전개된다. 그 축적은 희생자들과 민간의 사상자들을 충격에 빠뜨리고, 폭발력을 잠재한 사회적 긴장을 낳게 마련인데, 이러한 긴장을 전도유망한 기업가와 상인들이 강력하고도 무자비하고 강압적인 독재의 도움으로 진압하는 식이다. 칠레의 피노체트, 남한의 이승만, 싱가포르의 리콴유, 대만의 장제스가 오늘날의 중국 지도자들 못지않게, 스스로 채택한 직함 외의 모든 측면에서 독재자였거나 독재자다(아리스토텔레스는 '폭군'이라 부르겠지만). 그렇지만 이들은 시장의 독보적 확장과 급성장을 주도했거나 주도하고 있다. 이렇게 덧붙여볼 수도 있겠다. 그 독재자들이 대단한 본보기가 된 것이나, 정교하게 '액체 현대적' 소비자 형식의 삶을 추구하는 데 온통 몰두해온 것도 우연이 아니라고 말이다. 거기에 내가 덧붙이고 싶은 말은, 전후 일본과 독일의 초창기 '경제 기적'은 외국 점령군이 있어서 가능했다는 점으로 상당 부분 설명할 수 있다는 것이다. 그 외국 점령군은 해당 국가의 정치 제도들로부터 강제적/억압적 국가권력 기능을 인수하여 피점령국의 민주주의 제도가 수행할 모든 통제를 효과적으로 피해갔다.

간략히, 계몽주의가 형상화하고 마르크스가 요구 및 약속한 자유는 '이상적 생산자'라는 기준에 맞춰 만들어진 것이라면, 시장이 촉진한 자유는 머릿속의 '이상적 소비자'상을 가지고 구상된 것이다. 이 둘 중 어느 쪽도 다른 한쪽보다 '더 진품답거나', 더 현실적이거나 더 성장 가능성이 있는 것은 아니다. 이 둘은 그저 다르고, 자유의 상이한 요소들에 그 초점이 있을 뿐이다. 이사야 벌린Isaiah Berlin을 상기하자면, '부정적' 자유('무엇으로부터의 자유')와 '긍정적 자유'('무엇을 할 자유')에 각각 초점을 두는 식이다. 두 전망 모두 자유를 일종의 '유능화' 조건('무엇을 할 자유')으로, 주체의 능력을 강화하는 조건으로 제시한다. 그런데 무엇을 할 자유이고 어떤 능력을 신장한다는 것인가? 일단 이런 질문을 진지하게, 실증적 엄밀함을 가지고 다루려고 하면, 틀림없이 이 두 전망들이 ─ 생산자 지향이든 소비자 지향이든 ─ 그 자유의 실현을 가로막는 강력한 난관을 예고한다는 것을, 그리고 문제의 그 난관은 두 전망들이 시사하는 계획 외부에 있는 것이 전혀 아님을 조만간 깨닫게 될 것이다. 오히려 당혹스럽게도, 이러한 '무능화' 요소들이야말로 '유능화' 계획들을 작동시키는 데 필수불가결한 조건이다. 따라서 어느 한쪽이 없이 다른 쪽만 가지겠다는 것은 그야말로 백일몽이고 실패할 수밖에 없는 노력이다.

그런데 이는 형이상학적 현안이 아니라 사회정치적 문제다. 이상적이고 흠결 없는 자유, 무능화 없이 유능화만 하는 '전적인 자유'는 형이상학에서는 하나의 모순어법이고 또 그만큼 사회생활에서 도달할 수 없는 목표인 듯하다. 다른 이유 없이 그저 다음의 사실만으로 그러하다. 즉 자유에 대한 추구는, 내재적으로 불가피하게 하나의 **사회**관계이므로 분열을 초래하는 힘일 수밖에 없고, 어떻게든 구체적으로 적용하려면 경쟁이 발생할 것이 틀림없기 때문이다. 수많은 이상과 가치처럼, 자유도 영원히 "생성 상태in statu nascendi"인지라 결코 달성되는 법 없이 그저(차라리 바로 그 이유로) 끊임없이 목표가 되고 그것을 얻기 위해 싸우며, 그 결과 역사라고 불리는 가없는 실험에서 하나의 거대한 추진력이 된다.

우리가 처한 곤경의 '액체성'은 '규제 완화'로 요약되는 것 때문에 초래된다. 권력(무언가를 할 능력)이 정치(그 무언가 중 어떤 것이 행해져야 할지 결정할 능력)로부터 분리되고, 그 결과 수행주체들이 부재하거나 쇠약해지거나, 달리 표현하자면 과제를 수행할 도구가 부적절해진다. 또한 그 '액체성'은 상호 의존 관계들이 촘촘한 망을 이룬 지구에서 실천상의 '다중심주의'로 인해 초래되기도 한다. 대략, '액체성'의 조건 아래에서는 어떤 일도 일어날 수 있지만, 확신과 확실성으로 행해지는 일은 아무 것도 없다. 불확실성은 무지하다는 느낌(어떤 일이 일어날지 아는 것이 불가능함)과 뒤섞이면서 무기력(그 일이 일어나지 못하게 막는 것이 불가능함), 그리고 회피적이고 산만하며 그 정체를 분간하기 어렵고 그 소재를 파악하기 힘든 공포를 낳는다. 정박할 닻이 없기에 절망적으로 그것을 찾는 그런 공포 말이다. 액체 현대 조건들 속에서 사는 일은 지뢰밭을 걷는 것에 비유할 수 있다. 폭발이 언제 어디서라도 일어날 수 있음을 모두가 알지만 구체적으로 그게 언제 어디서 터질지는 아무도 모른다. 지구화된 이 세계에서 그 조건은 보편적이다. 누구도 예외가 아니고 누구도 그 피해에 대비할 보험이 없다. 지역에서 촉발된 폭발들이 전지구로 울려 퍼진다. 이 상황에서 출구를 찾으려면 많은 일을 해야 하지만 한번 이혼한 권력과 정치를 재결합시키는 것이 우리가 오늘날 '재고체화'로 간주하려 드는 어떤 것의 "필수불가결한sine qua non" 조건임에는 의심의 여지가 없다.

'액체 근대'라는 제목으로 이 책의 초판본을 낸 후로 전면에 부상하게 된 또 다른 주제는, "뿌리 뽑힌" 사람들, 즉 이민자, 난민, 추방자, 망명신청자 등 원적原籍 없이 계속 이동하는 이들이 걷잡을 수 없이 증가했다는 점이다. "유럽은 이민자가 필요하다"며 2011년 5월 10일 《르몽드》지에 유럽진보연구 재단FEPS 총재 마시모 달레마Massimo D'Alema는 직설적으로 언급했다. 이 언급은 '두 명의 가장 활동적인 유럽의 방화꾼'인 베를루스코니와 사르코지를 겨냥하여 되받아친 것이었다. 그 가정을 뒷받침하는 계산은 그리 간단한 문제가 아니다. 현재 유럽인은 3억 3천 3백만 명인데, 현재 곤두박질치는 평균 출산율에 비추어보면 향후 40년 동안 2억 4천 2백만 명으로 줄어들 공산이다. 그 격차를 메우기 위해 최소 3천만 명의 신규 정착민이 필요하다. 그게 안 되면 우리 유럽 경제는 우리가 소중히 간직했던 삶의 기준들과 함께 붕괴된다. 달레마의 결론은 "이민자는 자산이지 위험이 아니다"라는 것이다. 게다가 새 정착민들의 유입으로 필히 생겨날 문화적 혼혈화('이종교배') 역시 마찬가지다. 문화적 영감이 뒤섞인다는 것은 풍요와 창조성을 견인하는 원천이다. 다른 문명에도 그러하겠지만 유럽 문명 입장에서도 그렇다. 마찬가지로 단일한 문화적 정체성을 잃는다는 것은 그저 가느다란 실낱 하나가 풍요로부터 떨어져나가는 것이다. 토착민과 외래인의 공동 거주는 문화유산이 부식되지 않도록 막아주기에, 이 동거는 유럽적 '사회계약'상의 제반 원칙들을 존중하는 데 바탕을 두어야 한다. 문제는 **양쪽 모두** 그래야 한다는 것이다!

　그런 존중이 어떻게 확보된다는 것인가? '신유럽인들'의 사회적/시민적 권리를 제공하는 문제에 그토록 인색하고 주저하면서, 그렇게나 느려터진 속도로 진행되면서 말이다. 예컨대 이민자들이 현재 이탈리아 국민총생산에서 11퍼센트를 기여하는데도 이탈리아 선거에서 그들은 투표권이 없다. 게다가 얼마나 많은 신규 정착민이 정식 서류절차를 밟지 않거나 증명서를 위조하여 국민생산에 기여하고 이로써 국가의 안녕에 기여하는지는 제대로 파악할 길이 없다. 달레마는 그저 수사적 의미로 묻는다. "유럽연합이 어떻게 그런 상황을 허용할 수 있지요? 인구의 상당수가 정치적, 경제적, 사회적 권리를 거부당하고 있는데 우리의 민주주의 원리가 침해되지 않을 수가 있는지요?" 원칙적으로 시민의 의무는 시민의 권리와 패키지로 묶인 것인데 신규 정착민들이 "유럽적 사회계약상의 원칙들"을 포용하고 존중하고 지지하고 수호하길 진정 기대할 수 있을까? 우리 정치인들은 선거 때면, 이민자들이 토착민의 기준들에 '통합'되는 것을 진심으로 또는 막연하게나마 거부한다고 비난하면서, 그 기준을 외래인들이 접근할 수 없는 곳에 두는 데 최선을 다하겠다고, 그보다 더한 일도 하겠다는 공약을 하며 지지를 호소한다. 그러면서 이들은 외국 침입자들로부터 자신들이 지켜내고 있다고 주장하는 바로 그 기준들을 욕보이고 녹슬게 하고 있다.

큰 문제는 다른 어느 것보다 유럽의 미래를 결정하게 될 진퇴양난으로서, 두 개의 경쟁하는 '문제의 사실들' 중 결국 어느 것이 (너무 늦기 전에) 승리하는가이다. 다시 말해, 급격히 노화 중인 유럽에서 이민자들이 하는 구조대원 역할, 지금껏 어떤 정치인도 자신의 기치에 새겨넣은 적 없던 그 역할인가, 아니면 권력의 사주와 지원 속에 급증한 반외국인 정서가 선거자본으로 열렬히 재활용되는가이다.

2011년 3월 독일 바덴뷔르템베르크 지방 선거에서 눈부신 승리를 거둔 후, 기독교민주당의 대안 격으로 사회민주당을 세우고 연방공화국Bundesrepublik 역사상 최초로 자신들의 대표인 빈프리트 크레치만Winfried Kretschmann이 지방의회 의장이 되자, 독일 녹색당과 특히 다니엘 콘벤디트Daniel Cohen-Bendit*는 2013년에 이르면 독일 총리직이 녹색으로 물들 가능성을 염두에 두기 시작했다. 하지만 그 이름으로 역사를 쓸 자는 누구인가? 콘벤디트는 조금의 의혹도 없었다. 젬 외즈데미르Cem Özdemir**는 당시 그들의 명민하고 명석하고 역동적이고 폭넓은 인기와 존경을 누리는 공동지도자요, 몇 달 전 득표율 88퍼센트로 재선된 인물이었다. 열여덟 살 생일이 될 때까지 외즈데미르는 터키 여권 소지

---

* 1945~. 프랑스계 독일 정치인으로 1968년의 학생운동 지도자로 유명하다.
** 1965~. 독일 하원의원.

자였다. 진작 독일과 유럽 정치에 깊이 뛰어든 청년이었던 그는, 터키 국민이면 누구나 영국에 입국하거나 인근 프랑스 국경을 넘어갈 때 겪을 수밖에 없었던 곤욕 때문에 독일 시민권자가 되었다. 누군가는 궁금해할 것이다. 오늘날 유럽에서, 유럽의 미래를 알려줄 전령은 누구일까? 유럽의 가장 활동적인 방화꾼 두 명일까, 아니면 다니엘 콘벤디트일까?

그러나 우리가 점점 더 깨닫는바, 이것은 우리의 액체 현대적 삶의 양식을 끈질기게 쫓아다닐 수밖에 없는 근심거리들 명단의 마지막 행이 아니다. 마르틴 하이데거가 우리에게 일깨웠듯이 우리 인간 모두는 죽음을 향해 살아간다. 그리고 우리는 아무리 애를 써도 그 사실을 마음속에서 지울 수 없다. 생각 있는 우리 동시대인들 중 점점 더 많은 이들이 여타 인간들에게 일깨운다. 우리가 속한 이 인간이라는 종이 멸종을 작심한 것이라고, 마치 멜빌의 에이헙 선장***처럼 모든 또는 대부분의 다른 생물종들을 지옥불로 끌어들이면서 그렇게 한다고 말이다. 우리가 이 사실을 받아들이게끔, 지각 있는 이들이 무던히도 애를 썼지만 실패하고 말았다.

국제에너지기구IEA의 최근 발표에 따르면 세계 석유 생산이 2006년 정점을 찍고, 중국, 인도, 브라질 같은 나라들의, 에너지에 굶주린 전례 없이 많은 소비자들이 석유 시장에 진입할 즈음

***　19세기 미국 작가 허먼 멜빌Herman Melville의 장편소설 《모비 딕Moby Dick》의 등장인물.

에는 그 생산이 하향곡선이 될 것이라고 한다. 이 발표는 정계 엘리트들, 사업가들, 여론주도층 할 것 없이 경각심을 일으키기는커녕 세간의 관심조차 받지 못하고 사실상 간과되었다.

2011년 3월 3일자 《르몽드》지에 실린, 미셸 로카르Michael Rocard, 도미니크 부르Dominique Bourg, 플로란 오가뇌르Floran Augagneur의 공동 기고문, 〈인간 종이 멸종위기다〉는 "사회적 불평등 때문에 근대 기획의 창시자들이 수치감에 낯을 붉힐 만하다"고 결론짓는다. 계몽주의 시대, 프랜시스 베이컨, 데카르트나 심지어 헤겔의 생전에는, 생활수준이 최빈 지역보다 두 배가 높은 지역은 지구상에 없었다. 오늘날 최부국인 카타르는 최빈국인 짐바브웨보다 1인당 소득이 428배 높다. 게다가 절대 잊지 말아야 할 사실은 이것이 모두 평균값 비교라는 점이다. 비유하자면 "토끼/말고기 파테"의 유명한 조리법 같다. 이렇게 이름 붙이면 마치 그 파테에 토끼 한 마리, 말 한 마리가 똑같이 들어간 양 들리는 식이라는 것이다.

지구가 경제성장 근본주의로 극심한 몸살을 앓고 있는데도 빈곤은 너무나도 고질적으로 지속되니, 이에 생각 있는 사람들은 잠시 멈추어 서서 현행의 진보가 발생시킨 민간 사상자들에 대해 생각하게 되었다. 부유하고 혈색 좋고 떠들썩한 자들과 가난하고 전망 없는 자들을 갈라놓는 가파른 낭떠러지, 가장 탄탄한 근육질에 양심과는 거리가 먼 등산객들 외에는 이제 그 누구도 올라갈 수 없어진 가파른 절벽은 명백하고도 이유 있게, 우리의 진지한 관심을 요하고 있다. 위에 언급한 기고문이 경고하듯이, 깊어져만 가는 불평등의 으뜸 희생자는 민주주의일 것이다. 생존을 위한, 그리고 그럭저럭 살 만한 삶을 위한 용품이 점점 더 드물어지고 귀해지고 접근성이 떨어짐에 따라, 그것을 제공받은 자와 도움의 손길조차 못 받고 아쉬워하는 자들 사이에 이것을 놓고 살인적 전쟁이 벌어질 것이다.

위에 못지않게 우리가 경각심을 가져야 할 것이 또 있다. 높아진 풍요 수준이 높은 소비 수준을 뜻하게 된 것이다. 풍요라는 것이 결국 삶의 질 향상을 돕는 한에서 탐낼 가치가 있는 것인데도, 전지구적으로 뻗어 있는 '경제성장 교회'의 신도들이 쓰는 용어에서는 '삶의 향상' 혹은 그저 삶을 덜 불만스럽게 만든다는 것의 의미는 '더 소비한다'는 뜻이다. 그 근본주의 교회의 독실한 교도들에게 구원, 구제, 성스러운 은총, 세속적 은총, 즉각적 행복, 영원한 행복으로 가는 길은 모두 상점으로 통한다. 행복을 찾는 이들이 싹 휩쓸어가길 기다리는 상점 진열대에 물건들이 빼곡하게 들어차면 들어찰수록, 자원―원자재와 에너지―이 담긴 유일한 그릇이자 공급자인 지구는 재충전이 절실한 채로 텅 비어간다. 이는 과학계가 매일같이 거듭 반복하며 재확인시켜주는 진실이자 그럼에도 최근의 연구에 따르면 '지속 가능성'에 할애되는 미국 언론 지면의 53퍼센트에서 노골적으로 부정당하는 진실이다. 한편 나머지는 침묵한 채 이를 무시하거나 지나쳐버리고 있다.

귀를 틀어막고 감각을 차단하고 무능화하는 침묵 속에 간과되는 것은 팀 잭슨Tim Jackson이 이 년 전, 일찌감치 출간된 저서 《성장 없는 번영Prosperity without Growth》에서 경고한 바 금세기 말에는 "우리 자식들, 손자들이 적대적 기후, 고갈된 자원, 서식지 파괴, 많은 종의 소멸, 식량 부족, 대량 이주, 거의 불가피한 전쟁에 맞닥뜨리게 될 것"이라는 점이다. 빚에 허덕이는 우리의 소비, 당대의 권력자들의 열렬한 사주와 지원과 부양을 받는 소비는 "환경적으로 지속 가능하지 않고 사회적으로 문제가 다분하며 경제적으로 불안정하다." 잭슨은 몇 가지 다른 스산한 언급도 하는데, 이 중에는 이런 언급도 있다. 우리가 사는 세상은 상위 5분의 1의 부자가 전지구의 연간 소득 74퍼센트를 차지하는 반면 하위 5분의 1의 빈자는 2퍼센트만 갖는 세상이기에, 경제성장 정책으로 영구화된 대량 파괴를 정당화하려는 흔해빠진 이야기, 즉 상류 귀족층the noble이 빈곤을 해결해야 한다는 말은 명백하게도 순전한 위선이며 사리에 어긋난 얘기라는 것이다. 이 사실 역시 가장 대중적인(따라서 효과적인) 정보 채널들이 거의 보편적으로 무시하고 있다. 또는 기껏해야, 재야에서 곤경의 외침 소리를 내는 정도로 타협하고 길들여진 목소리를 들여와 머물게 해주는 것으로 알려진 지면에나 가끔 등장할 뿐이다.

제러미 레깃Geremy Leggett은 2010년 1월 23일자《가디언》지에서, 잭슨의 힌트를 따라, (파국으로 치닫거나 노골적 자살과는 반대 의미로) 지속되는 번영은 "풍요라는 인습적 덫들의 바깥에서"(따라서 부연컨대, 물질과 에너지의 사용/오용/남용이라는 사악한 궤도 바깥에서) 추구되어야 한다고 제안했다. 이 말인즉슨, 관계, 가족, 이웃, 공동체, 삶의 의미, 그리고 불분명하고 우리가 잘 모르는 영역임을 인정할 수밖에 없는 "미래에 가치를 두는 실용적 사회 내의 소명의식"이라는 영역 안에서 번영을 추구하라는 뜻이겠다. 잭슨은 맑은 정신으로 말문을 열었다. 경제성장에 질문을 던지는 것은 "미치광이, 이상주의자, 혁명분자"의 행동, 위험을 무릅쓰고 두려워하면서도 기대에 차 있고, 합리성이 없지 않지만 결국 성장이 아니면 죽음을 달라는 이념을 신봉하는 자들과 그 중독자들이 할당한 세 범주 중 하나 또는 세 가지 모두로 전락할 운명이라는 것이다.

엘리너 오스트롬Elinor Ostrom[*]의 저서 《공유의 비극을 넘어 Governing the Commons》(1990)는 잭슨의 책보다 훨씬 일찍 나왔지만 거기서도 우리는 다음과 같은 내용을 읽을 수 있다. 사람들이 천성적으로 단기 이득을 위해 행동하고 '남이 어찌 되든 자기만 좋으면 그만'이라는 원칙을 따르기 마련이라는 그 열렬히 퍼뜨려진 믿음은, 사태의 진실에 비추어보면 성립이 안 된다는 것이다. 지역의 활발한 소규모 사업체들을 연구한 결과, 오스트롬은 그와는 아주 상이한 결론, 즉 "공동체 내의 사람들"은 "단지 이득만을 위해서가 아닌" 결정들을 하는 경향이 있다는 결론을 도출했다. 그녀는 지난 3월 프랜 코튼Fran Korten과의 대화에서 공동체들 내부의 정직하고 성실한 의사소통에 대해 언급한 바 있다. 그 의사소통은 공유재, 광활한 목초지, 에너지를 거의 쓰지 않고 쓰레기를 발생시키지 않는 전략들을 공유하거나 예우하고 존중하는 내용들이었는데, 그녀는 이 의사소통이야말로 삶의 도전들에 대한

---

[*] 2009년 노벨 경제학상 수상자.

인간의 무척이나 타당하면서도 거의 본능에 가까운 반응이라고 보았다. 그 반응들 중 딱히 경제성장에 들어맞는 것은 전혀 없었고, 전부 이 지구와 그 주민들의 지속 가능성을 지지했다고 한다.

지금이야말로 의혹을 제기할 때이다. 이 공유재로서의 삶의 양식들은, 그저 우리 대부분이 이미 흘러가버린 "시대에 뒤떨어지고 낙후한" 시절의 몇 안 되는 남은 틈새에서 퇴짜 맞고 되돌려 보내진 문화기술학적 보고서들을 통해서만 알고 있는, 변경할 길 없는 과거의 것들인가? 아니면 혹시, 대안적 역사관(그리하여 '진보'를 다르게 이해하는 하나의 방식)의 진실이 모습을 드러내는 것인가? 돌이킬 수 없는 진격도 아니고 후퇴할 방법도 없이 상점들을 통해 행복을 추구하는 에피소드는, 과거에도 현재에도 미래에도 그 모든 실제적 의도와 목적에도 불구하고 내재적이고 임시적일 수밖에 없는 한갓 일시적 우회로 판명될 것인가?

이른바 배심원단은 여전히 복귀하지 않았다. 그럼에도 이제 평결을 내려야 할 때다. 배심원단이 오래 자리를 비울수록 이들은 어쩔 수 없이 회의실 밖에 머물 가능성이 높아진다. 회의실 안에서는 간식이 떨어져가기 때문이다.

2011년 6월

가벼움 그리고 액체성에 관하여

중단, 불일치, 경악은 우리 삶의 일상적 조건들이다. 많은 사람들은 심지어 이러한 조건들을 꼭 필요로 하게 되었다. 이제 인간 정신은 갑작스런 변화와 끊임없이 새로워지는 자극 (…) 이외의 것들은 받아들이지 않기 때문이다. (…) 이제 우리는 오래 지속되는 것들은 그 어떤 것도 참지 못한다. 무료함 속에서 결실을 일구는 법을 우리는 이제 모른다.

따라서 모든 질문은 이렇게 응축된다. 인간 정신은 스스로 만들어낸 것들을 과연 정복할 수 있을까?

_ 폴 발레리

'유동성fludity'은 액체와 기체의 특성이다. 이 둘이 고체와 다른 점은, 권위 있는 《브래태니커 백과사전》에 따르면, "접선력接線力이나 전단력剪斷力을 견뎌내지 못하며" 따라서 "그러한 힘이 가해지면 끊임없이 형태상의 변화"를 겪는다는 것이다.

전단력이 가해지면 다른 부분에 대한 한 부분의 위치에 계속적이고 회복할 수 없는 변화가 일어나는데, 이 변화가 바로 유체의 고유한 특성인 흐름을 형성하게 된다. 이와는 반대로 고체는, 전단력이 가해지면 비틀리고 구부러진 채로 상태를 유지하게 되는데, 그리하여 고체는 흐름을 형성하지 않고 본래의 형태로 되돌리는 것이 가능해진다.

다양한 유체 중 하나인 액체가 이 뚜렷한 특성을 갖게 되는 것은 "액체 분자들이 아주 작은 분자직경 위에 정연하게 배열되어 유지된다"는 사실로 말미암아 가능하다. 반면, "고체가 보여주는 폭넓고 다양한 상태는 고체 원자들을 묶는 결합 유형과 원자들의 배치 구조에 따른 직접적 결과"이다. 여기서 '결합'은 고체의 안정성을 의미하는 용어, 즉 '원자들을 분리시키려는 힘'에 대한 고체의 저항력을 의미한다.

《브리태니커 백과사전》 인용은 그만하도록 하자. 근대의 현 단계에 대한 가장 주도적 은유로서 '유동성'을 배치하라는 명령처럼 읽히니까 말이다.

유체가 지닌 이 모든 특징들은 결국, 단순하게 말하자면 고체와 달리 액체는 그 형태를 쉽게 유지할 수 없음을 뜻한다. 유체는 이른바, 공간을 붙들거나 시간을 묶어두지 않는다. 고체는 분명한 공간적 차원을 지니면서도 그 충격을 중화시킴으로써 시간의 의미를 약화시키는 (효과적으로 시간의 흐름에 저항하거나 그 흐름을 무관한 것으로 만드는) 반면, 유체는 일정한 형태를 오래 유지하는 일이 없이 지속적으로 변화할 준비가 되어 있다(그리고 자주 그렇게 된다). 따라서 액체는 자신이 어쩌다 차지하게 된 공간보다 시간의 흐름이 중요하다. 왜냐하면 결국 액체는 공간을 차지하긴 하되 오직 '한순간' 채운 것일 뿐이기 때문이다. 어떤 의미로 고체는 시간을 무효화하지만, 그와 반대로 액체는 대부분의 경우 시간이 가장 중요하다. 고체를 설명할 때 우리는 시간을 송두리째 무시할 수도 있지만, 유체를 설명할 때 시간을 설명하지 않는다면 이는 중대한 실수가 될 것이다. 유체에 대한 설명은 하단에 날짜가 있어야 하는 사진들과도 같다.

유체는 쉽게 이동한다. 그것들은 '흐르고' '엎질러지고' '바닥나고' '튀고' '들이부어지고' '새고' '뿌려지고' '방울방울 떨어지고' '홀짝 마셔지고' '서서히 새어 나온다'. 고체와는 달리, 유체는 쉽게 멈추지 않는다. 어떤 장애물이 있으면 그 주변을 빙 둘러가며 이런 장애물은 녹이고 저런 장애물은 통과하면서 담아버리거나 빨아들인다. 유체는 고체를 마주치게 되더라도 흠집 하나 없이 유유히 모습을 다시 드러내지만, 그러는 중에 고체는 계속 고체 상태를 유지할 경우 축축해지거나 흠뻑 젖는다. 이러한 특출한 이동성 때문에 유체는 '가벼움'이라는 개념과 연관된다. 1입방인치씩 따져보면 다른 고체들보다 더 무거운 액체들도 있다. 하지만 그래도 우리는 액체 일반이 고체 일반보다 더 가볍고 덜 '무게가 나가는' 것으로 생각하려는 경향이 있다. '가벼움'이나 '무게 없음'에서 이동성과 무일관성을 연상한다. 왜냐하면 우리는 경험상 가볍게 여행할수록 더 쉽고 빠르게 이동한다는 것을 알고 있기 때문이다.

이런 이유로 말미암아 우리는 근대 역사에서 여러모로 **새로운** 단계인 오늘날의 속성을 파악하고자 할 때, '유동성'이나 '액체성'이 적합한 은유라고 생각하는 것이다.

그러나 '근대 담론'에 정통하거나 근대 역사 서술에서 통상 사용되는 언어에 친숙한 이들에게 이러한 주장을 받아들이기 주저되는 부분이 있으리라는 점에는 선뜻 수긍이 간다. 근대는 그 시작부터 어떤 '액화' 과정이 아니었던가? '견고한 것들을 녹이는 것melting the solids'이 줄곧 근대의 가장 주요한 소일거리이자 으뜸가는 성취가 아니었던가? 달리 말해 근대는 그 시작부터 내내 '유동적'인 것이 아니었던가?

이러한 반론은 어떤 면에서 타당하다 할 수 있는데, 그 유명한, '견고한 것들을 녹이는'이라는 구절을 상기한다면 더욱 그러하다. 《공산당 선언》의 저자들이 한 세기 반 전 만든 이 구절은, 확신에 차고 왕성한 기운의 근대정신이 자기 입맛에 안 맞게 너무나도 정체되어 있고 야심을 펼치기엔 도무지 변화를 도모하거나 새롭게 빚어보려 하지 않는 당대 사회—그야말로 관습적으로 굳어져버린—에 대한 처방을 지칭한 것이었다. 그 '정신'이 '근대적'이었다면 정신 자신의 역사에 내재한 '망자의 손아귀'에서 현실을 해방시키기로 확고한 결심을 했다는 점에서 정녕 그러했다. 그리고 이는 오로지 견고한 것들을 녹여야만 가능했다(즉, 시간이 가는데도 계속 존재하려는 것들, 시간의 흐름에 무사태평이거나 면역이 되어버린 일체의 것들을 녹인다는 의미에서). 그러한 의도는 뒤이어 '신성한 것들을 세속화'하기를 요청하게 된 바, 과거를 부정하고 폐위시키되 무엇보다도 먼저 '전통', 즉 현재에 존재하는 과거의 침전물이나 잔여물들에 대해서 그렇게 해야 했다. 따라서 견고한 것들(고체적인 것들)이 '액화'에 맞서 저항할 수 있도록 하는 제반 신념과 충성심으로 지어진 방어용 갑옷을 부숴버릴 것이 요구되었다.

그러나 이 모든 요청들은 견고한 것들을 단칼에 깨끗이 제거해버리고 그러한 것들이 영원히 존재하지 않을 새로운 세상을 만들기 위해서가 아니라, **새롭고도 향상된 견고한 것들**이 자리 잡도록 현장을 청소하기 위한 것이었음을 기억해두어야 한다. 세습된 결함투성이 고체들을 다른 세트의 고체들, 훨씬 향상되고 마음에 들게 완벽해진, 그리하여 더 이상 바꾸지 않아도 될 세트로 바꾸는 것이 목적이었던 셈이다. 토크빌의 《구체제와 프랑스 혁명 *L'Ancien Régime et la Révolution*》을 읽다 보면, '발견된 고체적인 것들'이 이미 녹슬고 물러터지고 틈새가 벌어져서 도저히 믿을 수 없게 되었다는 이유로 거부감의 대상이 되고 비난받으며, 액화가 필요하다는 딱지가 붙을 정도였다는 것에 더욱 놀랄 것이다. 근대에는 전근대적 고체들의 해체 상태가 꽤나 진척되어 있었다. 이것들을 녹이려는 충동 뒤에 도사린 가장 강력한 동기는 **지속적** 고체성solidity, 우리가 믿고 의지할 수 있고 이 세상을 예측 가능하도록 만들어주고 이에 따라 통제 가능하게 해줄 고체성을 — 일종의 전환 삼아 — 발견하거나 발명하려는 바람이었다.

우선 녹여야 될 견고한 것, 우선 세속화되어야 할 신성은 수족을 얽어매고 이동을 가로막고 야심찬 기획을 짓밟는 전통에 대한 충성심과 관습적 권리, 의무였다. 새로운(진정 견고한!) 질서를 건설하는 과제에 진지하게 착수하기 위해서는 그것의 건설자들을 부담스럽게 하는 옛 질서라는 바닥짐부터 제거해야만 했다. '견고한 것들을 녹이는 것'은 무엇보다도 결과에 대한 합리적 계산을 가로막는 '부적절한' 의무사항들을 벗어던짐 — 막스 베버가 표현한 대로 가족과 집안에서의 의무, 빽빽한 도덕적 의무사항들이라는 족쇄로부터 기업 정신을 해방시키는 것, 그리고 토머스

칼라일의 생각대로 인간 상호 관계와 책임감 저변에 깔린 수많은 유대 중에서 '현금의 축'만을 남겨놓은 것 — 을 의미했다. 게다가 '견고한 것들을 녹이는' 일은 전반적 사회관계의 복잡한 그물망을 느슨하게 만들어, 이제 그 그물망은 헐벗고 보호받지 못하고 비무장인 채로 노출되며, 기업 정신으로 가득 찬 행동 규칙들과 기업 형태의 합리성 기준에 맞서 효과적으로 경쟁하기는커녕 저항할 수 없는 상태로 방치되게끔 하였다.

이러한 치명적 출발은 (막스 베버가 말한) 도구적 이성의 침략과 지배, 혹은 (칼 마르크스가 분명히 말한) 경제의 결정적 역할에 사회를 무방비 상태로 만들었다. 이제 사회생활의 이러한 '토대'는 모든 삶의 다른 영역들에 '상부구조'의 위상 — 기본 축이 유연하게 잘 돌아가게끔 돕는 것이 유일한 기능인, '토대'가 만들어낸 인위적 요소 — 을 부여하였다. 견고한 것들을 녹이는 일은 전통적 정치, 도덕, 문화적 난맥상에 묶여 있던 경제를 점진적으로 풀어주는 결과를 낳았다. 그로 인해 하나의 새로운 질서, 주로 경제 용어로 규정되는 질서가 생겨나게 되었다. 새 질서는 자신이 대체한 옛 질서보다 더 '견고해야만' 했다. 그 이유는, 옛 질서와는 다르게 새 질서는 비경제적 행동에서 나오는 도전들에는 별 영향을 받지 않기 때문이다. 새 질서를 변화시키거나 개혁할 힘이 있는 정치적, 도덕적 지렛대는 대부분 파괴되거나, 그 일을 감당하기에는 너무 짧거나 약하거나 부적합한 것이 되어버렸다. 이는 경제 질서가 일단 굳어지게 되면 다른 사회적 삶을 식민화하거나 재교육시키거나 자기 방식으로 개종시키기 때문이 아니다. 새로운 질서가 인간 삶 전체를 지배하게 된 이유는 가차 없고 끊임없이 계속되는 그 질서의 재생산에 관한 한, 삶에서 다른 어떤 일이 일어난다 해도 이는 별 무관한, 비효율적인 것이 되기 때문이다.

근대성의 이력에서 이 단계는 클라우스 오페Claus Offe가 잘 묘사하고 있다(1987년《국제적 실천Praxis Internatioal》에 처음 발표된 〈제로옵션의 유토피아The Utopia of the Zero Option〉에서). "복잡한" 사회들은 "너무나도 경색되어 있어서 이 사회들의 '질서'를 규범적으로 반추하거나 새롭게 바꿔보려는 시도는―그 사회 내에서 일어나는 조정 과정의 본성인데도―그 사회들이 실용적 가치가 없고, 따라서 본질적으로 부적합하기 때문에 거의 사전에 차단된다." 그 질서의 '하위 체제들'이 개별적으로는 아무리 자유롭고 가변적이라 해도, 이것들이 서로 얽힌 방식은 "경색되어 있고 치명적이며 그 어떤 선택의 자유로부터 차단되어 있다." 전체 질서는 선택의 여지가 없다. 어떤 것을 선택할 수 있는지도 불분명하고, 설사 그런 생각을 품고 발전시킬 수 있는 사회적 삶의 경우라 해도―그런 삶의 가능성은 낮기도 하지만―겉으로는 가능해 보이는 선택이 현실이 될 수 있을지는 더욱더 불분명하다. 전체 질서와 목적을 지닌 행동의 개별 행위자들, 매개들, 전략들 사이에는 분명한 틈이 있으며 자꾸만 벌어지고 있는 이 간극을 메울 다리는 보이지 않는다.

대부분의 디스토피아적 각본과는 정반대로, 이러한 결과는 독재나 종속, 억압이나 노예화를 통해서 만들어진 것이 아니다. 또한 '체제'가 사적 영역을 '식민화'해서도 아니다. 오히려 정반대이다. 오늘날의 상황은, 선택하고 행동할 개인의 자유를 제한한다는 혐의를 (옳게 혹은 그릇되게) 받고 있는 족쇄와 사슬이 근본적으로 녹아버린 데서 발생하였다. **질서의 경색은 인간 주체의 자유가 만든 인공물이자 침전물이다.** 이 경색은 '브레이크를 푼' 전반적 결과이며 규제 철폐, 자유화, '유연화', 증가된 유동성, 재정, 부동산, 노동시장을 풀고 조세 의무를 덜어준 결과이다(클라우스 오페가 1987년 발표한 〈구속, 사슬, 브레이크Binding, Shackles, Brakes〉에서 지적한 대로다). 혹은 (리처드 세넷의 《살과 돌Flesh and Stone》에서 인용하자면) "속도와 도피, 수동성"의 산물이다. 즉, 체제와 자유로운 행위자들이 근본적으로 결속을 끊고 서로 만나지 않고 스쳐갈 수 있도록 해준 기술들의 산물이다. 만일 체제 혁명의 시대가 지났다면 이는 그 체제를 통제하는 데스크들이 있는 건물들, 혁명분자들이 광풍을 일으켜 손에 거머쥘 건물들이 없기 때문이다. 또한 승리자가 일단 건물들 내로 (마침 건물을 처음 발견한 게 그들이라서) 진입한다 해도, 전체 판을 뒤엎으려면, 그들을 반역자의 길로 내몰았던 그 고통의 대가를 치르게 하려면 대체 어떤 일을 할 수 있는 것인지 상상하는 게 지극히 어렵거나 아예 불가능하기 때문이기도 하다. 그러니 혁명분자가 되려는 사람들, 개인적 곤경으로부터 벗어나려는 갈망을 일종의 사회질서 변혁의 관점에서 설명하는 부류의 사람들이 분명히 너무 적다는 사실에 놀라거나 당혹감을 느낄 필요는 없다.

새롭고 더 나은 질서를 건설하여 낡고 결함 있는 질서를 바꾸는 과업은, 현재로서는 의사일정에 올라와 있지 않다. 적어도 정치적 행동이 자리해야 할 영역의 일정표에는 없다. 따라서 근대성의 영구적 특징인 '견고한 것들을 녹이는' 일은 새로운 의미를 획득하여 무엇보다도 새로운 목표를 설정하게 되었다. 이 새로운 목표 설정의 주요한 효과 중 하나는 질서와 체제의 문제를 정치적 의사일정에 붙들어매놓던 힘들을 녹여버린 것이다. 용광로에 처박힐 차례가 되어 유동적 근대성의 시대인 현재까지도 계속 녹는 중인 견고한 것은, 바로 개인의 선택들을 집단적 기획이나 행동과 연결시켜주던 유대관계들—개인적으로 수행하는 삶의 정책들과 인간 집합체들이 수행하는 정치적 행동들이 서로 소통하고 상호 조절을 할 수 있게 해온 패턴들—이다.

1999년 2월 3일 조너선 러더퍼드Jonathan Rutherford와의 인터뷰에서 울리히 벡Ulrich Beck(몇 해 전 '스스로에 맞서는turning upon itself' 특성이 있는 근대 단계, 이른바 '근대의 근대화' 시기를 표현하는 '이차 근대second modernity'라는 말을 만들었다)은 "죽었는데도 살아 있"는 "좀비 유형들"과 "좀비 제도들"을 거론한 바 있다. 그는 가족, 계층, 이웃을 그 새로운 현상의 가장 주요한 예로 든다. 예컨대 가족은 이러하다.

오늘날 가족이라는 것이 실상 어떠한지 자문해보라. 그 의미는 무엇인가? 물론 자식들, 내 자식들, 우리 자식들이 있다. 그러나 가족생활의 핵심인 부모의 역할은 이혼이라는 상황 때문에 해체되기 시작했다. (…) 할머니와 할아버지들은 그들의 아들딸들의 결정에 참여할 수단을 전혀 갖지 못한 채 포함되거나 배제된다. 손자들의 관점에서 조부모라는 의미는 개인의 결정과 선택으로 결정이 나는 것이 되고 말았다.

오늘날 일어나는 사태는 말하자면, 근대성의 '녹이는 힘'이 재분배되고 재할당되는 것이다. 처음에 녹이는 힘은 행위 — 선택이 가능한 영역들을 둘러싼 외부 제도들이나 구조틀들, 예를 들자면 한번 귀속되면 항소가 불가능한 세습 신분 같은 데에만 가해졌다. 의존과 상호작용의 배열, 배치, 패턴들은 모두 용광로에 던져졌는데, 후에 이것들은 새롭게 주형되어 만들어졌다. 이는 선천적으로 반反관습적이고 경계를 파괴하며 모든 것을 부식시키는 근대 역사에서 '주형틀을 파괴하는' 단계였다. 그러나 개인으로 말할 것 같으면 이를 알아차리지 못해도 용서될 수 있었는데, 그들은 설사 '새롭고 향상된 것'일지라도 언제나처럼 경직되고 난공불락인 유형과 형식들에 직면하게 되었기 때문이다.

실상, 어떤 주형틀도 다른 틀로 대체되지 않고서는 파괴될 수 없었다. 사람들은 낡은 새장에서 벗어났다. 하지만 결국 새로운 질서 속 완제품으로 제공된 비좁은 벽의 틈새에 둥지를 틀었을 뿐이다. 즉 삶의 조건과 삶의 전망 전체가 그 안에 집약되고, 현실적 삶의 기획과 전략 범위를 결정하는 틀인 (이미 녹아버린 **신분**만큼 비타협적인) **계급** 내에서 그들 스스로 헌신적으로 평생 꾸준히 노력을 쏟아부은 뒤에도 자리를 옮기지 못하면 훈계와 비난을 듣게 될 뿐이었다. 자유로운 개인이 직면한 과제는 그들의 새로운 자유를 이용하여 알맞은 장소를 찾아 그곳에 순응하며 정착하는 것이었다. 그 위치에 걸맞고 적합하다고 여겨지는 행동 규범과 양식을 충직하게 따름으로써 말이다.

오늘날 점점 더 공급이 부족해지는 것은 우리가 순응하고 안정적 지향점으로 선택할 수 있는, 그리하여 우리 자신을 인도해 줄 수 있는 행동 유형들, 규약들, 규칙들이다. 이것이 의미하는 바는 우리 동시대인들이 자신들의 상상력과 결의로만 인도받고 처음부터 마음대로 삶의 양식을 자유롭게 건설한다는 것이 아니다. 또한 우리가 그 건설 자재들과 설계 청사진을 사회에 의존하지 않게 되었다는 의미도 아니다. 이것이 진정 의미하는 바는 현재 우리가 사전 할당된 '준거 집단들'의 시대로부터 '보편적 비교'의 시대로 옮아가고 있다는 것이며, 우리 시대에 개인의 자기 건설적 노력의 목적지가 그 특유의 치유 불가능한 미결정 상태라는 것, 그러한 노력이 유일하게 진정한 끝에, 즉 그 개인의 삶의 끝에 도달하기 전에는 미리 주어지지도 않고, 수많은 심오한 변화를 겪게 마련이라는 것이다.

오늘날의 행동 유형과 구성 방식은 더 이상 '자명하지도' 않음은 물론 '주어지지도' 않는다. 이것들은 그저 너무 많이 널려 있고 서로 부딪히고 서로 간의 계율이 모순을 이루고 있어서, 우리를 독려하거나 회유할 억제력을 잃고 말았다. 속성 또한 변해버려서 그에 따라 새로운 범주로 나뉘게 되었다. 개인이 해야 할 일의 목록에 있는 항목들처럼 말이다. 작금의 행동 유형과 구성 방식들은 생활정치의 전면에서 향후 진로를 조직하는 대신, 생활정치가 가는 대로 그저 따르고(**본보기 삼아** 따르고) 굽이굽이 돌아치는 그 길을 따라 모양이 만들어지거나 바뀌었다. 액화하는 힘은 '체제'를 '사회'로, '정치'를 '생활정책들'로 바꾸고, 사회적 공존의 '거시적' 차원을 '미시적' 차원으로 끌어내렸다.

그 결과 우리 시대는 개인화되고 사적으로 변한 근대, 유형을 짜야 하는 부담과 실패의 책임이 일차적으로 개인의 어깨 위로 떨어지는 시대가 되었다. 이제 액화할 차례가 된 것은 제반 의존과 상호작용의 유형들이다. 그것들은 이제 과거 세대가 경험해본 적도 없고 상상할 수조차 없을 정도로 짓뭉개어졌다. 그러나 모든 유체들과 마찬가지로 이것들은 종래의 형태를 그다지 오래 유지하지 않는다. 이것들을 빚는 것은 그 형태를 유지하는 것보다 더 쉽다. 고체류는 일단 한번 빚으면 그것으로 끝이다. 하지만 유체를 하나의 형태로 유지하는 것은 많은 주의, 끊임없는 감시와 노력이 필요하다. 또 그렇게 노력을 기울인다 해도 그것이 성공할지는 결코 장담할 수 없다.

'유동적 근대'의 도래가 인간 조건에 초래한 심대한 변화를 부정하거나 축소하는 것은 현명하지 못한 일일 것이다. 체제의 구조가 지닌 원격성과 접근 불가능성은 구조화되지 않은 유동적 순간적 생활정치 무대와 쌍을 이루어 인간 조건을 근본적으로 바꾸면서, 그 서사를 형성해주던 낡은 개념들을 재고하도록 요청하고 있다. 좀비들처럼, 낡은 개념들은 오늘날 죽어 있는 동시에 살아 있다. 실제적 질문은, 그것들의 부활이 새로운 형상을 통한 것이든 다른 육체를 통한 것이든 간에, 실행 가능한가이다. 혹은 실행 가능하지 않다면 이것들을 어떻게 점잖고 효율적으로 매장시키는가이다.

이 책은 그러한 요청에 답하고 있다. 이를 위해 인간 조건에 대한 정통 서술들을 둘러싼 개본 개념들 가운데 다섯 가지 ─ 해방, 개인성, 시/공간, 일, 공동체 ─ 를 면밀한 검토를 위해 선별하였다. 나는 오염된 목욕물이 들이치는 데서 아이들을 구해내고자 하는 희망을 품고, 이 개념들의 의미가 차례로 어떻게 구현되는지(지극히 파편적이고 예비적 방식이긴 하지만), 그리고 그 실제적 적용 사례들은 어떠한지 탐구했다.

근대성은 많은 것을 의미하는데, 그것의 도착倒着과 발전 또한 다양하고 상이한 표지標識들을 사용하여 추적할 수 있다. 그러나 근대의 삶과 배경이 지니는 특색 중 한 가지가, 어쩌면 차이를 만들어내는 차이로서, 다른 모든 특성들이 뒤따르는 핵심 속성으로서 두드러진다. 그것은 바로 공간과 시간의 변화하는 관계이다.

근대는, 시간과 공간이 삶의 실제에서 분리되고, 또 서로에게서 분리되어 별개의 상호 독립적인 전략과 행동의 범주로 이론화될 태세를 갖추면서 시작된다. 지난날 장구한 세월의 전근대 시기 동안 시공간은 긴밀히 얽혀 있고 따라서 거의 구분 불가능한 삶의 경험으로서 견고하고도 외관상 침입 불가능한 일대일 교신 속에 봉쇄되어 있었지만, 그것이 더 이상 그렇지 않게 된 순간부터 근대는 시작된다. 근대에 들어와 시간은 **역사**를 갖는데, 이는 시간에 끊임없이 확장되는 '운반 능력'이 있었기 때문이다. 시간의 단위들은 공간 영역을 '통과하고' '가로지르고' '걸쳐 있을 수 있도록' ─ 혹은 **정복**하도록 도왔다. 일단 공간(확장할 수도 축소할 수도 없는, 확실히 유연성 없는 공간과는 다르다)을 통과하는 이동 속도가 인간 창의력과 상상력, 재능의 문제가 되자 시간은 역사를 획득하게 된다.

속도라는 바로 그 개념(더욱 뚜렷하게는 가속이라는 개념)은, 시간과 공간의 관계를 지칭할 때는 다양성을 전제한다. 그리고 그 관계가 진정 변화 가능한 것이 아니라면, 그것이 인간 창의성과 결단의 문제가 아니라 비인간적이고 인간이 존재하기 이전 현실의 한 속성이라면, 그리고 자연적 이동수단—인간이든 말발굽이든—이 전근대적 실체들의 이동을 제한하는 측면이 있었던 그 편협한 다양성의 범위를 뛰어 넘지 못했더라면, 속도라는 것은 별 의미가 없었을 것이다. 한 시간 단위 내에 통과하는 거리가 기술에 따라, 인위적 이동수단에 따라 달라질 수 있게 되자, 이동 속도에 대한 모든 현존하는 세습적 한계들을 원칙적으로 뛰어넘을 수 있게 되었다. 오직 하늘만이(혹은 그보다 뒤에는 빛의 속도가) 당시의 한계였고, 근대는 그 하늘까지도 정복하려는 끊임없는, 멈출 수 없는, 가속 일로의 노력이었다.

근대에 들어 새롭게 획득한 유연성과 확장성 덕분에, 근대는 무엇보다도 공간을 정복하는 무기가 되어버렸다. 시간과 공간 사이에 벌어지는 근대의 투쟁에서, 공간은 고체이고 둔감하고 고집이 세고 수동적인 것으로서, 시간의 탄력적 진보를 방해하는 존재인 탓에 그저 방어적인 참호전만을 벌일 수 있었다. 시간은 그 전투에서 능동적이고 역동적으로, 늘 공격자의 입장을 취하는 침략하고 정복하는 식민화의 힘이었다. 이동 속도와 더 빠른 이동

수단의 획득은 근대에 접어들면서 권력과 지배의 가장 중요한 도구의 위상으로 격상되었다.

미셸 푸코Michael Foucault는 근대 권력의 속성을 가장 잘 포착한 개념으로 제러미 벤담의 원형감옥 비유를 활용했다. 원형감옥에서 죄수들은 삼엄한 경비하의 육중한 담장 안에 갇혀, 일체의 이동이 금지된 채 그저 침대나 감방 안, 작업대에 있는 것이 고작이었다. 죄수들은 감시를 받기 때문에 움직일 수 없었고, 이들이 항시 지정된 장소를 엄수해야 했던 이유는 그들을 감시하는 자들 —마음대로 이동할 자유가 있는— 이 지금 어디에 있는지 모르고, 알아낼 방법도 없기 때문이었다. 감시자들이 이동을 위한 수단을 갖고 있고 언제든지 편하게 이동할 수 있다는 사실은 그들의 지배를 보장해준다. '그곳에 고착된' 죄수들의 처치는 가장 견고하게 감금된 상태로서, 이들을 예속하는 겹겹의 유대를 깨거나 헐겁게 하기란 지극히 어렵다. 시간을 정복하는 것이 지배자의 힘의 비결이었다. 그리고 죄수들의 이동할 권리를 부정함으로써, 이들이 복종해야 할 시간 리듬을 일상화함으로써 이들을 공간 속에 옴짝달싹 못 하게 가두는 것이야말로 지배자들이 힘을 행사하는 주요 전략이었다. 힘의 피라미드는 속도에 의해, 그리고 운송 수단과 그에 따른 이동의 자유를 누가 갖고 있는가에 따라 세워졌다.

원형감옥은 힘의 관계에서 양편의 상호 결속과 반목의 모델이었다. 자신들의 변동성을 수호하고 노예들의 시간의 흐름을 일상화하는 지배자들의 전략은 하나로 통합되었다. 그러나 이 두 가지 과제에는 긴장이 존재했다. 두 번째 과제는 첫 번째 과제에 여러 제약을 가했다. 즉 시간을 일상화하는 대상들이 감금된 그 장소에 '일상화를 강제하는 자들' 역시 묶이게 된 것이다. 일상화를 강제하는 자들은 진정 온전한 의미에서 이동의 자유가 없었다. '부재지주'라는 선택 역시 실제로는 불가능했다.

원형감옥은 그 외에도 다른 약점들이 많았다. 일단 그것은 돈이 많이 드는 전략이었다. 공간을 정복하고 이를 유지하는 한편 감시받는 장소에 죄수들을 묶어두는 일은 방대한 규모의 값비싸고 부담스러운 행정 업무들을 낳게 되었다. 건물들을 세워 잘 유지 및 관리해야 했고, 감독 전문가들을 고용하여 임금을 주어야 했고, 죄수들의 생존 능력과 일할 능력을 잘 돌보고 건사해야 했다. 결국 행정은 싫든 좋든 충분히 납득할 만한 자기 이해의 명분만 있다면 그 장소의 전반적 복지에의 책임을 떠맡는 것을 의미하고, 그 책임은 다시금 그 장소에 묶이게 된다는 것을 의미한다. 이는 적어도 지속적인 대립과 힘의 줄다리기라는 형태라 하더라도, 감시자는 거기 있어야 하고 감시자와 죄수들 사이에는 결속이 필요함을 뜻한다.

그토록 수많은 논객들이 '역사의 종말', 탈근대, '이차 근대', '초근대'를 거론하거나, 그게 아니라면 인간 공존을 위한 여건 마련이나 오늘날 생활정치의 수행을 규정하는 사회적 조건을 정비하는 데서 어떤 근본적 변화를 직감하는 발언을 하는 이유는, 이동의 속도를 높이려는 기나긴 노력이 현 단계로서는 그 '자연적 한계'에 봉착했다는 사실 때문이다. 힘은 전자화된 신호의 속도로 이동할 수 있다. 그리고 힘의 필수적 구성 성분들이 이동하는 데 필요한 시간은 즉시라 할 만큼 줄어들었다. 모든 실제적 목적에서 힘은 공간적 저항 대문에 묶이거나 늦춰지는 일이 더 이상 없는, 진정 **탈지리적**인 것이 되었다(휴대전화의 도래는 공간에 대한 기존에 가해진 상징적인 '최후의 일격'이 될 법하다. 심지어 당장 해야 할 일을 효과적으로 해내는 데는 전화기를 꽂을 소켓도 필요 없다. 명령권자가 어디에 있는지는 더 이상 중요치 않다. '지척에 있음'과 '멀리 있음', 혹은 문명의 불모지와 질서정연한 문명화된 땅 간의 차이라는 문제는 거의 소멸되었다. 그러한 사실로 인해 힘을 가진 자들은 전례 없는 기회를 거머쥐게 되었다. 난감하고 번거로운 원형감옥에서의 힘의 기술은 내던져버려도 된다. 근대 역사에서 현재 단계가 다른 어떤 것이라 해도, 그것은 어찌 되었든 **탈원형감옥**식이다. 원형감옥에서 중요한 것은 관리를 맡는 사람들이 늘 가까이, '거기에', 즉 통제탑에 있는 것이 당연시되었다는 점이다. 탈원형감옥식의 힘 관계에서 중요한 것은, 힘의 지렛대를 움직이는 사람들이 어느 순간에라도 도저히 닿을 수 없는, 순전히 접근을 불허하는 영역으로 도망가버릴 수 있다는 점이다.

원형감옥의 종말은 상호 결속 시대의 종말을 의미한다. 전투를 수행 중인 감독자와 피감독자 간, 자본과 노동 간, 지도자들과 추종자들 간 결속의 종말. 이제 으뜸가는 힘의 기술은 도망가기, 미끄러지기, 생략하고 피하기의 기술, 또한 지리적으로 갇혀 있게 됨으로써 떠안게 되는, 부담스럽기만 한 질서 확립과 질서 유지, 그리고 그 대가를 감당할 필요와 더불어 파생된 모든 결과들을 떠맡아야 하는 책임을 효과적으로 거부하는 기술이다.

이 새로운 힘의 기술은 걸프전과 유고슬라비아전쟁에서 서방 측이 사용한 전략에 생생하게 나타나 있다. 그들이 전쟁을 수행하면서 지상군을 배치하기 꺼려했다는 사실은 주목할 만하다. 공식적인 설명이 무엇이었든 간에, 그러한 거리낌은 널리 유포된 '사체운반 부대body-bag' 증후군 때문만은 아니었다. 지상전을 벌이는 것에 거부감이 일었던 것은 그것이 국내 정치에 안 좋은 결과를 가져올 수 있어서만이 아니라, (어쩌면 이것이 주된 이유일진대) 도무지 아무 소용이 없는 데다가 전쟁의 목적과 정반대의 결과까지 몰고 오기 때문이다. 결국 모든 행정적 관리 차원의 문제들을 수반하는 영토 정복이란 것은 전쟁 행위를 벌여서 얻을 이익의 목록에 없는 것이었고, 게다가 그런 관리 문제는 무슨 수를 써서라도 피해야 할, 이번에는 자신들에게 '이차적인 손해'를 입히는 것으로 거부감을 가지고 바라봐야 할 사태였기 때문이다.

나이 어린 보병들이 영토에 진입하여 적들에게서 영토를 빼앗으려는 시도를 하는 대신, 이제 레이더에 잡히지 않는 스텔스 전투기와 '인공지능'으로 목표물을 추적하는 미사일로 공격―느닷없이 나타나 즉각 시야에서 사라져버리는―을 가하여 적의 수중에서 관리 및 통제되던 땅을 접수하게 되었다. 분명코 그들은 적들이 패주하거나 쫓겨난 뒤 '전장에 남은 최후의 한 사람'이 되기를 더 이상 원치 않았다. 군사력과 그 '치고 빠지는' 전투 계획은 액체 현대 시대의 새로운 전쟁 유형에서 진정 관건이 되는 것이 무엇인지 앞장서 알려주고 구현하고 있다. 즉, 이는 새로운 땅

을 정복하는 것이 아니라, 새롭고 유동적인 전지구적 힘의 흐름
을 저지하는 담장을 무너뜨리는 것이다. 자기만의 규칙을 세우고
자 하는 적의 욕구를 완전히 때려 부수고, 이제까지 봉쇄되고 가
로막힌 채 다른 비군사적인 힘으로 무장한 군대가 작전을 수행하
지 못하게끔 했던 그 공간을 활짝 열어놓은 것이다. (클라우제비
츠의 유명한 공식을 되풀이하자면) 오늘날의 전쟁은 점점 더 "다른
방법을 통한 전지구적 자유무역의 판촉전"처럼 보인다.

　짐 맥러플린Jim MacLaughlin은 최근(1999년 1월《사회학Sociology》
에서) 현대의 도래는 여타의 것들과 더불어, 신생 근대 국가의 영
토와 국경에 관한 초미의 관심사와는 명백히 대립되는, 유목민들
과 그들의 생활방식에 대해 가해지는 '정착민들'의 지속적이고도
체계적인 공격—정주하는 생활 방식으로서—을 뜻한다는 것을
우리에게 일깨운 바 있다. 이븐 할둔Ibn Khaldūn은 14세기에 유목
민을 찬미하는 노래를 할 수 있었는데, 이는 이들 유목민들이 "정
착민들의 가슴을 감염시킨 일체의 악습들에서 좀 더 멀리 떨어져
있기 때문에 (…) 더 선에 가까워서"였다. 그러나 곧 뒤이어 전 유
럽에서 진지하게 시작된 열띤 '민족과 민족국가 건설'의 과정 속
에서 법질서의 기초를 세우고 시민의 권리와 의무를 법령화할 무
렵에는 '혈연'보다 '땅'이 확고하게 우선시되었다. 유목민들은 입
법자들의 영토에 대한 관심을 경시하고 국경을 정비하려는 이들
의 열띤 노력을 무시함으로써, 진보와 문명이라는 명분으로 치러
진 성전에서 주된 악한으로 내몰리게 되었다. 근대의 '정치연대
기'는 이들을 열등하고 원시적인 존재, '저개발' 상태, 개혁과 계

몽이 필요한 존재로 여겼을 뿐 아니라, 퇴행적이고 '시대에 뒤처진' 존재, '문화적 지체'로 고통받고 진화의 사다리 맨 아래 단계에 머물고 있는 데다가, 용서받기 힘들 정도로 느리고, 진화의 사다리를 오르거나 '보편적 발전 유형'을 따르는 것을 꺼림칙하게 여기는 존재로 간주했다.

근대의 고체 단계 전반에 걸쳐, 유목적 습관은 입맛에 맞지 않는 것이었다. 시민의 권리는 정착과 보조를 맞추어 진행되었고, '고정된 주소'가 없고 '국적이 없다는 것'은 법을 수호하고 법으로 보호되는 공동체로부터 배제됨을 의미했으며, 종종 적극적 방해는 아닐망정 이 죄인들에게 법적 차별을 가져다주었다. 이러한 사실이 원형감옥의 낡은 기술들(이제 대규모의 사람들을 통합하고 훈육하는 주요 수단으로는 폐기된)에 예속되어 있는 집 없는 이들이나 여기저기 떠도는 '하층민들'에게는 여전히 적용되지만, 유목민에 비해 정주하는 삶이 무조건 우월하다는 시대, 정착한 자들이 이동하는 자들을 지배하는 시대는 이제 급격히 종말을 향해 가고 있다. 우리는 영토권과 정착의 원리에 가해지는 유목주의의 복수를 목격하고 있다. 유동적 근대 단계에서는 다수의 정착한 사람들이 유목적이고 탈영토적인 엘리트들에 의해 지배받고 있다. 유목적인 교통을 위해 길을 터주고 아직 잔존하는 검문소들을 없애는 일이 오늘날 정치, 그리고 전쟁의 가장 큰 목적이 되고, 이는 클라우제비츠가 독창적으로 선언했던 "다른 수단을 통한 정치의 확장"과 다름이 없다.

오늘날 전지구적 엘리트들은 지난날의 '부재지주' 유형을 따르고 있다. 지배를 하되, 행정, 관리, 복지 문제 같은 잡무를 맡지 않으며, 복지로 말할 것 같으면 '문제의 규명', '생활 방식의 개혁', 도덕적 고양, '문명화', 문화적인 십자군 원정이라는 임무를 떠맡지 않는다. 예속된 주민들의 삶에 적극 개입할 필요는 이제 없다(아니 오히려, 이는 불필요하게 비용이 나가고 비효율적이라는 이유로 적극적 회피의 대상이 된다). 그리하여 '더 큰' 것들은 이제 '더 좋은 것'이 아닐 뿐만 아니라 합리적이지도 않다. 이제 향상과 '진보'를 뜻하는 것은 더 작고, 더 가볍고, 더 쉽게 이동 가능한 것들이다. 더 믿을 만하고 고체적이라는 이유로―즉, 그들의 막중한 무게, 실체성, 그리고 굽혀지지 않는 저항성 때문에―매력적으로 간주되던 모든 것들에 단단히 얽매여 있는 것보다, 가볍게 돌아다니는 것이 이제 힘의 자산이다.

만일 언제든지 마음먹은 대로 짧은 시간에, 아니 거의 시간을 들이지 않고 어느 땅에 갈 수 있다면, 그 땅에 머무른다는 것은 그다지 중요하지 않게 된다. 반면, 너무 단단히 붙어 있어 상호 헌신의 의무 속에 유대를 맺는 부담을 지는 것은 분명 해로울 수도 있고, 다른 어딘가에서 새로운 기회가 불쑥 나타날 수도 있다. 록펠러라면 자신의 공장, 철도, 유전 현장이 크고 육중하길, 그리고 그것들을 참으로 오랫동안(만일 사람이나 그 가족들의 수명으로 시간을 잰다면 영원이라 할 만큼) 소유하길 바랐을 수도 있겠다. 그러나 빌 게이츠는 자신이 지난날 자랑스러워했던 소유물들과 헤어지는 데 별다른 아쉬움이 없다. 오늘날 이윤을 창출하는 것은 생산품의 지속성과 오래 유지되는 신뢰가 아니라, 생산품의 순환과 재활용, 노화와 폐기와 대체 과정에서의 그 경탄해 마지않을 속도이다. 천년을 지속한 전통에 대한 놀랄 만한 뒤집기 속에서, 오래가는 것들을 혐오하고 피하며 순간적인 것들을 아끼는 이들이 오늘날 높은 신분과 권력을 갖게 되었고, 온갖 어려움에 맞서 자기 수중에 있는 보잘것없고 하찮고 일시적인 소유물들이 조금만 더 오래가고 좀 더 역할을 하기를 바라며 필사적으로 억지를 부리는 이들은 저 밑바닥에 있다. 이 둘은 오늘날 주로 대형 세일이나 중고차 경매장에서 서로 마주치는 형국이다.

사회적 네트워크가 해체되고 효과적 집단행동의 주체들이 와해된 데 대하여, 이를 점점 더 이동하고 미끄러지고 변화하고 회피하고 도망만 가는 오늘날의 힘이 지닌 새로운 가벼움과 유동성으로 인한 예기치 않았던 '부작용'으로 보아 깊이 우려하고 개탄하는 것을 종종 목격하게 된다. 그러나 사회의 해체는, 새로운 힘이 결속 파괴와 도피 기술을 주요한 도구로 사용하는 탓에, 새로운 힘의 기술의 결과인 동시에 조건이 되기도 한다. 힘이 자유롭게 흐르기 위해서는 이 세상에서 장벽과 장애물, 요새화된 국경들과 검문소들이 없어져야만 한다. 일체의 농밀하고 탄탄한 사회적 유대의 네트워크, 특히 영토적으로 깊게 뿌리내린 네트워크는 반드시 제거되어야 할 장애물이다. 전지구적 힘은 그 지속적이고도 급증하는 유동성—자신의 힘의 주요 원천이자 그들의 불패 신화를 장담해줄—을 위하여 그러한 네트워크를 해체하는 데 전념하고 있다. 그리고 이 힘들이 우선적으로 작동하도록 하려면 인간의 유대와 네트워크가 해체되고 취약해지고 깨지기 쉽고 '다음번 통지'*만을 기다리는 상태가 되어야 한다.

이렇게 얽힌 세태가 수그러들지 않고 전개된다면, 인간 남녀들은 인공두뇌학이 개척기에 자랑스럽게 발명해내자마자 미래를 예고하는 것으로 주장되었던 바퀴 달린 플러그electronic mole과 닮은 형태가 될 것이다. 플러그마다 바퀴가 달려 있고, 이 플러그들은 자기가 꽂힐 수 있는 전기 소켓을 필사적으로 찾아 헤맨다. 그러나 휴대전화를 생각하면 알 수 있겠지만, 미래에는 소켓이란 것이 벌써 한물간 것이거나 형편없는 것, 찾아냈다고 해도 공급량은 자꾸만 줄고 품질은 영 균질하지 못한 것이기 십상이다. 현재 많은 전기 공급자들이 그들의 네트워크로 접속하는 것의 이점에 대해 크게 자랑을 해대면서 소켓을 찾는 이들의 관심을 끌기위해 경쟁을 벌이고 있다. 그러나 결국에(즉시성의 시대에 '결국'이 어느 시기가 될지는 모르겠지만) 소켓들은 공항 매점마다 그리고 고속도로나 시골길에 늘어선 주유소에 진열되어 있는, 낱개로 구입 가능한 일회용 배터리에 필시 자리를 내주고 말 것이다.

이는 액체 현대에 알맞은 일종의 디스토피아같이 여겨지는데, 오웰과 헉슬리식의 악몽이 기록한 두려움을 가히 능가하는 듯하다.

1999년 6월

---

* 유럽의 기업에서 사전 통지 기간을 두고 해고를 하는 관행을 일컫는다.

제2차 세계대전 종전에 뒤이은 '영광의 30년 동안' 풍요로운 서양사회는 전례를 찾아보기 힘들 정도의 성장과 부의 축적, 경제적 안정을 이루었는데, 그 기간이 끝날 무렵 허버트 마르쿠제는 이렇게 불평했다.

오늘날 우리의 상황으로 말할 것 같으면, 우리는 역사적으로 새로운 상황에 직면해 있다. 왜냐하면 오늘날 우리는 그나마 잘 돌아가고 풍요롭고 힘을 갖춘 사회로부터 해방될 필요가 있기 때문이다. (…) 우리가 직면한 문제는, 인간의 물질적 요구와 문화적 필요가 대단히 많아진 사회로부터, 슬로건을 빌려 말하자면 점점 더 많은 사람들에게 상품을 배달하는 사회로부터 우리가 해방되어야 한다는 것이다. 이 말에 담긴 속뜻은, 해방이라는 것이 겉보기에 대중적 기반이 없는, 그러한 사회로부터의 해방에 우리가 직면해 있다는 것이다.[1]

마르쿠제에게 문제가 된 것은, 우리가 **기필코** 해방을 이루고 **반드시** '사회로부터 해방'되어야 한다는 것이 아니었다. 문제는, '상품을 배달하는' 사회**에만** 생기는 현상, 즉 해방을 이루어야 하는데 '대중적 기반'이 없다는 점이었다. 쉽게 말하자면, 해방되길 원하는 사람이 드물고, 그 어떤 사람도 '사회로부터의 해방'이 기왕의 처지와 어떻게 다른지 잘 모른다는 것이다.

'해방'이라 함은 제반 운동을 가로막거나 왜곡하는 특정 유형의 족쇄로부터 풀려난다는 것, 즉 나아가거나 행동할 자유를 느끼기 시작함을 뜻한다. 자유롭다는 **느낌**은 의도했거나 바람직하게 여겨지는 일을 하고자 할 때 그 어떠한 방해나 장애, 저항 혹은 곤경을 겪지 않음을 뜻한다. 쇼펜하우어가 갈파했듯이, '실재 reality'는 의지에 찬 행동으로 창조된다. 세계는 내 의도에 대해 요지부동하게 무관심하고 내 의지를 따르지 않으려고 하는데, 이는 세계를 '실재의real' 모습—구속하고, 제한하고, 불복종하는—으로 인식하는 과정에서 반향된다. 억압으로부터 자유로움을 느끼고 소망에 따라 행동할 자유가 있다고 느끼는 것은, 여러 소망들과 상상, 그리고 그것들을 실행에 옮길 능력 간에 균형을 취하고 있음을 뜻한다. 우리가 상상한 바가 우리의 실제 욕망보다 더 커지지 않는 범위 내에서, 이 두 가지가 모두 실행능력을 벗어나지 않을 때 우리는 자유를 느낀다. 그러므로 이러한 균형은 다음 두 가지 방식으로 아무런 손상 없이 설정되고 유지될 수 있다. 즉, 욕망과 상상 모두를 줄여나가거나 둘 가운데 한쪽만 점차로 줄여 나가든지, 혹은 실행능력을 늘리든지 하는 방식들이다. 일단 균형이 잡히고, 그 균형이 고스란히 유지된다면 '해방'은 우리를 움직일 힘이 없는 무의미한 구호가 되고 만다.

그런 뜻으로 자유라는 말을 쓰는 덕분에 우리는 '주관적' 자유와 '객관적' 자유를 떼어놓을 수 있고, '해방의 필요' 또한 주관적인 것과 객관적인 것으로 나눌 수 있게 된다. 좀 더 나아지려는 의지가 좌절되거나, 애초에 의지를 품지 못할 수도 있다(예를 들어 프로이트에 따르면, 쾌락과 행복을 지향하는 인간 충동에 '현실 원칙reality principle'이라는 압력이 가해질 경우이다). 실제 경험에서 나온 것이든 단지 상상에 의한 것이든, 의도라는 것은 실행 능력의 규모에 맞추어, 특히나 합리적으로 행동할 능력 – 잘해낼 가능성은 별로 없지만 – 에 맞추어 축소되었다. 다른 한편으로는, 의도를 스스로 조작함으로써 – 예컨대 '세뇌'와 같이 – 진정한 의도가 무엇인지 알아내는 것은 고사하고, 실행에 옮겨볼 '객관적' 능력을 발휘조차 못하고 결국엔 '객관적' 자유 그 이하로 야심을 낮춰 잡을 수도 있다.

'주관적' 자유와 '객관적' 자유를 구분함으로써 당혹스럽기만 한 '현상 대 본질' 식의 논쟁이 담긴 판도라의 상자가 열리게 되었다. 이 논쟁은 다양하고도 방대한 규모의 철학적 의미와 함께 잠재적으로 거대한 정치적 함축을 담고 있었다. 그 쟁점 중 하나는 자유처럼 느껴진 것이 실제로는 전혀 자유가 아니었을 가능성, 사람들이 자신의 운명이 '객관적'으로 결코 만족스럽지 않은 것임에도 이에 자족할 가능성, 노예제도 속에서 살면서도 자유롭다고 느끼고 자신을 해방할 그 어떤 급박한 필요도 느끼지 않게 되어 참된 자유를 누릴 가능성을 저버리거나 박탈당하게 될 가능성에 관한 것이었다. 이러한 가능성은 다음의 가설을 낳았다. 즉, 사람들이 자신의 어려움을 제대로 판별하는 데 무능할 수도 있으므로, '객관적으로' 자유로워지려는 욕구를 품고, 그 자유를 위해 싸우려는 용기와 결의를 갖도록 하는 데는 강제 혹은 회유—두 방식 모두 이끌리게 된다는 점은 공통적이지만—가 반드시 필요하다는 가설이다. 그러나 지식인들을 근심케 하는 더욱 암울한 예감은, 자유를 실행하는 데 야기될 법한 여러 곤경을 놓고 볼 때, 사람들이 자유로움 자체를 싫어하고 해방의 전망에 오히려 분노할 수도 있다는 점이다.

자유라는 축복의 양면성

《오디세이》의 일화를 묵시록적 관점에서 해석한 리온 포이히트방거Lion Feuchtwanger는, 키르케의 마법에 걸려 돼지로 변해버린 선원들이 그 처지에 만족하여 오디세우스가 마법을 깨고 자신들을 다시 인간으로 되돌리려 하자 이에 필사적으로 저항한다고 지적했다. 돼지로 변한 선원들은 오디세우스가 마법을 깨고 인간으로 돌아갈 약초를 발견했다는 말을 듣자마자 자신들을 구원하려는 열망에 찬 오디세우스가 도저히 따라잡지 못할 속도로 재빠르게 돼지우리로 도망을 간다. 오디세우스는 결국 돼지 무리 중 한 마리를 사로잡는 데 성공하는데, 기적의 약초로 한번 쓱 문지르니 억센 짐승가죽으로부터 엘페노르가 빠져나왔다. 포이히트방거가 주장하듯이, 그는 힘이 장사도 아니고 딱히 영리하지도 않은 '다른 이들과 똑같은' 그저 평범하기 짝이 없는 선원이었다. '해방된' 엘페노르는 자신이 구출된 데 고마워하기는커녕 그의 '해방자'를 사납게 공격한다.

> 또 왔구나 나쁜 놈, 이 참견꾼 자식, 또 우리를 들볶고 못살게 굴고 싶어서, 또 우리를 위험에 빠뜨리고 심신이 고달픈 결정을 매번 하라고? 난 정말 행복했는데. 진흙탕에 뒹굴며 빛을 쬐고 꿀꿀 꽥꽥 내 멋대로 하면서 '이걸 해야 하나, 저걸 해야 하나, 나는 무엇을 해야 하나?' 따위의 생각과 의혹에서 자유로울 수 있었는데. 왜 왔어? 예전에 살았던 그 끔찍한 삶에 나를 다시 처박으려고?

해방은 축복인가 저주인가? 축복으로 위장한 저주인가 아니면 저주처럼 여겨지는 축복인가? 이는 '해방'이 정치개혁 일정에서 가장 중시되고 '자유'가 가장 중대한 덕목으로 손꼽히는 근대 시기 대부분에, 즉 자유는 느리게 도래하는 한편 그 자유를 누려야 할 이들은 그것을 맞이하길 꺼린다는 것이 자명해졌을 때 지식인들의 뇌리를 떠나지 않았던 질문이다. 이 질문에 두 종류의 답안이 생겨났다. 첫 번째는 '평범한 사람들'이 자유를 누릴 준비가 되어 있는지에 대해 의심에 찬 시선을 던지는 축이었다. 미국 작가 허버트 서배스천 애거Herbert Sebastian Agar가 표현한 대로(《위대함의 시대A Time for Greatness》, 1942) "인간을 자유롭게 하는 진실은 대부분 인간이 듣기를 원치 않는 진실이다." 두 번째 답은 인간이 자신에게 베풀어진 자유가 가져다줄 이득이란 게 있을지 의심하는 데는 그럴 법한 이유가 있음을 수긍하는 쪽이다.

첫째 유형의 답안은, 오도되고 기만당하여 결국 자유를 얻을 기회를 잃고 마는 '대중'을 어쩌다 한 번씩 가여워하거나, 진정한 자율과 권리를 주장하는 데 따르는 위험과 책임을 떠맡기를 꺼려하는 '대중'을 경멸하고 그에 분노하는 태도로 이어진다. 마르쿠제의 불평에는 이 두 반응이 뒤섞여 있으며, 새로운 풍요의 시대의 문 앞에서 예속된 처지의 사람들이 자신들의 예속과 명백히 타협하고 있는 데 대해 책임을 추궁하려는 의도도 적지 않다. 이와 유사한 불평을 담은 그간의 다른 공언들의 예로는 밑바닥 계층의 '부르주아화'(최고의 가치로서 '존재' 대신 '소유'를, '행동' 대신 '현상 유지'를 내세우는)나, '대중문화'(매슈 아널드Matthew Arnold가 말했듯이 '달콤하고 가벼운 것에 대한 열망과 이것들이 우세하도록 만들려는 열망'에 사로잡힌, 곳곳에 여흥과 쾌락에 대한 갈증을 심어놓는 '문화산업'으로 말미암은 집단적 두뇌손상) 등이 있다.

두 번째 유형의 답안은 헌신적 해방주의자들이 칭송했던 종류의 자유가 그들 주장과는 달리, 행복을 보증해주지 않는다는 것을 시사한다. 자유는 기쁨보다는 비탄을 더 많이 초래한다. 이러한 관점에 비추어 보자면, 데이비드 콘웨이David Conway[2]는 헨리 시지윅Henry Sidgwick의 원리를 인용하며, 일반적 행복은 성인들에게 "개인의 욕구는 개인 각각이 지닌 자원에 기대어 충족된다는 예상"을 유지시킬 때 가장 효과적으로 증진된다고 주장했다. 혹은 행복을 그 특유의 고독한 추구 과정을 통해서만 얻어지는 것으로 묘사한 찰스 머레이Charles Murray[3]의 열변도 마찬가지로 잘못된 것이다. "어떤 사건이 만족감을 주는 이유는 **당신이** 그것을 했기 때문이다. (…) **당신의** 어깨 위에 제법 무거운 책임을 짊어진 채로, 제법 좋은 일이 많이 생긴 것은 **당신의** 공헌 덕분이므로." '손에 쥔 것이라곤 달랑 자기 재능과 자원뿐이라는 것'은 결단을 내릴 수 없는 정신적 고통과 괴로움을 가져오게 된다. '온전히 내 어깨 위로 떨어진 책임'이란 것도 어디 호소하여 구제받을 자격조차 없이 실패에 대한 두려움과 온갖 위험을 무릅써야 하는 것을 뜻한다. '자유'가 진정 의미하는 것이 이런 식일 수는 없다. 만일 '실제로 존재하는' 자유, 우리가 제공되는 상품처럼 우리가 사주기만을 기다리는 자유가 겨우 그런 것이라면, 그것이 행복의 보증일 리 만무하며, 얻고자 투쟁할 가치가 있는 대상이라고 할 수도 없다.

두 번째 답은 궁극적으로, '고삐 풀린 인간'에 대한 홉스주의적 근원적 공포에서 온 것이다. 이러한 답안은 사회의 강제적 제재들로부터 벗어난(혹은 그러한 제재에 결코 굴복하지 않는) 인간이 자유로운 한 개인이라기보다는 짐승이라는 가설에 의지한다.

또 다른 가설, 즉 효과적 제재가 없다면 삶이 '역겹고 잔인하며 단명할 것'이며, 따라서 행복과는 거리가 멀게 될 것이라는 가설을 상정하여 공포심을 자아낸다. 에밀 뒤르켐은 바로 그러한 홉스주의적 관점을 하나의 포괄적 사회철학으로 발전시켰는데, 그 철학에 따르면 가장 평범한 보통 사람들이 만든, 가혹한 형벌체제가 뒷받침되는 '규범'이, 가장 끔찍한 두려움의 대상이었던 노예 제도로부터 인간을 진정으로 해방시켰다는 것이다. 이때 노예 제도는 외부적 억압이 아닌, 내면의 억압 속에, 인간의 전前사회적 내지는 반反사회적 본성 안에 숨어 있는 노예 제도를 말하는 것이다. 이런 철학에서는 사회적 억압이 바로 해방적 힘이며 인간이 합리적으로 향유할 법한 자유를 가능케 할 유일한 희망이 된다.

개인은 사회에 복종하는데, 복종은 개인의 해방 조건이다. 인간에게 자유란, 맹목적이면서도 분별없는 물리적 힘들로부터 해방되는 것이다. 인간은 이 물리적 힘들에 대항하여 위대하고도 분별 있는 사회의 힘, 그 보호 하에서 인간이 안식처를 찾는 사회적 힘을 행사하여 해방을 얻는다. 사회의 보호 속에서 그는 또한 어느 정도까지는 사회에 의지하게 된다. 그러나 이는 일종의 해방적 의존일 뿐 그러한 의존이 자유와 모순되는 것은 전혀 아니다.[4]

의존과 해방 사이에는 모순이 없을 뿐 아니라, '사회에 복종'

하고 그 규범을 따르는 것 이외에는 달리 해방을 추구할 방법이 없다는 것이다. 사회를 거슬러서는 자유를 획득할 수 없다. 사회 규범에 반기를 든 반역자들이 당장 짐승으로 돌변하여 자기 처지를 판단할 힘을 잃는 것은 아닐지라도, 규범에 저항한 결과 주변 인간들이 무슨 의도로 어떤 행동을 하는지 모르는 불확실성 때문에 무언가 결정을 할 때마다 끊임없는 괴로움에 시달리게 될 뿐이다. 즉, 사는 게 생지옥이 되고 마는 것이다. 조밀하게 얽인 사회적 제재들은 우리가 일상에서 반복해야 할 유형들을 부여해주는데, 그 덕분에 인간은 그러한 괴로움을 겪지 않아도 된다. 어찌어찌해야 한다는 압력을 받으면서 반복 학습한 행동방식들 덕분에 인간은 대부분의 시간을 어떻게 보내야 할지를 알게 되고, 다음과 같은 상황을 모면할 수 있다. 즉, 이정표 하나 없고 온통 자신이 헤쳐가야만 하되, 그 결과가 어찌 될지 전혀 확신이 없는 상태로 헤아릴 수 없는 위험이 잔뜩 도사린 길을 가며 이런저런 결정들을 내려야 하는 상황에 놓이게 되는 것 말이다. 사람들이 삶의 과제들을 수행하고자 투쟁할 때 일어날 수 있는 최악의 가능성은 규범이 불분명하거나 전혀 없다는 것, 즉 혼돈이다. 규범은 어떤 것을 못하게 함으로써 다른 것을 **가능하도록** 해준다. 혼돈은 단도직입적으로 손쓸 수 없는 무능, 불가능을 부른다. 규범적 조항들이 삶의 전쟁터로부터 퇴각한다면 그 뒤에 남는 것은 오직 의혹과 두려움뿐이다. (에리히 프롬이 웅변적으로 표현한 대로) "각 개인이 적극 자신의 운명을 시험"할 때, "헤엄쳐 나가든지 빠져 죽든지" 해야 할 때면, "확실성에 대한 맹렬한 추구"가 그 즉시

발동하며 "의혹을 **자각하는 것** 자체를 없애기"위한 "해결책"을 필사적으로 찾아 헤매게 된다. 달리 말해 "'확실성'을 보장해준다고" 약속하는 것이라면 그것이 무엇이든지 간에 좋은 것이다.[5]

"일상은 비루할 수도 있지만, 우리를 보호할 수도 있다"는 리처드 세넷의 지적은 독자들에게 애덤 스미스와 드니 디드로 Dennis Diderot간의 오랜 논쟁을 일깨운다. 스미스는 일상의 노동이 인간을 비루하고 어리석게 만든다고 경고한 반면, "디드로는 일상의 노동이 비루한 것이라 여기지 않았다. (…) 디드로의 현대적 계승자인 사회학자 앤서니 기든스Anthony Giddens는 습관이 사회 관습과 개인의 깨달음에 우선적 가치로 기능하는 것에 주목함으로써 디드로의 통찰에 생기를 불어넣고자 했다." 세넷 자신의 견해는 명백하다. "순간적 충동과 단기적 행위만으로 가득한, 지속적 일상과 습관을 결여한 삶을 생각할 때 우리에게는 진정 아무런 정신세계가 없는 존재가 떠오른다."[6]

삶이 정신세계를 박탈당하는 지경까지 도달하지는 않았지만 그 정신세계는 대단한 손상을 입기는 했다. 새로이 고안된 일상(습관이 될 정도로 오래 지속될 가능성은 없어 보이는)을 포함하여 확실성을 실현할 모든 미래의 도구들은 그저 목발 노릇에 그치고 말 것이다. 그 목발은 우리가 너무 자세히 들여다보지 않기로 마음먹은 한에서만 실제처럼 그럴듯해 보이는, 무엇이든지 잘 만들어내는 인간들의 기교일 뿐이다. 반복되는 일상과 단기적 반성만 있는 사무적the matter of fact 세계를 해체하는 '원죄'를 저질러야만 찾아오는 모든 확실성은, 가공된 확실성, 노골적이면서도 뻔

뻔스럽게 치장된 확실성이다. 그런 확실성은 인간의 모든 결정에 태생적으로 내재된 그 모든 취약함을 짊어지고 있다. 질 들뢰즈 Gilles Deleuze와 펠릭스 가타리Félix Guattari가 주장하는 바도 분명 그러하다.

> 파편화된 존재의 신화에 대해 우리는 더 이상 믿지 않는다. 그 파편들은 마치 원래의 온전한 상태와 똑같은 하나의 일체로 모아 붙이기 위해 마지막 한 조각이 나타나기만을 기다리는 고대 조각상의 파편들과 마찬가지이다. 한때 존재했다는 근원적 총체성 혹은 미래의 어느 날 우리를 맞이할 최종적 총체성 따위에 대한 믿음은 이제 없다.[7]

일단 잘려나갔다면 이를 다시금 모아 붙일 수는 없는 노릇이다. 유동적 근대 세계에 진입한 우리는 과거와 마찬가지로 미래에도 총체성에 대한 그 모든 희망을 접는다. 알랭 투렌Alain Touraine이 최근에 공언했듯이, "그/그녀가 처한 사회적 처지가 그들의 처신과 행위들을 결정짓고, 이 처지로써 사회적 존재로서의 한 인간을 정의내리는 일은 이제 끝나야 한다"고 주장할 때가 왔다. 그 대신, "사회규범이 이끄는 대로 하지 않는 사회적 행동에 대한 전략적 정의"와, "각각의 사회적 행위자들에 의해 이루어지는 문화적 심리적 특수성에 대한 방어"를 결합하는 원칙을 이제 사회제도나 보편주의 원칙 속에서가 아니라 각 개인에게서 찾을 수 있다는 것이다.[8]

이러한 급진적 견해를 떠받쳐주는 암묵적 가설은, 구상하고 구현할 가치가 있는 일체의 자유는 이미 얻었다는 것이다. 이제 귀퉁이에 극히 드물게 남아 있을 잡동사니를 치우고 허전한 벽면에 무엇을 좀 걸기만 하면 되고, 이마저 금방 끝낼 수 있다. 더 할 일은 없다. 그/그녀들은 진정 완전히 자유로우며 따라서 해방의 일정은 고갈되고 말았다. 마르쿠제의 불평과, 잃어버린 공동체에 대한 공동체주의자들의 사무치는 그리움은 서로 반대되는 가치들을 표명하는 것이겠지만, 그것들은 똑같이 시대착오적이다. 이미 뿌리 뽑힌 것들을 새로이 심는 것도, "사람들로 하여금 아직 완수되지 못한 해방 과제에 대해 대오각성하게 만드는 것"도 별로 가능성이 없는 듯하다. 마르쿠제의 곤경은 시대에 뒤떨어진 것이다. 왜냐하면 '개인'은 이미 그가 꿈꾸어보았을 법한, 그리고 당연히 원할 법한 그 모든 자유를 부여받았기 때문이다. 여러 사회 제도는 지나치리만큼 기꺼이, 정의를 내리고 정체성을 부여하는 그 괴로운 과업의 주도권을 개인에게 넘겨주었고, 여기에 반발할 보편주의 원리를 찾아내기란 어렵다. '탈배태disembedded된 것을 다시 배태embedded시키기'를 꿈꾸는 공동체주의자들의 희망으로 말할 것 같으면, 채워 넣을 수 있는 것들이라고 해봐야 그저 모텔 침대나 침낭, 분석가들이 쓰는 소파 따위만 남았다는 것, 그리고 지금부터는 공동체들―'상상'된다기 보다는 **가정**되는― 이 현재 진행되고 있는 개인성의 연극무대에서 정체성들을 결정 짓고 정의내리는 힘이 아니라, 그저 일시적 가공품에 불과한 것이 되리라는 사실은 아마도 바뀌지 않을 것이다.

비판의 우연성과 그 변화하는 운명

우리가 살고 있는 사회의 문제점은, 코넬리우스 카스토리아디스Cornelius Castoriadis의 말을 빌리자면, 사회가 스스로에게 질문하길 멈추었다는 데 있다. 우리 사회는 더 이상 그 어떤 대안적 사회를 식별해내지 못함으로써 이 사회가 공공연히 혹은 암묵적으로 표방하는 가정들이 과연 타당한지 입증하는 것은 물론이고, 이를 검토하거나 증명하거나, 정당화할 의무를 면책받았다고 느끼고 있다. 그러나 이 말이 곧 우리 사회가 그런 유의 비판적 사고를 억압해왔다는(혹은 억압하는 경향을 띠며 중대한 격변을 사전에 저지해 왔다는) 뜻은 아니다. 이 사회는 그 구성원들이 사회에 대해 (두려워하는 것은 물론) 침묵을 지키게끔 강요한 적이 없다. 설혹 강요했다손 쳐도 이는 침묵하지 말라는 강요였을 것이다. 우리 '자유로운 개인들의' 사회는 현실에 대한 비판과 '현 상황'에 대한 불만 그리고 이에 대한 항변─이런 것들은 모든 구성원들이 평생 피할 수 없고 의무적으로 복무하는 일이라는─을 수행해왔다. 앤서니 기든스가 계속하여 일깨우듯이, 우리는 모두 오늘날 '생활정치'에 참여하고 있다. 우리는 우리가 취하는 모든 행동을 면밀히 관찰하는 '반성적 존재'이며, 그 행동의 결과에 만족하는 법 없이 열심히 수정을 가한다. 그러나 어찌된 일인지, 그러한 반성이 우리 행동의 인과관계를 설정하고 그 결과를 규명하는 복잡한 절차를─그 절차를 전적으로 지배하는 조건들은 차치하고─포괄해낼 만큼 심화되지는 못한다. 우리는 아마도 과거 우리 선조들이 나날의 삶에서 어렵사리 해낸 것보다 비판을 하는 일에 더 용감하고 비타협적인 '타고난 비판적 성향'의 소유자들인지는 모르겠다. 하지만 우리의 비판으로 말할 것 같으면 '평생에 걸친 정치적' 선택을 하기 위해 마련된 의사일정에 영향력을 행사하지 못하는 '종이호랑이'에 불과한 것 같다. 우리 사회 구성원들에게 베풀어진 전대미문의 자유는 레오 스트라우스Leo Strauss가 오래전에 경고한 바대로, 전대미문의 무능을 동반하고 온 것이다.

우리는 동시대의 사회(후기 근대, 탈근대 사회, 울리히 벡의 '이차 근대' 사회, 혹은 필자의 용어로는 '유동적 근대 사회'라는 이름으로 나타난)가 비판에 그다지 호의적이지 않다는 견해를 접하곤 한다. 그러한 견해는 '호의' 그 자체의 의미가 일련의 역사 단계를 밟아오는 동안 전혀 변화되지 않은 채로 머물고 있다고 가정함으로써 오늘날의 변화의 속성을 파악하지 못하는 듯하다. 그러나 문제는, 동시대 사회가 '비판에 대한 호의'에 전적으로 새로운 의미를 부여했으며 비판적 사고와 행동을 수용하는 하나의 방식을 만들어내면서 그러한 수용이 초래하는 결과들에 둔감해졌다는 것이다. 그리하여 우리 사회는 개방적 논의를 허용하는 광장 정책의 시험과 시련을 겪고도 약화되기는커녕 한층 강한 모습으로 흠집 하나 없이 태연하게 다시금 나타나게 된다.

현대사회에 특징적인 이런 식의 '비판에 대한 호의'는 캠핑용 차량 캐러밴으로 이루어진 이동주택 단지의 방식을 닮았다. 그곳은 캐러밴을 소유하고 있거나 임대할 만큼의 돈을 가진 모든 이들에게 개방된다. 손님들은 그곳을 오가는데, 그들 중 누구도 그곳이 어떻게 운영되는지 별 관심이 없다. 고객들은 캐러밴을 주차할 정도의 땅만 할당받고, 전기와 수돗물이 갖추어져 있으며, 주변의 캐러밴 소유자들이 너무 시끄럽게 굴지 않고 밤에 휴대용 텔레비전과 하이파이 스피커의 볼륨을 나지막하게 해놓기만 하면 된다. 운전자들은 차량 뒤에 붙은, 사는 데 필요한 모든 도구들을 갖춘 자신의 집을 끌고 온다. 머무는 기간은 어쨌든 길지는 않을 것이다. 모든 운전자는 각자만의 여행일정표와 시간계획표가 있다. 단지의 관리자에게 이들이 원하는 것은 작다면 작고 크다면 크다고 볼 수 있는 소망, 즉 자신을 그냥 내버려두고, 간섭받지 않게 해달라는 것이다. 그 대가로 그들은 관리자의 권위에 도전하지 않고, 사용료를 제때 내겠다는 약속을 한다. 돈을 내기 때문에 때로는 요구사항이 있을 때도 있다. 제공받기로 되어 있는 것들에 대해 권리를 주장할 때 이들은 몹시 단호한 경향을 띤다. 그러나 그 외에는 자신들이 원하는 대로 지내고 싶어 하며 그렇게 되지 못할 때는 화를 내곤 한다. 가끔씩, 더욱 질 좋은 서비스를 목청껏 외치기도 하는데, 일단 목소리를 높이면 꽤나 떠들썩하고 단호하여 원하던 것을 얻기도 한다. 무시당했다고 느끼거나 관리자의 약속이 지켜지지 않은 것을 알게 되면 캐러밴 생활자들은 불만을 늘어놓으며 자신들의 몫을 요구한다. 그러나 이들이 이동주택단지의 관리 철학에 질문을 던지거나 이를 두고 교섭하려고 마음먹는 일은 결코 없다. 하물며 단지를 운영하는 책임을 떠맡는 일은 두말할 나위 없다. 기껏해야 앞으로 이곳에 다시는 오나 봐라 하며 친구들에게도 이곳이 좋지 않다고 말해주자고 마음먹는 정도이다. 각자 자신의 일정에 따라 단지를 떠날 무렵, 그곳은 이들이 도착했을 때 그대로 남아 있다. 뜨내기 야영꾼들에게 좌우되지 않고 또 다른 야영꾼들이 도착하길 기다리는 것이다. 행여 뒤이어 도착한 여행자 무리들이 연달아 특정한 불만을 계속 품게 된다면, 차후에 똑같은 불평이 반복되지 않도록 편의제공사항이 바뀔 수도 있다.

유동적 근대 시기에, 비판에 대한 사회의 호의적 반응은 캐러밴 단지의 방식을 따른다. 질서에 집착하는 또 다른 근대의 체험이 잉태하고, 해방이라는 목적인 telos에 따라 교육받고 이를 지상과제로 삼았던 고전적 비판이론들이 아도르노와 호르크하이머에 의해 그 모양을 갖추었을 무렵에는 사뭇 다른 형식이었다. 제도화된 규범과 습관화된 규칙들과 의무를 할당하여 그것이 잘 수행되는지 감시받는 일종의 공동 살림 형식이었고 그 안에 경험상 타당한 이유를 지닌 비판 개념이 새겨져 있었다. 우리 사회는 이동주택 단지가 차량 소유주에게 베푸는 호의를 그대로 빼닮은 비판에는 호의적이면서도, 비판학파를 설립한 사람들이 하는 방식의, 그들의 이론이 주장하는 방식의 비판에 대해서는 단호하고도 분명하게 **적대적**이다. 뜻은 다르지만 대응하는 문구로 말하자면, '소비자 스타일'의 비판이 과거의 '생산자 스타일'의 비판을 대체했다고 말할 수 있다.

널리 받아들여지는 바와는 정반대로, 이 중대한 변화는 대중의 심기가 변했다거나 사회개혁의 욕구가 잦아들었다거나, 공공의 이익이나 더 나은 사회의 모양새에 대한 관심이 줄었다거나,

정치 참여의 인기가 떨어졌다거나, 쾌락주의적이며 '내가 우선'이라는 식의 정서 — 비록 이 모든 현상이 정녕 우리 시대를 가장 잘 특징짓는 것임이 분명하다 해도 — 가 고조되었다거나 하는 근거만으로는 설명될 수 없다. 변화의 원인은 더 깊은 곳에 있다. 그 원인들은 공적 공간이 심오하게 변형된 방식, 좀 더 일반적으로는 현대사회가 작동하고 지속성을 유지하는 방식에 깊이 자리하고 있다.

고전적 비판이론들이 목표로 삼았던 근대성과 그 인식론적 틀은, 오늘을 사는 세대들의 삶을 구성하는 근대성과는 너무나도 다른 것이어서 과거를 회고하는 연구자들을 충격에 빠뜨린다. 과거의 근대성은 (오늘날의 '가벼운' 근대성과 대조되는) '무거운' 것으로, ('유동', '액체' 혹은 '용해'와 구분되는) '고체'의 특성을 지닌 (확산이나 '모세혈관식 분산'과는 대조되는) 응축된 상태이고, 마지막으로 (그물망식 조직과는 다르게) 체계적이다.

'비판이론' 시대의 그러한 무겁고/고체적이고/농축되고/체계적인 근대성은 그 특성상 전체주의로 될 경향이 다분했다. 모든 것을 에워싸는 의무적이고도 강제적인 단일성으로 구성된 전체주의 사회가 어렴풋이 엿보였으며, 위협적 자태로 우리의 지평을 가로막았다. 결국 그렇게 될 운명처럼, 뇌관이 완전히 제거되지 않은 시한폭탄처럼, 완전한 퇴마를 모면한 혼령처럼 말이다. 그러한 근대성은 우연성, 다양성, 불명확함, 변덕스러움, 특이성 따위를 자신의 공공연한 적으로 삼고, 이 같은 '변칙들'과 소모적 성전을 선포했던 것이다. 누가 보아도 이 십자군 원정에서 가장 큰 희생양은 개인의 자유와 자율성이었다. 근대성의 징후를 가장 잘 보여주는 예는 **포드주의적 공장**이었다. 이곳에서 인간의 행동은 정신적 능력을 발휘하지 못하고 미리 정해진 절차에 따라 그저 묵묵히 기계적으로 따라 움직이는 것으로 격하되었으며, 자발성과 개인의 주도력은 금기시되었다. **관료제**는 그나마 그 내적 경향에서 막스 베버의 이상적 사회모델과 흡사한데, 관료제 속에서 개인의 정체성과 사회적 유대는 마치 옷장에 모자와 우산, 외투 등을 넣어두는 것과 같이 배치된다. 그리하여 그 안에 머무는 한 내부자들의 행동을 이의 제기 없이 몰고 갈 유일한 것은 명령문과 법령집뿐이다. 또한 감시탑이 있어서 수형자들이 잠깐 동안이라도 감시자가 경계를 늦추는 순간을 기대할 수 없는 원형감옥, 단 한시도 졸음에 빠지는 법 없이 항상 예리하고 신속하게 충복에겐 포상을 내리고 불복하는 자에겐 처벌을 내리는 '빅 브라더', 마지막으로 여러 실험 조건들 속에서 인간들이 어디까지 순응할 수 있는지 그 한계를 실험한 콘츠라거Konzlager*가 있다(이후 구소련의 강제수용소 굴라크Gulag가 현대판 악마들의 판테온에 가세했다). 충분히 순응적이지 않다고 판단되거나 추정되는 사람들은 결국 탈진해서 죽거나 가스실에서 화장터의 재가 되었다.

다시금 과거를 돌이켜볼 때 비판이론은, 그 특유의 불멸의 전체주의적 기질을 짊어진 것으로 가정된 사회의 전체주의적 경향을 희석시키고 중화하는 것, 가장 좋게는 그런 경향을 완전히 잠

---

* 2차 대전 당시 나치의 강제수용소를 가리킨다.

재우는 것이 그 의도였다고 말할 수 있다. 인간의 자율성, 선택의 자유와 자기주장을 할 자유, 그리고 남과 다를 권리와 그 다름을 지속할 권리가 비판이론의 주요 목표였다. 마치 연인이 결국에는 서로의 애정을 다시금 확인하고 결혼 선서를 하는 그 순간이 드라마의 끝이면서 '이후 행복하게 살았다'며 축복된 시작을 알리는 할리우드 멜로영화 같다. 초기 비판이론이 해방의 궁극적 지점, 불행의 종식, '사명 완수' 순간으로 간주한 것은 이러하다. 강력한 힘으로 옥죄는 일상의 손아귀를 비틀어 개인의 자유를 떼어내는 것, 만족을 모르는 전체주의적 획일화, 단일화 충동으로 고통받는 사회라는 강철같이 단단한 상자에서 개인이 벗어나도록 하는 것이다. 비판이론가는 그 목표에 복무해야만 했다. 그러한 목표를 이루는 순간 그 너머를 내다볼 필요도, 그럴 여유도 없었다.

조지 오웰의 《1984》는 집필될 당시의 근대성에 깃든 막중한 두려움과 공포를 가장 잘 담아낸—정전이라 할 수 있는—기록이다. 당대의 고통의 증상과 그 괴로움을 초래한 원인들을 진단해내자, 공포가 그 시기 해방적 기획들의 지평 위로 모습을 드러내었다. 진짜 1984년이 도래하자, 사람들은 오웰의 전망을 즉시 떠올렸고, 그도 그럴 법하게 공개적 논쟁의 장에서 이를 다루었으며, 다시금(아마도 이것이 마지막인 듯한데) 낱낱이 그에 대한 공포를 표현할 수 있었다. 다시 한번 그럴 법하게도, 오웰이 자신의 표현에 생동감을 불어넣기 위해 설정했던 시대가 되어 살펴보니 그의 예언이 적중하지 않은 것들이 있었고, 작가들 대부분은 그 속에서 진실을 구분하려고 예봉을 곤두세웠다. 그러나 우리 시대에 이르러, 불멸의 핵심적 이정표와 문화사적 기념비들조차도 계속적으로 재활용될 처지에 놓였고, 각종 기념절 행사나 과대광고에 뒤이은 회고전(일단 회고전이 끝나면 사람들 눈과 기억에서 깨끗이 사라지거나 신문, 텔레비전을 장식하는 또 다른 기념절이 찾아온다) 따위를 통해 사람들의 주의를 사로잡는 식으로 주기적으로 되찾아야 할 대상이 되었다. 바로 이러한 시대에 '오웰 행사'가 무대에 오르는 것이 어쩌다 한 번씩 투탕카멘이나 잉카의 황금, 베르메르나 피카소, 모네의 전시회를 여는 것과 별반 다를 게 없다는 것은 그다지 놀랄 일이 아니다.

그렇다 해도, 1984년의 축하행사들이 짧았고 그것들에 대한 관심도 빠르게 식어버렸으며, 미디어의 과대광고가 끝나자 오웰의 걸작이 망각의 저편으로 사라져버렸다는 것은 우리로 하여금 생각에 잠기게끔 한다. 결국 그 책은 수십 년간(비근하게는 바로 이삼십 년 전까지만 해도) 대중의 공포와 불길한 예감, 악몽을 담아낸 가장 권위 있는 작품이었다. 그렇다면 왜 그토록 짧은 순간의 부활에 관심이 스치는 정도에 머무르고 마는가? 납득할 만한 유일한 설명은, 1984년에 그 작품을 논한 사람들이 자신들의 억울함이나 괴로움, 이웃들의 악몽을 오웰의 디스토피아에서 더 이상 찾아내지 않게 된 결과, 예전에 모여 토의하고 깊이 생각했던 주제에 이제 더 이상 구미가 당기거나 관심이 가지 않게 되었다는 것이다. 그 책은 아주 잠깐 대중의 관심을 다시 받은 후, 플리니우스Gaius Plinius의 《박물지Historia naturalis》와 노스트라다무스의 예언 사이 어디쯤엔가 어중간하게 자리매김되었다.

역사의 시기를 구분할 때 그 시대에 거듭 출몰하여 그들을 괴롭히는 '내부 악령들'의 유형으로 시기를 구분하는 것도 그다지 나쁘지는 않다. 수십 년 동안 오웰의 디스토피아는, 아도르노와 호르크하이머가 탐구한 계몽의 기획이나 벤담과 푸코의 원형감옥, 혹은 전체주의 물결이 고조되는 반복적 징후들과 나란히, '근대성'이라는 것과 동일시되었다. 따라서 공공의 영역에서 옛 공포가 누그러지자, 나치즘의 '동질화 전략Gleichschaltung'*이 임박했을 때와 자유 상실의 공포와는 사뭇 다른, 새로운 공포가 전면에 등장하여 공개적 논의의 장에 진입했다. 이때 적잖은 논객들이 발빠르게도 '근대성의 종말'을 주장했다(심지어 더 과감하게는, 역사 자체의 종말을 주장하며 장차 닥치게 될 모든 위협에 무감각한 자유, 즉 시장의 자유와 소비자의 선택권 같은 자유를 구현함으로써 역사의 '목적인'을 벌써 획득했다고 주장한다). 그러나 (마크 트웨인 덕분인지) 근대성이 소멸되고 있다는 소식, 혹은 평생 울지 않다가 죽기 직전에 운다는 백조처럼 최후의 일성을 내고 있다는 풍문은 대단히 과장된 것이다. 그렇다는 소문이 왕성하다고 해서 그러한 부고가 시기상조가 아니게끔 해주는 것은 아니다. 비판이론의 개척자들이 (혹은 그 문제에 관한 한 오웰의 디스토피아가) 진단하고 시험대에 올린 사회유형은 다방면으로 변화무쌍한 사회가 취할 수 있는 유형 중 하나에 불과했다. 그 유형이 쇠약해지는 게 곧 근대성의 종말을 예언하는 것은 아니다. 또한 인간의 불행이

* 사회와 개인을 통제하기 위하여 히틀러 체제에서 실시한 전체주의적 기획.

끝나는 것을 의미하지도 않는다. 더욱이, 그것이 지성계의 숙제요 천명이라 할 비판의 소임이 끝났음을 뜻하는 것은 결코 아니며, 그러한 비판을 쓸모없게끔 하는 것도 결코 아니다.

21세기에 진입한 우리 사회는 20세기에 진입했던 과거 사회 못지않은 '근대성'을 지닌다. 다만 좀 다른 방식의 근대라고 할 수는 있겠다. 백 년 전쯤에 그랬던 만큼이나 오늘날의 사회를 근대로 만드는 것은, 인간이 공동생활을 해온 여타의 역사적 형식과 근대를 확연히 구분시켜주는 어떤 것이다. 달리 말해, 그것은 강제적이고 강박적이고 지속적으로 멈출 수 없는, 영원히 미완에 그치는 '**현대화**modernization'이다. 창조적 파괴(혹은 이 경우에는 파괴적 창조이기도 한)를 향한, 저항하거나 근절하거나 가라앉힐 수 없는 갈증이다. '새롭고 향상된' 계획이라는 이름하에 '개간'하는 현대성, '해체', '제거', '단계적 폐지', '합병' 혹은 '대규모 감원'의 현대성, 이 모든 것은 미래에도 똑같은 일을, 즉 생산성과 경쟁력을 제고하는 일을 더 많이 할 수 있는 여력을 확대하기 위함이다.

오래전에 에프라임 레싱Ephraim Lessing이 지적했듯이, 근대가 시작될 무렵 우리는 창조와 계시, 영원한 파문에 대한 믿음으로부터 해방되었다. 그 믿음이 눈앞에서 사라지자 우리 인간들은 '우리 소유의' 자기 자신을 발견했다. 이는 그 뒤로 우리가 스스로의 선천적, 후천적 재능이나 좋은 수완, 배짱, 의지, 결단력에서의 부족함 말고는 발전과 자기 개선에 그 어떤 한계가 없었음을 뜻한다. 인간의 손을 거쳐 만들어진 것은 모두 인간의 손으로 파괴할 수도 있다. 현대적이라는 것은, 오늘날의 의미대로 멈출 수 없다는 것, 가만히 서 있기는 더욱 불가능해졌다는 것을 의미하게 되었다. 우리는 끊임없이 움직이고 계속하여 움직여야 할 운명이 되었는데, 막스 베버가 시사했듯이 '만족이 늦추어졌기' 때문이라기보다는, 도무지 만족한 상태가 되는 게 **불가능**하기 때문이다. 만족의 지평, 수고가 보답받는 결승점이자 평온한 자축의 순간은 가장 빨리 달리는 선수보다 더 빠르게 이동하기 때문이다. 사명의 완수는 늘 미래의 것이 되고, 성취는 그것이 얻어지는 순간, 설사 그 전에 그리되지는 않았다 해도, 그 의미가 빛이 바랜다. 현대적이라는 것은 항상 우리 자신보다 앞서 있는 것, 끊임없는 도전 (니체의 말을 빌자면, 우리는 초인Übermensch이 되거나 적어도 그렇게 되려는 노력 없이는 인간Mensch이 될 수 없다)을 의미한다. 그것은 또한 미완의 계획으로서만 존재하는 하나의 정체성을 갖는다는 것을 의미하기도 한다. 이렇게 본다면, 우리가 처한 곤경이 선조들의 곤경과 크게 다를 것도 없다.

그럼에도 불구하고 우리의 상황, 우리의 근대 형식이 새롭고 다른 이유는 다음의 두 가지 특성 때문이다.

첫 번째는, 근대 초기의 다음과 같은 환상이 오늘날 점차 붕괴하고 급속히 기울어가고 있다는 점이다. 우리가 따라 나아가는 길에 끝이 존재한다는 믿음, 역사적 변화에는 획득 가능한 목적인이 있다는 믿음, 내일에든 내년에든 다음 지복천년에든 완벽한 상태가 이르리라는 믿음, 이루어지리라 가정되던 면면의 전부 혹은 일부가 실현된 어떤 좋은 사회, 정의로운 사회, 갈등 없는 사회가 오리라는 믿음에서 오는 환상 말이다. 그때 우리는 수요와 공급이 확고한 균형을 이루고 욕구가 완전하게 충족되리라고, 모든 것이 알맞은 자리에 놓이게 되어 그 어느 것도 제자리를 벗어나거나 주어진 자리에 대해 의혹을 품지 않는 완벽한 질서를 이루는 사회가 오리라고, 알아야 할 것들을 모두 아는 덕분에 인간사가 지극히 명명백백해질 것이며, 미래를 완전히 파악 — 그 파악이 너무나도 완전하여 인간의 소임과 책무가 가져오는 그 모든 우연성, 분쟁, 불명확함과 예기치 못할 결과들까지 미리 결론지을 수 있을 만큼 — 하게 되리라고 믿었다.

두 번째로 중요한 변화는 현대화의 과제와 책임이 그 규칙이 폐지되고 사적인 것으로 변했다는 점이다. 전체 인간 종의 집단적 자질이자 자산인 인간 이성으로 수행해야 할 일로 여겨졌던 것들이 개인 차원의 과감성과 정력에 맡겨져 분해('개별화')되고 개인적 관리와 개인적 재능과 수완의 집행 영역에 맡겨졌다. 전체로서의 사회가 입법적 행동을 함으로써 사회를 진보시키려는 이상(내지는 현 상태staus quo에서 모든 것을 현대화하려는 이상)을 우리가 완전히 포기한 것은 아니다. 그렇지만, 강조점(그에 대한 책임도 뒤따른다는 것이 중요한데)은 결정적이게도 개인의 자기주장 쪽으로 바뀌었다. 운명적인 이 새로운 시작은 윤리적/정치적 담론 영역이 '정의로운 사회'라는 구조를 벗어나 '인간의 권리'라는 구조 속에 재배치된 것에서 잘 드러난다. 달리 말해, 남과 다를 수 있는, 자신의 행복과 자신에게 적합한 삶의 양식을 자기 마음대로 골라 선택할 수 있는 개인의 권리에 대한 담론을 새로이 강조하게 된 것이다.

개선을 희망할 때 초점은 정부 금고 안에 있는 큰돈에 쏠린다기보다는 납세자의 호주머니 속 잔돈에 맞추어진다. 초창기 근대의 머리가 비대했던 것에 비해, 오늘날의 현대는 해방 작업을 중간 계층과 밑바닥 계층에게 넘겨주는 의무 말고는, 그 어떤 '해방' 의무도 짊어지지 않은, 일종의 머리가 가벼워진 근대이다. 그리하여 이 중간 계층과 밑바닥 계층이 현대화를 계속해야 한다는 부담의 대부분을 떠안게 되었다. 새로운 기업정신의 사도인 피터 드러커Peter Drucker는 "더 이상의 사회적 구제는 없다"는 유명한 말을 했다. 마거릿 대처는 좀 더 퉁명스럽게는 '사회 같은 것은 없다'고 선언했다. 과거를 되돌아보지도 숭배하지도 말아라. 네 안을 들여다보면, 너만의 노련미, 의지, 힘이 ㅡ삶의 향상에 필요한 그 모든 도구가ㅡ 그 안에 있다는 것이다.

또한 '당신들을 감시하는 빅 브라더'도 더 이상은 없다. 이제 빅 브라더와 빅 시스터들의 썩는 냄새가 진동하는 것을 지켜보기만 하면 된다. 단, 지켜보되, 이를테면 흉내 낼 만한 예나 당신들의 문제를 해결하는 데 필요한 조언 같은, 무언가 쓸모 있는 것을 건지지는 않을까 면밀히 탐욕스럽게 지켜보아야 한다. 당신들의 문제들도 그 감시자들이 겪었던 것과 마찬가지로 개인적으로 처리되어야 함은 물론, 개인적으로만 해결될 수 있는 것들이기 때문이다. 당신이 무엇을 해야 할지 일러주고 행동에 따른 결과의 책임을 면제해주는 위대한 지도자는 더 이상 없다. 개인이 지배하는 세상에서는, 당신이 인생을 살고 일을 수행할 때 따를 만한 범례를 다른 개인들에게서 가져올 수 있을 뿐이며, 다른 예들이 아닌 바로 그 예를 신뢰하여 선택함으로써 얻은 결과에 대해서는 당신 자신이 온전하게 책임을 떠맡아야 한다.

시민과 개인의 전쟁

노르베르트 엘리아스Nobert Elias 자신이 제목을 붙인 마지막 연구서로, 저자 사후에 출간된 《개인들의 사회Society of Individuals》는 사회이론이란 것이 처음 생겨났을 때부터 자주 등장한 문제의 핵심을 완벽하게 포착하고 있다. 홉스 이래 확립된 전통과 결별하고, 존 스튜어트 밀과 허버트 스펜서 및 자유주의 정통 이론들을 우리 세기에 하나의 '독사doxa(다른 인식들에 대해 검증되지 않은 인식틀)'로 변환시키면서, 엘리아스는 제목에서 연결접속사 '와/과and' 혹은 '대versus'를 '의of'로 바꾸었고, 그렇게 함으로써 치명적이지만 끝날 줄 모르는 자유와 지배 간의 전투 속에 갇힌 두 힘에 대한 상상적 담론을 '상호적 개념'의 담론으로 바꾸어놓았다. 즉, 사회는 그 구성원들의 개인성을 형성하고, 개인은 서로 의존하도록 짜인 복잡한 사회적 그물망 안에서 개연성을 갖춘 실행 가능한 전략들을 추구하면서 살아가는 행동을 통해 사회를 만들어간다는 의미이다.

사회 구성원을 개인으로 상정하는 것은 근대 사회의 대표적 특성이다. 그러나 그렇게 상정하는 것은 일회적인 것이 아니다. 그것은 나날이 새롭게 수행되는 행위이다. 근대 사회는 '개인화하는' 끊임없는 활동 속에, 그리고 또한 개인들의 활동이 '사회'라 불리는 상호 얽힘의 네트워크를 재형성하고 재조정하는 가운데 존재한다. 이 두 파트너 중 누구도 한자리에 오래 머무는 법이 없다. 그리하여 '개인화'의 의미는 계속 변화하며 항상 새로운 형태를 취하게 된다. '개인화'의 지난 역사가 축적해온 결과물들이 과거로부터 이어져온 규칙들을 뒤흔들어 새로운 행동 지침을 마련하고, 그럴 때마다 늘 그 게임에 새로운 배당금을 내놓는다. '개인화'는 이제 백 년 전에 그것이 의미하던 바와는, 공동체적 의존과 감시, 강제로 빈틈없이 짜인 조직으로부터의 인간 '해방'을 칭송하던 근대 초기에 그것이 의미하던 바와는 사뭇 다른 것이 되었다.

울리히 벡의 〈계급과 신분을 넘어서 Jenseits von Klasse und Stand?〉와 그 몇 년 뒤의 《나치즘의 '동질화근대성을 향하여 Risikogesellschaft: auf dem Weg in eine andere Moderne》[9]는 (엘리자베트 벡 게른스하임 Elisabeth Beck-Gernsheim의 《자기 삶의 일부: 개인화 과정 속의 여성 Ein Stück eigenes Leben: Frauen im Individualisierung Prozeß》와 함께) '개인화 과정'에 대한 우리의 이해에 새 장을 열었다. 이들 저서들은 이 과정을, 구분되는 단계를 지닌 ─ 비록 목적인이나 미리 결정된 목적지를 갖지 못하고 고정된 지평 없이 급격하게 꼬이고 구부러지는 불규칙한 논리를 지닌 단계이기는 하지만 ─ 진행 중인 미완의 역사로 제시하였다. 엘리아스가 문명세계를 탐사하는 '문명화된 개인'에 대한 프로이트의 이론을 (근대) 역사의 사건으로 역사화했던 것처럼, 울리히 벡은 개인의 탄생을 끊임없이 연속적, 강제적, 강박적으로 지속되는 **현대화**의 항구적 측면으로 설명한 엘리아스의 이론을 역사화했다. 벡은 또한, 시간 제약을 받거나 일시적 치장에 그치고 말아 그 진면목을 분명히 해주기는커녕 오히려 혼란만 야기하는 식이 아닌 (무엇보다도 단선적 발전의 비전과 해방의 도끼로 구분지어진 진보에서 벗어나, 자율성의 신장과 자기주장의 자유가 있는) 개별화를 기술했다. 그렇게 함으로써 개인화에 내재된 다양한 역사적 경향들과 그 성과들을 쉽게 검토하는 한편, 현 단계의 개인화에 두드러진 특징들을 더욱 잘 이해하는 것이 가능해졌다.

요약하자면 '개인화'는 '주어진' 것으로서의 인간의 '정체성'이 아니라, 이를 하나의 '과제'로 삼아 그 과제를 수행할 책임과 결과에 대한 책임을 (부작용을 포함해) 행위자에게 지우는 것이다. 달리 말해 '법적인de jure 자율성이 (법률적 근거는 없지만 실제적de facto 자율성이 그만큼 확립되었는가와는 상관없이) 확립되는 것이다.

사태가 이러하므로, 인간은 더 이상 그들의 정체성을 '원래 품고' 태어나지 못한다. 장 폴 사르트르가 언명했듯이 부르주아로 태어나는 것만으로는 충분하지 않다. 부르주아로 살아야만 부르주아가 되는 것이다(근대 이전 시대에 왕족, 기사, 농노, 도시민에게는 같은 말이 적용될 필요도 없고 그런 말은 불가능했다는 것과, 오늘날 세습 부자들과 세습 빈자들에게도 같은 말이 적용되기는 곤란하다는 점에 주목하자). 내가 누군가**이기** 위해서는 누군가가 **되어야** 할 필요가 있다는 것은 근대의 삶을 특징짓는, 오직 근대 삶에만 존재하는 요소이다('근대적 개인화'의 특징이라고 할 수는 없다. 근대성과 개인화가 실상 같은 것이고 똑같은 사회조건을 일컫는 것이므로 그것은 명백히 중언부언하는 셈이 된다). 근대성은 개인의 사회적 지위의 결정을 타율적 결정에서 강박적이고 의무적인 자기 결정으로 바꾸어놓았다. 근대 전체에 걸쳐—모든 시기와 모든 사회의 영역에서—수행된 '개인화'에 모두 그러했다. 그러나 공통적으로 겪어야 했던 곤경에도 중대한 변수들이 있는바, 이 변수들은 동일한 역사 단계에 해당하는 행위자들의 다양한 범주뿐만 아니라 그 후세대들을 분리시켰다.

초기 근대는 '다시 배태시키기' 위해 '탈배태'되었다. 탈배태는 사회적으로 행해지도록 결정된 운명인 반면, 다시 배태시키는 것은 개인들 앞에 놓인 과제였다. 일단 완강한 신분구조가 무너지자, 근대 초기 남녀들 앞에 놓인 '각자의 정체성 부여' 과제란 계급적 기준에서 추락하거나 일탈하지 않고 새롭게 출현한 계급사회 유형과 행동 모델을 적극적으로 수행하고, 모방하고, 그 패턴을 따르고, '변용'하여 '자신의 부류에 맞는'('자신의 이웃과 격을 맞추는') 삶을 살아야 하는 도전으로 귀결되었다. 물려받은 소속의 위치로서의 '신분'은, 인위적으로 만들어진 성원 자격의 대상인 '계급'으로 바뀌게 되었다. 전자는 귀속된 것이지만 후자의 구성원이 되기 위해서는 성취의 척도가 요구되었다. 계급은 신분과는 달리 '합류'되어야 할 필요가 있었고, 그 구성원일 자격은 매일의 행동을 통해 지속적으로 갱신되고 재확인되고 시험되어야 했다.

되돌아보면 계급 분할은(이 문제에 관해서는 젠더의 분할도 포함된다) 개인의 자기주장을 유효하게 만드는 데 필요한 자원에의 접근이 불평등하다는 점, 바로 그것으로부터 생겨난 부산물이다. 계급은 활용 가능한 정체성의 범위와 그 정체성을 얼마나 용이하게 선택하고 포용하는가에 따라 달라졌다. 적은 자원들을 부여받아 선택권이 좁아진 사람들은 그들의 개인적 약점을 '다수의 힘', 즉 자신의 계급에 문을 닫아걸고 집단행동에 참가함으로써 이를 상쇄해야만 했다. 클라우스 오페가 지적한 바와 같이, **집단적**이고 계급 지향적인 행동은 사회적 위계의 하층에 있는 사람들에게는 너무도 자연스럽고 실제적인 것이었는데, 그들의 고용주들에게 삶의 목표에 대한 **개인적** 추구가 그러한 것과 마찬가지였다.

말하자면 그러한 박탈감이 '모여 전체를 이룬 것'이다. 박탈감에서 공감대를 형성한 이들은 '공동 이익'을 위해 단결했고, 오로지 집단적 구제책만을 따르는 것으로 보였다. '집단주의'는, 개인화의 영향을 가장 많이 받으면서도 개개인 차원에서는 노골적이리만치 부적절한 자원만 쥐고 있는 탓에 개인으로서 자기주장을 하는 것이 불가능한 사람들 입장에서는 우선시되는 전략이었다. 반면에, 좀 더 유복한 사람들이 취하는 계급 지향적 태도는 한편에 치우친, 어떤 의미로는 파생적인 것이었다. 그들의 경우는 주로 불평등한 자원 분배에 대해 도전받거나 이의가 제기되면 그러한 태도가 전면에 나타났다. 어떤 경우이든 간에 신분 질서가 와해되어 탈배태된 상태에 놓여있던 '고전적' 근대의 개인들은, 그들에게 주어진 새로운 권한과 자율적 행위자라는 명칭을 사용하여 '다시 배태'시키기 위한 열광적 탐색을 하였다.

그리고 눈앞에는 늘 그들을 반갑게 맞아 수용할 '토대'가 부족함 없이 즐비했다. 비록 계급은, 신분처럼 상속받거나 '그냥 그렇게 태어나는' 것이 아니라 만들어지는 것이고 조정 가능한 것이기는 했지만, 그 구성원을 물샐틈없이 견고히 유지하는 경향에서는 근대 이전의 세습 신분을 유지하던 행태와 대동소이했다. 계급과 젠더가 개인의 선택권에 무거운 그림자를 드리웠다. 자신을 억압하는 요건들에서 벗어나기란, 전근대 사회에서 '존재의 신성한 사슬Divine chain of being'*에 이의를 제기하는 것만큼이나 어려웠다. 모든 의도와 목표에서 계급과 젠더는 '본성의 일부'였고 다수의 개인들이 자기주장을 하려면 자기에게 할당한 처소에서 유사한 처지의 다른 이웃들이 하는 대로 처신함으로써 '어울려야' 했다.

엄밀히 말해서 이러한 사실로 말미암아 과거의 '개인화'는 '성찰적 근대'나 '이차 근대'의 시대, 혹은 '위험사회'(울리히 벡이 현대를 일컫는 용어들)에서의 개인화와 구분된다. 어떠한 '토대'도 '재구축'에 제공되지 않으며, 선결조건으로 추구되는 종류의 토대들은 무너져 내리기 쉽고 '재구축' 작업이 완수되기도 전에 종종 사라지기도 한다. 그 대신 의자 빼앗기 놀이에 사용되는 다양한 크기와 모양을 지닌, 개수와 위치도 변화하는 의자들이 있다. 이 의자들로 인해 개개 남녀들은 끊임없이 움직인다. 이 놀이는

---

* 근대 유럽을 지배한 기독교적 세계관으로, 만물이 엄격한 위계질서로 연결되어 위로는 신, 천사, 아래로는 동식물과 광물 등이, 인간은 그 중간에 위치한다고 보았다.

결코 '성사'되는 법이 없다. 조금의 휴식도 없이, 우리가 무장을 풀고 느긋하게 더 이상 조바심내지 않을 수 있는 최종 목적지에 당도했다는 만족감도 없다. 기반이 해체된 개인들이 (오랜 시간에 거쳐) 걸어온 길의 끝에 새로운 기반을 구축할 것이라는 전망은 없다.

이 지점에서 착오가 없어야 한다. 과거와 마찬가지로 지금도 —무거운 고체 단계의 근대에서와 다를 바 없이 유동적이고 가벼운 근대의 단계에서도— 개인화는 하나의 정해진 운명이지 선택이 아니라는 사실이다. 개인이 선택의 자유가 있다는 그 땅에는, 개인화를 피하거나 개인화 놀이에 참여하길 거부할 수 있는 선택권은 단연코 의제에 **없다.** 개인의 자기만족과 자기 충족성은 또 다른 환상일 수도 있다. 이제 개인들이 자신들이 겪는 좌절과 고난을 다른 누군가의 탓으로 돌릴 수 없게 되었다는 사실이, 그들이 과거에 해낼 수 있었던 것 이상으로, 손수 만든 도구를 사용하여 좌절에 맞서 스스로를 보호하거나 허풍선이 남작 뮌하우젠 Baron Munchausen*처럼 편상화의 가죽끈을 잡아당겨 고난에서 벗어날 수 있게 되었음을 의미하는 것도 아니다. 만일 그들이 병에 걸리면, 이는 곧 그들이 건강을 지키기 위한 제도적 방안들을 따를 결단력이나 근면성이 부족해서 걸린 것이라 여겨진다. 그들이 실업 상태이면 이는 적절한 면접 기술을 못 배운 탓이거나 일자리를 알아보는 데 그다지 열심이 아니어서, 아니면 그야말로 순

---

* 독일 작가 루돌프 에리히 라스페의 소설 주인공.

전히 일하기 싫어하는 성향 탓이다. 만일 그들이 취직 전망이 어둡다고 괴로워하거나 장래를 고민한다면, 이는 그들이 친구를 만들고 사람들에게 영향을 줄 만큼 훌륭하지 않거나, 마땅히 그래야 함에도 자기표현 능력과 남을 감동시킬 정도의 기술을 습득하지 못했기 때문이다. 그들은 어쨌든 이런 식의 설명을 믿게 되었고, 때문에 이것이 정말 사실인 양 행동하게 되었다. 울리히 벡이 적절하고 예리하게 지적하듯, **"우리가 어떻게 살아가는가가 바로 체제 모순에 대한 전기적傳記的 해법"**이 되어버렸다.[10] 사회적으로 위험과 모순은 끊임없이 생겨나는데 그것들을 해결할 의무와 필요는 계속 개인 차원의 문제가 되어간다.

요약하자면 이렇다. 운명으로서의 개인성과, 자기주장을 하는 데 필요한 실제적이고 현실적인 능력으로서의 개인성 간에 점차로 간극이 벌어지고 있다. '개체화individuation'를 '할당된 개인성'과 구분해서 생각하는 것이 낫겠다. 벡이 선택한 이 용어는 스스로 자신을 지탱하고 추동하는 개인을, 실제로는 그와 반대임에도 불구하고 노력의 결과 개체화를 달성한 것처럼 행동할 수밖에 없는 인간에게서 분리해낸다. 매우 중요한 사실은 이 간극을 메우는 일이 그 능력에 속해 있지 **않다**는 것이다.

남녀 개인이 자기주장을 할 능력에는 통상 진정한 자아의 구성에 필요한 것들이 별로 없다. 레오 스트라우스가 언급했듯이 속박에서 벗어난 자유로움의 반대 측면에는 선택의 무의미함이 놓여 있고, 양쪽은 서로서로를 규정짓게 된다. 여하간 별로 중요하지도 않은 것을 금지하려고 애쓸 필요가 왜 있겠는가? 냉소적인 관찰자라면 이렇게 말할 것이다. 자유는, 그것이 더 이상 중요하지 않을 때 오는 것이라고. 개인화의 가마솥에서 끓고 있는 자유라는 맛있는 크림 속에는 무능이라는 구역질나는 파리가 빠져 있는 것이다. 그 무능은 자유가 제공해줄 것이라 여겨졌던 권능이라는 관점에서는 더욱 더 고약한 냄새가 나는, 당황스럽기 짝이 없는 것으로 여겨진다.

어쩌면 예전처럼 어깨를 걸고 시위에 나서는 것이 구제책이 되어줄 수 있을 것인가? 개인의 힘이 단독으로는 아무리 나약하고 무능하다 할지라도, 이것이 집단적 입장과 행동으로 결집된다면 혼자서는 엄두도 못 낼 일들이 착착 이루어질 것인가? 어쩌면 그럴 수도……. 문제는 개인 차원의 고충을 그런 식으로 집중시켜 모아서 공동의 관심사로 만들어 공동 행동을 취하는 것은 사람을 주눅 들게 하는 과제라는 점이다. 왜냐하면 오늘날 모든 개인의 운명이 떠안고 있는 가장 흔한 고충들은 **더해질 수 없는**non-addictive 것이기 때문이다. 그 고충들은 '전부 더해져' '공동의 대의명분'의 합으로 이끌어지지 못한다. 서로 나란히 놓일 수는 있겠지만 하나로 응결되는 법은 없다. 개인의 고충들은 그 발생에서부터 다른 사람들의 고충과 연계될 수 있는 접점이 없었다고 말할 수도 있겠다.

고충들은 **유사할** 수는 있다(그리고 점차로 인기를 얻고 있는 토크쇼들이 어쩌다가 그러한 고충들 간의 유사함을 보여주는 경우에도, 가장 주요하게 유사한 지점은 바로 고충을 겪는 각 당사자 개인들이 직접 그 고충을 해결해야 한다는 사실을 단단히 주입하는 부분이다).

그렇지만 그것들이 '그 부분들의 합 이상의 어떤 하나의 총체성'을 형성하지는 않는다. 즉, 그것들이 모여 새로운 특성이 생기는 것도 아니고, 고충에 직면해 항의하고 씨름하는 과정이 더 쉬워지는 것도 아니다. 고충의 체험에 합류하는 것이 가져다주는 이득이라곤, 홀로 고난에 맞서 싸우는 것이 다른 사람들도 매일 하는 일임을 서로 확인하게 된다는 것뿐이다. 따라서 그렇게 해야만 한다는, 자꾸만 약해지는 결의를 다시 한번 일신하고 다그치게 된다. 다른 사람들의 경험으로부터 다음번에 닥치게 될 '인원 감축'에서 어떻게 살아남을지, 자신들이 청소년이라고 여기는 다루기 힘든 꼬맹이들과 어른이 되길 거부하는 십대들을 어떻게 대해야 할지, 어떻게 지방 같은 원하지 않는 '이물질'들을 '신체 밖으로' 배출해서 버릴지, 어떻게 하면 더 이상 기쁨을 주지 못하는 중독이나 더 이상 만족스럽지 못한 동료들을 제거할 수 있는지를 배울 수도 있을 것이다. 그러나 무엇보다도 타인을 통해 우리는, 서비스 회사들만이 제공하는 것이라곤 고작해야 자신의 구제할 길 없는 고독을 버텨갈 방법에 대한 충고라는 것, 그리고 모든 이들의 삶이 오직 홀로 대적하고 싸워야만 하는 위험들로 가득하다는 것을 배운다.

또 다른 장애물이 있다. 토크빌이 이미 오래전에 의심했던 것처럼, 인간을 자유롭게 해방한다는 것이 어쩌면 그들을 '무관심'하게 만들 수도 있다는 것이다. 그가 암시하는 바, 개인은 시민의 최악의 적이다. '시민'은 시의 복지를 통해 각자의 복지를 추구하는 경향을 띤 사람이다. 반면 개인은 '대의명분', '공공의 선', '선의의 사회' 혹은 '정의로운 사회'에 대해 미온적이거나 회의적이며 경계심을 갖는다. '공공의 이익'이란 것이 각 개인이 스스로를 만족시키는 것 이외에 도무지 무슨 의미가 있단 말인가? 개인이 모여 무슨 일을 하든지 간에, 그들 공동의 노력이 어떤 다른 이득을 가져올 수 있든지 간에, 그것은 개개인이 각자 적합하다고 여기는 것을 추구할 자유를 제한하게 될 것이며, 따라서 어떤 방식으로도 그러한 추구를 돕게 되지는 않을 것이다. '공공의 힘'이 가져다줄 것이라고 예상하고 희망할 수 있는 유용한 것은 두 가지뿐인데, 그 하나는 개개인이 자기 방식대로 살 수 있도록 '인권'을 지켜주는 것, 그리고 다른 하나는 이러한 것이 평화 속에서ㅡ실제 범죄자거나 그렇게 될 가능성이 있는 자들을 감옥에 가두고 강도나 성도착자, 거지, 그 밖의 다른 불쾌하고 유해한 이방인들이 거리를 활보하지 못하도록 하는 것을 통해 개인의 신체와 재산의 안녕을 수호해줌으로써ㅡ추구될 수 있도록 하는 것이다.

우디 앨런은 그 특유의 독창적 기지로, 미국인들이 꼭 참여하고 싶어 하는 가상의 '성인 여름 계절학기' 프로그램 광고 전단을 훑어보는 장면을 통해, 오늘날 개인으로 선포된 이들의 유행과 일시적 기호를 아주 정확하게 포착하여 보여주고 있다. 경제학 이론 수업에는 "인플레이션과 대공황ㅡ각각의 경우에 맞게 옷을 입는 법"이란 주제가 포함되고, 윤리학 강좌에는 "정언명령을 당신을 위한 것으로 바꿀 수 있는 여섯 가지 방법"이 들어 있다. 천문학 강좌 안내서는 "태양은 가스로 되어 있어서 언제든지 폭발할 수 있으며 우리의 태양계 전체를 산산조각 낼 수 있다. 이 강좌에 참여한 학생들은 이런 경우에 일반 시민들이 할 수 있는 일은 무엇인지 배우게 된다"라고 안내하고 있다.

요약하자면, 개인화의 또 다른 이면은 시민의식의 부패와 점진적 해체인 듯하다. 《에스프리*Esprit*》지의 공동 편집자인 조엘 로만Joël Roman은 그의 최근 저서 《개인의 민주주의*La Démocratie des individus*》(1998)에서 "경계警戒는 선에 대한 감시로 퇴락한 반면, 전체의 이해는 집단적 감정과 이웃에 대한 공포심이 가져온 이기주의의 조합에 불과한 것이 되었다"라고 지적한 바 있다. 로만은 눈에 띄게 부족해진 "함께 결정하는 능력을 회복"하는 일에 나설 것을 독자들에게 촉구한다.

만일 개인이 시민의 최악의 적이라면, 그리고 만일 개인화가 시민의식과 이에 기초한 정치에 곤경을 초래하고 있다면, 이는 자신이 개인으로서 그 사회 공간의 유일하게 적법한 임자라고 주장하면서 개인적 관심과 선입견들로 사회적 공간을 가득 메우고, 그 외의 다른 것들을 공공의 담론에서 밀어내 버린 데서 연유한다. '공적인 것들'은 '사적인 것들'에 의해 식민화되었다. '공공의 이해'는 공적인 인물들의 사생활에 대한 호기심 정도로 격하되고, 공공생활의 기술은 개인사의 공개적 나열과 사사로운 감정의 공개적 토로(내밀할수록 더욱 좋은)라는 협의의 의미로 축소되었다. 그러한 지위 격하에 맞서는 '공적 현안'은 도무지 이해할 수 없는 것이 되어버렸다.

시민의식의 공화주의적 육체 위에 기반을 갖추게 된, 개인화된 배우들의 전망은 불투명하다. 그들을 공적 무대로 오르게끔 촉구하는 것은 공공의 대의명분을 모색하거나 공공의 선 혹은 공동의 삶을 영위하는 원칙이 의미하는 바를 조정하는 방안을 찾기 위해서가 아니라, '네트워크'에 대한 절실한 필요이다. 리처드 세넷이 줄곧 지적하듯이, 친밀함을 공유하는 것이 '공동체 건설'을 위해 가장 선호되고, 아마도 유일하게 남아 있는 방안인 것 같다. 이런 식으로 공동체를 건설하는 기술은 여기저기 산만하게 흩어지고 오락가락하는 정서적 반응들처럼 나약하고 단명하는 '공동체들'을 양산한다. 그 공동체들은 변덕스럽게 하나의 목표에서 다른 목표로 이동하며 정착할 항구를 찾아 결론이 나지 않는 탐색을 하며 영원히 떠도는 배와 같다. 근심걱정을 나누고 고뇌와 증오도 나누지만, 각각의 공동체들은 수많은 고립된 개인들이 그들만의 고립된 개별적 두려움을 매달아놓은 '말뚝' 주위로 일시적으로 집결한 '말뚝' 공동체일 뿐이다. 울리히 벡은 〈산업사회의 필멸성에 관하여On the Mortality of Industrial Society〉[11]에서 다음과 같이 말했다.

> 사회 규범들이 쇠퇴함에 따라 생겨나는 것은 사랑과 도움을 갈구하는 헐벗고 두려움에 질린, 공격적인 자아이다. 자아 그 자체 그리고 애정 어린 사회성을 찾는 속에서 이 자아는 자기 안의 정글에서 쉽게 길을 잃는다. (…) 그/그녀의 자아라는 안개 주변을 더듬고 있는 자는 더 이상 이러한 고립, '자아 안에 홀로 갇힘'이 하나의 대중적 형벌임을 알아차릴 능력이 없다.

개인화는 여기에 머물게 된다. 함께 살아가는 방식에 가해지는 개인화의 충격을 해결하는 방법에 대한 생각은 이 사실을 인정하는 데서 시작해야만 한다. 개인화는 수적으로 증가일로에 있는 많은 남녀 개개인에게 실험을 할 전례 없는 자유를 가져다주었지만, (그들이 선물을 줄 때조차 나는 그리스인들이 두렵소……)[*] 그것은 또한 그 자유의 결과와 대면해야 하는 전례 없는 과제를 가져오기도 하였다. 자기주장을 할 권리와 그러한 자기주장을 실행 가능한 것 혹은 비현실적인 것으로 만드는 사회 환경을 조정하는 능력 간에 도사린 간극이 갈수록 벌어지고 있다는 것이야말로 유동적 근대의 주요한―우리가 시행착오와 비판적 사고, 과감한 실험을 통해 그것과 집단적으로 대결하는 법을 역시 집단적으로 익혀야 할 필요가 있는―모순인 듯 보인다.

개인들의 사회에서 비판이론이 처한 곤경

근대화 충동은 그것이 어떤 식으로 연출되든지 간에 현실 비판을 의무로 삼는 것을 의미한다. 그러한 충동을 사적인 것으로 바꾸는 것은 항구적 자기 불만족이 낳은 자아비판을 어쩔 수 없이 수행함을 뜻한다. 법률상 개인이 된다는 것은 그 개인의 비극

---

[*] 베르길리우스Vergilius의 《아이네이드Aeneid》에서 트로이에 목마를 들이려는 그리스군의 계략을 사전에 알아보고 이를 저지하려던 제사장 라오콘이 하는 말.

에 책임을 질 다른 사람이란 없고, 개인의 실패는 오직 그 자신의 방만함과 태만에 원인이 있으며, 죽어라 노력하는 수밖에 다른 도리가 없다는 것을 의미한다.

매일같이 자기 책망과 자괴감을 느낄 위험을 떠안고 사는 것은 간단한 문제가 아니다. 자신의 행동에만 시선을 고정한 탓에 개인적 삶의 모순들이 집단적으로 빚어낸 사회 공간에서 주의를 돌린 개인들은, 당연하게도 자신들이 처한 비극의 원인을 명백한 어떤 것, 따라서 개선 가능한 어떤 것으로 만들기 위해 그 곤경의 복잡성을 애써 축소하려 한다. '전기적 해법들'이 귀찮고 부담스러워서가 아니다. 효과적 '체제모순에 대한 전기적 해법들'이 없기 때문이며 그들이 원하는 대로의 효과적 해결방안이 부족한 것을 상쇄하기 위해 상상의 해법이 필요해진다. 그러나 그 해법이 상상에 의한 것이든 진정한 것이든, 모든 '해법들'이 합리적이고 실행 가능한 것처럼 보이기 위해서는 그 과제나 책임에서 '개인화'와 한편이거나 동등한 것이어야 한다. 따라서 두려움을 느끼는 개인들이 비록 짧은 순간이나마 그들의 두려움을 집단적으로 의지할 어떤 개별적 말뚝들이 필요하게 되는 것이다. 우리 시대는 희생양을 환영한다. 그 희생양이 사생활이 엉망진창인 정치가여도 좋고, 비열한 거리와 거친 구역들을 거니는 범죄자들이어도 좋고, '우리 안의 이방인'이어도 좋다. 우리 시대는 배우들이 없는 불길한 공공의 공간을 허깨비들로 가득 채우기 위해 이런저런 음모론을 뒤적이고, 그간 억눌린 거대한 두려움과 분노 덩어리가 일거에 분출될 만큼 맹렬한 새로운 '도덕적 공황'을 물색하는 '폭로성'의 타블로이드 언론인들의 시대인 동시에, 특수 잠금장치와 도난경보기, 철조망을 두른 담, 이웃을 감시하는 자경단원의 시대이다.

다시 말해, 법률상 개인의 여건과 실제 개인이 될 수 있는 기회, 즉 자신의 운명에 대한 통제권을 쥐고 진정 바라는 선택을 할 수 있는 기회 사이에는 엄청나게 넓은 간극이 있다. 현대 개인들의 삶을 더럽히는 가장 유해한 악취가 뿜어 나오는 곳도 바로 이 깊게 드리운 간극의 심연에서이다. 그러나 이 간극은 개인의 노력, 자기 스스로 꾸려가는 생활정치 안에서 얻는 수단과 자원을 통해서는 메워질 수 없다. 그 간극을 메우는 일은 공적 개념으로서의 대문자 '정치Politics'의 문제이다. 문제의 간극이 발생하고 커지는 것은 엄밀히 말해 공적 공간, 그중에서도 '아고라agora'가 텅 빈 데서 연유한다. 일상 정치가 공적 개념으로서의 대문자 '정치'와 만나 사적인 문제들이 공적인 이슈들을 다루는 언어로 새롭게 해석되고, 사적인 곤란들에 대하여 공공의 해결책들이 모색되고 조정되며 합의되는 매개체로서의 공적/사적 장소 말이다.

말하자면 판이 뒤집힌 것이다. 비판이론의 과제는 전도되었다. 과거 비판이론의 과제는 전지전능하고 비인격적인 국가와 그러한 국가의 수많은 관료주의적 촉수들, 또는 그보다 규모가 작은 복제물들의 강압적 규칙 아래에서 신음하는 사적 자율성을 '공공영역'의 전진 부대로부터 수호하는 것이었다. 그러나 오늘날 비판이론의 임무는 사라져가는 공공영역을 수호하는 것, 아니 그보다는―민주적 제도들이 성취해낼 수 있는 그 모든 것들에도 불구하고, '관심 있는 시민'의 출구와 실제적 힘이 빠져나갈 곳이 유기된 탓에 ─ 빠르게 비어가는 공적 공간을 정비하여 사람을 채워 넣는 것이다.

'사적인 것들'을 식민지화하여 '공적인 것'이 시작된다는 말은 이제 옳지 않다. 오히려 그 반대이다. 사적인 것들이야말로, 사적 관심과 사적 걱정, 사적 추구의 언어로 온전히 표현될 수 없는 모든 것들을 내몰아버리면서 공적 공간을 식민화하고 있다. 운명의 주인이 다름 아닌 나라는 말을 반복해서 듣게 된 개인에게는, 그 개인의 반경 안으로 완전하게 빠져드는 것에 저항하는 일이나 자기 능력으로 해결할 수 없는 일은 모두(알프레트 쉬츠Alfred Schütz의 용어를 빌리자면) '주제 관련topical relevance'이 없다. 반면에 그러한 일들을 스스로와 관련지을 이유가 있다고 보고 그 이유에 따라 행동하는 것이 바로 시민의 전형적 특성이다.

개인 입장에서, 공적 공간은 그 장면을 확대하는 과정에서 사적 근심거리들이 사적인 면을 유지한 채로 새로운 집단적 특성을 획득하는 일 없이 투사되는 거대한 은막에 지나지 않는다. 공적 공간은 개인의 비밀이 공개적으로 토로되고 친밀감이 형성되는 곳이다. 마치 가이드를 따라 정해진 관광 일정을 밟는 식으로 이러한 나날의 '공적' 공간을 여행하고 난 개인은, 법률적 개인의 위상이 더 강화되는 한편, 그들이 홀로 살아가는 것처럼 다른 모든 개인들 역시 그렇게 살아가고, 각자 나름의 방식으로 비틀거리고 (일시적이라면 다행일) 패배를 감내하고 있다는 확신을 새삼 갖게 된다.

권력은 가두와 시장터, 집회장, 의회, 지방정부 및 중앙정부에서 점차로 멀어지고, 시민의 통제권을 벗어나 인터넷 네트워크의 치외법권 지대로 빠져나가고 있다. 지금 존재하는 권력들이 가장 애호하는 전략적 원칙은 '도피', '회피', '이탈'이며 이것들은 불가시성을 이상적 조건으로 삼고 있다. 권력의 움직임과 그것이 어떤 예기치 못할 결과를 야기할지 예측하려는 시도들은 (그것들 중에서 가장 바람직하지 못한 것들을 피하거나 포착하려는 시도들은 차치하고) 그 실제적 유효성에서 마치 어떤 '기후변화 방지 리그a League to Prevent Weather Change'*와 별반 다르지 않다.

그리하여 공적 공간에서 더욱더 공적 현안들이 사라져가고 있다. 이제 그것은 과거에 행하던 역할, 즉 개인의 고민과 공공 현안들에 대해 만나서 의논하는 장소가 되어주지 못한다. 개인화의 압력에 처한 개인은 점진적이면서도 지속적으로 시민의식이라는 보호장비를 빼앗기고 시민으로서의 숙련된 기술과 관심을 박탈당하고 있다. 그 속에서 법률상 개인이 실제적 개인의 위상(진정한 자기 결정에 필수적인 자원들을 지배하는 개인)으로 변화할 전망은 더욱 요원해진 것 같다.

법률상 개인은 우선 '시민'이 되지 않고서는 실제상 개인으로 변할 수 없다. 자율적 사회 없이 자율적 개인이란 존재할 수 없으

---

* 민관 협력으로 진행되는 친환경 발전정책들의 경쟁 리그를 뜻하며, 대표적으로 2003년 독일의 전국적 태양광, 신재생에너지 사용 독려 리그인 솔라분데스리가 Solar Bundesliga가 유명하다.

며, 사회의 자율성은 계획적이고 지속적으로 계획된 자기 설정을 요구하는데, 그러한 자기 설정은 그 사회 멤버들이 유일하게 공유하는 성과가 될 수도 있다.

'사회'는 개인의 자율성과 항상 모호한 관계에 놓여 있었다. 사회는 개인의 자율성과 적대관계를 맺는 동시에 '없어서는 안 될 필수 조건sine qua non'이기도 했다. 그러나 모호한 관계를 유지하게끔 강제된 그 상황 내에 존재했던 위협과 기회의 배합 비율이 근대 역사를 거치며 급격히 변해버렸다. 이를 면밀히 지켜보아야 할 이유는 사라지지 않았을는지 모르겠으나, 사회는 이제 개인들이 강하게 필요로 하는 조건이면서도, 각 개인이 법률상 지위를 진정한 자율성과 자기주장 능력으로 소환하려는 헛되고 좌절을 안겨주는 투쟁을 하는 과정에서 뼈아프게 놓치는 대상이 되고 만다.

개괄하자면 이것이 오늘날 비판이론, 더 나아가 사회비평 일반의 과제가 된 곤경이다. 비판이론은 형식상의 개인화, 그리고 권력-정치 간 결별이 연합하여 갈가리 찢어놓은 것들을 다시 연결하고자 노력한다. 달리 말해, 오늘날 대체로 텅 비어 있는 아고라―개인적인 것들과 공동의 것들, 사적/공적 이익 간의 만남과 토론, 조정이 이루어지는 곳―를 새로이 설계하고 채워 넣고자 한다. 과거 비판이론의 목표인 인간해방이 오늘날 의미가 있다면, 이는 법률상 개인의 현실과 실제상 개인의 전망 간에 가로놓인 심연의 양편을 다시금 연결하는 것이 될 것이다. 망각된 시민으로서의 기술과 도구들을 다시 습득하고 전유하는 개인만이 그

간극을 메우는 특정 과업을 유일하게 수행해낼 자들이다.

다시 생각해보는 비판이론

아도르노는 사유할 필요가 우리를 사유하도록 한다고 했다.[12] 인간성에 대해 우호적이지 않은 세상에서 인간으로 존재하는 방법을 그렇게나 길고 복잡하게 설명한 그의 저서 《부정변증법 *Negative Dialectics*》은 이렇게 신랄하면서도 결국 공허한 구절로 끝맺는다. 수백 장을 넘겨도 그 무엇도 설명된 것이 없다. 그 어떤 신비도 깨지 못하고 안도감을 얻지도 못한다. 인간으로 산다는 것의 비밀은 그 여행의 시작부터 그러했던 만큼이나 알 길이 없다. 사유는 우리를 인간으로 만들지만 우리를 사유하도록 이끄는 것은 인간으로 산다는 사실이다. 사유는 설명될 수 없고, 설명될 필요도 없다. 사유는 정당화를 필요로 하지 않지만, 설사 우리가 그러려고 해도 도무지 정당화되지 않는다.

아도르노가 거듭 우리에게 말하듯이 이러한 곤경은 사유의 빈약함의 상징도, 사유하는 인간의 수치에 대한 인식표도 아니다. 만약에 그렇다 해도, 그 반대가 정답이다. 아도르노의 펜 끝에서 그 단호한 필요성은 하나의 특권으로 변화한다. 나날의 생존을 모색하느라 여념이 없는 남녀 인간들에게 하나의 사유가 익숙하고 납득할 만한 용어로 풀이되지 못하면 못할수록, 그 사유는 인간성의 기준에 좀 더 가까워진다. 손에 잡히는 이득이나 효용 혹은 슈퍼마켓이나 주식시장에서 매겨진 가격표 같은 식으로 정당화되지 못할수록, 사유는 인간다움이라는 가치가 드높아진다. 한 사유의 진정한 가치를 위협하는 것은 다름 아닌, 시장가치를 적극적으로 탐색하거나 즉각적으로 소비하려는 욕구이다. 아도르노는 아래와 같이 적고 있다.

> 어떤 사유도 소통으로부터 면역되지 않는다. 그리고 잘못된 장소와 잘못된 동의 속에서 자신의 사유를 발설하는 것만으로도 그 사유에 담긴 진실을 침해하기에 충분하다. (⋯) 이제 지식인들에게는 불가피한 고립만이 그나마 유대감을 드러낼 수 있는 유일한 길이다. (⋯) 초연한 관조자라 해도 적극적 참여자만큼이나 깊이 개입되어 있다. 관조자가 지닌 유일한 특권은 자신이 매여 있음에 대한 통찰과 그런 깨달음이 선사하는 모래알만큼의 자유다.[13]

일단 우리가 "철모르는 순진함으로 행동하는 (⋯) 주체에게는 그 자신이 조건 지어진 상황이 불투명하다"는 것, 그 조건의 불투명[14]이 그 자체로 영원한 순진함의 보증서라는 것을 깨닫게 되면 그러한 통찰이 자유의 시작이라는 점이 분명해진다. 사고가 영속되기 위해 필요한 것은 그 자신밖에 없듯이 순진함도 자기 충족적이다. 통찰로 말미암아 동요되지만 않는다면, 그러한 조건은 손상되지 않은 채로 유지된다.

'동요되지 않는다'는 것. 통찰하지 않고도 사는 법에 익숙해진 사람들이 그러한 통찰이 시작되는 것을 달콤한 해방의 전망으로 환영하는 일은 거의 없다. 순진함 때문에 가장 동요되고 기만적인 상황조차도 친숙한, 그리하여 확고한 어떤 것으로 보이게 된다. 또한 그러한 악조건이 근거한 빈약한 발판을 꿰뚫어보는 그 어떤 통찰도 불신임, 의혹, 불안의 전조이기에 이를 즐거운 기대 감으로 맞이할 사람은 극히 적다. 아도르노의 입장에서는, 비록 손쉬운 성공을 예언해주지는 않지만 통찰에 대한 널리 유포된 적개심은 오히려 길조이다. 순진한 이들의 속박은 생각하는 사람들의 자유이기 때문이다. "불가피한 고립"이 훨씬 용이해진다. "아무도 사지 않을 독특한 어떤 것을 팔려고 내놓은 자는 자신이 전혀 뜻하지 않는 경우에도 교환으로부터 자유롭다."¹⁵ 이 생각에서 한 걸음만 나아가면 다른 생각으로 이어지는데, 교환으로부터 자유로워질 원형적 조건으로서의 망명에 대한 생각이다. 망명이 제공하는 산물은 어렴풋하게나마 사고 싶어 하는 이가 있을 턱이 없는 그런 것들이다. "망명한 지식인들은 모두 예외 없이 불구가 된다"라고 그 자신이 미국에 망명한 상태였던 아도르노는 적는다. "그는 늘 이해할 수 없는 환경 속에서 살아야만 한다." 그가 해당 지역의 시장에 조금의 가치라도 지닌 것을 내놓는 모험을 무릅쓰지는 않으리라고 장담하더라도 놀라운 일이 아니다. 따라서 "만일 유럽에서 비의적 몸짓이 가장 맹목적 이기심을 대변하는 것으로 이해되었다면, 금욕이라는 개념은 (…) 망명생활에서 가장 신뢰할 만한 구명보트이다."¹⁶ 사유하는 자에게 망명은 순진한 이들에게 집이 의미하는 바와 같다. 사유하는 사람의 초연함, 그의 일상적 생활방식이 생존가치를 획득하는 것은 바로 망명 속에서이다.

파울 도이센Paul Deussen이 번역한 우파니샤드를 읽은 아도르노와 호르크하이머가 씁쓸하게 논평한 대로, 진실과 아름다움, 정의를 통합하고자 하는 "역사의 이방인들"의 이론적, 실제적 체제는 "그다지 엄격하지도 중앙집권적이지도 않다. 그들의 체제는 무정부 상태라는 요소로 말미암아 성공적 체제들과 구분되며, 관리와 집단보다는 이상과 개인을 중시한다. 그런 까닭에 그들은 분노를 야기한다."[17] 이상을 성공적인 것으로 만들고 동굴 거주자들의 상상력에 도달하기 위해서는, 그 우아한 산스크리트 예식은 우파니샤드의 정처 없는 명상을 넘겨받아야 했고, 냉정하고 처신이 반듯한 스토아학파가 맹렬하고 오만한 냉소주의를 대체해야 했으며, 전적으로 현실적인 사도 바울이 극도로 비현실적인 세례 요한을 대신해야 했다. 그러나 중요한 문제는 그러한 이상들의 해방적 힘이 현세적 성공을 지속해 나갈 수 있는가이다. 이 문제에 대한 아도르노의 답은 우울하다. "현대 정당과 혁명의 역사처럼 오랜 종교와 학파의 역사가 우리에게 가르치는 바는, 생존하는 대가로 현실 문제에 휘말리고 이상이 지배로 변질된다는 것이다."[18]

이 마지막 문장에서 초기 '비판학파'의 창시자이자 엄청난 악명을 떨친 저자들에게 출몰한 주된 전략적 딜레마가 극도로 생생히 표현된다. 사유하고 관심을 기울이는 자는 누구든지, 명료하지만 효력 없는 생각을 하는 스킬라*와 효과적이지만 통치에

---

* 그리스 로마 신화에 나오는 괴물.

는 적절하지 못한 명령을 하는 카리브디스** 사이에서 진퇴양난의 항해를 해야 할 운명이라는 것이다. **제3의 길은 없다**Tertium non datur. 실행하라고 명령하는 것도 실행을 거부하는 것도 좋은 해결책이 아니다. 전자는 불가피하게 지배로 변질되는 경향이 있다. 결과에 대한 공리주의적 고려가 동기라는 윤리적 원칙을 앞지르고, 자유에 대한 갈망이 희석되고 왜곡될 것이라는, 새로운 억압들에 수반되는 모든 공포들이 자유에 부과된다. 후자의 경우 아마도 타협하지 않는 순수성이 자아도취적 만족을 줄 수는 있겠지만, 그러한 사유는 비효율적이고 종국에는 아무 결실도 맺지 못할 것이다. 루트비히 비트겐슈타인Ludwig Wittgenstein이 애석해 했듯이 철학은 모든 것을 있는 그대로 내버려둘 것이다. 인간조건의 비인간성에 대한 반감에서 잉태된 사유는 그 조건을 좀 더 인간적인 것으로 만드는 데 기여하는 바가 거의 전무했다. **사유하는 삶**vita contemplativa과 **행동하는 삶**vita activa 사이의 딜레마는, 별로 탐탁지 않다는 점에서만 닮았다고 할 두 가지 전망 중 택일을 하는 문제로 응축된다. 사유를 통해 유지되는 가치들을 타락으로부터 잘 보호할수록 그들의 삶에 봉사해야 할 그 가치들이 그들 삶에서 차지하는 의미가 자꾸만 축소된다. 그 가치가 그들 삶에 끼치는 영향이 클수록 혁신을 촉구하고 장려했던 가치들에 상응하는 개선된 삶을 떠올리는 일은 점점 더 어려워지게 된다.

아도르노의 근심은 오랜 역사를 지니고 있다. 그것은 플라톤

** 그리스 로마 신화에 나오는 바다괴물.

이 지혜와 '동굴로 돌아갈' 가능성을 가지고 씨름하던 시절로 거슬러 올라간다. 문제는 철학자들을 향한 플라톤의 요청에서 발생하였다. 일상의 어두운 동굴을 떠나라는, 그리고―사고의 순수성이라는 이름 아래―분명하고 명징한 관념들이 존재하는 밝게 빛나는 바깥세계에 계속 머무르기 위해 동굴 속에 사는 이들과의 그 어떤 교류도 거부하라는 요청 말이다. 문제는 철학자들이 여행에서 얻은 기념품들을 동굴 안의 이들과 나눠가지길 바라야 하는지, 그리고 그들이 그렇게 하길 원할 경우, 동굴 거주자들이 철학들의 말에 귀를 기울이고 신뢰를 보내줄지의 여부였다. 플라톤은 그가 살던 시대의 관습에 걸맞게, 소식을 들고 오는 전령은 의사소통이 어긋나서 죽임을 당할 것이라고 예견했다.

플라톤의 문제에 대한 아도르노의 버전은, 이단자들을 화형에 처하거나 고귀한 삶을 사는 선각자들에게 독약을 먹이는 따위의 일은 분명히 구식이 되어버린 탈계몽주의 세계에서 벌어진다. 새로운 세상에서 동굴 거주자들은 **시민** Bürger으로 환생하고, 플라톤의 원래의 동굴인들이 그랬던 만큼이나 진리와 고귀한 가치들을 내적으로 열망하지 않는 것으로 간주되었다. 그들은 평온한 일상을 틀림없이 뒤흔들게 될 메시지에 빈틈없고 거친 저항을 하리라고 예상되었다. 그러나 새로운 관습에 걸맞게도, 소통의 실패는 판이한 형태로 그 결과를 드러내었다. 플라톤 시대에는 그저 환상에 불과했던 지식과 권력의 결합이 일상적이고 실제적으로 자명한 철학적 요구가 되었고, 정치에서 그날그날 늘어놓는 흔해빠진 요구가 되었다. 진리는 그것 때문에 사람이 목숨을 잃기 십상이었던 것이었는데, 이제는 사람을 죽여도 되는 이유를 제공하는 무언가가 되었다(이 둘은 줄곧 나란히 가지만 그 비율은 극적으로 변화해왔다). 따라서 아도르노의 시대에는, 희소식을 전하는 것을 거부당한 사도들이 있는 힘껏 권력에 의존하려 했다고, 저항을 타파하고 그들이 들어가려는 길을 막는 반대자를 강제하고 밀어내고 매수하기 위해 지배를 시도했다고 예상하는 것이 당연하고 타당한 일이었다. 예전의 곤경―어떻게 하면 메시지의 내용을 손상시키지 않으면서 이에 대해 지식이 없는 이들에게 잘 전달할 어휘를 찾아낼 것인가, 어떻게 하면 그 내용을 왜곡하거나 희석시키지 않으면서 파악하기 쉽고 파악하고 싶은 마음이 들도록 근사한 형태로 그 진실을 표현할 것인가―에 보태어 새로운 어려움이 더해졌는데, 해방과 자유에 관련된 메시지의 경우에는 특히나 그 어려움이 심각하고 성가신 것이었다. 반항하는 이들이나 미온적인 이들에게 메시지를 전달하는 주요 수단이 되어버린 권력과 지배의 타락 작용을 피하거나 최소한 제한할 방법은 무엇인가? 이 두 가지 걱정은 서로 얽히거나, 때로는 레오 스트라우스와 알렉상드르 코제브Alexandre Kojève 간에 벌어졌던 예리하고도 결론 없는 논쟁에서처럼 서로 뒤섞이기도 하였다.

스트라우스가 주장하길, '철학'은 "역사가 발생하는 공간 안에 있으면서 전혀 역사의 침범을 받지 않고 유지되는 영원불변한 질서"를 추구한다. 영원불변한 것은 또한 보편성이란 특징을 갖는다. 그러나 그러한 '영원불변한 질서'의 보편적 수용은 이런저런 의견 간 타협과 합의를 통해서가 아니라, "진정한 지식이나 지혜"

의 토대 위에서만 가능하다.

의견에 기초한 합의는 결코 보편적 합의가 될 수 없다. 보편성
을 지녔다고 주장하는, 즉 보편적으로 수용되어야 한다고 주장
하는 모든 신념은 반드시 똑같은 주장을 하는 반대편 신념을
야기하게 된다. 현명한 자들 편에서 획득한 진정한 지식을 전
파하는 것은 현명하지 않은 자들 사이에서는 아무런 도움이 되
지 못한다. 그것이 전파되거나 희석되는 과정에서 지식은 필연
코 의견이나 편견 내지 그저 그런 신조 정도로 변질되기 때문
이다.

코제브와 마찬가지로 스트라우스에게도 지혜와 '그저 그런
신조' 사이의 간극, 그리고 이 둘 간의 소통의 어려움은 곧 자동
적으로 권력과 정치의 문제로 향하게 된다. 이 두 가지 유형의 지
식이 양립할 수 없다는 점이 양편의 논객들에게 모두 지배와 법
집행 문제, 그리고 '지혜의 전달자들'의 정치 참여 문제로 등장하
였다. 잘라 말하자면 이 문제는 정치의 가장 주요한 공간이자 중
심으로 간주되는, 철학과 국가 간 관계의 문제로 여겨지게 되었
다. 이 문제는 정치에 참여할 것인가 아니면 정치적 관습에 과감
히 거리를 둘 것인가를 놓고 선택하는 것으로 집약된다. 그리고
각각의 선택에 따르는 득과 실, 위험과 약점에 대한 세심한 계산
을 의미한다.

철학자들의 진정한 관심사인 영원한 질서가 "전혀 역사의 침

범을 받지 않"는다는 것을 고려해볼 때, 현존 권력인 동시에 역사를 관리하는 이들과 교섭하는 것이 어떤 식으로 철학의 명분을 지원할 것인가? 스트라우스에게 이는 수사적 질문에 불과했다. 왜냐하면 '그것은 불가능하다'는 것이 유일하게 타당하고 자명한 답이기 때문이다. 철학의 진실은 진정 역사에 의해 침범되지 않을 수도 있지만 그렇다고 하여 역사로부터 완전히 벗어날 수 있는 것은 아니라고 코제브는 답했다. 진실의 핵심은 역사를 재편하기 위해 역사 속으로 들어가는 데 있다. 따라서 권력을 쥔 자들, 누구를 들여보내고 막을 것인지 관장하는 본래의 수문장들과의 교섭이라는 실제적 과제 또한 철학자의 임무 가운데 없어서는 안 될 필수적인 부분으로 남는다. 역사는 철학의 완성이다. 즉, 철학의 진리는 그것이 수용되고 인정받는 데서, 철학자들의 언어가 정책의 몸이 됨으로써 궁극적으로 실험되고 확인을 받는다. 인정이야말로 최종적 **목적인**이며 철학을 입증하는 요소이다. 따라서 철학자의 행동 목표는 철학자 자신들, 그들의 사유 그리고 철학하기와 같은 '내부 업무'뿐 아니라, 앞서 지적한 바와 같은 의미의 세계—결국 양쪽이 조화를 이룬 세계, 아니면 그보다 철학자들이 사수하는 진리와 유사한 듯 보이는 세계—를 재창조하는 것이다. 따라서 정치와 '어떤 교류도 하지 않는 것'은 해결책이 되지 못한다. 그러한 태도에는 '저기 저 세상'뿐 아니라 철학까지도 배신할 낌새가 있다.

세상과 '정치적 다리 놓기'의 문제는 피하려고 해도 피할 수 없다. 그 다리에는 국가에 복무하는 일꾼들이 배치되므로, 적어도 어떻게 이 일꾼들을 이용하여 철학이 세상으로 매끄럽게 진입하도록 하는가의 문제는 사라지지 않는, 반드시 대면해야 할 문제로 남는다. 최소한 시작단계에서는 철학의 진리와 이 세상의 현실 간의 간극이 메워지지 않은 채 남아 있는 한 국가가 독재 형태를 취하리라는 잔인한 사실 역시 피할 도리가 없다. 독재(코제브는 이런 통치형태가 **도덕적으로 중립적** 용어로 규정될 수 있다고 확고히 믿었다)는 이럴 때마다 발생한다.

> 시민들 중 한 분파(다수인가 소수인가는 거의 문제가 되지 않는다)가 그들은 자발적으로 받아들였지만 다른 이들은 이를 받아들이게 하는 데 성공하지 못한 어떤 권위가 이끄는 관념들과 행동들을 다른 모든 시민들에게 강제로 부과한다. 이 분파가 다른 이들과의 '타협' 없이, 다른 이들과 어떻게든 '절충'해 보려는 노력 없이, 다른 이들의 관념과 욕구에 대한 고려(다른 이들이 자발적으로 받아들인 또 다른 권위에 의해 결정된) 없이 자신들의 생각을 나머지 사람들에게 강제하는 곳에서 말이다.

독재를 독재로 만드는 것이 바로 이런 '다른 이들'의 생각과 요구를 무시하는 것이므로, 그 과제는 한쪽의 거만한 무시와 다른 쪽의 침묵의 반대라는 (그레고리 베이트슨Gregory Bateson이 말한) 분열증식의 고리를 끊고, 양편이 만나 내실 있는 대화를 나눌 장을 찾는 것이다. 그 대화의 장(여기서 코제브와 스트라우스의 의견이 일치하는데)은 보편적으로 타당할 뿐 아니라 영원하고 절대적인 대상들을 다루는 철학적 진리에 의해 제공되는 것이어야 한다('단순한 믿음들'이 제공한 다른 모든 장은 회의장이 아니라 그저 싸움터의 역할만을 담당할 뿐이다). 코제브는 이것이 가능하다고 믿었지만 스트라우스는 그렇지 않았다. 그는 "나는 소크라테스가 인민과 대화할 가능성이 있다고 믿지 않는다"라고 말한 바 있다. 그런 식의 대화에 참여하는 사람은 누구든지 간에 어쨌든 철학자는 아니다. 오히려 진리가 인민에게 다가갈 수 있도록 길을 닦는 것에는 관심이 없고, 권력이 무엇을 요구하고 무슨 명령을 내리든지 간에 순순한 복종을 얻어내는 데 관심이 있는 '어떠한 웅변가'일 것이다. 철학자들은 이들 웅변가들에게 조언을 주려는 노력 외에 더 할 일이 없을지도 모르며 더구나 이것이 성공할 가능성은 지극히 적을 수밖에 없다. 철학과 사회가 타협을 보거나 하나가 될 가능성은 불투명하기만 하다.[19]

스트라우스와 코제브는 보편적 가치와 역사적으로 형성된 사회적 현실의 고리가 되는 것이 정치라는 점에 합의했다. 무거운 근대의 내부에서 글을 쓰면서 그들은 정치가 국가의 활동과 겹쳐지고 있음을 당연시했다. 그 결과 논쟁의 여지 없이 철학자들이 직면한 곤경은 이를 '수용할 것인가' 아니면 '내버려둘 것인가'를 단순하게 선택하는 문제로 집약된다고 여겨졌다. 즉, 그 고리를 이용하려는 시도가 마침내 부르게 될 그 모든 위험을 불사하고서라도 그것을 이용할 것인가, 아니면 (사고의 순수성을 지킨다는 명분으로) 고리로부터 완전히 동떨어져서 권력과 권력소유자들로부터 거리를 유지할 것인지를 선택하는 문제가 된 것이다. 그 선택은 달리 말해 무능할 수밖에 없는 진리, 그리고 진리를 위배할 수밖에 없는 권력 중 택일하는 것을 의미했다.

무거운 근대는 결국 건축이나 조경을 설계하는 것처럼 현실을 구축해가는 시기였다. 이성적 판단이 명하는 바에 충실하게 현실을 '건설해야' 했다. 이는 엄격한 품질관리 하에 엄격한 절차를 거쳐 이루어졌고 무엇보다도 공사가 시작되기 전에 설계를 마쳐야 했다. 이 시기는 제도판과 청사진의 시대였다. 사회 영역을 지도화mapping하려 했다기보다는, 오직 지도만이 그 수준으로 명료하게 논리적으로 해낼 수 있다며 큰소리치며 주장하는, 바로 그 수준까지 끌어올리고자 함이었다. 이 시기는 합리성을 현실 속으로 법제화하고, 합리적 행동을 이끌어내고, 심사숙고하기에는 비용이 너무 많이 드는 반이성적 행동은 모두 포기하는 방식으로 이해관계를 재편하기를 희망했던 때였다. 법제화된 이성의 경우 입법자와 법 집행 기관들을 무시하는 것이 선택지에 없다는 것은 자명했다. 협조적이든 이의를 제기하든 국가와 친밀한 관계를 맺는 문제는 그것의 형성적 딜레마였고 진정 사느냐 죽느냐의 문제였다.

생활정치 비판

국가는 이제 더 이상 전권을 위임받은 합리성의 특사, 합리적 사회의 주요 건설자로서의 역할을 기약하거나 이행하지 못하게 되었고, 훌륭한 사회라는 것을 건설하려 한 건축사무소의 제도판들이 단계적 폐지 과정을 밟고 있고, 다양하게 모여든 조언자들, 통역가들, 중개인들이 예전에는 입법자들에게 속해 있던 과제의 대부분을 떠맡게 되었다. 그러다 보니 해방운동에 일조하길 갈망하던 비판이론가들이 박탈감에 신음하는 것도 놀라울 일이 아니다. 해방투쟁의 수단인 동시에 목적으로 상정되었던 것들만 산산이 부서진 게 아니다. 비판이론의 중심적, 구성적 딜레마, 비판 담론이 중심축 삼아 회전하던 그 딜레마가 해방투쟁의 수단보다 먼저 사라질 공산이 크다. 많은 이들이 느끼고 있겠지만, 이제 비판 담론은 다루어야 할 주제를 상실했다. 그리하여 많은 이들이 비판의 정통 전략을 필사적으로 고수해보지만, 결국 뜻하지 않게도 그 담론에 구체적이고 현실적인 주제가 빠졌다는 사실, 즉 담론이 진단하는 바는 오늘날의 현실들과 갈수록 동떨어진 것이 되고 그 제안들은 더욱 더 불명확해지고 있다는 사실만 확인할 뿐이다. 많은 이들은 그들이 전문지식을 얻었던 과거의 전투를 수행할 것을 고집하고, 친숙하고 믿을 만한 전장에 남기를 선호하여, 새롭고 아직은 충분히 탐사되지 않은 영역으로, 여러 방면에서 '인식의 불모지 terra incognita'인 전장으로 옮겨가길 꺼린다.

그러나 비판이론에 대한 수요도 그렇지만 비판이론이 내놓는 예상도, 지금은 퇴조하는 삶의 형식들을 고집하는 것은 아니다. 비판이론가들에게 잔존해 있는 자기 인식이, 자신들이 대적하는 과정에서 발전시킨 형식, 기술, 프로그램들을 고집하지 않듯이 말이다. 과거 해방이 지녔던 의미는 현재 상황에서는 구시대의 낡은 유물이 되었다. 해방이란 임무 자체가 그렇게 된 것은 아니다. 현재로서는 다른 것이 문제다. 해방의 새로운 공적 의제들이 비판이론의 손길을 여전히 기다리고 있다. 아직도 비판적 공공정책을 기다리는 새로운 공적 의제들이 현대 인간 조건의 '액화된' 버전과 함께 부상하고 있고, 특히 그 조건으로부터 생겨난 삶의 과제의 '개인화' 경로를 밟고 있다.

새로운 의제는 앞서 논의한 바, 법률상 개인과 실제 개인 간의 간극, 혹은 법률적으로 강제되는 '부정적 자유'와 보편적으로 얻어내기란 거의 불가능한 '절대적 자유' – 달리 말해 자기주장을 할 수 있는 진정한 가능성 – 사이의 간극에서 발생한다. 새로운 조건은 성경에 나오는, 이집트를 탈출하는 이스라엘인의 반란을 이끌었던 상황과 다를 바 없다. "파라오가 이 백성의 감독관들과 십장에게 명하되, 벽돌을 만드는 데 쓰는 볏짚을 이 백성에게 주지 말라 하니 (…) '그들이 스스로 볏짚을 구하도록 해서 예전과 같은 양의 벽돌을 생산하는지 지켜보아라.'" 십장이 볏짚이 알맞게 분배되지 않으면 벽돌을 효율적으로 만들어내지 못한다고 지적하며 파라오에게 그 요구가 불가능하다고 말하자 파라오는 이렇게 책임을 전가했다. "너희들은 게으르고도 게으르도다." 오늘날, 게으른 자를 매질하라고 십장에게 명하는 파라오는 없다 (그 매질은 오늘날 'DIY' 작업, 즉 자기 스스로 매질하는 것으로 바뀌었다). 그러나 오늘날의 관리자들은 볏짚을 공급하는 일을 일거에 중단해버렸고 벽돌 생산자들은 그들 자신의 게으름 때문에 일을 제대로 하지 못한다는, 무엇보다도 스스로 만족할 만큼 일하지 못한다는 말을 듣고 있다.

오늘날 인간에게 부과된 일은 근대가 시작된 이래로 거의 변함없이 유지되고 있다. 그것은 바로 개인의 삶을 자기 손으로 구성하는 것, 그리고 그런 식으로 각각의 삶을 구성한 다른 개인들을 맺어주는 네트워크에 복무할 뿐만 아니라 그 네트워크를 형성하는 일이다. 그 일에 대해 비판이론가들이 이의를 제기한 것은 아니었다. 이들이 비판한 것은, 인간 개개인이 자기들에게 부과된 그 과업을 이루기 위해 해방되었을 때, 그 과정에 진심과 편익을 다하여 임했다는 점이었다. 비판이론은 사람들이 제대로 된 자기주장의 조건에 표리부동하거나 비효율적인 것들을 가미해야 마땅했다고 비난했다. 선택의 자유에 부과된 제한 요소들은 너무나 많았다. 게다가 현대사회가 구성되고 운영되어온 방식에 만성적으로 깃든 전체주의적 경향도 있었다. 그 경향은 선택의 자유를, 강제되었거나 남모르게 훈련된 단조로운 동일성으로 바꿔버림으로써 자유를 일거에 폐지할 수도 있다는 위협을 내포하였다.

자유로운 주체의 운명은 그 얽힌 양상을 풀기는커녕 일일이 헤아리기도 어려운 이율배반들로 가득하다. 예컨대 그것이 정체성이라고 인정될 만큼 견고해야 마땅한, 스스로 주조한 정체성이 끊임없이 변화하는 변덕스러운 상황에서 미래의 활동에 대한 자유를 해치지 않을 만큼만 유동적일 때 생기는 모순을 생각해보자. 혹은 이전보다 유례없이 커진 기대감이란 짐을 지게 된 사람들 간의 협력에서 드러나는 위태로움, 즉 제도적 뒷받침이 변변치 않아 더 커진 기대에 맞서기가 더욱 어려워지는 상황이 그렇다. 혹은 무관심과 강압의 험준한 암벽들 사이로 위험한 항해를 해야 하는, 다시 되찾은 책무가 처한 딱한 난관도 그렇다. 혹은 의지할 데라곤 행동하는 자의 열정과 헌신밖에 없는데도 목표를 달성하려면 그 행동의 완전함을 유지해줄 좀 더 지속적인 접착력이 요구되는 모든 공적 활동의 취약함도 그렇다. 또는 철저하게 개인적이고 주관적으로 일관한 삶의 경험을 공공 의제에 적합한 공공 정책 문제로 일반화시켜 가다듬는 지독하게 어려운 일도 그렇다. 이것들은 되는 대로 들어본 예에 불과하지만, 이 예들을 통해 비판이론가들이 자신이 학문적으로 훈련한 바를 공공 정책적 의제와 연관시키길 바라면서 맞닥뜨리는 난관이 어떠한 것인가는 극명하게 드러난다.

그 나름의 합당한 이유로 비판이론가들은 근대의 정치 관행에 체현된 바와 같이, 계몽주의의 '계몽군주' 버전 안에서 중요한 것은 결과─합리적으로 구축되고 운영되는 사회─이리라는 의혹을 품었다. 그들이 의심한 것은, 개인의 의지, 욕망, 목표가 어떻게 기능하고 그 용도와 의도는 무엇인지 전혀 개의치 않은 채 새로운 의미를 창출하려는 경향인 **창조적 능력**vis formandi과 **창조적 리비도**libido formandi, 바로 이것들이 그저 바깥에 떠도는 수많은 자원들이거나 어떤 경우에는 장애물이 아닌가 하는 점이었다. 이러한 관행과 예상되는 경향에 반대하여 비판이론가들은 이와 상반되는 사회의 비전을 설정했다. 즉, 바로 그러한 의지, 욕망과 목표 그리고 이것들의 충족이 중시되고 존중되는 사회, 이로 말미암아 그 태생적 이름에 감싸인 남녀 개인들의 소망에 반하거나 그 소망을 아예 무시하면서 작동하는, 완벽을 기하려는 모든 구도에 방해가 되는 그러한 사회의 비전 말이다. 대부분의 비판학파의 철학자들에게 유일하게 인정받는 '총체성'이란 창조적이고 자유롭게 선택하는 개인들의 행동에서 생겨날 수 있는 그런 총체성이다.

모든 비판이론의 작업에는 일종의 무정부주의적 기미가 도사리고 있었다. 모든 권력은 의심의 대상이 되고 적은 오직 권력 측에서만 감지되었다. 자유로 말미암아 빚어진 모든 결점과 좌절에 책임이 있는 것도 바로 그 적이었다('대중문화' 논쟁의 경우에서와 같이 해방전쟁에 용감하게 나서야 할 소임이 있는 군대가 용기가 부족하다면 이 책임 역시 그 적에 돌려졌다). 위험들이 닥칠 것 같은 분위기 속에서, '공적인' 쪽에서 떨어져 나간 충격파는 늘 '사적인' 것, '주관적인' 것, '개인적인' 것들을 침범하고 식민화하려고 들었다. 공적 공간이 협소해지거나 텅 비는 데 도사린 위험이나 사태의 역전, 즉 사적인 것이 공적 공간을 점령하는 것에 대해 생각하는 경우는 점점 드물어지거나 거의 사라졌다. 그러나 이를 피할 수 없음을 과소평가하고 거의 논의조차 하지 않은 것이 오늘날 해방을 저해하는 주요한 요인으로 변하였는데, 현 단계에서 해방이라 함은 오직 법적인 개인의 자율성을 실제적인 자율성으로 바꾸는 과업이라고 설명할 수밖에 없다.

공적 권력은 개인의 자유의 **불완전성**을 예고하지만 그 권력이 물러서거나 소멸되는 것은 합법적으로 승리한 자유가 **실제적으로 무효화됨**을 예고한다. 근대 해방의 역사는 최초의 위험에 맞서는 것에서 두 번째 위험을 맞이하는 쪽으로 진로를 선회하였다. 이 사야 벌린의 말을 빌리자면, '소극적 자유'를 얻기 위한 투쟁이 벌어지고 승리를 거두고 나자, 그것을 "적극적 자유, 즉" 선택의 범위와 선택권 관련 의제를 설정할 자유로 변환하는 데 필요한 지렛대는 깨어져서 산산조각이 났다. 공권력은 두려움과 원망의 대상이었던 억압적 힘의 상당 부분을 잃었지만, 그 수권授權 능력의 상당 부분 역시 잃고 말았다. 해방전쟁은 끝난 것이 아니다. 그러나 조금이라도 더 진척을 보기 위해서 이제 공적 권력은 그 권력의 역사 대부분에 걸쳐 힘껏 파괴하고 제거하려던 것을 소생시켜야만 한다. **오늘날 진정한 해방에는 '공적 영역'과 '공적 권력'의 필요성이 줄어드는 것이 아니라 더욱 요청된다.** 사적인 것들이 침해하지 못하도록 보호가 절실해진 쪽은 이제 공적 영역이 되었다. 비록 역설적으로 개인 해방을 위축시키기 위해서가 아니라 강화하기 위해서이긴 하지만.

늘 그렇듯이 비판이론이 할 일은 해방의 노정에 첩첩이 쌓인 많은 장애물들을 폭로하는 것이다. 오늘날 주어진 과제의 본질을 고려해볼 때 시급히 검토할 필요가 있는 주요 장애물들이 있다. 이 장애물들은 사적인 문제들을 공적 현안으로 옮겨 쓰고, 고유하게 사적인 문제들을 그저 개인적 요소들의 총합이 아닌 더 넓은 차원의 공적 관심사로 응축해내고, '생활정치'의 사적인 이상향들을 기억하여 다시 한번 '좋은 사회'와 '정의로운 사회'의 전망을 얻어내려는 일들이 점차로 어려워진 것과 연관이 있다. 공적 정치가 자신의 기능을 벗어던지고 이를 생활정치가 떠맡게 되면,

법률상 개인이 **실제상** 개인이 되려는 노력 속에서 직면하는 문제들은 도무지 서로 더해질 수도 쌓일 수도 없게 되고, 그리하여 공적 영역에는 그저 사적 근심거리들이 토로되고 대중이 이를 열람할 수 있도록 진열되는 현장 이외에는 다른 어떤 것도 없게 된다. 같은 이유로 개인화는 일방통행의 과정으로 보일 뿐만 아니라, 개인화가 진행되는 과정에서 과거의 목표를 수행하는 데 이용되었을 법한 모든 도구들이 파괴되고 말 것이다.

이러한 숙제로 말미암아 비판이론은 새로운 청중을 맞이한다. 계몽군주가 그 권좌와 응접실을 빠져나가자 빅 브라더의 유령이 이 세상의 다락방 구석과 지하 감옥을 떠돌기를 멈추었다. 새로운 액체 현대에서, 계몽군주와 빅 브라더는 둘 다 몹시 작아진 모습으로 각 개인의 생활정치의 자그마한 축소판 속에서 안식처를 찾았다. 바로 이곳이 개인의 자율성에 대한 위협과 기회─이러한 자율성은 자율적 사회 안에서가 아니면 그 온전한 실현이 불가능하다─가 발견되고 자리 잡아야 하는 곳이다. 공동의 대안적 삶을 모색하는 일은 생활정치의 대안을 고찰하는 것에서 출발해야만 한다.

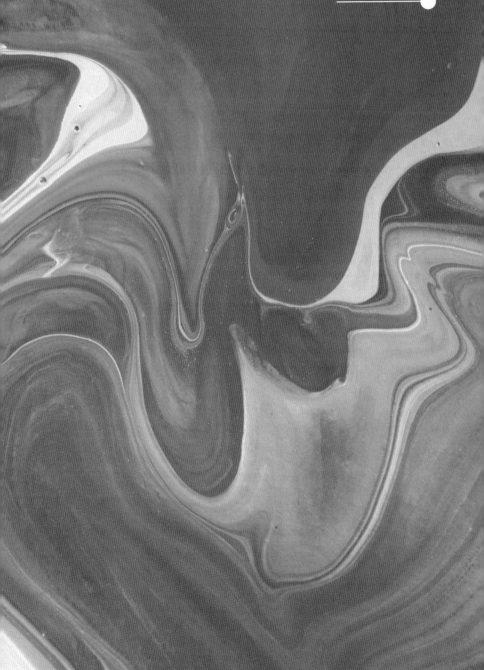

2장

개인성

잘 들어. 바로 지금 여기 똑같은 자리를 지키려면 넌 있는 힘껏 계속 달려야 해. 혹시 다른 데로 가고 싶으면 최소한 그 두 배는 빠른 속도로 달려야 해!

_ 루이스 캐럴

이제 기억도 잘 안 나고 이해하기는 더 어렵게 되었지만, 올더스 헉슬리의 《멋진 신세계*Brave New World*》와 조지 오웰의 《1984》를 놓고 항간에 불길한 예측이 떠돈 적 있다. 그러니까, 어떤 두려운 일이 생길지, 너무 늦기 전에 서둘러 막지 않으면 미래에 어떤 공포가 닥칠지 등을 놓고 논쟁이 벌어졌던 게 고작 오십 년 전 일이다.

확실히 그 논쟁은 꽤 창의적이고 진지했는데, 이는 두 사람이 그려놓은 가상의 디스토피아가 얼핏 유사해 보이지만 본질은 딴판이었기 때문이다. 오웰의 세상은 남루하고 궁핍하며 결핍과 부족이 지배했던 반면, 헉슬리의 세상은 풍요와 넘쳐남, 만끽과 포만감의 세계였다. 예상 가능하게도 오웰이 만든 세계의 주민들은 슬프고 겁에 질려 있었고 헉슬리가 그려낸 이들은 아무 근심걱정 없이 쾌활하였다. 이 못지않게 뚜렷한 다른 차이점도 많이 있었다. 세세한 모든 부분에서 두 세계는 정반대였다.

그런데도 두 세계를 묶어주는 어떤 것이 있었다(그 공통점 없이는 두 지옥은 말다툼은커녕 서로 말도 안 했을 것이다). 그것은 두 세계가 **빈틈없이 통제된 세상**을 예고한다는 점이었다. 개인의 자유는 속임수이거나 아무것도 아닌 것으로 격하되었을 뿐 아니라, 명령에 복종하고 정해진 일과를 따르도록 세뇌당한 사람들은 자유라는 것에 분개했다. 소수 지배집단이 모든 권력을 손안에 쥐고 그 외 인간들은 평생 꼭두각시 인형처럼 움직이는 세계, 관리하는 자와 관리당하는 자, 설계자와 그 설계의 추종자로 나뉜 세상─전자는 설계도를 품속에 깊이 감추어 두었고, 후자는 그 설계도를 훔쳐보거나 그 의미를 제대로 파악할 의지도 능력도 없는 부류였다─다른 대안적 세상을 상상하는 것이 도무지 불가능한 세계.

자유는 동이 나고 통제와 감시와 억압은 더 많아진 미래가 오리라는 것은 그들에게 논쟁의 대상이 아니었다. 오웰과 헉슬리는 이 세상이 어디로 귀착할지에 대해 비슷한 의견을 갖고 있었다. 그들은 단지, 우리가 무지하고 우둔하고 자기만족과 방임에 빠져 매사를 그냥 흐르는 대로 내버려둘 경우 어떤 길을 가게 될지를 다르게 그려냈을 뿐이다.

1769년에 호레이스 만Horace Mann 경에게 보낸 한 편지에서 호레이스 월폴Horace Walpole은 "생각하는 자에게 이 세상은 한 편의 희극이고, 느끼는 자에게 이 세상은 한 편의 비극"이라고 적었다. 그러나 '희극'과 '비극'의 의미는 세월을 거치며 변화했고 오웰과 헉슬리가 비극적 미래의 윤곽을 그리고자 펜을 들었을 때는 두 사람 모두에게 이 세상의 비극은, 점차 강력해지면서도 멀어지는 통제자와 점차로 힘을 잃고 통제당하는 여타 사람들로 양분되는 쪽을 향해 세상이 완강하게 걷잡을 수 없이 치닫는 데서 오는 것이었다. 두 사람을 따라다녔던 악몽과 같은 전망은 바로 자신의 삶을 관장하는 게 불가능해진 남녀 개인들의 악몽이었다. 노예가 없이는 좋은 사회든지 나쁜 사회든지 상상하기 힘들었던 예전의 아리스토텔레스와 플라톤 같은 철학자들과 매우 흡사하게도, 헉슬리와 오웰은 그것이 행복한 사회든 불행한 사회든 사람들이 무대에서 따라할 대본을 쓰고, 배우들의 대사를 하나하나 만들어주고, 자기가 직접 대사를 만들어내려는 사람은 무조건 감옥에 가두는 감독관들, 설계자들, 감시자들이 없는 미래 사회를 그려볼 수 없었다. 그들에게 감시탑과 감독관의 책상이 없는 세상은 그려지지 않았다. 그들 시대의 공포는, 희망이나 꿈도 마찬가지였는데, 최고사령부Supreme Command Offices 주변을 맴돌았던 것이다.

자본주의— 무거움과 가벼움

나이절 드리프트Nigel Thrift라면 오웰과 헉슬리의 이야기를

'창세기 담론'과 확연히 동떨어진, '여호수아 담론' 항목에 넣었을 지도 모르겠다.[20] (드리프트에 따르면 담론이란, "사람답게 사는 법을 사람들에게 가르치는 초월적 언어이다.") "여호수아 담론에서 질서 는 규칙이고 무질서는 하나의 예외인 반면, 창세기에서는 무질서 가 규칙이고 질서가 예외이기 때문이다." 여호수아 담론에서 이 세상은 (드리프트는 여기서 케네스 조윗Kenneth Jowitt을 인용한다) "중앙집권적으로 조직되고 엄격한 경계가 있으며 침범할 수 없는 경계에 대한 광적인 관심을 기울인다."*

'질서'는 단조로움, 규칙성, 반복성, 예측가능성이라 말해두고 싶다. 우리가 어떤 환경을 '질서정연'하다고 부를 때, 이는 오직 어떤 사건들이 다른 환경에서보다 그 특정 환경에서 발생할 가능 성이 대단히 높고, 다른 사건들은 거의 일어나지 않거나 불가능 한 경우이다. 바로 그러한 이유로 이것은, 어디서 누군가가(인격 을 갖춘 것이든 아니든 어떤 초월자가) 사건이 무작위로 발생하지 않도록 예의주시하면서, 일어날 수 있는 개연성에 개입하여 그것 을 조종하며 주사위를 던져야 함을 뜻한다.

질서 잡힌 여호수아의 세계는 엄격히 통제되는 세상이다. 세 상만물은 목적이란 것을 가지며, 비록 그 목적이 (일부 사람들에게 는 얼마 동안, 대부분 사람들에게는 끝까지) 분명치 않더라도 그것

---

* 여호수아는 모세가 죽은 후 유대인의 지도자가 된 성경의 인물로, 그가 기원전 400년경에 쓴 것으로 추정되는《여호수아서》는 구약의 열두 개 역사서 중 첫 번 째 책이다. 이 책에는 그의 지휘 아래 이스라엘 백성이 요단강을 건너 가나안을 정복하고 정착하는 과정이 기록되어 있다.

에 복무해야 한다. 쓸모가 별로 없거나 목적이 결여된 것들은 그 세상에서 자리를 잡을 수 없다. 게다가 쓸모없음 그 자체도 그 세상에서는 합목적성으로 인정되어야 한다. 그 인정을 받기 위해서 쓸모없음은 질서 있는 전체를 유지하고 영속화하는 데 기여해야 한다. 질서만이 유일하게, 합법적 인정을 받지 않아도 된다. 말하자면 질서는 그냥 '그 자체를 위한 것'이다. 그것은 그냥 **존재**하는 것이며, 이를 소망하는 따위의 일은 불가능하다는 것, 이것이 우리가 알아야 하며 알아낼 수 있는 전부이다. 신이 세상을 창조하는 거룩한 순간에 그렇게 빚어놓은 것이기에 질서는 그냥 거기에 있는 것이다. 혹은 인간이 '신을 닮은' 면이 있어서 세상을 설계하고 건설하고 관리하는 지속적 작업 속에서 질서를 만들어 유지하기 때문일 수도 있다. 우리가 사는 현대, 마치 신이 휴직을 연장한 것처럼 보이는 이 시대에는, 질서를 설계하고 이를 보존하는 일을 인간이 떠맡게 된 것이다.

칼 마르크스가 발견한 대로, 지배 계급의 사상들이 지배 이념이 되게 마련이다(언어와 그 작용에 관한 새로운 해석에 따르자면 이러한 전제는 반복어법이다). 적어도 이백 년에 걸쳐 세상을 지배한 것은 자본주의 기획을 운영한 자들이었다. 즉, 생각조차 하기 힘든 일들에서 실행가능한 일들을 구분하고, 비이성적인 것들로부터 이성적인 것들을 떼어놓고, 광기 어린 것들에서 지각 있는 부분을 분리하고, 어떤 경우에는 정해진 변수의 테두리 내로 인간 삶의 궤도를 국한시키는 결정을 내려온 것이 이들이었다. 따라서 지배담론을 먹고 살며 그 실제 내용을 보강해온 것이야말로 이들

의 세계관이었고, 이러한 지배계급의 전망은 그 세계관과 유사한
형태로 모양을 갖추고 변화해온 세상 그 자체와 긴밀히 결합되어
있었다.

최근까지는 여호수아 담론이 이러한 기능을 담당하였으나, 현
재에 이르러 창세기 담론이 점차 이를 대신하고 있다. 그러나 드
리프트가 시사한 바와는 정반대로, 오늘날, 기업과 학계 즉 세상
을 꾸려가는 이들과 세상을 해석하는 이들이 동일한 담론 안에서
만나는 것은 그다지 신기한 일도 아니다. 새롭고(드리프트는 '부드
러움'이라 칭했다) 지식 탐욕적인 자본주의한테는 별로 새로울 게
없는 특색이다. 최근 두 세기에 걸쳐 학계에는 자본주의적 비전
과 실천의 거센 물결이 쌓아놓은 퇴적물의 세상 말고는, 딱히 반
추하고 설명하고 해석을 내리는 학계의 개념적 그물망이 건질 세
상이라곤 없었다. 그 시기 동안 기업과 학계는 설혹 ─ 서로 대화
가 불가능했기 때문에 ─ 멀찍이 거리를 둔 것처럼 보였더라도 실
은 지속적으로 만나왔다. 이들이 만나는 회의실을 지정하고 꾸며
온 것은 예나 지금이나 늘 전자였다.

여호수아 담론을 지탱하고 신뢰할 만한 것으로 만든 것은 포
드주의Fordism라는 세계였다.('포드주의'라는 용어는 오래전 안토니
오 그람시Antonio Gramsci와 앙리 드 만Henri de Man이 처음 사용했는
데, 헤겔의 '미네르바의 올빼미' 습성에 걸맞게도 포드주의를 비추던
찬란한 빛이 스러질 무렵이 되어서야 다시 주목받고 재발견되어 널리
통용되었다). 알랭 리피에츠Alain Lipietz가 회고적으로 기술하듯,
포드주의는 그 전성기에 산업화, 축적, **규제**의 동시적 모델이었다.

개별 행위자들의 기대와 이에 상충하는 행위들을 축적 제도의 집단 원리에 맞춰 교정하는 형식들 조합하기 (…) 산업 패러다임은 테일러주의적 합리성 원칙, 그리고 꾸준한 기계화를 포함했다. 그러한 합리성은 정신노동과 육체노동의 분리, (…) 상부가 체계화하고 설계자가 기계 내부에 구체화하여 설립한 사회적 식견을 바탕으로 했다. 기술자들이 처음 이 원칙을 도입했을 때 그들의 명백한 목표는 노동자들에 대한 관리감독을 강화하는 것이었다.[21]

그러나 포드주의 모델은 위에서 말한 것 그 이상이었다. 전체 세계관이 세워지고 총체적 삶의 경험 위로 위엄 있게 솟구친 존재론적 건축 현장이었다. 인간이 세계를 이해하는 방식은 언제나 인간행동학적 경향을 띤다. 이 방식은 늘 당대의 기술 정보와 사람들이 무엇을 할 수 있고 그것을 어떻게 실행하는가에 따라 형성된다. 포드주의 공장이 (설계와 실행, 이끄는 자와 따르는 자, 자유와 복종, 고안과 결정이 세심하게 구분되고, 이러한 대립항들을 단단히 결합시키면서 전자로부터 후자로 명령을 순조롭게 전달시키면서) 질서를 목표로 하는 사회공학 역사상 으뜸가는 성취임은 두말할 나위가 없었다. 각 개인 삶에서뿐만 아니라 전지구적 사회에 이르기까지 모든 층위에서 인간 현실이 어떻게 작동하는지 파악하려는 모든 사람들에게 포드주의 공장이 참고가 된 것도(직접 인용이 되는 것은 아니더라도) 그리 놀라운 일은 아니었다. 겉으로 드러나 있든 아니든 포드 모델은, '중심 가치군'에 의해 조절되는 파슨스

식 자가 재생적 '사회 체제'나, 정체성을 구축하려는 자아의 평생에 걸친 노력에 대한 지침서가 되어줄 사르트르적 '삶의 기획' 등 일견 동떨어져 보이는 전망에서조차 그 흔적을 찾을 수 있었다.

포드주의 공장을 대체할 만한 것이나, 포드 모델이 사회의 구석구석으로 퍼져나가는 것을 저지할 심각한 장애물은 없는 듯 보였다. 이런 점에서 오웰과 헉슬리 간 논쟁은 사회주의와 자본주의 간 논쟁과 마찬가지로 그저 한식구들끼리 벌인 소소한 말다툼에 지나지 않았다. 공산주의도 결국 포드 모델에서 당장의 오염물질들만(그게 아니라 결함이겠지!) 제거하길 바랐던 것이다. 우연한 사고들을 최종적이고 총체적으로 격파하는 데 장애가 되고 그리하여 합리적 계획 수립의 포괄적 힘을 약화시키는, 악의적 시장발發 혼돈을 제거하길 바랐다고나 할까. 레닌에 따르면, 공산주의자들이 "소비에트 권력과 소비에트 관리조직을 자본주의의 최근 진보와 결합"[22]시키는 데 성공했더라면 사회주의의 전망은 성취되었을 것이다. 여기서 "소비에트 관리조직"이라 함은 레닌 입장에서는 ('노동의 과학적 조직화'라고 거듭 반복해서 말하는) '자본주의의 최근 진보'가 공장 안에서부터 바깥의 사회생활 전반으로 번져나가 깊게 스미도록 기능하는 조직을 뜻하긴 했지만.

포드주의는 근대사회가 '무겁고' '부피가 크고' '고정불변'이며, '뿌리박힌' '고체' 단계임을 너무나 잘 알고 있었다. 역사와 자본, 경영과 노동이 전부 연결된 단계에서는, 좋든 싫든 이 모두는 오랜 동안, 어쩌면 영구적으로 서로 동반 상태일 수밖에 없었다. 즉, 거대한 공장건물들과 육중한 기계들, 대량의 노동력은 강하게 결합되어 있어야 했다. 효율적 작동과 존속 자체를 위해 이들은 각각의 경계를 짓고 '그 안에 몸을 숨겨야' 했으며 참호와 철조망으로 구획을 표시해야만 했다. 그와 동시에 이들은 장기전이 되어가는, 어쩌면 가망 없는 포위 공격을 견디어내는 데 필요한 모든 것이 갖춰진 큰 요새를 만들어야 했다. 무거운 자본주의는 부피와 규모에 집착했고, 바로 그 이유로 경계에, 그리고 그 경계를 물샐틈없이 단단하게 만드는 데 집착했다. 헨리 포드의 천재성은 그 산업요새를 수호하는 자들을 모두 담장 안에 묶어두는 방법을, 도망가거나 다른 편이 되려는 유혹을 물리칠 방법을 알아낸 데 있다. 소르본의 경제학자 다니엘 코엔Daniel Cohen은 다음과 같이 지적하였다.

헨리 포드는 어느 날 노동자들의 임금을 '갑절'로 올리기로 결심했다. 그는 후에 유명해진 '나는 내 직원들이 내 차를 살 만큼 임금을 받길 원한다'는 말로 그 이유를 설명했는데, 이는 분명 진심이 아니었다. 직원들이 구매한 포드 차의 수효는 전체 판매량의 비해 새 발의 피에 불과했고, 노동자들의 임금은 그가 들여야 하는 비용에서 훨씬 큰 몫을 차지했다. (…) 그런데도 포드가 임금을 인상한 진짜 이유는 그가 가공할 만큼 커진 노동자들의 힘에 직면했기 때문이다. 그는 노동자들을 사슬로 묶어두기 위해 가히 엄청난 임금인상을 해주기로 마음먹었던 것이다.[23]

산업현장에 노동자들을 못 박아두고 그들의 이동을 막는, 이 투명한 사슬은 코엔의 말을 빌자면, "포드주의의 핵심"이었다. 그 사슬을 끊는 것은 삶에서도 결정적이고도 중대한 분기점을 뜻하는 변화였는데, 이는 포드주의 모델이 쇠퇴하고 붕괴가 가속화되는 것과 연관이 있었다. 코엔의 말대로, "마이크로소프트에서 일을 시작한 사람은 그 경력이 어디에서 끝날지 알 수 없다. 그와 정반대로, 포드와 르노Renault에서 경력을 시작했다면 그 사람의 경력은 같은 곳에서 끝나게 될 것이 거의 확실하다."

근대의 무거운 단계에서, 자본은 자신이 고용한 노동자들만큼 견고하게 바닥에 고정되어 있었다. 오늘날 자본은 여행 가방에 서류케이스, 휴대폰, 노트북만 담고 가볍게 이동한다. 거의 어디든 잠깐 머물 수 있고, 원하면 아무 때나 훌쩍 떠나면 된다. 노동은 과거에도 그러했듯이 오늘날에도 움직일 수 없는 반면, 영원히 고정되어 있을 것으로 예상되던 장소는 예전의 확고함을 상실하였다. 사람들은 닻을 내릴 무거운 돌덩이가 어디 없을까 헛되이 찾아다니며 쉽게 부서지는 모래밭에 자리를 잡는다. 세상의 어떤 사람들은 끝없이 옮겨 다닌다. 나머지 사람들에게는 세상은 정지해 있기를 거부한다. 과거에는 입법자와 심판, 대법원이 하나로 굴러가던 이 세상이 이제 손안에 카드를 숨긴 채 속임수로 패를 속일 기회만 노리는 카드놀이꾼을 점점 닮아가는 것처럼 보일 때, 질서와 승리를 예언하는 여호수아 담론은 공허한 메아리처럼 들리게 된다.

'무거운 자본주의' 호에 올라탄 승객들은 선장의 갑판에 오를 일부 선택받은 선원들이 목적지로 배를 몰고 가줄 것이라 믿었다 (확실하게도, 이 믿음이 항상 현명했던 것은 아니었다). 승객들은 통로마다 큼지막한 글자로 내걸린 승객용 규칙들을 익히고 준수하는 데에만 온 신경을 써도 괜찮았다. 이들이 불평(때로는 반란)을 하는 경우도 있었는데, 선장이 배를 빨리 항구에 대지 못했거나 승객의 편의를 지나칠 정도로 무시한 데 대한 항의였다. 반면 '가벼운 자본주의' 항공기에 탄 승객들은, 조종실이 텅 빈 상태로, 비행기가 어디로 날아가고 어디에 착륙하며 누가 공항을 선택해야 되는지, 또한 도착할 때까지 승객들의 안전을 책임지는 규정이라는 것이 있기는 한지 등등의 정보를 '자동운항'이라 적힌 정체 모를 블랙박스로부터 알아낼 방도가 전혀 없다는 공포를 경험한다.

차를 가져라, 그러면 여행할 수 있다

막스 베버가 장차 도래할 사회의 원형으로 관료제를 손꼽고 이것이 합리적 행동양식의 전위 단계liminal form라고 확신에 찬 예견을 했던 것을 생각하면, 자본주의 법칙에 의해 지배되는 세계의 변화는 베버의 예측과 정반대임이 판명되었다고 말할 수 있겠다. 베버는 당대의 무거운 자본주의를 동시대적으로 경험하며 자본주의의 미래를 예측했다('강철 상자'라는 표현을 만들어낸 그는 절대 깨닫지 못했을 것이다. 그러한 '무거움'이 단지 자본주의 속성 중 시간에 얽매인 하나의 속성에 불과하다는 것, 이와는 다른 양식의 자본주의 질서도 생각할 수 있으며 조만간 이것이 도래하리라는 것을). 따라서 그는 '도구적 합리성'의 승리가 임박했다고 보았다. 즉, 인간 역사의 종착지는 명백한 것으로 간주되고 인간 행위의 목적이라는 문제는 해결되어 더 이상 논쟁의 여지가 없어진다. 그리하여 사람들은 대부분, 아니 어쩌면 유일하게 수단의 문제에만 몰두하게 된다. 말하자면 미래는 수단에 사로잡히게 된다. 향후의 모든 합리화는 필연적 결론으로 수단을 정비하고 완벽을 기하는 것이 된다. 우리는 인간의 합리적 능력이라는 것이 감정적 경향들과 또 그만큼 비합리적인 성향 때문에 끊임없이 침식당한다는 것을 알고 있기에, 목적에 대한 이의 제기도 완전히 사라지지는 않을 것 같다는 의혹을 던질 수도 있겠다. 그러나 미래에 그러한 이의 제기는, 가차 없는 합리화로 움직이는 주류의 흐름 바깥으로 내뱉어질 것이다. 그리고 그 역할은 가장 중대한 (그리고 결정적인) 세상사의 언저리에서 활동하는 예언자들과 설교자들의 몫으로 남겨질 것이다.

베버는 또한 목표 지향적 행위의 또 다른 유형에 대해 가치-합리적value-rational이라는 표현을 썼다. 그러나 그 가치-합리적이라는 말은 '그 자체를 위한' 가치, '외부적 성공의 전망과는 무관한' 가치를 추구함을 뜻했다. 베버는 또한 자신이 염두에 둔 것이 윤리적, 미학적, 종교적 성질의 것임을 분명히 했다. 즉 가치-합리성은 근대 자본주의가 폄하하는, 계산적이고 합리적인 운영을 장려하는 데 극히 해롭지는 않더라도 거의 불필요하고 부적절하다고 선고된 범주에 속한다고 말이다.[24]

우리는 베버가 볼셰비키 혁명의 영향으로, 행위 유형의 목록에 가치-합리성을 뒤늦게 덧붙인 게 아닐까 추측할 뿐이다. 가치-합리성은 목적 문제가 단칼에 해결되었다는 결론을 반박하는 듯이 보이지만, 오히려 정반대의 생각을 전달한다. 문제적 상황은 계속될 것이다. 아무리 이상을 실현할 가능성이 미약하고 그 시도의 대가가 터무니없이 크다 해도 그러한 이상을 끝까지 고수하는 이들이 있고, 따라서 이들은 목적을 설정하는 적절한 수단을 계산해내려는 유일하고 적법한 관심에서 이탈하게 될 것이기 때문이다.

베버의 역사 구도에서 가치-합리성 개념을 어떻게 적용하든지 간에, 그것은 현재 역사의 변화 내용을 파악하는 데는 아무 소용이 없다. 오늘날의 가벼운 자본주의는, 설사 그것이 도구적 합리성의 질서라는 이상적 유형에서 벗어난 것이라 해도 베버가 말한 '가치-합리적'인 것은 아니다. 가벼운 자본주의는 베버의 가치-합리적 스타일에서 수백 광년은 떨어져 있다. 과거 역사에서 '절대적인' 것으로 받아들여졌던 가치들이라고 해도 오늘날까지 그러한 것은 아니다. 무거운 근대에서 가벼운 현대로 이행하는 길에 실제로 일어난 일은, 추구할 가치가 있는 목적들에 관해 대법원이 항소 불가능 판결을 내리는 가치들을 '절대화'할 능력을 갖춘, 보이지 않는 '최고 권력기구들Politburos'(여호수아 담론에서 필수불가결하고 중심적인 제도)이 소멸되는 것이다. 대법관이 없기에(혹은 차라리 최상위를 다투는 많은 관직들이 존재하기에, 그 어느 것도 그저 경쟁에서 잠시 이길 가능성밖에는 장담할 수 없기에), 목적의 문제는 다시 한번 논쟁에 휩싸여 끝없는 고뇌와 많은 주저의 원인이 되고, 자신감을 약화시키고, 경감될 조짐이 없는 불확실성 때문에 무기력한 느낌을 자아내고 이에 따라 영원한 근심 상태를 만들 수밖에 없다. 게르하르트 슐체Gerhard Schulze에 따르면, 이는 새로운 유형의 불확실성, 즉 '수단을 알지 못하는 데서 오는 불확실성이 아니라 목적을 알지 못하는 데서 오는' 불확실성이다.[25] 이는 정보가 불충분한 상황에서 주어진 목적에 그 수단들(이미 가진 수단들과 앞으로 필요하리라 여겨져서 열심히 찾아보는 수단들)이 어떤지 평가하려 애쓰는 문제가 더 이상 아니다. 그보다는, '손닿을 곳에서(말인즉슨, 합리적으로 추구할 수 있는)' 떠다니며 유혹하는 많은 목적들 가운데 어느 것을 우선순위에 둘지, 알려졌거나 예상되는 모든 위험을 앞두고서 심사숙고하고 결정하는 문제가 되었다. 주어진 수단의 양을 고려하면서, 그리고 그 수단들의 유용함이 오래갈 가능성이 아주 희박하다는 것도 계산에 넣으면서 말이다.

새로운 상황에서는, 대부분의 사람들이 그 인생의 대부분을, 크게 고민할 필요 없는 목적에 다다를 수단을 찾는 데 보내는 것이 아니라 어떤 목적을 선택할지 고심하는 데 보낼 공산이 크다. 그 이전의 자본주의와는 대조적이게도, 가벼운 자본주의는 가치-강박적일 수밖에 없다. '구직란'에 나온 출처가 의심스러운 작은 광고―"차를 가져라, 그러면 여행할 수 있다"―는 오늘날의 과학기술 연구기관들과 실험실의 총수들이 던지는 질문인 "우리는 해결책을 찾았다. 그러니 이제 문제를 찾아보자"라는 말과 나란히, 새롭게 등장한 삶의 문제점을 집약해준다. "내가 무엇을 할 수 있는가?"라는 질문이 행동을 지배하게 되면서, "어쨌든 내가 꼭 해야 할 일을 제일 잘 하는 방법은 무엇인가?"라는 질문을 왜 소화시키고 밀어내버렸다.

이 세상의 질서를 관장하고 옳고 그른 것 사이의 경계를 감시하던 최고사령관이 더 이상 보이지 않게 되면서, 세상은 온통 무한한 가능성의 총집합이 되었다. 계속 추구하거나 이미 놓쳐버린 헤아릴 수 없이 많은 기회들이 컵의 끝까지 가득 차올랐다. 어떤 개인의 삶이 아무리 길고 모험을 좋아하고 근면할지라도, 채택은 고사하고 감히 탐험해볼 엄두가 나지 않을 만큼 너무도 많은 — 괴로울 정도로 많은 — 가능성들이 있다. 최고사령관이 사라지고 텅 빈 공간을 가득 메운 것은 바로 이러한 무한한 기회들이다.

요즘 디스토피아에 관한 글이 나오지 않는 것도 놀랍지 않다. 탈포드주의적인, 선택의 자유가 있는 '유동적 근대' 세상에 사는 개인들은 이 대열에서 이탈하는 자들을 벌주는 사악한 빅 브라더를 더 이상 걱정하지 않는다. 그러나 이런 세상에서는, 실행에 옮기고 소유할 가치가 있는 게 무엇인지 결정할 때, 그리고 그것들을 얻는 과정에서 훼방을 놓는 협잡꾼들에게 맞서 어린 동생을 보호해야 할 때 의지가 되는 자상하고 따듯한 손위형님이 들어설 여지도 별로 없다. 따라서 좋은 사회를 다룬, 유토피아에 관한 글도 마찬가지로 나오지 않고 있다. 말하자면 모든 것이 이제 개인에게 떨어졌다고 해야 할 것이다. 어떤 것을 할 수 있는지 찾아내어 그 능력을 극대화하고 그것이 가장 잘 적용될 만한 목표들을 고르는ㅡ즉, 상상 가능한 최대치의 만족을 얻기 위한ㅡ일들은 이제 개인에게 달려 있다. "예측 불가능한 것들을 하나의 여흥거리로 길들이는 일"은 개인의 몫이 되었다.[26]

기회로 가득한 세상에서 사는 것은ㅡ각각의 기회들이 모두 이전 기회보다 더 맛깔스럽고 매력적이며 '마지막 기회를 보상하고, 다음 기회로 옮겨갈 토대를 제공해주는' 것은[27] 신명나는 경험이다. 그런 세상에서 미리 예정된 것들은 거의 없고 돌이킬 수 없는 일은 더욱 드물다. 실패가 치명적인 경우는 거의 없고, 있다고 하더라도 회복 불가능할 정도로 잘못되는 경우는 드물다. 하지만 또한 어떤 승리도 궁극적이지 않다. 가능성들이 무한히 유지되려면, 그 어떤 것도 영원한 실재로 화석화되도록 허용되어서는 안 된다. 가능성들은, 남은 기회들이 접근 금지되거나 장차 하게 될 모험을, 그 싹을 틔우는 단계에서 해코지당하지 않도록 액체 상태로, 유동적 상태로 유지하고 '유효기간'이 붙어야 마땅하다. 즈비슈코 멜로시크Zbyszko Melosik와 토마시 슈쿠들라레크Tomasz Szkudlarek가 정체성 문제에 대한 그들의 통찰력 있는 연구에서 지적한 바대로,[28] 외견상 무한한 기회(적어도 우리가 시도해볼 만하다고 여기는 것보다는 많은 기회) 속에 산다는 것은 "대단한 사람이 될 자유"의 달콤한 향을 풍긴다. 하지만 이 달콤함은 뒷맛이 쓴데, '된다'는 것은 어떤 것도 아직 끝나지 않았고 모든 것이 저 앞에 있다는 것을 암시하지만, 그 상황은 경기 종료를 알리는 심판의 호각 소리를, '종료가 되면 넌 더 이상 자유롭지 않다. 네가 대단한 사람이 되는 그 순간 너는 너 자신이 아니기 때문이다'를 예고하기 때문이다. 미완과 불완전함, 미결정 상태는 위험과 고뇌로 가득 차 있다. 그러나 그 반대의 상황이 순전한 쾌락을 가져오는 것도 아니다. 왜냐하면 이는 활짝 열려 있는 자유의 앞길을 사전에 막아버리기 때문이다.

게임이 계속되리라는 것, 아직도 일어날 일들이 많고 삶이 제공하는 놀라운 사건들은 많이 남아 있다는 것, 그리고 이를 알고 있다는 것은 충분히 만족스럽고도 즐거운 일이다. 그러나 이미 실험되고 전유되어온 모든 것이 쇠락을 이겨내고 지속되리라는 보장을 받을 수 없다는 의혹은 향유에 빠진 파리에 관한 속담을 연상케 한다. 얻는 만큼 잃는다. 이러한 득실의 양편 사이로 삶은 항해를 해나갈 수밖에 없으며, 위험이 전무한 안전한 항로를 찾았다고 장담할 수 있는 선원은 존재하지 않는다.

가능성으로 가득한 세상은 날카로운 미각의 소유자가 전부 맛보기에는 군침 도는 요리가 너무나 많이 차려진 뷔페와도 같다. 먹는 사람들은 소비자이고, 소비자들이 당면한 가장 버겁고 짜증나는 시련은 무엇을 먼저 먹을까 우선순위를 정해야 한다는 것이다. 아직 미개척상태에 있는 선택지를 포기하고 그것을 미개척상태 그대로 내버려 두어야 할 상황이 생긴다. 소비자의 불행은 선택의 결핍이 아니라 과잉에서 비롯된다. '내가 가진 수단으로 최대한의 이득을 이끌어냈는가?'라는 질문은 시도 때도 없이 소비자를 엄습하여 잠을 설치게 만든다. 마리나 비앙키Marina Bianchi는 경제학자들이 소비 상품의 판매자들을 염두에 두고 발표했던 한 집단 연구에 이 문제를 적용했다.

소비자의 경우, 객관적 기능은(…) 텅 빈 상태이다. (…) 목표
는 일관되게 수단과 짝을 이루지만, 목표 그 자체는 합리적으
로 선택된 것이 아니다. (…) 가설적으로 소비자는 (회사는 이에
해당되지 않는데) 결코 실수를 저지르거나 실수를 저지른 사례
가 발견될 수 없다.[29]

그러나 절대 실수를 저지르지는 않겠지만, 그렇다고 옳은지
그른지를 확신할 길은 없다. 잘못된 행동이 없다 해도, 그것보다
더 나은 행동과의 차이를 구분할 수 없고, 그리고 다른 대안들 가
운데서 ─ 선택 전에든 후에든 ─ 더 올바른 것이 어떤 것인지를
알 수도 없다. 실수의 위험이 패에 나와 있지 않다는 것은 확실히
고개를 갸우뚱하게 만드는 모호한 즐거움, 절반의 축복이다. 왜
냐하면 그것은 영원한 불확실성, 절대로 충족되지 않는 갈망이라
는 대가를 요구하기 때문이다. 이는 판매자들에게는 희소식이고
장사가 계속될 것이라는 약속이지만, 구매자들에게는 고민 상태
가 계속된다는 사실을 보장할 뿐이다.

그만 말하고 이제 내게 보여줘!

무거운 포드주의 자본주의는 입법자들, 일상 설계자들, 감독
자들의 세계이다. 그리고 타인 지향적 남녀들이, 타인이 못 박아
놓은 목표를, 타인이 못 박아놓은 방식으로 추구하는 세계이다.

이러한 이유로 이 세계는 또한 행정당국들의 세계, 더 많이 알고 있는 지도자들, 우리 자신보다 앞으로 나아갈 길을 더 잘 말해주는 교사들의 세계이기도 하다.

가볍고, 소비자 친화적인 자본주의는 법을 제안하는 권력당국을 폐지하지도, 이를 불필요한 것으로 만들지도 않았다. 이 자본주의는 어느 한 기관이 '독점적'이라는 딱지를 붙이는 것은 고사하고, 권위를 장기간 유지하기에는 그 수가 너무 많은 기관들이 그냥 생겨나서 서로 공존하도록 하였다. 실수와는 다르게, 진실은 단일하고, 그것이 유일무이한 한에서만 진실로 인정된다(즉, 그 진실에 대한 다른 모든 대안들이 오류라고 선언할 권리를 부여받았다). '수많은 권력기관들'이란 말도 곰곰이 생각해보면 그 안에 모순이 있다. 기관들이 많으면 서로 상대를 없애려고 할 것이고, 그 분야에서 유일한 실질적 기관은 여러 기관들 사이에서 선택을 해야 하는 기관이다. 권력기관이 되려는 기관을 진짜 권력기관으로 만들어주는 것은 선택자의 호의에 의해서이다. 권력기관들은 더 이상 명령하지 않는다. 선택자의 비위를 맞추며 유혹하고 살살 꼬드길 뿐이다.

'지도자'란, '좋은 사회' 혹은 '정의롭고 올바른'(그것을 어떻게 규정짓든) 사회를 목표했던 세계의, 또한 부적절하거나 나쁜 대안들과는 거리를 두려고 무진 애쓰던 세계의 부산물이자 필수 보조물이었다. 그러나 '액체 현대' 세계는 그 두 가지 중 어느 것도 하지 않는다. 마거릿 대처의 악명 높은 구호인 '사회 같은 것은 없다'는 말은, 변화하는 자본주의 속성에 대한 기민한 통찰인 동시에 의도성이 있는 선언이자 자기 실현적 예언이다. 이를 뒤쫓아서 규범적, 방어적 네트워크가 해체되었고, 이러한 상황은 대처의 말에 생명을 부여하는 데 크게 기여했다. '사회가 없다'는 것은 유토피아도 없고 디스토피아도 없음을 의미한다. 가벼운 자본주의의 전문가guru 피터 드러커Peter Drucker가 말한 대로 "더 이상 사회적 구제는 없다." 이 말은 그 함의상, 파멸에 대한 책임이 사회의 문 앞에 놓여서도 안 되며 구원이나 파멸이 모두 너 자신이 할 탓이고 오로지 너 자신만의 관심사라는─자유로운 주체인 네가 자신의 삶에서 자유롭게 행동해온 결과인─것을 시사(명령보다는 생략을 통해서)한다. 물론 내막을 다 안다고 주장하는 사람들이 넘쳐난다. 그리고 그 중 꽤 많은 수가, 기꺼이 동의할 준비가 된 지지자들을 거느리고 있다. 그러나 '내막에 밝은' 그런 사람들, 그들이 갖춘 지식에 관해 공개적으로 의심받아본 적 없는 그런 사람들조차 **지도자**는 아니다. 그들은 기껏해야 **상담자**일 뿐이다. 지도자와 상담자의 중대한 차이점은 지도자는 추종을 받게 되어 있고 상담자는 고용 및 해고가 가능하다는 것이다. 지도자들은 기율을 요구하고 기대하지만, 상담자는 고작해야 기꺼이 새겨듣고 주의를 기울이려는 자발성에 의존한다. 우선 장차 청중이 될 사람들의 환심을 사서 그러한 자발성을 반드시 얻어내야만 한다. 지도자와 상담자 사이의 또 다른 중대한 차이점은 지도자는 개인적 이익과 '우리 모두의 이익' 혹은 (라이트 밀즈Wright C. Mills의 표현대로) 사적인 근심과 공적인 이슈 사이의 쌍방 통역 노릇을 한다는 것이다. 이와는 반대로 상담자들은 사적인 폐쇄영역

밖으로 혹시라도 발을 내디디게 될까봐 늘 주의를 기울인다. 질병은 개인적인 것이고 그 치료 역시 그러하다. 근심은 사적이며 그 근심과 싸워 물리치는 수단 역시 그러하다. 상담자들이 제공하는 상담은 대문자로 시작하는 정치Politics가 아니라, 생활정치를 언급한다. 그들은 상담을 받는 사람들이 그들 혼자서 혹은 혼자만의 힘으로 할 수 있는 것들을 거론하며, 그/그녀들 각각에게 이야기한다. 그들 모두가 일단 힘을 합쳐 서로를 위해 함께 이룰 수 있는 것들은 거론하지 않는다.

과도한 인기를 누린 '자기계발서들' 가운데에서도 가장 성공을 거둔 책 중 하나에서, 멜로디 비티Melody Beattie(그녀의 책은 1987년 출판된 이후 5백만 부 이상이 팔렸다)는 자신의 독자들에게 경고/충고한다. "우리 자신을 미치게 만드는 가장 확실한 방법은 다른 사람들 일에 휘말리는 것이고, 제정신으로 행복하게 살게끔 해주는 가장 빠른 길은 우리 자신의 일을 잘 돌보는 것이다." 이 책의 즉각적 성공은 시선을 잡아끄는 제목('더 이상 얽매이지 말자') 덕분인데, 이 제목은 책의 내용을 잘 요약해준다. 다른 사람들의 문제를 바로잡으려다 보면 당신도 그러한 문제에 좌우되게 되고, 그렇게 된다는 것은 운명의 볼모가 된다는 것을 뜻한다— 좀 더 엄밀하게 말하자면 당신이 정복할 수 없는 문제나 통제할 수 없는 사람들의 볼모가 되는 것이겠다. 따라서 분명한 양심을 가지고 네 일만, 오직 그것만 신경 써라. 다른 사람들을 위해 하는 일에서는 별로 얻을 게 없고, 다른 이도 아닌 오직 당신만이 해낼 수 있는 일에 오히려 소홀해질 수 있다. 이런 내용들은, 더 나은 판단에 양심을 찔려하며 따르거나 저항해야 했던 모든 외톨이들의 귀에는—그토록 필요했던 확신, 면죄, 하나의 청신호로서—달콤한 메시지가 된다. '결국은 쾌락이 권리나 의무보다 더 안전한 보호 수단'이라는 새뮤얼 버틀러Samuel Butler의 권고처럼 말이다.

지도자들이 가장 빈번하게 사용하는 인칭대명사는 '우리'다. 상담자는 이 말이 별로 소용없다. '우리'는 그저 여러 개의 '나'를 총합한 것에 지나지 않으며, 그 총합은 에밀 뒤르켐의 '집단'과는 달리 부분들을 합친 것보다 크지 않다. 상담이 끝나면 상담을 받은 사람들은 그 상담이 시작될 때와 똑같이 혼자다. 달라진 게 있다면 혼자임이 한층 배가된다는 점이다. 자기가 만든 덫에 걸려 버림받으리라는 본능적 직감이 자꾸만 강해지다가 나중에는 거의 확신에 가까워진다. 어떠한 충고를 들었든지 간에 그것을 실천하는 것은 상담을 받은 사람 혼자의 몫이다. 즉, 그 충고를 알맞게 실천해야 할 전적인 책임을 져야 하며, 안 좋은 결과가 나온다 해도 이는 오직 자신의 잘못과 태만 때문이므로 남을 탓해서는 안 된다.

가장 성공적인 상담자는 상담을 받으려는 자가 얻길 바라는 것은 구체적인 실례라는 것을 잘 아는 사람이다. 문제들의 성격이 오직 당사자인 개인만이 다룰 수 있는 것이며 개인적 노력을 통해서만 처리될 수 있다는 점을 감안한다면, 충고를 구하는 사람들이 필요로 하는 것(혹은 필요로 한다고 그들이 생각하는 것)은 다른 사람들이 비슷한 문제를 겪을 때 어떻게 해결하는가 하는 실제적 예들이다. 그러나 이들이 다른 사람들의 예를 필요로 하는 것에는 좀 더 근본적인 이유가 있다. 점점 더 많은 사람들이 자기들의 불행의 원인을 꼭 집어 이름 붙이지 못한 채 '불행'을 느끼기 때문이다. '불행하다는' 느낌은 무척이나 흔하게 주위에 널리 퍼져 떠돌게 된다. 불행의 윤곽은 흐릿하고 그 뿌리는 여기저기로 뻗어 있다. 그만큼이나 모호하기만 한 행복에의 갈망을 가다듬어 특정한 책무를 부여하기 위해서는, 불행하다는 느낌 역시 '구체화'될 필요가 있고 형태를 갖추고 이름이 붙여져야만 한다. 다른 사람들의 경험을 들여다보면서 — 다른 사람들의 시행착오와 시련을 엿봄으로써 — 자기에게 불행을 야기했던 그 문제들을 발견하고 파악하고 그것에 이름을 붙이고, 이에 맞서거나 정복할 방법을 찾으려면 어디로 가야 하는지 알게 되기를 바라는 것이다.

《제인 폰다의 트레이닝 북》(1981)이 거둔 경이적인 성공과 그 책이 수백만 미국여성들의 재량에 맡겨버린 자기 훈련의 기술을 설명하면서, 힐러리 레드너Hilary Radner는 이렇게 지적한다.

강사는 자신을 어떤 권위로서가 아니라(…) 하나의 본보기로 제시한다. (…) 운동하는 사람은 자기 몸은 아니지만 자신에게 제공된 본보기로 강사의 몸 이미지를 자기 것으로 동일시함으로써 강사의 몸을 소유한다.

제인 폰다는 자기가 제공하는 실체에 관해 무척이나 솔직하고, 자기 책의 독자가 어떤 종류의 본보기를 따라야 하는지에 대해 직설적이다. "내 몸은 내가 만드는 것, 내 피와 오장육부들로 만들어진다고 생각하고 싶어요. 내 몸은 내 책임인 것이지요."[30] 폰다의 메시지는 모든 여자들에게 자기 몸은 자기만의 소유물(내 피, 내 오장육부)로, 자기만의 상품(**내가** 만드는), 그리고 무엇보다도 자기만의 **책임**으로 대하라고 촉구한다. 포스트모던한 **자기애**amour de soi를 지탱하고 강화하기 위해, 그녀는 (소유물로 자기정체성을 부여하는 소비자적 성향과 함께) 포스트모던 이전의 기억인—사실상 모던보다도 훨씬 오래된, 모던 이전의 기억인—직공인의 본능을 불러일으킨다. 내가 일해서 만든 결과물은 그것을 만드는 데 내가 쏟아부은 기술과 주의력, 정성만큼이나 좋은 것(그리고 그것과 다름없는 것)이다. 결과가 어찌 되었든, 내가 칭찬해줄(경우에 따라선 비난을 가할) 제삼자는 나 말고 어디에도 없다. 비록 그만큼 분명한 문구로 표현되지는 않았지만 그 메시지의 맨 앞면은 명확하다. 당신은 당신 몸을 생각하고 배려해야 한다. 만일 이 의무를 소홀히 하면 죄의식과 수치감을 가져야 한다. 당신의 몸이 완벽하지 않은 것은 **당신**의 죄요 **당신**의 수치이다. 하지만 죄로부터 구원되는 것은 죄지은 자의 손, 오직 그 손에 달려 있다.

힐러리 레드너의 말을 따라해보자. 이 모든 말을 하는 데서 폰다는 권위자(입법자, 규범 수립자, 설교가나 교사)처럼 행동하지 않는다. 그녀가 하는 일은 '하나의 본보기로서 자기를 제시하는 것'이다. 나는 유명하고 사랑받는다. 나는 욕망과 찬미의 대상이다. 무슨 이유로? 그 이유가 무엇이든, 내가 그렇다면 그런 것이다.

내 몸을 보아라, 내 몸은 가늘고 유연하며 맵시가 있다. 게다가 영원히 젊다. 여러분도 내 몸처럼 분명 되고 싶을 것이고, 될 수 있다. 내 몸은 내 작품이다. 나처럼 하면 여러분도 그런 몸을 가질 수 있다. '제인 폰다처럼 되기'가 여러분이 꿈꾸는 것이라면 꿈꾸는 대로 제인 폰다를 만든 것은 나 자신, 제인 폰다인 것을 기억하라.

물론 부자이고 유명하다는 것이 기여한 바도 있을 것이다. 그 사실이 메시지에 무게를 더해준다. 제인 폰다가 자신을 권위자가 아닌 하나의 본보기로 설정했다 하더라도 그녀가 현재의 모습인 한, 그녀라는 본보기는 여타 본보기들이 힘겨운 노력을 해야 얻게 되는 어떤 권위를 '당연히' 갖게 된다는 점을 부인하는 것은 현명치 못하다. 제인 폰다는 어떤 면에서 예외적 경우이다. 그녀는 '조명을 받는' 처지를 유산으로 물려받았고, 자기 몸을 본보기로 내세워 조명을 받기 훨씬 이전부터 이런저런 대중적 행동에 참가함으로써 더 많은 조명을 받은 바 있다. 그러나 일반적으로 본보기를 기꺼이 따르려는 것과 본보기가 되는 사람의 권위 사이에 그때그때의 연관이 어느 방향으로 작동하는지 우리는 알 길이 없다. 대니얼 부어스틴Daniel J. Boorstin이 (1961년 《이미지 The Image》에서) 재치 있으면서도 그렇다고 농담만은 아니게 언급했듯이, 대중적 스타는 그 유명세 때문에 유명해진 사람인 한편 베스트셀러는 잘 팔리기 때문에 잘 팔리는 책이다. 권위는 추종자의 규모를 확장시키지만, 불확실하고 시간상 미결정된 목표들이 많은 세상에서 그 권위를 만드는 것은 추종자의 수다.

어떤 경우이든, 본보기-권위라는 쌍에서 더 중요하고 더 수요가 많은 것은 본보기 쪽이다. 말을 꺼내기도 전에 자기 말을 경청할 만한 것으로 만들어줄 만큼 넉넉한 권위라는 자산을 지닌 스타들은, 헤아릴 수 없이 많은 텔레비전 토크쇼(그들은 이 토크쇼들 중에서도 가장 인기 있는 오프라 윈프리 쇼나 트리샤 쇼 같은 곳에는 모습을 거의 드러내지 않는다)를 채우기엔 턱없이 적은 수이다. 하지만 그렇다고 해서 지도받기에 목말라 있는 수백만 남녀들이 매일 강박처럼 이 토크쇼들을 시청하는 것을 멈추는 것도 아니다. 그/그녀의 삶의 이야기를 함께 나누는 사람들의 권위는 시청자들로 하여금 그 예를 주의 깊게 시청하고 평점을 매기도록 돕는다. 이야기를 하는 사람이 권위가 없으면, 스타도 아니고 무명인이라면 그 예를 따르기란 더욱 쉽게 되며 그러한 점에서 부가가치가 늘어날 가능성이 있다. 스타가 아닌 '보통' 남녀들, '너와 나와 똑같은' 사람들, 잠깐 동안(이야기를 하고 이야기에 대한 박수가 나오는 시간, 그리고 감칠맛 나는 부분에서 뒤로 빼거나 그다지 재미없는 부분을 질질 끌거나 했을 때 보통 야유가 나오는 시간) 스크린에 모습을 나타내는 이 사람들은 그를 바라보는 시청자들만큼이나 힘없고 운없는 존재들이며, 똑같은 유형의 타격에 가슴 쓰려 하고 곤경에서 벗어날 괜찮은 출구와 더 행복한 삶을 약속해줄 길을 필사적으로 찾는 이들이다. 따라서 그들이 해낼 수 있었던 것이라면 나 역시 할 수 있다. 아니 더 잘할 수도 있다. 그들의 승리와 패배 모두에서 나는 **유용한** 무언가를 배울 수 있을지도 모른다.

토크쇼 중독을, 가십에 대한 인간의 영원한 탐욕을 풀어준 결과로, '저열한 종류의 호기심'을 조장한 결과로 비난하거나 비웃는 것은 품위도 없고, 잘못이며 사실을 오도하는 것이다. 수단들은 무척이나 많지만 목적에 관해서는 불투명하기 그지없는 세상에서는 토크쇼에서 끌어낸 교훈이야말로 진정한 수요에 답을 주고 부정할 수 없는 실용적 가치를 지닌 것이다. 이는 내 인생을 최상으로 만드는 것은 나한테, 오직 나한테만 달린 문제라는 것을 내가 이미 알고 있기 때문이다. 그렇게 나에게로 모든 방향을 돌리는 것이 어떤 자원을 요구하든, 그 자원은 오직 내 자신의 기술과 용기, 과감함 속에서 찾을 수 있기에, 똑같은 도전에 처한 다른 사람들이 어떻게 해나가고 있는지를 아는 것은 필수적이다. 그들은 내가 지나쳐버린 근사한 전략을 갖게 되었을 수도 있고 내가 별 신경을 쓰지 않고 지나치거나 충분히 깊이 파고들지 않았던 '내부'의 곳곳을 탐사했을 수도 있다.

물론 이것이 유일한 이득은 아니다. 앞서 언급했듯이, 곤경에 이름을 붙이는 것은 그 자체로 주눅이 드는 힘든 일이며, 그 불편한 감정과 불행한 느낌에 이름을 붙이지 않고서는 이를 치료할 방법이 없다. 그러나 고통이 개인적이고 사적인 반면, '사적 언어'라는 것은 모순이다. 일단 그것에 이름이 붙으면, 아무리 내밀하고 사적이고 사사로운 감정일지라도, 그 선택된 이름이 대중적으로 현재성을 지니고 사람들 간에 공유될 수 있으며 그 언어로 의사소통을 하는 사람들이 이해할 수 있는 것이라면, 그것은 제대로 이름 붙여진 것이다. 토크쇼는 아직 태어나지는 않았지만 곧 태어날 언어로 하는 대중교육이다. 이 쇼들은 '문제에 이름 붙이기'에 활용될 수 있는 어휘들을 대중적으로 읽기 쉬운 방식으로 제공한다. 그 어휘들은 이제까지는 말로 표현할 수 없었던 내용을 담아내는데, 아마도 그렇지 않았더라면 그 내용은 여전히 표현되기 어려운 상태로 남아 있을 것이다.

이는 그 자체로 지극히 중요한 이득이다. 하지만 더 많은 이득이 남아 있다. 토크쇼에서는 매우 사사로운, 그래서 말로 꺼내기가 부적합한 경험을 가리키는 단어나 구절들이 공개적으로 발언되고, 이에 대해 사람들은 대개 즐거운 지지와 박수갈채를 보낸다. 같은 경로를 통해 토크쇼들은 사적 문제들에 대한 공적 담론을 **합법화**한다. 말할 수 없는 것들을 말할 수 있는 것으로, 수치스러운 것들을 점잖은 것으로 만들어주며, 추한 비밀을 자긍심의 문제로 변모시킨다. 꽤 중요한 정도로 이 쇼들은 퇴마의식과 같다. 그것도 대단히 효과 있는 의식이다. 토크쇼 덕분에 내가 수치스럽고 창피하다고 생각해(이제 와서 생각하니 잘못된 생각이었지만) 비밀로 묻어둔 채 말 못하고 끙끙 앓던 것들을 이제는 마음을 열고 말할 수 있다. 내 고백이 더 이상 비밀이 아니기에 나는 고통에서 면제되는 것 이상의 위안을 얻게 된다. 이제 더 이상 창피해하거나 남들이 눈살을 찌푸리진 않을까, 뻔뻔하다고 손가락질 받거나 배척당하는 것은 아닐까 근심하고 경계할 필요가 없다. 이 모든 게 결국, 사람들이 수백만 시청자들 앞에서 거리낌 없이 이야기하는 그런 문제일 뿐이다. 그들의 사적인 문제들, 그와 비슷한 내 자신의 문제들은 **대중적 토론을 하기에 적합하다**. 그렇다고 그 문제들이 **공적 이슈**가 되는 것은 아니다. 그 문제들은 정확히 **사적 이슈**라는 테두리 안에서 토론된다. 아무리 길게 토론을 해도 그것들은 표범의 얼룩반점처럼, 결코 바뀌지 않는다. 오히려 그 문제들은 사적인 문제인 것으로 재확인되며, 그 사적인 특성이 강한 양상으로 공개석상에 오르게 된다. 결국 모든 화자는, 개인적으로 삶을 경험하고 살아가는 한, 이러한 문제들은 반드시 개인적으로 맞서고 해결해야만 한다는 점에 의견 일치를 보인다.

많은 영향력 있는 사상가들은(위르겐 하버마스Jürgen Habermas가 가장 으뜸일 텐데) 이 '사적 영역'이 '공적인 것'에 의해 침해당하고 정복당하고 식민화될 수도 있음을 경고한다. 그들은 오웰이나 헉슬리식의 디스토피아에 영감을 주었던 시대를 새롭게 회고하면서, 그러한 끔찍한 일이 일어날 수도 있음을 이야기한다. 그러나 이 예감은, 안 맞는 안경을 쓰고서 목전에서 일어나는 일을 읽어내려는 데서 비롯되는 것 같다. 실상, 그 경고와는 정반대의 경향이 현재 일어나고 있는 듯하다. 즉, 과거에는 사적인 것으로 분류되어 대중적, 공개적 표출에 적합지 않은 것으로 여겨졌던 문제들이 공적 영역을 식민화하는 것 같다는 말이다.

현재 일어나는 일은 사적 영역과 공적 영역 사이의, 그 악명 높으리만치 쉽게 이동하는 경계를 단지 새롭게 재조정하는 것이 아니다. 현재 문제가 되는 것은, 공적 영역을 사적인 드라마가 상연되거나 공개적으로 전시되거나 관람되는 영역으로 재규정하는 것이다. 대중매체에 의해 유포되었지만 이제는 거의 모든 사회 영역에서 널리 용인된 '공공의 이익'이라는 말의 현재 정의는, 그러한 드라마를 공개석상에서 상연해야 할 의무와 그 공연을 관람할 대중의 권리를 지시한다. 이런 식의 전개를 별로 놀라운 것이 아닌 '당연한' 것으로 만드는 사회 조건들은 앞서의 논의에 비추어볼 때 분명하다. 그러나 그 전개의 결과에 대해서는 온전한 탐구가 이루어졌다고 보기 힘들다. 우리가 이해하고 받아들이는 것보다 훨씬, 그 결과가 불러올 파장은 클 수도 있다.

아마도 틀림없이 가장 중대한 결과는 우리가 알던 식의 '정치', 대문자로 시작되는 정치, 즉 사적 문제들을 공적 현안으로(혹은 그 역으로) 해석하는 소임을 짊어진 행동의 죽음일 것이다. 오늘날 그러한 해석 노력은 서서히 멈추게 되었다. 사적 문제들은 공개석상에서 표출되더라도 공적 현안이 되지 못한다. 대중들이 지켜보는 가운데서도 그 문제들은 여전히 사적인 문제로 남아 있으며 그것들이 공개석상으로 자리를 옮겨서 이루는 바는, 공공의 의제에서 '사적이지 않은' 다른 모든 문제들을 밀어내는 것이다. 근자 들어 '공적 현안'으로 부쩍 많이 인식되는 것은 **공적인 인물들의 사적 문제들**이다. 민주정치에서의 유서 깊은 그 질문은 — 공적인 인물들이 자신들의 공적 의무를 사용하는 방식이 그들의 국민이나 유권자들의 복지와 안녕에 얼마나 유용한지 혹은 해로운지 — 의사일정에서 누락되었고, 살기 좋은 사회, 공공의 정의, 혹은 개인의 복지에 대한 집단적 책임에 대한 대중의 관심을 망각으로 몰아넣었다.

일련의 '공개적 스캔들'(즉, 공적인 인물들이 사생활에서 저지른 도덕적 방종을 대중이 알게 된 것)에 타격을 입고, 토니 블레어는

"정치가 가십 칼럼으로 축소되었다"(《가디언》, 1999년 1월 11일)고 불평하며 독자들이 다른 대안을 봐야 한다고 주문했다. "우리 앞에는 가십과 스캔들, 잡동사니가 난무하는 뉴스 안건과 아니면 진짜로 중요한 사안들에 의해 좌우되는 뉴스 안건 두 종류가 있다."[31] 이런 말은 당혹스러울 수밖에 없는데, 일반 국민들의 정서가 어떤지, 자기 유권자들의 **견해에서** '진짜로 중요한 사안'이 무엇인지 정기적으로 알아두고 싶은 마음에서 '표본 집단'을 매일같이 참조하는 한 정치가의 입에서 그 말이 나왔기 때문이다. 자기 유권자들이 사는 제반 상황에 정녕 중요한 의의를 지닌 일들을 다루는 그의 방식 자체가, 그가 통탄스러워한 "정치가 가십 칼럼으로 축소"되는 사태에 책임이 있는 삶의 종류에 한 중요 요소이기 때문이다.

문제의 이 삶의 상황 때문에 남녀 개인들은 지도자가 아니라 본보기를 찾기 시작했다. 이 상황들로 말미암아 개개 남녀들은 사람들이―모두 그리고 어느 누구라도―조명 아래에서 '중요한 일들'(지금은 문을 걸어 잠그고 자기 집 사방 벽에 가로막힌)을 어떻게 행하는지 보여주길 기대한다. 결국 사람들은 자기 삶에서 잘못된 것들은 자신들이 저지른 실수 때문이라는 것, 자신들이 잘못해서 그리 되었고 자신만의 도구와 노력으로 뜯어고쳐야만 한다는 말을 매일같이 듣는다. 따라서 이들의 생각, 즉 '사정을 아는' 척하는 사람들의 주요한―아마도 유일한―쓸모는 어떻게 그 도구를 사용하고 노력해야 하는가를 가르쳐주는 데 있다는 생각도 그리 놀랍지 않다. 이들이 '사정을 아는' 사람들한테 거듭 들은 말은, 그들 각자가 따로 할 수 있는 일은 다른 누구도 대신할 수 없다는 것이다. 사정이 이러하니, 그토록 많은 사람들 입장에서는, 정치가들(혹은 다른 유명인들)의 사적인 행동이 많은 사람들의 주목을 받고 관심을 불러일으키는 게 뭐 그리 당혹스럽겠는가? 성난 '여론'은 물론이고 '고위 권력층'에 속한 어느 누구도 빌 클린턴이 복지제도를 '연방 사안'에서 파기하고, 그리하여 그 제도의 현실적 목적에도 불구하고 각 개인에게 예상치 못한 타격을 가하는 변덕스러운 운명의 장난으로부터 개인들을 보호해 주겠다는 집단적 약속과 의무를 무효로 만들어 버렸는데도, 그를 탄핵하자고 주장하지 않았던 것이다.

다채로운 볼거리를 담은 방송과 신문 상단을 장식하는 유명인들의 기사 속에서 정치가들은 특권적 지위를 점할 수 없다. 부어스틴에 따르면 유명인이 되는 이유는 그가 단지 유명하기 때문인 것처럼, 그 '유명세'가 어디서 온 것인지는 그다지 중요하지 않다. 조명받는 자리는 그 나름의 올바른 양식을 가지고 있는데, 그 자리에서 영화배우, 축구 스타와 정부 각료들은 동등한 몫을 나누어 가진다. 그들 모두에게 적용되는 한 가지 자격요건은 그들이 대중이 소비할 수 있는 고백을 하고 그들의 사생활을 공개석상에 내놓으며, 다른 사람들이 자기들의 사생활을 공개하려 해도 불평하지 않아야 한다는—바로 그러한 '공적 의무'를 지닌다는—것이다. 공개된 사생활들은, 알고 보면 그다지 조명받을 만한 것이 아니거나 솔직히 별 매력이 없을 수도 있다. 사적인 비밀이라 해서 모두 다른 사람들 눈에 쓸모 있는 것은 아니다. 그러나

아무리 많이 실망해도 고백하는 습관을 바꾸거나 고백을 맛보고
자 하는 욕구는 사라질 것 같지 않다. 다시 말하지만, 결국 각 개
인들이 그들의 개인적 문제들이 무엇인지를 분명히 하고 개인 각
자의 기술과 재능을 사용해 그 문제들과 씨름하는 방식과 관련된
것만이 유일하게 남은 '공적 현안'이며 '공적 관심'의 유일한 대상
이다. 현 상황이 이러하다면, 계몽과 지도를 받고자 할 때 자신의
판단과 노력에만 의지하도록 훈련된 관객과 시청자들은, '머리를
맞대고' '대오를 좁혀' '발맞추어 행진해야'만 사적인 불행들을 완
화시키거나 치유할 수 있다고 믿었던 시절, 공상가들과 설교가들
의 교훈, 훈계, 설교에 귀 기울일 때와 똑같은 열정과 희망으로,
'그들과 똑같은' 타인의 사적인 삶을 들여다보기를 계속할 것이다.

강박관념이 중독으로

본보기와 조언, 안내를 구하는 것은 하나의 중독이다. 하면 할
수록 자꾸만 더 원하게 되고, 인기 있는 새로운 약을 구하지 못하
게 되면 점점 더 불행하다고 느낀다. 목마름을 해소하는 방법으
로서, 모든 중독은 자기 파괴적이다. 그것들은 궁극적으로 만족
될 가능성을 파괴하기 때문이다.

본보기와 비결은, 그것을 아직 시도해보지 않는 한 매력을 유
지한다. 그렇지만 그중 어떤 것도 그것이 약속한 것을 우리에게
가져다주지 않는다. 실제로 그것들은 우리에게 약속했던 것이 실

현되기 바로 직전에 멈추어버린다. 설사 어느 하나가 기대한 바 대로 이루어졌다고 증명된다 해도 만족은 오래가지 않는다. 왜냐 하면 소비적 세상에서는 여러 가능성이 무한히 열려 있고, 매물 로 나와 있는 매력적 목표들이 끝없이 이어지기 때문이다. 괜찮 은 인생을 사는 비결과 그에 사용될 장치들은 '유효기간'이 붙어 있지만, 대부분의 경우 기한이 되기도 전에 잘 쓰이게 않게 되고 위축되며 가치가 떨어져서, '더 나은 신상품'과 경쟁할 때는 완전 히 그 매력이 사라지게 된다. 소비의 경주에서는 가장 빨리 달리 는 주자보다도 결승점이 늘 더 빠르게 달아난다. 하지만 트랙을 달려야 하는 대부분의 주자들은 너무나도 처진 근육과 지나치게 작은 폐를 가지고 있어서 빨리 달리려고 해도 달릴 수가 없다. 매 해 열리는 '런던 마라톤'에서처럼 박수와 환호를 받는 것은 승자 들이지만, 진짜 중요한 것은 끝까지 달린다는 것이다. 적어도 런 던 마라톤은 결승점이 있지만 다른 경주―자꾸만 요리조리 피하 며 뒷걸음질 치는, 근심 없는 인생이라는 약속에 도달하려는 경 주―는 일단 출발하면 끝나는 법이 없다. 나는 출발했지만 끝낼 수가 없는 것이다.

따라서 경주의 지속, 경기에 계속 참여하고 있다는 만족스러 운 자각이 진정한 중독이 되는 것이지, 결승점에 닿을지도 모를 극소수의 사람들을 기다리는 어떤 특별한 상賞에 중독되는 것이 아니다. 어떤 상도 다른 상들이 가진 매력들을 무가치하게 만들 만큼 충분히 만족스러운 것은 없다. 아직(늘 아직, 희망이 보이지 않을 만큼 아직) 시도한 적이 없기에 여전히 유혹적이고 매력적인 많은 상들이 존재한다. 욕망은 그 자체가 이의 제기나 질문의 여지가 없는 유일한 목적이 된다. 다음 바퀴에서 포기되거나 그 다음 바퀴에선 아예 잊혀지는, 뒤따르는 다른 모든 목적들은 주자를 계속 달리게 하는 페이스메이커 역할을 한다. 두어 바퀴를 있는 힘껏 최대 속도로 달려 다른 주자들이 기록을 경신할 만큼의 속도를 내도록 유도하고 경주에서 빠지는, 경주 운영진이 고용한 '선두주자', 혹은 우주선이 일정한 속도 이상을 내게끔 한 뒤 분리되어 우주로 떨어져나가는 보조로켓 같은 역할이다. 목적들은 위로가 되기에는 범위가 너무 넓을 뿐 아니라 우리가 이용할 수 있는 수단보다 광범위하다. 그런 세상에서 우리가 가장 큰 주의를 기울여야 할 것은 수단들의 크기와 효율성이다. 이때 경주에서 버티고 있다는 것은 가장 중요한 수단, 그야말로 초월적 수단이 된다. 다른 수단들에 대한 믿음과 필요를 살아 있게 만드는 수단 말이다.

모든 소비자 사회의 구성원들이 달리고 있는 이 특별한 경주의 원형은(소비자 사회에서는, 선택해야 한다는 강제를 제외하면 모든 것이 선택의 문제이다. 그러나 그 강제도 중독이 되고, 그러면 더 이상 강제적인 것으로 인식되지 않는다) 쇼핑 행위이다. 우리가 쇼핑을 하러 다니는 한 우리는 경주 중인 것으로, 우리가 쇼핑하는 곳은 단순한 상점이나 슈퍼마켓이나 백화점이나 조지 리처George Ritzer의 '소비의 사원'이 아니다. '쇼핑'이 의미하는 것이, 쇼핑할 만한 것들을 둘러본 후 진열된 상품을 살피고 만지고 느끼고 시험해보고, 가격을 지갑에 든 돈이나 신용카드의 한도와 비교해 그 상품들 중 몇몇을 카트에 담고 나머지는 다시 선반에 올려놓는 것이라면, 우리는 상점 안에서만큼이나 바깥에서도 쇼핑하는 것이다. 길에서 집에서 일터에서 휴양지에서, 자나 깨나 우리는 쇼핑을 한다. 우리가 어떤 일을 하든, 우리 행동에 어떤 이름이 붙든 그것은 쇼핑을 닮은 행위, 일종의 쇼핑이다. 우리의 '삶의 정책들'이 기록된 법전은 쇼핑에 대한 실제적 고려에서 유래된 것이다.

쇼핑은 음식, 구두, 차량, 가구 등속에 국한된 것이 아니다. 새롭고 개선된 인생의 본보기나 비결을 열심히, 끝없이 찾는 것도 쇼핑의 한 단면이며, 다음의 한 쌍의 교훈, 즉 우리의 행복은 개인적 능력에 달려 있다는 것, 그러나 개인들은 (마이클 파렌티Michael Parenti가 말한 바에 따르면[32]) 무능력하거나 혹은 열심히 노력했을 때조차도 마땅히 갖춰야 하고 갖출 수 있는 능력이 없다는 것이겠다. 우리가 더 경쟁력을 갖춰야 할 분야는 너무 많고 각각의 분야는 '이리저리 쇼핑할 것'을 요청한다. 우리는 생계를 꾸리는 데 꼭 필요한 기술과, 우리가 그런 기술이 있다고 장래 사장들을 설득할 수단을 '쇼핑'한다. 근사해보이게 걸칠 만한 이미지와 다른 사람들이 우리가 걸친 그 이미지가 우리 자신이라고 믿게 만들 방안을 쇼핑한다. 우리가 원하는 친구를 사귀고 더 이상 필요 없는 친구를 쫓아내는 방안, 관심을 끌되 꼼꼼히 살펴보지는 못하게 몸을 숨기는 방안, 사랑에서 최대한 만족을 쥐어짜내지만 사랑하고 사랑받는 동반자에게 '의존적'이 되지는 않을 방안을 쇼핑한다. 우리가 사랑하는 사람들의 사랑을 얻는 방안, 사랑이 퇴색하고 관계가 더 이상 즐겁지 않으면 그 결합을 최소한의 비용으로 끝내는 방안을 쇼핑한다. 사정이 어려워질 때를 대비하여 돈을 모으는 최상의 방편, 우리가 돈을 벌기 전에 돈을 쓰는 가장 편한 방법, 꼭 해야 할 일을 더욱 신속히 해치울 능력과 그 때문에 비게 된 시간을 채우려면 해야 할 일들을 쇼핑한다. 군침이 도는 음식을 쇼핑하고, 그것을 먹어서 생긴 결과들을 없앨 가장 효과적인 다이어트 방법을 쇼핑한다. 가장 강력한 하이파이 스피커를, 그리고 가장 효험이 있는 두통약을 쇼핑한다. 쇼핑 목록은 끝이 없다. 그러나 그 목록이 아무리 길어도 쇼핑을 하지 않을 방법을 고르는 것은 그 목록에 없다. 무한한 목표들이 가득한 우리 세상에서 꼭 필요한 경쟁력은 능숙하고 지칠 줄 모르는 구매자의 경쟁력이다.

그러나 오늘날의 소비자주의는 필요를 충족시키는 문제가 아니게 되었다. 자기 동일시나 '적절함'에 대한 자기 확신과 같은 훨씬 고매하고 초연한 필요(어떤 이들은 이를 그다지 정확하지 않게도 '인위적'이거나 '고안된', 혹은 '파생적'인 필요라고 부른다)를 충족시키는 문제는 더욱 아니다. 소비자 행동의 살아 숨 쉬는 **동원**spiritus movens은 더 이상 분명한 필요의 측정 가능한 집합이 아니라, '필요'보다 훨씬 더 일시적이고 덧없고, 잡을 수 없고 변덕스럽고, 본질적으로 **지시대상**referential이 없는 실체로 다른 어떤 정당화나 '명분'을 요하지 않고 혼자 힘으로 태어나 스스로 추진력을 얻는 동기로서의 **욕망**이다. 욕망은 계속적으로 짧은 순간 구현됨에도 불구하고, 그 자체가 욕망의 지속적인 대상이 되며 그러한 이유로 욕망들의 과거 노정을 표시한 다른 (물리적인 혹은 심리적인)

대상들의 더미가 아무리 드높게 쌓여간다 해도 항상 만족되지 않는 상태를 유지한다.

그러면서도 훨씬 융통성이 적고 완만하게 진행되는 필요들에 비해 욕망이 지닌 명백한 이점이 무엇이든, 욕망은 대충 입에 맞거나 그냥 먹을 만한 소비 상품을 공급하는 자들한테보다는 쇼핑에 적극 나서는 소비자들한테 훨씬 더 많은 제약을 가하곤 한다. 어쨌든, 욕망을 불러일으키고 이를 적당한 온도로 데워 제대로 된 방향으로 물길을 내주는 데는 시간과 노력과 엄청난 비용이 든다. 욕망에 이끌리는 소비자들은 높은 비용을 들여서 새롭게 **'생산되어야'** 한다. 실상, 소비자 그 자체를 생산하는 것이 생산의 전체 비용에서 엄청나게 큰 부분 — 경쟁을 하여 더 줄이기보다는 더욱 확대시키기 십상인 부분 — 을 잠식하고 있다.

그러나 (소비상품들을 생산하고 판매하는 이들에게는 다행스럽게도) 오늘날 소비자주의의 양태는 하비 퍼거슨Harvie Ferguson이 이야기한 것처럼, "욕망을 자극하는 것을 토대로" 하는 것이 아니라, "바라는 환상을 해방하는 것을 토대로" 한다. 퍼거슨에 따르면 욕망 개념은 이러하다.

[욕망은] 소비를 자기표현, 그리고 취향, 차별성 개념과 연결 짓는다. 개인은 자신들이 가진 것들을 통해 자신을 표현한다. 그러나 생산의 지속적 확대에 전념하는 선진 자본주의 사회 입장에서는, 욕망이야말로 심리를 위축시키는 틀로, 결국에는 사뭇 다른 정신적 '경제'에 무릎을 꿇는다. 바람the wish은 욕망

desire을 대신하여 소비에 동기부여를 하는 힘이 된다.[33]

    소비자주의의 역사는 환상의 자유로운 비상을 가두고 '쾌락 원칙'을 깎아내려 '현실 원칙'에 지배받는 규모로 줄이는, 계속 이어지는 '고체' 장애물을 무너뜨리고 폐기해온 역사다. 19세기 경제학자들이 ─불변하고, 영구히 제한되고, 유한한─ '고체성'의 진정한 결집체로 간주했던 '필요'는 폐기되었고, 표출되기만을 기다리는 '내면의 자아'의 진정성에 대한 변덕스럽고 유연한 꿈과 절반쯤 불법적 결탁을 한 탓에, 욕망은 필요보다는 훨씬 '유동적'이고 널리 확산될 수 있었으며 한동안 필요를 대체하게 되었다. 이제 욕망이 폐기될 차례이다. 욕망은 그 유용성이 이미 끝나버렸다. 소비 중독을 작금의 상황으로 몰고 온 터라, 이제 욕망은 한 걸음도 더 나아갈 수 없다. 소비자 수요를 공급과 동등한 수준으로 유지시키는 데는 더 강력하고, 무엇보다도 더 기민한 자극제가 필요하다. 바로 '바람'*이 그토록 필요했던 대체품이다. 바람은 쾌락 원칙을 완성시키면서 '현실 원칙'이라는 장애물의 마지막 남은 찌꺼기까지 깨끗이 소각처분해준다. 원래 가스처럼 형체없는 내용물이 마침내 용기에서 빠져나온 것이다. 퍼거슨을 다시한번 인용해보자.

---

* 원어로 wish. 저자는 개인의 현실에 부재한 것을 소유하려는 의지를 뜻하는 욕망에 비해, 바람은 이러저러한 현실요소와 조건들이 다른 무엇으로 바뀌길 꿈꾸는 행위이므로 좀 더 휘발적이고 즉각적이라 간주하는 듯하다.

비교와 허영, 질시, 그리고 자기 찬미에 대한 '필요'를 바탕으로 욕망이 조장되는 곳에서는, 바람의 즉시성의 기저에는 아무 것도 없다. 구매는 우발적이고 예측을 불허하며 자연발생적이다. 구매는 어떤 소망을 표현하는 동시에 실현하는 환상적 속성을 가지고 있고, 모든 소망들과 마찬가지로 진지하지 않고 유치하다.[34]

소비자의 몸

《파편화된 삶*Life in Fragments*》(Polity Press, 1966)에서 나 자신 논의한 대로, 포스트모던 사회는 그 구성원들의 능력을 주로 생산자로서보다는 소비자로서 사용하게끔 한다. 그 차이는 실로 크다.

생산자 역할을 위주로 조직된 삶은 규범적으로 규정되는 경향이 있다. 사람이 살아남기 위해, 그리고 생산자의 역할이 어떤 것을 요구하든 이를 행하려면 꼭 필요한 것이 무엇인가에 대해 하한선이 있긴 하지만, 자신의 포부가 사회적 동의를 받는 것 — 즉, 남이 눈살을 찌푸리거나 나를 비난하고 끌어내리진 않을까 두려워하지 않고 — 에 의존하는 과정에서, 어떤 꿈을 꾸고 갈망하고 추구할 수 있는가에 대한 상한선 역시 존재하게 된다. 그 한계를 넘어선 모든 것은 하나의 사치이며 사치를 바란다는 것은 죄악이다. 따라서 **순응**이 주된 관심사가 된다. 즉, '이웃들에 맞춰' '보조를 빨리하기 위해(경우에 따라서는 늦추기 위해)', 하한과 상한의 범위 안에서 확실하게 자리를 잡아야 한다.

그와 다르게, 소비를 위주로 조직된 삶은 규범 없이 살아야 한다. 그 삶을 인도하는 것은 꼬드김과 자꾸만 높아지는 욕망, 일시적 바람들이다 — 더 이상 규범적 규제는 없다. '이웃들' 그 누구도 우리들이 성공적 삶을 사는 데 참고할 점을 제공하지 못한다. 소비자 사회는 보편적 비교의 사회이다. 하늘 아래 사는 한 그러하다. '사치'라는 개념은 별 의미가 없다. 중요한 것은 오늘의 사치를 내일의 필수품으로 만드는 것이고 '오늘'과 '내일'의 차이를 최소로 줄이는 것, '무언가 원하되, 기다림은 제거하는 것'이기 때문이다. 어떤 욕망을 필요로 바꿀, 그리고 다른 욕망을 '잘못된 필요'로 불법화할 규범이 없기 때문에, '순응'의 기준을 측정할 비교표도 없다. 주요 관심사는 따라서, **적합성**에 대한 관심이다. 즉, '늘 준비된' 상태인가, 기회가 오면 벌떡 일어나 이를 거머쥐고 전대미문의 새롭고도 예상치 못했던 유혹들에 맞추어 재단된 새로운 욕망들을 발전시키고, 더할 나위 없게 '합류'할 능력이 있는가에 대한 관심이다. 기존의 필요들 때문에 새로운 느낌이 쓸모없어지거나 이 새로운 느낌을 수용하고 체험할 능력을 억누르는 일이 없도록 말이다.

생산자 사회가 그 구성원이 지켜야 할 기준으로 건강을 내세웠다면, 소비자 사회는 그 구성원들에게 이상적이고 **균형 잡힌 몸매**fitness를 보여주느라 호들갑을 떤다. 건강과 균형 잡힌 몸매, 이 두 용어는 종종 완전히 겹치는 말로 여겨지고 동의어로 사용된다. 결국 이 둘은 모두 몸을 돌보는 것, 우리가 우리의 몸이 달성하길 바라는 상태, 그리고 그 몸의 소유자가 그 바람을 충족시키려면 따라야 할 관리체제를 지칭한다. 그러나 이 두 용어를 동의어로 취급하는 것은 실수이다. 이는, 모든 균형 잡힌 몸매를 위한 관리체제가 '우리 건강에 좋은 것'은 아니고 우리의 건강 유지를 도와주는 것이 우리를 꼭 균형 잡힌 몸매로 만드는 것도 아니라는, 잘 알려진 사실 때문만이 아니다. 건강과 균형 잡힌 몸매는 두 개의 아주 다른 담론에 속하며, 매우 다른 관심에 호소한다.

생산자 사회의 다른 모든 규범적 개념과 마찬가지로 건강은 '정상'과 '비정상' 간의 경계를 긋고 이 경계를 지킨다. '건강'은 인간 육체와 정신의 적절하고 바람직한 상태이다. 이 상태는 (적어도 원칙상으로는) 조만간 정확히 설명될 수 있고, 일단 설명되기만 하면 그만큼 정확하게 측정될 수 있다. 이는 사회적으로 고안되어 할당된 역할을 수행하라는 요구를 만족시킬 수 있는 육체적 심리적 상태를 가리키는데, 그러한 요구는 지속적이고 꾸준하기 마련이다. '건강하다는 것'은 대부분의 경우 '고용 가능함', 즉 작업 현장에서 제대로 일을 수행할 수 있고, 근로자의 육체적/심리적 지구력에 나날이 부담이 될 힘든 일을 '거뜬히 해치울 수 있음'을 뜻한다.

이와는 정반대로, '균형 잡힌 몸매'는 전혀 '고체적'이지 않다. 그 속성상 균형 잡힌 몸매는 정확하게 꼭 집어 정의를 내릴 수 없다. 그것이 종종 "오늘 기분 좀 어때?"라는 질문에 대한 답으로 여겨지긴 하지만(내가 '균형 잡힌 몸매' 상태라면, 나는 "아주 좋아"라고 대답할 것이다), 진정한 시험은 언제나 미래에 있다. '균형 잡힌 몸매'가 된다는 것은 유연성과 수용력과 적응력이 있는, 미처 겪어본 적 없어서 미리 상술할 수 없는 정서들을 겪으며 살 준비가 된 몸을 가졌다는 것이다. 건강이 '더도 덜도 아닌' 식의 상태라면, 균형 잡힌 몸매는 영원히 '더' 쪽으로 열린 상태로 머문다. 균형 잡힌 몸매는 구체적 기준의 육체적 능력은 전혀 지칭하지 않고, 그 능력(무한하면 더 좋은)의 확장 가능성을 지칭한다. '균형 잡힌 몸매'는 예외적이고, 일상적이지 않은, 평범치 않은 것들 — 그리고 무엇보다도 모든 새롭고 경이로운 것들 — 을 흡수할 준비가 되어 있음을 의미한다. 건강이 '규범적인 것들을 고수하는 것'이라면, 균형 잡힌 몸매는 모든 규범을 깨고 이미 달성한 기준 일체를 뒷전으로 밀어내는 능력을 중시한다.

사람 간 관계와 관련된 기준에 도달하라는 것은 어쨌든 터무니없는 요구다. 각자의 몸매가 균형 잡힌 정도를 개개인 간 객관적으로 비교할 방법이 전혀 없기 때문이다. 건강과 달리 균형 잡힌 몸매는 **주관적 경험** (바깥에서 관찰되고 말로 표현되고 소통될 수 있는 상태나 사건이 아닌, '삶에서 얻은' 경험, '느껴서 얻은' 경험이라는 의미에서)이다. 모든 주관적 상태와 마찬가지로, 이 '균형 잡힌 몸매'가 되는 경험은 개인 간 비교는 물론이고 개인 간 대화에 알맞은 방식으로 발언하는 것도 지독히 어렵다. 만족과 쾌락은 추상적 용어로는 파악될 수 없는 느낌들이다. 파악되려면 이 감정들은 '주관적으로 경험되어야만' 한다. 즉, 삶 속에서 이를 겪어야 하는 것이다. 당신은 당신의 감정이, 옆 사람의 감정만큼 깊은지

흥미진진한지 혹은 '만족스러운지' 결코 확실히 알 수 없다. 균형 잡힌 몸매를 추구하는 것은 그것에 도달할 때까지 우리가 설명할 수 없는 목표물을 쫓아가는 식이다. 언제 그 목적을 달성했다고 판단할지 알 방법은 전혀 없고 모든 정황이 목적을 달성하지 못했다는 의구심을 뒷받침한다. 균형 잡힌 몸매를 추구하기 위해 꾸려지는 삶은 소소한 전투들에서는 많이 이길지 모르나 결코 최종적 승리에는 도달할 수 없다.

따라서 건강에 대한 관심과는 달리, 균형 잡힌 몸매를 추구하는 데는 자연적 종결이 없다. 과녁들은 오직 끝없는 노력의 현 단계 속에서만 세워질 수 있다. 그 과녁을 적중시켜 얻는 만족은 그저 순간에 불과하다. 균형 잡힌 몸매를 유지하려는 평생에 걸친 추구에서, 쉴 시간은 없으며 이제까지의 성공에 대한 일체의 축하는 그저 또 이어지는 고된 노력 전에 잠깐 쉬는 것에 불과하다. 균형 잡힌 몸매를 얻으려는 이들이 확신하는 한 가지는 그들이 아직은 충분히 균형 잡힌 몸매가 아니라는 것, 그러니 더 노력해야 한다는 것이다. 이 추구는 영원한 자기 검열, 자기 책망, 자기 비하 그리고 끊임없는 고뇌 상태가 된다.

건강은 (체온이나 혈압처럼 수치화, 측정화가 가능한) 기준들로 정의되고, '정상'과 '비정상'이라는 분명한 구분이 있으므로 원칙적으로 충족 불가능한 고뇌로부터 자유롭다. 다시 말해, 원칙적으로 건강한 상태에 도달하기 위해서, 또 그 건강을 지키기 위해서 무엇을 해야 하는가가 분명해야 한다. 우리가 어떤 사람을 '건강하다'고 선언하는 조건이 무엇인지, 어떤 치료적 관점에서 누군가의 건강이 회복되었고 이제 더 이상 할 일이 없다고 결정하는지가 분명해야 한다. 원칙적으로는 그러하다.

그러나 사실상 건강이라는 규범을 포함하여 모든 규범의 위상은, 오늘날 '액체' 현대의 비호 아래 무한하고 불특정한 가능성들이 가득해진 사회에서 심각하게 흔들리고 약화되었다. 어제 정상적이고 만족스럽게 여겨지던 것들이 오늘은 걱정을 끼치거나 심지어 연민을 자아내고 치료가 필요한 것이 될 수도 있다. 첫째, 몸이 자꾸만 새로운 상태가 되기 때문에 의학적 개입이 합법적으로 필요해졌다. 그리고 제공되는 의학적 치료법도 그대로 머물러 있지 않는다. 둘째, 한때는 명확히 정의되었던 '질병' 개념은 더할 나위 없이 불분명하고 모호해졌다. 시작과 끝이 있는 어떤 예외적 사건으로 치부되던 것이, 이제는 건강의 영원한 부수적 산물, 건강의 '반대편'에서 늘 우리를 위협하는 것으로 여겨지게 되었다. 따라서 한시도 긴장을 늦추지 않고 밤낮으로 질병과 싸워 반드시 물리쳐야 한다. 건강에 대한 관심은 질병과의 영원한 전쟁이 되어버렸다. 그리고 마지막으로는, '건강한 삶의 체제'가 의미하는 바도 고정되지 않는다. '건강 식단' 개념은 연이어 동시다발로 추천되는 식단들이 제대로 제공되기도 전에 급속히 바뀌어간다. 건강에 좋고 무해하다고 여겨진 영양식의 좋은 효과를 충분히 만끽하기도 전에 장기적으로는 나쁜 영향을 끼친다는 발표가 나온다. 특정 위험에 초점을 맞춘 치료법과 예방책들이 다른 쪽에서는 발병의 원인으로 밝혀진다. 의학적 개입에서 '치료로 인한 발병', 즉 과거의 다른 치료과정 때문에 생긴 의원성醫原性 질환이 대단히 큰 부분을 차지하고 있다. 거의 모든 치료가 위험성을 내포하고, 과거에 위험을 감수한 결과로 생긴 새로운 병들을 치료하기 위해 더 많은 치료가 필요해진다.

건강관리는 원래의 속성과는 다르게, 불길하게도, 균형 잡힌 몸매를 추구하는 것과 자꾸만 닮아가고 있다. 균형 잡힌 몸매의 추구는 계속적이며, 결코 완전한 만족을 가져오는 법이 없고, 현재의 진행 방향이 제대로 된 것인지 불확실하며, 추구하는 중에 수많은 불안을 야기한다.

건강관리가 균형 잡힌 몸매를 추구하는 쪽으로 자꾸만 닮아가는 반면에, 균형 잡힌 몸매는 한때 건강관리에서의 자기 확신의 기초가 되었던 바를, 즉 건강 기준의 측정 가능성과 그에 이어지는 치유경과의 측정 가능성을, 대부분의 경우 수포로 돌아감에도 불구하고 모방하려 한다. 이러한 포부는 예를 들면 많은 '몸매 관리 체제' 가운데서도 체중 관찰이 왜 주목할 만한 인기를 누리는지 설명해준다. 균형 잡힌 몸매 만들기에서는 허리 사이즈가 줄고 몸무게가 줄어드는 것 두 가지가, 건강 진단을 할 때 체온을 재는 것이 그렇듯 실제로 측정해 어느 정도 정확하게 말할 수 있는 몇 안 되는 외관상의 소득이기 때문이다. 물론 이 유사성은 환상이다. 맨 아래 눈금이 없는 온도계나, 떨어질수록 좋은 체온을 한번 상상해보라.

최근 '균형 잡힌 몸매'에 대한 주도적 모델이 조정됨에 따라, 건강관리(스스로 돌보기)가 확산되는 것에 대해 각성의 분위기가 일고 있다. 최근 이반 일리치Ivan Illich가 말한 대로, "건강 추구는 그 자체가 압도적으로 질병을 일으키는 요소가 되었다." 이제는 더 이상 개인을 대상으로 병을 진단하지 않는다. 점점 더 증가하는 진단의 진정한 대상은 확대된 가능성이다. 즉 진찰을 통해 환자의 상태에서 이후 어떤 일이 생길 수 있을지를 추정하는 것이다.

건강은 점차 위험의 최적화와 동일시되고 있다. 균형 잡힌 몸매를 얻고자 열심히 훈련해온 소비자 사회의 주민들은 어쨌든 이 위험의 최적화를 의사들이 해주길 기대하고 소망한다. 이를 제대로 해주지 못하는 의사들에게 그들이 화를 내고 반감을 갖게 되는 이유다. 이를 입증하는 일례로, 튀빙겐의 한 의사는 출산을 앞둔 어머니에게 기형아가 태어날 가능성의 통계수치를 정확히 인용해 말해주지 않고 그냥 "(가능성이) 그다지 높지 않다"고 한 것 때문에 유죄 판결을 받은 바 있다.[35]

퇴마의식으로서의 쇼핑

우리는 추정해볼 수도 있다. 그 개념이 더 없이 불명확해지기만 하는 '균형 잡힌 몸매', 그에 자꾸만 근접해가는 건강, 결코 오르지 못할 이 고지에 집착하는 '몸의 소유자'들을 사로잡는 두려움 때문에, 소비자 사회의 논리와 전혀 맞지 않고 오히려 소비자 사회에 재앙이라 할 태도인 조심성과 신중함, 중용과 내핍이 생기게 되진 않을까? 그러나 이는 잘못된 결론이다. 내면의 악마를 물리치려면 물러서거나 정지해 있는 것이 아니라, 긍정적 태도와 제대로 된 행동을 취할 필요가 있다. 이렇게 하는 것은 소비자 사회에서 행하는 모든 행동들과 마찬가지로 비용이 많이 든다. 이에는 소비자 시장만이 공급할 수 있는 수많은 특별한 장비와 도구가 필요하다. '내 몸은 일종의 포위된 요새'라는 식의 태도는 금욕이나 절제, 체념으로 이어지진 않는다. 그보다는 오히려 더 많이 소비하는 쪽으로 이어진다. 그저 상업적으로 공급되는 특별한 '건강식'을 더 소비하게 된다. 나중에 부작용이 알려져 기피되다가 마침내 시장에서 사라지기 전까지, 체중에 신경을 쓰는 사람들 사이에 가장 인기를 끌던 제닐린이라는 약이 있었다. 이 약의 광고 문구는 "더 많이 먹고, 살을 빼자"였다. 배리 글래스너Barry Glassner가 계산한 바에 따르면 한 해(1987년)에 몸에 관심 있는 미국인들이 다이어트 식품에 쓴 돈은 740억 달러에 달하며, 헬스클럽에는 50억 달러, 비타민제를 구입하는 데는 27억 달러, 운동기구 구입에는 7억 3천 8백만 달러를 썼다.[36]

요약하자면, '쇼핑하고 다니는' 데는 일반적으로 생각하는 것을 넘어서는 이유가 있다. 쇼핑 강박증을 어떤 단일한 원인으로 축소하여 설명하면 핵심을 놓친다. 흔히 말하듯 강박적 쇼핑은 후기자본주의적 가치혁명의 증거라는 식의 해석이나, 쇼핑중독을 잠재적 물질주의적 쾌락주의적 본능의 공공연한 드러남, 혹은 쾌락 추구를 삶의 최우선 목표로 삼으라는 인위적(혹은 교묘한) 선동에 이끌린 것이라는 '음모이론'의 산물로 설명하는 것은 고작해야 진실의 일부만을 포착한 것이다. 이 진실의 또 다른 일부, 앞의 모든 설명에 꼭 보완되어야 할 진실은, 강박관념에서 중독으로 바뀐 이 쇼핑은 날카롭게 신경을 건드리는 불안감과 괴롭고도 숨막히는 불확실성에 대한 힘겨운 투쟁이라는 것이다.

마셜T. H. Marshall이 또 다른 경우에 대해서 논평한 대로, 많은 사람들이 동시에 한 방향으로 달리고 있으면 두 가지 질문을 던져볼 필요가 있다. 그들이 **쫓고** 있는 것이 무엇인가, 그리고 어디로부터 **달아나고** 있는가. 소비자들은 쾌락을 주는—만지고 보고 냄새 맡을 수 있는—감정을 쫓거나, 슈퍼마켓과 백화점의 진열대에서 다채롭게 반짝이는 물건들이 약속하는 즐거운 맛의 기쁨을 쫓거나, 상담 전문가와 함께하는 자리가 약속해주는 좀 더 깊고 위안이 되는 감정을 쫓고 있는지도 모른다. 그러나 그들은 또한 불안이라는 이름의 고뇌로부터 탈출구를 찾으려 한다. 그들은 단 한 번이라도 실수와 태만, 게으름에 대한 두려움으로부터 벗어나길 바란다. 그들은 단 한 번이라도 확신과 자신감, 자기 확신, 신뢰를 얻길 바란다. 쇼핑을 다니면서 그들이 찾은 상품은 그 확실성의 약속을 완전하게 실현하는 것을(혹은 잠시 동안 그래 보이는 것을) 의미하기에 놀라운 가치가 있다.

강박적/중독적 쇼핑이 정녕 무엇이든 간에, 그것은 또한 밤잠을 설치게 하는 불확실성과 불안이라는 섬뜩한 유령을 몰아내는 대낮의 퇴마의식이다. 실상 이것은 그날그날의 의식이다. 슈퍼마켓 선반에 놓인 모든 물건들은 거의 대부분 '유통기한' 도장이 찍힌 한시적인 것이고, 상점에서 살 수 있는 확실성의 종류라는 게 사람들이 쇼핑에 나선 첫째 이유인 불확실성을 확실하게 근절해주지 않기에, 퇴마의식은 매일같이 반복되어야 한다. 하지만 그와는 상관없이 이 게임이 계속되게끔 하는 것은—그 명백한 미결성과 전망의 부재에도 불구하고—퇴마의식들의 그 놀라운 속성이다. 즉, 이 의식들은 악령을 몰아내는 일(이런 일은 좀처럼 일어나지 않는다)보다는 그 의식을 수행하고 있다는 사실 자체로 효과가 생기고 만족을 준다. 퇴마 기술이 존재하는 한, 유령은 불패를 장담할 수 없게 된다. 개인화된 소비자 사회에서는 반드시 해야 할 모든 일들은 '스스로 하라Do It Yourself'의 방식으로 이루어진다. 쇼핑 말고 다른 그 무엇이 '스스로 하는' 퇴마의식의 필요조건들에 그토록 잘 부합할 수 있단 말인가?

맘껏 하는, 혹은 그렇게 보이는 쇼핑

알베르 카뮈는, 우리 시대 사람들이 이 세계를 한껏 완전하게 소유할 수 없다는 사실에 고통을 받는다고 적었다.

생생한 성취의 순간을 빼고는 그들[현대인들]에게 모든 현실은 불완전하다. 그들의 행동은 다른 행동의 형식을 취하고 그들로부터 달아났다가 그들을 심판하려고 예기치 않은 가면을 쓰고 되돌아왔다가는, 마치 탄탈루스가 그토록 마시길 바랐던 물처럼 여전히 어딘지 모를 어떤 구멍 속으로 모습을 감춘다.

이는 우리들 모두가 내적인 성찰을 통해 알게 되는 것, 과거를 꼼꼼히 되돌아봤을 때 우리가 살아온 과거가 오늘날 우리가 거주하는 세상에 대해 가르쳐주는 것이다. 그러나 주변을 살펴 우리가 아는 다른 사람들을 보면, 특히 우리가 알고 있는 사람들을 "멀찍이 거리를 두고 바라보면 그들의 존재는 실제로는 그들이 지닐 수 없는 것인데도 보는 이들에게는 분명하게 와 닿는 어떤 일관성과 단일성을 가지고 있는 것처럼 여겨진다." 물론 이는 일종의 착시다. 바라보는 사람과의 거리(즉, 우리 앎의 부족한 부분)가 세부를 흐릿하게 만들고 **형태**Gestalt에 어긋나는 모든 것을 지워버린다. 우리는 환상이든 아니든 타인의 삶을 예술작품으로 보려는 경향이 있고, 그런 식으로 그들을 바라본 뒤 그들과 똑같이 하려고 애를 쓴다. "모든 사람이 자기 삶을 예술작품으로 만들려고 노력한다."[37]

우리가 삶이라는 이 무른 재료로 빚길 바라는 그 예술작품은 '정체성'이라 불린다. 정체성에 관해 어떤 이야기를 하든지, 우리 마음 한구석에는 조화와 논리, 일관성이라는 이미지가 희미하게나마 존재한다. 우리의 경험이 이어지는 가운데 이러한 것들은 기괴하다 할 만큼 너무나 심각하게 결핍되어 있다. 정체성을 모색하는 것은 이 경험의 흐름을 저지하거나 늦추려는, 액체인 것들을 고체화하고 무형의 것들에 형태를 부여하려는 지속적 투쟁이다. 우리는 어떤 형태로 얄팍하게 포장된 바로 그 아래의 엄청난 유동성을 부인하거나 적어도 감추려 한다. 우리들 눈이 꿰뚫어볼 수 없는 광경으로부터 시선을 피하려 한다. 그러나 그 흐름을 멈추기는커녕 늦추지도 못한 채, 정체성들은 시간이 다져놓은 딱딱한 지각地殼같이 되었다가 다시 식어서 굳기도 전에 녹아 흘러내리는 화산의 용암처럼 되었다. 다른, 그리고 또 다른 시도가 요구된다. 이러한 시도들은 오직 고체적이고 실체가 있어서 지속될 것으로 기대되는 것들에 필사적으로 매달려야만 가능하다. 그것들이 알맞거나 잘 연결이 되든지 그렇지 않든지 간에, 일단 결합되면 계속 결합을 유지하리라는 기대에 근거를 제공하든지 그렇지 않든지 간에 말이다. 들뢰즈와 가타리가 표현한 대로, "욕망은 지속적 흐름과, 본질적으로 파편적이고 파편화된 부분적 대상들을 끊임없이 짝짓는다."[38]

정체성들은 외부에서 어느 짧은 순간 바라볼 때는 고정되어 있고 고체적인 것처럼 보인다. 그러나 우리 자신의 전기적傳記的 경험을 자세히 고찰해 보면, 설사 그 정체성들에 고체성 같은 것이 있다손 쳐도, 이는 깨지기 쉽고 취약하며 전단력에 의해 내부의 유동성을 폭로당하며 계속해서 찢겨나가고, 어떤 형태라도 갖추려하면 이를 갈기갈기 조각내 흘려보내는 역류로 말미암아 끊임없이 부서진다.

경험과 삶에서 얻은 정체성은 환상, 혹은 백일몽이라는 접착제가 있어야만 유지될 수 있다. 그러나 전기적 경험이라는 완강한 증거처럼 너무나도 강력한 접착제가 있다면 ― 쉽게 녹아서 깨끗하게 닦아낼 수 있는 환상이라는 접착제보다 접착력이 훨씬 뛰어난 ― 그것이 보여주는 전망은 백일몽이 부재하는 것만큼이나 불쾌하다. 에프라트 체엘론Efrat Tseëlon이 언급한 대로, 패션이 그렇게나 안성맞춤이 되는 이유도 그 때문이다. 그것은 환상보다 더 약하지도 강하지도 않은 딱 알맞은 재료다. 유행은 "행동에 참여하지 않고도(…) 그로 말미암은 결과를 감당하지 않고도 그 극한을 밟아볼 수 있는 방법이다." 체엘론이 우리에게 일깨우는 바, "동화에서 공주의 진정한 정체성을 불러일으키는 데는 환상적인 복장이 핵심이다. 요정대모가 신데렐라에게 무도회 드레스를 입힐 때 그녀는 이를 너무도 잘 알고 있었던 것이다."[39]

거의 대부분의 정체성들이 지닌 내재적 일시성과 가변성을 생각해볼 때, 정체성들이 널려있는 슈퍼마켓에서 '쇼핑하고 다니는' 능력, 즉 정체성을 선택해 원할 때까지 이를 유지하는 소비자의 진짜 혹은 진짜라고 추정되는 자유는 정체성이라는 환상을 실현하는 왕도가 된다. 이러한 능력이 있으면 우리는 원하는 대로 정체성을 만들 수도 있고 없앨 수도 있다. 혹은 그럴 수 있어 보인다.

소비자 사회에서는 소비자 의존성을 공유하는 것 ─ 쇼핑에의 **보편적 의존** ─ 은 모든 **개인적** 자유의 **필수** 조건이다. 우선, 남과 다를 자유, '정체성을 가질' 자유에서 그러하다. 텔레비전 광고는 찰나 동안의 맹렬한 진지함으로(비록 그러면서도 그 게임이 어떤 것인지 어떻게 돌아가는 것인지 아는 세련된 고객들에게 장난스럽게 눈짓을 하며) 다양한 머리스타일과 머리칼의 색상을 보여주면서 다음과 같이 말한다. '개성 있는 모든 사람, 모든 개인은 모두 X(광고되는 헤어 컨디셔너)를 선택합니다." 대량생산된 제품들은 개인들의 다양성의 도구이다. 정체성 ─ '독특하고' '개별적인' ─ 은 모든 사람들이 너나 할 것 없이 쇼핑을 통해 구매하고 소유 가능한 물건들 속에서만 아로새겨질 수 있다. 투항을 해야만 독립을 얻는 셈이다. 영화 〈엘리자베스〉에서 엘리자베스 여왕이 '자기 개성을 지우고' '아버지의 딸'이 되어 궁정 사람들 전체가 자신의 명령을 강제로 받들게끔 하기로 결심했을 때, 그녀는 머리 스타일을 바꾸고 장인이 만든 화장품으로 얼굴을 두껍게 칠하고 장인이 제작한 보석왕관을 쓰는 방법을 택했다.

소비자의 선택에 자유가 있는지, 특히 대량생산되고 판매되는 상품을 통해 자기 정체성을 찾는 자유가 진짜 자유인지, 아니면 그저 자유로 추정되는 어떤 것인지는 논쟁의 여지가 있는 고약한 문제로 정평이 나 있다. 그러한 자유는 시장이 공급하는 도구와 물품을 꼭 필요로 한다. 이를 인정한다면, 행복한 구매자의 환상과 실험의 범위는 얼마나 넓은 것일까?

확실히 이들의 의존성은 구매 행동 내에만 국한된 게 아니다. 예컨대 대중매체가 대중의 —집단적이고 개인적인— 상상력에 발휘하는 그 가공할 힘을 생각해보라. 어디에나 존재하는 스크린의 강력하고 '실재보다 더 실재 같은' 이미지들은, '살아온' 현실을 더 입맛에 맞게 만들라고 압력을 가할 뿐만 아니라, 현실의 기준이 되고 현실을 평가하는 바탕이 된다. 바람직한 삶은 '텔레비전에서 나오는 대로'의 삶이 된다. 스크린에 나오는 삶은 실제 살아온 삶을 형편없이 작은 것으로 만들어 그 매력을 박탈해버린다. 오히려 살아낸 삶이 현실성이 없어 보이게 되어, 그것을 스크린에 올릴 만한 이미지로 탈바꿈시키지 않으면 여전히 현실성이 떨어지는 것처럼 느껴지게 된다(한 사람의 삶의 현실성을 완성시키려면 우선 그는 현실을 '캠코더'로 찍어 비디오테이프—쉽게 삭제할 수 있는 참으로 편리한 물건, 언제든지 과거 기록을 지우고 새로운 기억을 집어넣을 수 있다—에 기록해야 한다). 크리스토퍼 라쉬 Christopher Lasch가 표현한 그대로다. "현대의 삶이 너무나도 속속들이 전자 이미지를 매개로 하고 있어서 남에게 대답할 때는 마치 내 행동이—우리 자신의 행동도 마찬가지지만—녹화되어 어떤 보이지 않는 관객에게 곧바로 전송되는 것처럼, 혹은 나중에 꼼꼼하게 살펴보려고 저장중인 것처럼 반응하지 않을 수 없다."[40]

이 후 발간된 책에서[41] 라쉬는 "과거 정체성이란 말은 사람과 사물 모두에게 적용되었다. 현대사회에서는 그 양편 모두 견고성, 명확성과 지속성을 상실해버렸다"고 독자들을 일깨운다. 라쉬는 이 보편적 '모든 견고한 것들이 녹아버리는' 일이 보편적이된 상황에서 주도권은 사물에 놓인다고 시사한다. 사물은 정체성을 위한 상징적 장식물이자 동일시하려는 노력의 도구이므로 사람들이 곧 사물을 따라하게 되었다는 것이다. 라쉬는 자동차 산업에 대한 에머 로스차일드Emma Rothschild의 유명한 연구를 언급하면서 다음과 같이 지적한다.

> 마케팅에 대한 알프레드 슬론의 혁신성—매년 새로운 모델을 출시하고, 지속적으로 상품을 업그레이드하며, 상품을 사회적 지위와 연관시켜 변화에 대한 끝없는 욕망을 인위적으로 심어주는—은 생산에서의 헨리 포드의 혁신성과 분명한 한 쌍을 이룬다. (…) 두 가지 모두 진취성과 독립적으로 사고하려는 의

지를 저하시키고 심지어 자신의 취향 문제에서도 스스로의 판단을 불신하게 만들었다. 별도의 과외 학습 없이 스스로의 힘으로 익힌 취향들을 시대에 뒤처진 것으로 여기게 되었고, 이를 정기적으로 업그레이드할 필요가 생겨났다.

알프레드 슬론*은 이후 보편적 추세가 된 경향의 개척자였다. 상품생산 전반이 오늘날 '내구성이 있는 사물들의 세계'를 '즉각 구식이 되게끔 고안된 일회용 상품들'로 바꾸었다. 그 결과는 제러미 시브룩Jeremy Seabrook이 섬세하게 묘사했다.

> 자본주의가 사람들에게 상품을 배달한 것이 아니라, 사람들이 점점 상품에게 배달되고 있다. 말하자면 사람들의 성격과 감수성 자체가 상품들과 경험들, 감정들에 (…) 대략적으로 어울리는 방식으로 다시 만들어지고 개조되어 (…) 이것들을 판매함으로써만 우리 삶의 윤곽이 드러나고 의미가 생기게 되었다.[42]

불안정한 사물들을 정체성 구축의 원재료로 고의적으로 사용하는 세계에서, 정체성은 불안정한 것이 될 수밖에 없고, 따라서 우리는 계속 경계를 늦추지 말아야 한다. 그러나 무엇보다도 우리에게 필요한 것은 우리 자신의 유연성과 '저 바깥' 세상의 변화하는 패턴을 신속히 따라갈 수 있는 빠른 적응력이다. 최근에 토

---

* 1875~1966. 제너럴모터스의 총수를 지냈다.

머스 매티슨Thomas Mathiesen이 말한 것처럼, 원형감옥에 대한 벤담과 푸코의 강력한 비유는 이제 더 이상 권력이 작동하는 방식을 설명해주지 못한다. 매티슨의 설명대로 우리는 이제 원형감옥 방식에서 '시놉티콘synopticon'** 방식으로 옮겨왔다. 탁자들은 이제 반대편에 놓이고 소수를 바라보는 다수가 생겨났다.[43] 교도하는 힘은 예전처럼 유지되면서도, 감시 대신 볼거리가 갖추어졌다. 오늘날 기준에 대한 복종(부연컨대, 현저하게 유연한 기준들에 대하여 순종적이면서도 대단히 정교하게 적응할 수 있는 복종)을 얻어내는 것은 강제가 아닌, 유인과 꼬드김이다. 그것이 외부에서 가해지는 하나의 압력임을 드러내기보다는 마치 자유의지를 실천하는 것처럼 위장되었다.

이러한 사실들은 거듭 강조될 필요가 있다. 왜냐하면 이미 그 생명을 다한 '자아에 대한 낭만적 개념', 즉 피상적인 겉모습 아래 깊은 내면적 본질이 숨겨져 있다는 개념은 다시금 인공적으로 생명을 부여받았기 때문이다. 이는 폴 앳킨슨Paul Atkinson과 데이비드 실버맨David Silverman이 적절하게 이름붙인 '인터뷰 사회'('주체의 개인적이고 사적인 면모를 드러내기 위해 대면 인터뷰에 깊이 의존하는 사회')와 오늘날의 대부분의 사회학 연구(감추어진 진실을 밝히려고 개인적 이야기들을 끌어내고 분석함으로써 '자아에 대한 주관적 진실까지 파고들어 가는 것'을 목적으로 하는)의 공동 노력 덕

** 한쪽에서의 일방적 감시가 이루어지는 파놉티콘panopticon과 달리 양쪽에서 상호 감시하는 사회를 빗대어 사용한 용어.

분이다. 앳킨슨과 실버맨은 그러한 관행에 이의를 제기한다.

우리는 이야기들을 수집하여 사회과학적으로 자아들을 드러
내는 것이 아니라, 전기적 서술을 통해 자아를 창조하고 있다.
(…)
드러남에 대한 욕망과 욕망의 드러남은, 과연 진성성이란 것이
가능한지 문제가 될 때조차 진정성의 외관을 장식한다.[44]

문제가 되는 진정성이란 것은 실상 의문의 여지가 많다. 수많
은 연구가 보여준 바, 개인적 이야기들은 대중 매체가 '주관적 진
실을 재현'하려고 고안한 대중적 수사법을 되풀이하는 것에 지
나지 않는다. 그러나 진정한 자아라고 말해지는 것의 비진정성은
진지한 볼거리들 — 심층 인터뷰라는 공개적 제의들, 그리고 토크
쇼 외에도 이러한 사례는 많지만 그래도 토크쇼가 가장 활발하게
펼쳐 보이는 공개적 고백들 — 에 의해 철저히 감추어진다. 표면
상으로 그 볼거리들은 분출하려 애쓰는 '내적 자아'의 꿈틀거림
을 자극하려는 의도를 갖고 있는 것 같지만, 실제로는 소비자 사
회에서 행해지는 감상적 교육의 수단에 다름 아니다. 그 볼거리
들은 대중이 받아들일 수 있게끔, 감정 상태와 그 표현들이라는
실타래로 '철저하게 사생활적인 정체성'을 직조하여 전시품으로
내놓는다.
　하비 퍼거슨은 최근 이에 대해 독창적인 설명을 내놓았다.

포스트모던 세상에서 모든 차이들은 유동적이 되고 경계가 허물어지며, 모든 것이 정반대로 보일 수 있다. 아이러니는 항구적인 감각이 되어, 사물들은 서로 어느 정도 다를 수는 있어도, 결코 근본적으로 혹은 극단적으로 다르지는 않게 되었다.

그러한 세상에서 정체성에 대한 관심은 전적으로 새로운 주석이 붙게 마련이다.

> '아이러니의 시대'는 지나가고, 겉모습이 유일하게 실재하는 것으로 신성시되는 '매력의 시대'가 도래하였다. (…)
> 근대성은 따라서 '진정한' 자아의 시기를 거쳐 '아이러니한' 자아의 시대로, 그리고 다시 '연합적' 자아라고 일컬을 법한 오늘날의 문화로—즉, '내적인' 영혼과 사회관계라는 '외적인' 형식 간의 유대를 끊임없이 '헐겁게 하는 쪽으로'—이동한다. (…)
> 따라서 정체성은 끊임없이 동요한다.[45]

이것이 바로 문화 분석의 현미경으로 바라본 현재 상태다. 대중적으로 생산된 비진정성의 상태를 이렇게 파악하는 것이 맞을 수도 있다. 그것이 사실임을 뒷받침하는 논의들이 실제로 압도적으로 많다. 그러나 '진지한 볼거리들'의 영향력을 결정짓는 것은 그러한 이해에 담긴 진실이 아니다. 문제가 되는 것은 정체성을 세우고 또 세워야 한다는 조작된 필요를 어떻게 느끼는가, 그 필요를 '내부'에서 어떻게 인식하는가, 그것을 어떻게 '겪어내는가'

이다. 분석가의 눈에 진짜 정체성으로 보이든 덮어쓴 정체성으로 보이든 간에, 정체성의 헐겁고 '연합적'인 위상, '쇼핑하고 다닐' 기회, 우리의 '진정한 자아'를 고르고 나눌 수 있는 기회, '계속 나아갈 수 있는' 기회가 오늘날의 소비자 사회에서는 자유를 의미하게 되었다. 소비자의 선택은 그 자체로서 하나의 가치가 되었다. 선택하는 행위가 무엇을 선택하고 있느냐보다 더 중요해졌고, 이제 제반 상황은 진열된 선택권들의 범위에 따라 칭찬되거나 비난받거나 향유되거나 반발을 받거나 한다.

선택자의 삶은 비록 그 선택의 범위가 넓어 보이고 가능한 새로운 경험의 크기가 무궁무진해 보여도(혹은 선택의 범위가 넓고 새로운 경험의 크기가 무궁무진하기 때문에) 항상 절반의 축복이 될 것이다. 삶은 위험으로 가득하다. 달콤한 꿀 항아리 속에 들어 있는 파리 한 마리와도 같이 자유 선택에는 불확실성이라는 요소가 필연적으로 따른다. 덧붙여서(이것은 굉장히 중요한데), 쇼핑 중독자의 기쁨과 불행 간의 균형은 다름 아닌 진열된 선택권의 범위에 달려 있다. 진열된 선택권들이 모두 현실적인 것도 아니다. 그리고 현실적 선택을 할 비율은 그 안에서 선택할 품목의 수로 결정되는 게 아니라 선택하는 자가 활용할 수 있는 자원이 얼마나 되는가로 결정된다.

자원이 풍요로울 때는 옳든 그르든, 늘 세상의 '선두'나 '정상'에 있기를, 빠르게 움직이는 과녁을 따라잡을 수 있기를 바랄 수 있다. 그리고 나면 위험과 불안정 같은 요소를 줄이고 싶어지고, 언제 어디서 이러한 몸부림이 끝날지, 도대체 끝이 있기나 한 것인지 절대로 알 수 없는 암흑 속에서 산다는 불편한 느낌을, 선택권이 많다는 사실이 거듭거듭 보상해준다고 생각하고 싶어진다. 달린다는 것 그 자체가 신명 나는 것이며 달리는 것이 아무리 피곤해도 결승점보다는 트랙에 있을 때가 더 재미있다. "기대에 부풀어 여행하는 도중이 목적지에 도착한 순간보다 더 좋다"는 옛 속담과 다를 게 없다. 선택이 전부 확실히 끝나버리는 도착, 이는 오늘 선택한 것이 내일의 선택으로 말미암아 취소될 수도 있다고 예상하는 것보다 훨씬 더 재미없고 엄청나게 더 무서운 일이다. 무언가를 바란다는 것만이 바람직할 뿐, 바람이 충족되는 일은 결코 바람직하지 않다.

달리려는 열정도 근력이 떨어지면서 약해지듯, 자원의 크기가 줄어들고 진정 바람직한 선택을 할 기회가 점점 불투명해지면 위험과 모험에 대한 사랑도 옅어지리라 예상해볼 수 있다. 하지만 그러한 예상은 반박될 수밖에 없는데, 이는 달리는 사람들은 그 수가 많고 다양하지만 트랙은 오직 하나뿐이라는 사실 때문이다. 제러미 시브룩은 이렇게 지적한다.

가난한 사람들이라고 해서 부자들과 동떨어진 문화에서 거주하는 것은 아니다. 이들은 돈 있는 사람들한테 혜택이 가게끔 내내 고안되어온 그 세상에서 살아야 한다. 그리고 이들의 가난은 불경기나 성장 정체로 말미암아 더 심해지는 것과 마찬가지로, 경제성장에 의해서도 악화된다.[46]

쇼핑하고 시청하는 데 중독된 사람들이 사는 시놉티콘 사회에서 가난한 사람들은 시선을 돌릴 수가 없다. 다른 어디론가 시선을 돌릴 데가 없는 것이다. 영상매체를 볼 자유가 더 커지고 쇼핑몰에 진열된 상품들이 더 매력적으로 손짓할수록, 빈곤한 현실을 더 뼈저리게 느끼고 잠깐만이라도 선택의 축복을 맛보고 싶은 욕구는 억누르기 힘들게 된다. 부자들이 더 많은 선택권을 누리는 것처럼 보일수록, 선택 없는 삶이란 모든 이들에게 더욱더 힘든 게 된다.

따로 떨어져서 우리는 쇼핑한다

역설적이지만 어느 정도 예상 가능하게도, 쇼핑 중독자들의 사회가 지극한 가치로 추켜세우는 자유는 ― 일단 소비자 선택권이 풍족한가, 그리고 모든 생활상의 결정을 일종의 소비자적 선택으로 다룰 능력이 있는가를 보는 ― 그 자유가 명백히 겨냥하는 사람들보다는 이를 별로 탐탁지 않아 하는 방관자들을 더욱 황폐하게 만든다. 자원을 갖춘, 선택의 기술에서는 가히 장인이라 할 엘리트들의 사는 방식이 전자화 과정을 거치면서 치명적 변화를 겪기 때문이다. 변화된 삶의 방식은 전자화된 시놉티콘과 자꾸만 축소되는 자원의 비좁은 수로를 따라 걸러지고 돌연변이 괴물이나 희화화한 그림처럼 사회 위계구조를 따라 서서히 스며든다. 이러한 '침투 현상'이 낳는 궁극적 결과물에는, 그것이 애초에 가져다줄 것으로 약속했던 쾌락의 대부분은 떨어져 나가고, 그 대신 잠재적으로 지니고 있던 파괴성이 모습을 드러낸다.

전 생애를 하나의 길게 연장된 쇼핑 연회로 대할 자유는 이 세상을 소비상품으로 넘쳐나는 창고로 간주함을 의미한다. 유혹하는 상품들이 그토록 많은 것을 생각하면, 어떤 한 상품이 가져올 쾌락의 가능성은 급격히 고갈된다. 자원이 풍부한 소비자에게는 다행스럽게도 그들의 풍부한 자원이, 상품화가 초래한 유쾌하지 못한 결과들로부터 그들을 안전하게 지켜준다. 그들은 일단 갈구하면 쉽게 얻을 수 있는 만큼, 더 이상 원치 않는 소유물들은 쉽게 버릴 수도 있다. 그들은 급격한 노화, 욕망에 내재된 낙후되는 속성, 그리고 일시적 만족으로부터 안전하다.

풍부한 자원은 자유롭게 고르고 선택함을 뜻하기도 하지만, 또한―그리고 가장 중요하게는―잘못된 선택의 결과를 참지 않아도 될 자유, 그리고 그러한 선택에서 기인하는 그다지 구미가 당기지 않는 삶으로부터의 자유를 뜻한다. 예를 들어 앤서니 기든스는 인간의 동반자 관계가 상업화되고 소비화된 상황에서, '조형적 섹스', '합류적 사랑', '순수한 관계' 같은 것들을 해방의 도구이자 해방에 뒤따를 새로운 행복의 보증서로 묘사한 바 있다. 즉, 이것들이 새롭고도 전대미문의 규모로 인간의 자율성과 선택의 자유를 보장한다는 것이다. 이것이 부와 권력을 지닌 소수의 이동성 엘리트들 입장에서 진짜 사실, 유일한 사실인지는 논쟁의 여지가 있다. 소수의 엘리트들 안에서도, 파트너 중 더 강하고 자원이 많은 쪽에 초점을 맞추기만 하면 그들은 기든스의 주장을 진심으로 지지할 수도 있겠다. 그 결과 자유롭게 욕망을 좇으려면 꼭 있어야 할 자원을 넉넉히 부여받지 못한 약자들이 반드시 생기게 된다(본의 아니게 약자가 된 그 집의 자식들은 말할 것도 없다―비록 동반자 관계로 인해 파생된 지속되는 결과이지만, 자식들이 부모의 결혼의 붕괴를 그들 자신의 자유의 징표로 보는 경우는 거의 없다). 정체성을 바꾸는 것을 사적인 문제로 볼 수도 있지만, 이것은 항상 어떤 유대를 단절하고 의무가 소멸되는 것을 포함한다. 자유로운 선택을 해볼 기회를 제공받지 못하는 것은 고사하고 상의조차 없이 타격을 입는 쪽이 생기게 된다.

그러나 그러한 '순수한 관계'의 '부차적 효과'를 감안한다 해도, 지위와 권력이 있는 이들의 경우에는, 그들의 자식들 입장에서 이혼 절차나 재정적 조항이 다음번에 누가 올지 모를 동반관계에 만연한 불안정을 완화하는 쪽으로 가고 있다고, 어떠한 불안정 상태가 계속된다 해도 '손해를 덜 볼' 권리, 한번 저지른 죄나 과오를 영원토록 속죄하지 않아도 되는 권리를 위해서는 그다지 터무니없는 희생을 치르는 것이 아니라고 주장해볼 수도 있겠다. 그러나 가난하고 권력도 없는 이들에게로 이런 현상이 '새나가면', 취약한 혼인서약으로 맺어진 새로운 형식의 동반관계와 '상호 만족' 기능만을 중시하는 결합의 '순수성'은 크나큰 불행과 고뇌, 인간적 고통을 대량생산하고, 사랑도 전망도 없는 실패한 인생들이 그만큼 더 늘어나게 된다.

요약하자면 이렇다. '쇼핑하고 다니는' 식의 삶을 특징짓는 정체성의 이동성과 유연성은 **해방**의 도구가 아니고, 자유의 **재분배**

다. 따라서 이러한 삶은 절반의 축복이라 하겠다. 그것은 불쾌감이 들고 두려운 만큼이나, 달콤하고 갈망의 대상이 되는, 그리고 가장 모순된 감정들을 불러일으키는 축복이다. 이 축복은 앞뒤가 안 맞고 거의 신경증적 반응을 낳게 되는, 지극히 모호한 가치이다. 소르본의 철학자 이브 미쇼Yves Michaud의 표현대로, '기회들이 과도해짐에 따라 파멸과 파편화, 해체의 위협이 점증하고 있다.'[47] 자기 정체성을 찾는 과제는 첨예하게 분열적 부작용을 낳는다. 이 과제가 갈등의 초점이 되고 서로 양립할 수 없는 충동들을 촉발한다. 모두가 이러한 과제를 떠맡게 되지만, 문제의 해결은 각 개인들이 대단히 다른 환경에서 제각기 구해야 하므로, 이는 협력과 유대를 발생시키는 쪽으로 인간 조건을 통일시키지 못하고 인간의 처지들을 분할하고 흉포한 경쟁을 야기한다.

3장

시/공간.

영국 출생으로 남아프리카에 정착한 건축가 조지 헤이즐든George Hazeldon은 꿈이 있다. 어두운 길모퉁이에서 어슬렁거리며 나와 비열한 거리를 거닐다가 거칠기로 악명 높은 구역으로 흘러드는, 음침한 이방인들로 가득한 여느 도시들과는 다른 도시. 헤이즐든의 꿈의 도시는 두터운 성벽과 탑들, 해자, 도개교 안에서, 이 세상의 온갖 위험으로부터 안전하게 차단된 중세 마을과 흡사하면서도 업데이트된 최첨단 기술을 갖추고 있다. 서로 함께 사는 것을 관리 감독하길 바라는 개인들의 개성에 맞추어 만든 도시. 그자신 몽생미셸*이라 부른, 외진 곳에 자리 잡은 조용한 수도원 같

* 프랑스의 중세 유적지. 수도원과 요새가 있다.

으면서도 무장경비가 지키는 요새처럼 접근이 불가능한 곳.

헤이즐든의 청사진을 본 사람이면 그 도시의 '수도원'적 특성이 라블레Rabelais*의 '텔렘Thélème'**을 모방한 것이라는 데 동의할 것이다. 라블레의 도시는 강박적 쾌락과 여흥의 도시이며 그곳에서 따라야 할 유일한 계명은 행복이다. 그곳은 세속 탈피나 자기희생, 경건한 기도, 금식 수행을 하는 은둔처가 아니다. 헤이즐든의 도시가 지닌 '요새'적 특성은 일종의 기분전환용인데, 가히 독창적이다. 케이프타운에서 멀지 않은 오백 에이커의 빈 땅에 그가 지으려 한 도시인 헤리티지 파크Heritage Park는 여느 도시와는 뚜렷하게 구분되는 자기 봉쇄적 특성을 지니는데, 고압선이 깔린 담장, 출입구 전자감시망, 곳곳의 방벽과 중무장한 경비원들 같은 것들 때문이다.

만일 독자가 헤리티지 파크 주택가에 집을 살 능력이 된다면, 그곳 어귀 건너편부터 바로 펼쳐지는, 거칠고 적대적이며 위협적인 황야의 온갖 위험으로부터 멀찍이 떨어진 채 여생을 즐길 수 있다. 품위 있는 생활에 필요한 모든 것들이 완벽하고도 지극히 만족스러울 정도로 제공될 것이다. 헤리티지 파크에는 자체 상점, 교회, 식당, 극장, 휴양지, 숲, 중앙공원, 연어가 넘쳐나는 호수, 놀이터, 조깅코스, 운동장, 테니스코트가 있다. 게다가 우아한

---

* 르네상스 시대 프랑스의 작가.
** 라블레의 작품에 등장하는 수도원의 이름으로, '원하는 대로 살아라'라는 강령을 의미한다.

삶이 향후 유행의 변화를 겪는다 해도 그러한 변화를 수용하여 가미할 충분한 여유 공간들까지 갖추고 있다. 헤이즐든은 오늘날 대다수 사람들이 사는 공간과 비교하여 헤리티지 파크의 이점을 설명하는 데 무척이나 솔직한 편이다.

> 오늘날 초미의 관심사는 안전이다. 좋든 싫든 간에 차이를 만들어내는 것은 바로 그것이다. (…) 내가 런던에서 자랄 때는 일종의 공동체가 있었다. 모든 사람들이 당신을 알고 있어서 나쁜 행동을 하면 바로 엄마 아빠 귀에 들어갈 것이 분명하니까 그런 행동을 하지 않는다. (…) 우리는 이곳에, 근심걱정 없는 그런 공동체를 다시 짓길 바란다.[48]

그러니까 가장 중요한 것은, 헤리티지 파크에 집 한 채를 사면 일종의 **공동체**로 들어가는 입장권을 사는 셈이 된다는 사실이다. 오늘날 '공동체'라는 것은 살기 좋은 사회에 대한 구시대적 유토피아의 최후 유물이다. 공동체는, 그 꿈이 얼마 남아 있지 않더라도 공존공생이라는 규범을 준수하며 더 나은 이웃들과 더 나은 삶을 공유하려고 꿈꾸는 것을 뜻한다. 조화라는 유토피아는 현실에 걸맞게, 바로 옆집들에 해당되는 규모로 축소되었다. '공동체'가 영업 전략상 그럴듯한 초점이 된 것도 놀라운 일이 아니다. 부동산 개발업자 조지 헤이즐든이 나누어준 안내서에서 공동체라는 것이, 다른 마을들도 제공하는 좋은 식당이나 경치 좋은 조깅 코스에 덧붙여진, 꼭 있어야 하는데 다른 곳에선 빠뜨린 무엇인가로 부각되는 것 또한 그리 놀라울 일이 못 된다.

그러나 공동체를 이루어 산다고 의미 부여를 하는 것이 무엇을 뜻하는지 주목할 필요가 있다. 헤이즐든이 런던의 유년 시절 공동체를 추억하면서 이를 남아프리카 미개척지에서 다시금 세우길 원했을 때, 그러한 공동체는 무엇보다도 (이러한 특성만 있는 것은 아니겠지만) 철저하게 감시되고 남들이 싫어하는 일을 해서 이웃의 원성을 사는 이들을 즉각 처벌하여 그들 역시 다른 사람들처럼 행동하게 만드는 곳이다. 부랑자나 방랑자, '이곳에 속하지 않는' 여타 침입자들은 진입이 거부되거나 검거되어 추방된다. 어리석은 추억 속의 과거와 그것의 최신판 복제품 사이에는 차이점이 하나 있다. 헤이즐든의 유년 시절 추억 속 공동체는 별다른 생각이 필요 없이 그들의 눈과 혀와 손으로 있는 그대로 만들어진 것이지만, 헤리티지 파크의 공동체다움은 숨겨진 카메라와, 출입문에서 통행증을 검사하고 길거리를 신중하게 순찰하다가 필요하다면 으스대기까지 하는 무장 용역 경비원들이 만든다는 것이다.

최근 오스트레일리아에 있는 법의학 정신건강 연구소 빅토리안 학회 정신의학자 그룹은, "점점 더 많은 사람들이 자신들이 스토커의 희생자라는 거짓 주장을 하며 공공 자금과 신뢰를 고갈시키고 있다"고 경고했다. 이 보고서의 저자들은 그 돈이 "정말 그런 일을 당하고 있는 사람들 몫이 되어야 한다"고 주장한다.[49] 있지도 않은 일의 피해자라고 주장하는 사람들 중 일부를 조사해보니, 그들은 "모든 사람들이 자기를 해치려는 음모를 꾸미고 있다는 망상 속에서 스토킹을 당하고 있다는 생각에 사로잡힌" "심각한 정신장애자"로 진단되었다.

우리를 해치려는 음모를 꾸미는 누군가가 존재한다는 믿음이 전혀 새로운 것이 아니라는 정신의학자들의 언급은 논의할 만하다. 그러한 믿음은 확실히 모든 시대마다, 전세계 곳곳에서 선택된 사람들을 괴롭혀 왔다. 타인의 악의적 의도와 사악한 음모를 탓하며 자신들의 불행과 수치스러운 패배, 삶의 좌절을 설명하는 데 열심인 사람들은 언제나 어디서나 늘 넘치도록 많았다. 진정 새로운 것은, 종전의 악마, 악몽, 악령, 온갖 도깨비, 침대 밑에 숨은 마녀나 '빨갱이' 같은 것들을 대신하여 오늘날에는 **스토커들**(떠돌이들이나 부랑자들과 마찬가지로, 사람들이 다니는 길 바깥에 위치한 이들)이 비난의 표적이 되었다는 것이다. 이들 '거짓 피해자들'이 '공적 신뢰'을 고갈시킨다면, 이는 '스토커'가 우리 현대인들의 주변을 배회하는 공포가 되었음을 뜻한다. 따라서 스토커들이 어디에나 있다는 것은 믿을 만한 일이 되었고 스토킹을 당한다는 두려움이 두루 퍼지게 되었다. 만일 사람들이 스토킹 당하는 위협에 **거짓으로** 사로잡혀 '공공 자금'을 고갈시키고 있다면, 이는 해를 거듭하며 증가하는 스토커들과 떠돌이들, 그리고 현대적 공포의 최신 버전인 '이동하는 군중mobile vulgus' ─ 이리저리 떠돌아다니다가 제대로 된 사람들만 살 권리가 있는 곳에 비집고 들어오는 열등한 부류 ─ 을 탐지하고 추적할 목적으로 이미 공공 자금이 대량으로 축적되어 있기 때문이다. 또한 스토킹을 당하는 거리를 지킨다는 것이 마치 과거에 유령이 출몰하는 집에서 유령을 몰아내는 것과 같이 가치 있는 목표로 여겨져왔고, 긴장과 방어적 태도, 두려움을 야기하는 공포와 위험으로부터 보호받아야 할 사람들을 보호하는 적절한 방식으로 생각되었기 때문이다.

샤론 주킨Sharon Zukin은 마이크 데이비스Mike Davis의 《수정의 도시City of Quartz》(1990)를 인용하면서, 로스앤젤레스의 주민들과 선출직 혹은 임명직 관리들이 안전 문제를 너무 우려한 나머지 도시가 완전히 딴판으로 변했음을 다음과 같이 묘사한다. "헬리콥터가 인근 게토 지역을 날아다니고, 경찰은 장차 범죄집단이 될 십대들과 실랑이를 벌이며, 주택 소유자들은 주머니 사정과(…) 혹은 배짱이 허락하는 대로 방어 무기들을 구입하고 있다." 주킨은 1960년대와 1970년대 초반이 '도시의 공포를 제도화한 하나의 분수령'이라고 말한다.

> 유권자들과 엘리트층—미국의 중산층으로 넓게 인식되는 계층—은 빈곤을 퇴치하고 인종분규를 해결하고 모든 이들을 공적 제도들 속으로 통합시키는 정부 정책을 승인하는 선택을 할 수도 있었을 것이다. 그러나 그들은 대신, 사설 보안 산업이 성장하도록 기름을 부으며 구매하는 쪽을 택했다.

주킨은 그녀가 '공공 문화'라 칭한 것에서 가장 쉽게 감지할 수 있는 위험을 '일상적 공포를 바탕으로 한 정치' 속에서 찾아내고 있다. '안전하지 않은 거리'라는, 간담을 서늘하게 하고 신경을 거스르는 유령은 공적 영역에서 사람들을 쫓아버리고 공적 삶을 나누는 데 긴요한 요령과 기술을 멀리하도록 한다는 것이다.

감옥을 더 짓고 사형을 선고하여 범죄에 '강력하게 대응하는 것'은 공포정치에 의한 너무 흔해빠진 해법이다. 버스에서 만난 어떤 남자는 "아예 사람들을 몽땅 감옥에 넣지"라며, 이러한 해결방식이 그야말로 우스꽝스러운 극단적 방법이라고 단칼에 폄하했다. 다른 해결책은 공적 영역을 사적이고도 군대식으로—길거리, 공원, 심지어는 상점들까지 보안을 강화해 자유를 줄이는 방식으로—만드는 것이다.[50]

공동체는 그 내부의 모습보다는 그 울타리가 빈틈없이 감시된다는 사실로 특징지어진다. '공동체 사수'는 곧 출입문을 통제하는 무장경비원을 고용하는 것을 뜻하며, 스토커와 떠돌이는 제일가는 공공의 적으로 승격된다. 더불어 어울릴 공적인 공간은 접근이 선택적으로 허용되는 '사수 가능한' 고립 군락으로 축소된다. 함께 살면서 조정과 타협을 거치는 대신 아예 분리시키는 삶, 그 외의 다른 것들을 범죄로 몰아 울타리를 쌓은 곳, 이것이 바로 현재의 도시생활이 지닌 주요한 면들이다.

이방인이 이방인을 만나면

리처드 세넷의 고전적 정의에 따르자면 도시라는 것은 "이방인들이 서로 마주칠 만한 장소"를 뜻한다.[5] 덧붙이자면 이 말은 이방인들은 이방인으로서 만나게 되는 것이고, 그 등장뿐 아니라 사라짐도 갑작스럽게 이루어진다는 것을 의미한다. 이방인들은 이방인에 딱 걸맞은 방식으로 만난다. 이방인끼리의 만남은 친척이나, 친구, 지인들과의 만남과 비교해볼 때, **잘못된** 만남을 특징으로 하는 만남이다. 이러한 만남에서는 마지막으로 만난 날이 언제인지 꼭 집어 말할 수도 없고, 만남의 과정이 시련과 동요, 기쁨과 즐거움으로 채워져 있지도 않으며, 공동의 추억이랄 것도 없다. 현재의 만남에서 되돌아볼 것도 미루어볼 것도 없다. 이방인들의 만남은 **과거가 없는 사건**이다. 그것은 또한 대개의 경우 **미래가 없는 사건**이기도 하다(미래가 없다고 예상하고, 미래가 없기를 소망한달까). 단 한 번으로 그치는, '**다음 편에 계속**'이 없는 이야기, 미처 끝나지 못해서 다음번으로 미루는 법 없이 이야기가 시작된 바로 그 현장에서 지체 없이 완결되는 이야기. 자기 배에서 줄을 뽑아내 만든 거미줄을 온 세상의 전부로 아는 거미처럼, 이방인들의 만남은 외모나 말투, 몸짓과 같은 그저 가늘고 헐거운 연결망으로 지탱될 뿐이다. 만나는 시간 동안 시행착오나 실수로부터 무언가를 배우거나, 다시 한번 해본다는 것은 불가능하다.

그 결과, 도시에서의 삶은 꽤나 특별하고 세련된 기술을 요하는데, 다음은 세넷이 '예의'라는 범주 아래 적어놓은 것이다.

사람들을 서로로부터 보호해주고 그러면서도 서로서로를 벗으로 누리도록 해주는 활동. 가면을 쓰는 것이 예의의 본질이다.

각각의 가면들은 그 가면을 쓴 이들이 권력과, 불쾌감, 개인적 감정과는 거리를 둔, 순수한 사회적 친분을 가능케 한다. 예의의 목표는 자신이 남에게 폐가 되지 않도록 자신으로부터 타인을 보호하는 것이다. [52]

물론 이 목표는 자신도 그만큼 보답을 받으리란 희망 속에서 추구된다. 타인에게 폐를 끼치지 않으려고 타인들의 삶에 끼어들기를 자제한다는 것은 타인도 내게 그러한 자제나 관용을 베풀 것을 기대할 때만 의미를 갖게 된다. 언어와 마찬가지로, 예의는 '개인적인' 것이 될 수 없다. 예의의 기술을 개인적으로 습득하여 실천하기 전에, 그것은 우선 그 배경이 되는 사회의 특성이 되어야 한다. 만일 어느 도시 주민들이 예의의 그 지난한 기술을 터득하려 한다면, '예의 바른' 것이 되어야 할 것은 바로 그 도시의 환경인 것이다.

그러나 도시환경이 '예의 바르다'는 것, 그리하여 개인이 예의를 실천하기에 적합한 곳이 된다는 것은 무슨 의미일까? 그것은 무엇보다도 사람들이 **'공공의 가면'**을 함께 사용할 수 있는 공간을 제공함을 뜻한다. 그 공간에서는 가면을 벗어던지고 '제멋대로 행동하거나' '속내를 표현하거나' 마음속 느낌과 내밀한 생각, 희망과 근심걱정을 털어놓으라고 자꾸 채근하고 압력을 넣거나 부추기는 법이 없다. 그러나 이는 한 도시가 그 주민들에게, 각 개인들의 목적의 총합으로 단순화되지 않는 공공선으로, 다수의 개별적 추구로는 다해지지 않는 공동의 과제로, 그리고 자체적인 언어와 논리를 가졌으며 개별적 관심사들과 갈망의 목록을 합친 것보다 더 길고 풍부한(그리고 그렇게 유지되어야만 하는) 자체적 계획을 지닌 삶의 형태로 제공됨을 뜻한다. 그리하여 '공공의 가면'을 쓰는 것은 일종의 적극적 결속과 참여 행위가 된다. 즉, 서로 교류하고 관련을 맺는 삶에서 이탈하여 그냥 나를 좀 가만 내버려두라고, 그냥 이렇게 살자는 식으로 전혀 개입하지 않거나 '진정한 자아'를 몰수해버리는 일이 아니게 된다.

현대 도시들 중에는 '공적 공간'이란 이름으로 통하는 수많은 곳들이 있다. 그 종류와 수는 다양하지만 대개는 한두 범주로 묶인다. 각 범주는 상반되면서도 상보적인 방향의, 이상적 **시민** 공간 모델에서 출발한다.

센강 오른쪽 강둑에 있는 라데팡스La Défense라는 이름의 드넓은 광장은, 프랑수아 미테랑 대통령이 구상하고 의뢰하여 만든 것이다(그의 대통령직에 대한 영원한 기념비와 같은 것으로, 정권 자체의 위엄과 존엄성을 개인적 약점, 재직 중의 실패와 용의주도하게 분리한 것이었다). 라데팡스는 공적 공간의 두 가지 범주 중에서 첫 번째에 해당하는 모든 특성을 구현하면서도, 단연코 '예의 바른' 도시 공간은 아니다. 라데팡스를 찾는 이들을 무엇보다 놀라게 하는 것은 그 장소가 사람을 반기지 않는다는 점이다. 눈에 들어오는 모든 것이 경외심을 불러일으키지만 더 머물고 싶은 마음은 생기지 않는다. 거대하고 텅 빈 광장을 둘러싸고 있는 멋진 형태의 빌딩들은 **구경하라고** 있는 것이지, 사람들을 **입장시킬** 목적으로 지어진 것이 아니다. 건물 꼭대기부터 바닥까지 반사 유리로 치장한 이 빌딩들은 언뜻 보기에 창문도 광장 쪽 출입구도 없는 것처럼 보인다. 교묘하게도 빌딩들은 광장에 면해 있으면서도 등을 돌리고 있는 형국이다. 그것들은 오만하며 우리의 시선을 차단한다―오만한 것은 그것들이 시선을 차단해서이고, 이 두 특성은 서로 보완적이면서 서로를 더욱 강화하는 특성을 가지고 있다. 이 밀폐된 요새/은둔지는 그곳에 있긴 하지만 그곳에 속하지는 않는다. 그 광장의 명백한 광대함에 넋을 잃은 사람들은 그 것을 따라하고 비슷한 느낌을 갖고 싶어진다. 광장의 획일적이고 단조로운 공허함은 중단되기는커녕, 전혀 기세가 누그러지는 법이 없다. 앉아서 쉴 벤치도, 타는 듯 내리쬐는 햇볕을 피해 쉴 수 있는 나무그늘도 없다(물론 그 넓은 구역 끄트머리에 기하학적으로 늘어선 벤치들이 있기는 하다. 그런데 벤치들은 광장에서 몇 피트 올라간 평평한 단 위에 나란히 설치되어 있어서 마치 연극무대 같은 느낌을 준다. 그 때문에 거기 벤치에 앉아 휴식을 취하며 다른 사람들을 구경하려고 해도 마치 **'무언가 중요한 볼 일이 있어서'** 그 곳에 앉아 있는 것처럼 보인다). 삭막하게 규칙적인 지하철 시간표에 맞추어, 행인들이 마치 개미군단처럼 빠른 걸음으로 지하에서 기어 올라오더니 광장을 둘러싼(포위한) 번쩍이는 괴물들 중 하나와 지하철 입구를 경계 짓는 돌길을 따라 시야로부터 빠르게 멀어져간다. 그리고는 그 곳은 다음 전철이 도착할 때까지 다시금 정적에 빠져든다.

공적 공간이면서도 예의바르지 않은 두 번째 공간은 소비자들을 위한 역할, 정확히 말해서 도시 거주자들을 소비자로 바꾸는 역할을 한다. 리사 우시탈로Liisa Uusitalo의 말을 빌리자면, "소비자들은 흔히 별다른 실제적 사회 교류 없이도 콘서트나 전시 공간, 휴양지, 스포츠 공간, 쇼핑몰, 매점 등과 같은 물리적 소비 공간을 서로 공유한다."[53] 그러한 공간들은 **상호적**이지 않은 행위를 장려한다. 다른 행위자들과 유사한 행위를 하면서 물리적 공간을 공유한다는 것은 그 행위에 중요성을 부여하고 그 공간을 '집단의 승인'을 받은 것으로 규정해주며, 의미를 더욱 확실하게 해주어, 논쟁할 필요도 없이 이 행위를 정당화한다. 그러나 행위자 간의 상호적 행위들은 그들이 개인적으로 가담하고 있고 책임을 져야 하는 행위들로부터 멀찍이 떨어져 있게끔 해서, 각자에게 도움이 되지 않는다. 지금 당면한 해야 할 일을 하지 않고 몸과 정신이 다른 데 주의를 기울인다면 쇼핑의 즐거움에 보탬이 될 리 없다.

그 해야 할 일이란 것이 바로 소비이며, 소비는 전적으로 돌이킬 수 없는 **개인적** 소일거리이자 오직 주관적으로만 경험되고 지속되는 일련의 감각들이다. 미국의 사회학자 조지 리처가 말한 '소비 사원' 내부를 가득 채운 사람들은 목적이 있는 회중이 아니라 그저 모여 있는 것이며, 구성된 팀이 아니라 무리이고, 총체가 아니라 총합일 뿐이다. 그들이 아무리 많이 모인다 한들, 이들 집단 소비의 현장에는 '집단적' 그 무엇도 없다. 알튀세르의 유념해야 할 구절에 따르면, 그런 공간에 들어가는 사람은 누구나 개인의 자격을 '호명받는다.' 즉, 지금까지 품어온 이런저런 충성심이나 유대를 잠시 유보해두거나 벗어던지기를, 혹은 별것 아닌 것으로 치부하기를 요구받는다.

사람들이 가득한 공간에서 불가피한, 만남이라는 것들도 그러한 목적을 방해한다. 만남은 짧고 깊이 없는 것이어야 한다. 만남은 행위자들이 희망하는 한도 내에서만 지속되고 깊어져야 한다. 그곳은 이러한 규칙을 깨기 쉬운 사람들—소비하는 혹은 쇼핑하는 사람의 멋진 고립을 방해하는 온갖 종류의 침입자들, 떠돌이들, 분위기를 어지럽히는 자들, 여타 참견쟁이들—을 잘 막아낸다. 관리 감독이 철저한 소비 사원은, 거지, 부랑자, 스토커, 떠돌이들이 없거나 혹은 없을 것으로 기대되는, 홀로 떠 있는 질서의 섬이다. 사람들은 누군가와 대화를 나누고 사귀기 위해 이 사원에 모인 것이 아니다. 설혹 이들이 벗을 원한다고(혹은 참아낸다고) 해도, 이들은 그 벗조차 달팽이가 집을 이고 다니듯 몸에 지니고 다닌다.

뱉어내는 장소들, 먹어치우는 장소들, 비非장소들, 그리고 빈 공간들

소비 사원 내부에서 일어나는 일은 '문 바깥'의 일상적 삶의 리듬이나 흐름과는 관련이 없거나 그러한 것들을 배겨내지 못한다. 쇼핑몰 안에 있다는 것은 마치 '다른 어딘가'에 있는 것과 같다.[54] 소비 장소로의 여행은 바흐친의 카니발 개념에서 말하는 '전이되는' 경험과는 다르다. 쇼핑 여행은 기본적으로 공간 여행이며 시간 여행은 오직 부차적인 것이다.

　카니발은 변형된 도시, 더 엄밀히 말하면 변형된 도시가 원래의 평범한 일상으로 되돌아가는 동안의 시간의 틈이다. 엄격하게 정해진, 그러나 주기적으로 돌아오는 일정한 시간 동안, 카니발은 일상적 현실의 이면, 닿을 수 있는 곳에 있지만 보통은 보거나 만질 수 없도록 가려진 그러한 이면을 드러낸다. 뭔가를 발견했던 기억, 아직 보지 못한 특이한 것을 잠깐이라도 볼 것 같다는 기대로 말미암아 그 '이면'을 자각할 수 없게 완전히 억누르긴 어렵다.

　소비 사원으로 가는 여행은 전적으로 다른 문제다. 그 여행을 한다는 것은 친근한 공간이 경이롭게 탈바꿈하는 것을 목격하는 것이라기보다는 아예 다른 세상으로 전이되는 것이다. 소비 사원(과거 '모퉁이 구멍가게'와는 뚜렷하게 구분되는)은 도시 내부에 있지만(만일 상징적으로 도시의 경계 바깥, 도로에서 먼 곳에 세워진 게 아니라면) 도시의 일부는 아니며, 일상적 세상이 일시적으로 모습을 바꾼 것이 아니라 '완전히 다른' 세상이다. 그 장소는, 카니발에서 그러하듯 평범한 일상을 지배하는 규범에 대한 역전, 거부 또는 유예 같은 것이 아니라, 일상에서 거부당했거나 아무리 이루려 애써도 물거품이 되고 마는, 매일매일 거주하는 장소에서 경험하리라곤 꿈도 꿀 수 없는 어떤 삶의 방식을 펼쳐 보이기 때문에 완전히 '다른' 장소다.

　리처의 '사원' 비유는 적절하다. 쇼핑/소비 공간은 분명 순례자들을 위한 사원이다. 그것은 자신들이 거주하는 동네에서 매년 신명나는 카니발을 벌이는 흑인 집단을 수용하기 위한 것이 아니다. 카니발은 현실이 겉으로 보는 것처럼 가혹하지 않으며, 도시가 돌변할 수도 있다는 것을 보여주지만, 소비 사원들은 일상적 현실의 무미건조한 견고함과 난공불락의 성질 말고는 어떠한 본질도 드러내주지 않는다. 소비 사원은 미셸 푸코의 보트처럼, "홀로 존재하며 문을 닫아건 동시에 망망대해의 무한함에 몸을 내맡긴", 부유하는 공간의 조각이자 장소 없는 장소이다."[55] 그것이 '무한함에 몸을 내맡기기'를 완성할 수 있는 것은 고향의 항구로부터 멀찍이 떨어져 일정한 거리를 유지하며 항해를 하는 덕분이다.

그 자기 봉쇄적 '장소 없는 장소'는 매일같이 점유되거나 관통되는 다른 모든 장소들과는 달리 **정화된** 공간이다. 이는 계속해서 다른 장소들을 오염시키고 어지럽힐 위험을 조성하는, 그리고 장소를 사용하는 사람들이 청결함과 투명함을 도저히 얻어낼 도리가 없게끔 만드는 다양성과 차이가 그곳에서 지워진다는 뜻이 아니다. 오히려 정반대로, 쇼핑/소비 공간이 사람을 끌어당기는 흡인력을 지니게 된 것은 대부분, 만화경과도 같이 다채롭고 다양한 감각적 흥분거리들 덕분이다. 그러나 그 외부와의 차이와는 달리, 그 내부에서의 차이는 위협적이지 않게 된 차이들이다. 위험한 요소들은 길들여지고 소독되고 제거될 것이기 때문이다. 별다른 두려움을 갖지 않고 우리는 이 차이들을 즐길 수 있다. 모험에서 일단 위험이 제거되고 나면, 남는 것은 정제되고 불순물이 제거된, 오염되지 않은 즐거움이다. 쇼핑/소비 공간들은 바깥 세상의 '실제 현실'이 전달하지 못하는 것, 즉 자유와 안정 사이의 거의 완벽한 균형을 제공해준다.

더욱이, 그 사원 내부에서 쇼핑과 소비를 하는 사람들은 바깥 세상에서 그들이 그토록 간절하게 구했지만 얻지 못했던 것들을 찾을 수 있다. 공동체의 일부가 되었다는 위안, 안락한 소속감 말이다. 세넷이 지적하듯, 차이의 부재, '우리는 모두 같다'는 느낌, '우리는 한마음이므로 어떤 협상도 필요 없다'는 가정이야말로, 삶의 무대가 복수화되고 다성화되는 것과 비례하여 증가하는 '공동체' 개념의 궁극적 의미이며 공동체가 지닌 매력의 궁극적 원인이다. '공동체'란 함께함, 그것도 '실제 현실'에서는 일어나기 지극히 어려운 함께함으로 가는 지름길이다. 완전히 같아서 함께하는 것, '그야말로 똑같은 유형의 사람들'이라서 하는 함께함이다. 따라서 전혀 문제될 것도, 그렇게 되기 위한 노력이나 감시가 필요 없는 정녕 예정된 함께함이다. 숙제가 아니라 '주어진' 것으로, 인위적으로 그렇게 만들려고 노력하기도 전에 완전하게 주어지는 함께함이다. 세넷은 이렇게 말한다.

공동체적 연대의 이미지들은 사람들이 서로서로를 처리해나가는 것을 피하려고 위조된다. (…) 고의적 행동, 혹은 거짓말이라 할 행동을 함으로써, 공동체적 연대의 신화는 현대인들에게 겁쟁이가 되어 상대로부터 몸을 숨길 기회를 제공해주었다. (…) 공동체라는 이미지는 '우리'가 누구인지에 대한 갈등은 물론, 차이를 인식시켜줄 모든 것을 깨끗이 제거한다. 이런 면에서 공동체적 연대의 신화는 일종의 정화의식이 된다.[56]

그러나 여기서 '동일한 정체성을 느끼는 것은(…) 위조된 경험'이란 사실이 걸림돌이 된다. 만일 그렇다면 소비 사원들을 계획, 감독, 운영하는 자는 참으로 위조의 대가이거나 기술이 대단한 사기꾼일 것이다. 그들의 조작 수법에서 중요한 것은 외적인 인상이다. 파고드는 질문은 할 필요도 없고, 설사 질문을 한다 해도 이에 대답하는 법이 없다.

사원 안에서는 그 외적 인상이 현실이 된다. 쇼핑몰의 복도를 가득 메운 군중들은 상상된 이상적 '공동체'에 최대한 가까워진다. 이 공동체는 차이(정확을 기하자면, 진정 문제가 되는 차이, 타인의 타자성에 직면하면서 잠정 협정에 반대하거나 협상하거나 합의할 것이 요구되는 그러한 차이)라는 것을 전혀 알지 못한다. 그러한 이유로, 공동체는 견해의 강조나 이해, 타협을 위한 일체의 흥정이나 거래, 노력을 할 필요가 없다. 공동체 안의 사람들은, 그곳에서 우연히 맞닥뜨리거나 스쳐지나가는 다른 이들이 모두 자신과 같은 목적으로 그곳에 왔고, 같은 매력에 이끌린 것이며(그리하여 그것들이 분명 매력 있는 것들이라 인정하면서) 같은 동기로 이동하고 안내받는다고 안심하고 믿을 수 있다. '그 안에 있다는 것'이 그들이 같은 목표와 수단을 가지고 있고 동일한 가치관과 행동원칙으로 통합되었다고 믿는 신봉자들의 진짜 공동체를 만들어낸다. 대체로, '소비 공간'으로의 여행은 쇼핑 경험 그 자체처럼 영원히 '다른 어딘가'가 되어버린, 이제는 없어져서 뼈아프게 그리운 어떤 공동체로의 여행인 셈이다. 여행이 지속되는 몇 분, 몇 시간 동안 '그/그녀같은 다른 사람들', 같은 종교를 지녔거나, 교회를 함께 가던 사람들과 어깨를 스칠 수 있다. 최소한 여기 이 장소에서만큼은 타인의 타자성에 대한 생각이 시야에서, 마음속에서, 이해타산에서 안전하게 지워진다. 모든 면에서 그 장소는 마치 종교의식을 치르는 장소나 상상된(혹은 자명한 것으로 가정되는) 공동체처럼 순수하다.

우리 시대의 위대한 문화인류학자 클로드 레비스트로스Claude Lévi-Strauss는 《슬픈 열대Tristes tropiques》에서, 인류 역사에서 타인의 타자성 문제를 해결할 필요가 있을 때마다 두 가지 전략이 사용되었다고 언급했다. 하나는 '뱉어내는' 전략이고 다른 하나는 '먹어치우는' 전략이다.

첫 번째 전략은 교정할 수 없을 만큼 낯설고 이질적이라 간주되는 타자들을 뱉어내고 '토하는 것'이다. 즉, 신체 접촉, 대화, 사회 교류 및 이런저런 학술 잔치commercium, 식사모임, 혼인connubium을 금지한다. '배출하는' 전략의 극단적 양태는 늘 그렇듯이 감금과 추방과 살해이다. 그러한 전략이 업그레이드되고 '다듬어진'(현대화된) 형태는 공간 분리, 도시 게토 형성, 그리고 각각의 공간에 들어갈 자와 그 공간들을 사용하지 못하게 금할 자를 선별하는 것이다.

두 번째 전략은 이질적 내용을 이른바 '비이질화'하는 것이다. 이는 외부인들의 몸과 정신을 '섭취하고' '먹어치우고' 신진대사를 거쳐 그 '섭취하는 몸'과 별반 차이가 없는 동질의 것으로 만들기 위함이다. 이 전략 또한 식인 풍습에서부터 강제적 동화에 이르기까지 앞서의 전략 못지않은 다양한 형식들이 존재한다. 각

지역의 관습, 달력제정법, 예배 의식, 방언 및 기타 '편견'과 '미신'에 대해 문화적 십자군 원정과 권한 다툼이 선포된다. 첫 번째 전략이 **타자**를 추방하거나 전멸시키는 것이 목적이라면, 두 번째는 그들의 **타자성**을 유예시키거나 무효화하는 것이 목적이다.

두 전략을 나눈 레비스트로스의 이분법, 그리고 현대의 '공적이되 예의 없는' 공간의 두 범주가 주는 여운은, 전혀 느닷없진 않지만 놀랍긴 하다. 파리의 라데팡스는(스티븐 플러스티Steven Flusty가, 무수히 많은 다양한 '금지된 공간'과 더불어 최근의 도시혁신 중에서도 자랑거리라고 말한)[57] '배출하는' 전략을 건축에 적용한 것이며, 다른 한편으로 '소비 공간'은 '먹어버리는' 공간으로 배치한 것이다. 이 둘 모두―각기 자기 고유의 방식으로―같은 도전 과제, 즉 도시 삶을 구성하는 특징이기도 한, 이방인들을 만날 가능성을 해결해야 한다. 이방인과 만날 가능성을 처리하는 일은, 만일 예의라는 습관이 사라졌거나 충분히 발전하지 못했거나 깊이 파고들지 못했다면 '권력의 지원을 받는' 조치들이 필요한 문제이다. 두 종류의 '공적이되 예의 없는' 도시 공간들은 예의의 기술이 역력하게 없는 탓에 생긴 파생물들이다. 이 공간들은 이미 사라진 기술들을 배우고 익히길 장려하는 방법을 통해서가 아니라, 그러한 예의를 갖춘다는 것이 도시생활의 기술을 펼치는 데별 상관이 없으며 실로 불필요하기까지 하다고 조장하는 방법을 통해 그 예의 없음의 익히 파국적인 결과를 해결하고 있다.

지금까지 기술한 두 가지 반응에 보태어, 점차 흔해지는 제3의 대응 하나를 말할 필요가 있다. 이는 조지 벤코George Benko

가 마르크 오제Marc Augé를 따라 '비非장소들non-places'(혹은 개로
Garreau를 좇아 '아무데도 없는 마을들nowherevilles'로 불린다)이라고
부르는 말로 잘 표현된다.[58] '비장소'들은 첫 번째 범주, 즉 표면상
공적이지만 전혀 공손하지 않은 장소들과 몇몇 특성을 공유한다.
이 공간들을 식민지화하거나 길들이기란 불가능하고, 그에 정착
하길 기대하는 것은 더욱 어렵다. 그러나 이 공간은 라데팡스처
럼, 거쳐야만 하는 곳이되 가급적 신속히 떠나야만 하는 곳일 운
명만을 지닌 공간, 혹은 주요 기능이 접근을 봉쇄하는 데 있으며
그 안을 통과하기보다는 빙 둘러서 돌아가도록 만들어진 금지된
공간들과는 다르다. 이들 '비장소'는 이방인이 어쩔 수 없이 더 오
래, 때로는 매우 장기간 체류하는 것을 용인하며, 따라서 이방인
들이 그곳에 있다는 사실을 '단지 물리적'인 것으로 만드는 데 총
력을 기울인다. 그러는 가운데 이 공간의 '승객들'이 각자 나름대
로 지닌 주관성을 취소하든지 비우기 위해, 그들이 그곳에 있다
는 사실을 사회적으로는 아예 없는 것과 마찬가지로, 혹은 없는
지 있는지조차 구분이 안 되는 것으로 만든다. 비장소들에는 다
양한 거주민들이 일시적으로 머물게 되는데, 각개의 다양성에
는 고유한 습관과 기대가 있기 마련이다. 비결은 주민들이 머무
는 동안 모든 다양성들이 서로 아무런 관련이 없도록 만드는 것
이다. 차이점들이 무엇이든 주민들은 동일한 행동 유형을 따라야
한다. 이러한 행동을 촉발하는 실마리는, 그들이 선호하거나 매
일의 노력 속에서 나열되는 것들이 어떤 것이든지 간에 주민들이
모두 읽어낼 수 있는 것이어야 한다. 비장소들에서 어떤 일들을

해야 하고, 하고 있는지에 상관없이, 이곳에 머무는 사람들은 마치 **집에 있는 것**처럼 느껴야만 한다. 정말로 집에서처럼 **행동해서는** 안 되지만 말이다. 비장소들은 "정체성, 관계, 역사에 대한 상징적 표현이 없는 공간이다. 예컨대 공항, 도로, 익명의 호텔 방, 대중교통이 그것들이다. (⋯) 역사적으로 오늘날처럼 비장소들이 그토록 많은 공간을 차지한 적은 없다."

비장소들에서는 세련되고 습득하기 어려운 공손함의 기술이 요구되지 않는데, 이는 공중 행위를 단순하고 이해하기 쉬운 몇 가지 내용으로 축소해놓았기 때문이다. 이렇게 간소화한 탓에 이 공간들은 공손함을 가르치지도 않는다. 오늘날 그 공간들이 '너무도 많은 공간'을 차지한 탓에, 이들이 공적 공간의 상당 부분을 유례없이 지배하고 자기 자신과 닮은꼴로 만들어버리는 탓에, 공손함의 기술을 배우는 경우란 대단히 드물게 되었다.

차이점들은 뱉어지고 삼켜지고 멀찍이 치워지지만, 만일의 경우들을 대비하는 특화된 공간이 존재한다. 그러나 차이점들은 보이지 않게끔 되거나, 보이지 않도록 차단된다. 이것이 '빈 공간들 empty spaces'이 이루어낸 바이다. 이 용어를 만들어낸 예지 코치아키에비치Jerzy Kociatkiewicz와 모니카 코스테라Monika Kostera가 제안하는 바에 따르면, 빈 공간들은 다음과 같은 특성을 지닌다.

[빈 공간들은] 아무 의미도 부여되지 않은 장소다. 그 공간들은 담장이나 차단막 따위로 물리적 구분을 할 필요가 없다. 금지된 장소는 아니지만 보이지 않는 그 특성 때문에 텅 비어 있고

도달할 수 없다.

만일 (…) 무엇을 이해한다는 것이 느닷없이 발생하는 사건들을 유형화하고 파악하고 당혹감을 수습하여 하나의 의미를 창조해내는 일이라면, 빈 공간들에 대한 우리의 체험에는 이해란 없다.[59]

빈 공간들은 무엇보다도 **의미**라는 것이 없다. 텅 비어 있다고 해서 그것들이 의미 없는 것이 아니다. 어떤 의미도 전달하지 않고, 의미라는 것을 전달할 여지가 있다고 믿지도 않기 때문에, 비어 있는(더 정확히 말하면, 보이지 않는) 공간으로 간주되는 것이다. 의미를 차단하는 그런 공간에서는 차이점들을 조정하는 일은 결코 일어나지 않는다. 조정할 대상이 없다. 빈 공간들이 차이들을 다루는 방식은, 이방인들이 주는 충격을 거부하거나 완화하도록 설계된 여타 종류의 공간들이 따라갈 수 없을 정도로 급진적이다.

코치아키에비치와 코스테라가 열거한 빈 공간들은 지배당하지 않는 공간들이다. 또한 이를 설계한 사람도, 무심한 이용자들을 관리하는 사람들도 그것들을 지배하려 딱지를 붙이길 바라지 않고 그럴 필요도 느끼지 않는 공간들이다. 그것들은 진짜 중요한 공간들을 건설하고 난 뒤 남은 '잔여물' 같은 공간들이라 할 수 있겠다. 그 유령 같은 존재는 말끔하게 범주화되길 지독하게 거부하는 세계(어떤 세계든지 간에 의도를 가지고 설계된)의 혼잡함이 구조물의 우아함과 잘 일치되지 않는 데서 비롯된다. 그러나 이 빈 공간들의 무리는 건축 청사진에서 버려지는 부분이나 도시화를 추진하는 과정에서 소홀히 취급된 주변부에만 국한되지 않는다. 많은 빈 공간들이 실제로는 버려짐을 피할 수 없지 않으며, 다음 단계 곧 여러 다른 사용자들이 공유할 장소를 설계하는 단계로 가는 데 필요한 구성부분이기도 하다.

(인구가 제법 되고 활기가 넘치는 남부 유럽의 도시로) 순회강연을 갔을 때 공항에서 필자를 맞이한 것은 한 젊은 강사였다. 그녀는 그 지역민 부부의 딸이었는데, 부부 둘 다 고등교육을 받은 부유한 전문직이었다. 그녀는 시내 중심가로 가는 번잡한 길이 계속적으로 교통체증에 시달리고 있다는 것, 따라서 차로 호텔까지 가는 일이 쉽지 않을 것이며 적지 않은 시간이 걸릴 거라고 말해주었다. 실제로 도착하기까지 거의 두 시간가량 걸렸다. 그 도시를 떠나는 날, 그녀는 다시 나를 공항에 데려다주겠다고 했다. 하지만 자동차를 운전해서 그 도시를 다니는 것이 얼마나 피곤하고 지치는 일인지 깨달았으므로 나는 호의는 고맙지만 택시를 타겠다고 말했다. 그리고 택시를 탔다. 이번에는 공항으로 가는 길이 십 분도 채 안 걸렸다. 그런데 택시운전사는 구불구불하고 누추하고 지저분하고 황폐한 슬럼가, 딱 보기에도 게으르고 투박한 사람들과 누더기를 걸치고 씻지도 않은 아이들로 가득한 길을 택했다. 내 가이드를 맡았던 여성이 시내 중심가의 교통체증을 피할 방법이 없을 거라고 확신했던 것은 거짓이 아니었다. 그녀는 자신이 태어나고 줄곧 살아온 도시의 구석구석을 마음속에 품고 있었고 그 지도에 성실하고 충직하게 따랐던 것이다. 그 지도는

택시가 나를 태우고, 간 보기 흉한 '거친 지역'의 거리들은 기록해 놓지 않았다. 내 가이드의 마음속 지도에는, 그 거리들이 나와 있어야 할 장소가 그저 하나의 빈 공간이었을 뿐이다.

그 도시는 다른 도시들과 마찬가지로 많은 거주민들이 살고 있고, 주민들은 각자 머릿속에 하나의 지도를 가지고 있다. 각각의 지도에는, 비록 각기 다른 곳에 위치하지만 나름의 빈 공간들이 있다. 다양한 범주의 주민들이 이동하는 것을 안내하는 지도들은 서로 일치하지는 않지만, '이해 가능한' 어떤 지도든지 그 도시의 몇몇 지역은 이해되지 않는, 이해라는 말에 관한 한 가망 없는 지역으로 남아 있을 수밖에 없다. 그런 장소들을 배제함으로써 나머지 장소들이 빛나게 되고 의미를 가득 지닐 수 있게 된다.

빈 공간은 바라보는 자의 시선 속에, 그리고 도시를 오가는 이들의 다리나 차바퀴 속에 존재한다. 사람이 들어가지 않는 곳, 사람들을 보고 크게 놀라서 길을 잃고 습격당할 것 같은 느낌을 가지게 되는 그런 곳이 바로 빈 공간들이다.

이방인과 말을 섞지 말라

반복건대, 예의의 핵심은 이방인들이 지닌 낯선 면이 우리에게 적대적인 것이 되지 않도록 하면서, 그리고 그들을 이방인으로 만드는 전체 혹은 일부를 버리도록 압력을 가하지 않으면서 이방인들과 교류하는 능력에 있다. '공적이되 예의 없는' 공간의 주요 특성은—위에서 열거한 네 가지 범주의 장소들 모두—**교류의 과잉**이다. 신체적 근접—한 공간을 공유한다는 것—을 완전히 피할 수는 없다 해도, 그에 내포된 '함께함'이라는 난제와 그에 따르는 의미 있는 마주침, 대화 그리고 교류에 대한 항시적 초대장을 없애는 것은 가능할 수도 있다. 이방인과 맞닥뜨리는 것을 피할 수는 없겠지만 최소한 교류는 피할 수 있다. 빅토리아 시대의 아동들처럼, 그들을 볼 수는 있되 목소리를 듣지 않거나, 만일 목소리를 듣는 것을 피할 수 없다면 최소한 귀 기울이지 않을 수는 있다. 핵심은, 그들이 무슨 말을 하든 그 말이 실행 가능하거나 실행해야 마땅한, 그리하여 그들이 실행하길 갈망하는 어떤 것과 전혀 상관없고 아무 결과도 못 내게끔 만드는 일이다.

이 모든 일들은 확실히 불완전한 조치에 불과하다. 기껏해야 차선책 내지는 그나마 가장 덜 피해가 가거나 덜 끔찍한 폐해일 뿐이다. '공적이되 예의 없는 공간'은 이방인들과의 거래에서 손을 뗄 수 있도록 해주며, 위험천만한 교제, 마음을 괴롭히는 대화, 신경 쓰이는 흥정과 짜증나는 타협을 피할 수 있게끔 해준다. 그러나 이 공간들이 이방인들과의 만남을 막아주는 것은 아니다. 오히려, 그 공간들은 이방인과의 만남이 피할 수 없는 것임을 당연시한다. 그 공간들은 바로 그러한 전제 위에 설계되고 배치되었기 때문이다. 말하자면 그 공간들은 이미 걸린 질병에 대한 하나의 치유책이다. 치료할 필요를 없애는 예방약이 아니라는 말이다. 모든 치료는 우리도 알다시피 그 질병을 근치할 수도 있고 못할 수도 있다. 설령 있다 해도 잘못될 리 없는 치료법은 극히 드물다. 그러니 유기체가 특정 질병에 면역이 되도록 하여 치료법이 필요 없도록 만들면 얼마나 근사한 일이겠는가. 이리하여 이 방인들과의 교제를 없애는 것이 그 존재들을 무력화시키려는 가장 세련된 기획보다 더욱 근사하고 안전한 전망처럼 여겨지게 된다.

이것이 더 나은 해결책으로 보일 수도 있겠지만, 그 안에 내포된 위험은 자명하다. 면역체계를 길들인다는 것은 위험이 다분하고, 그 자체가 또 다른 발병 원인으로 판명되기도 한다. 게다가 유기체가 특정 위협에 대해 저항하도록 하는 일은 실제로 또 다른 위협에 취약하도록 만들기 십상이다. 대부분의 개입은 섬뜩한 부작용에서 자유롭지 못하다. 적잖은 수의 의학적 개입이 의원성醫原性 질환 즉 의학적 개입 자체에 의해 야기된 질환을 발생시키는 것으로 알려져 있다. 이러한 질환들은 그 의학적 개입이 치료할 원래의 질병보다 (더 위험하지는 않다 쳐도) 결코 덜 위험하다고 볼 수 없다.

리처드 세넷은 이렇게 지적한다.

법과 질서에 대한 요구가 가장 커지는 것은 지역사회들이 그 도시의 다른 사람들에게서 가장 많이 격리되어 있을 때이다. (…)
지난 이십 년간 미국의 도시들은 급속도로 성장하여 인종적 지역들이 상대적으로 동질화되었다. 이러한 인종적 지역사회들이 줄어드는 만큼 아웃사이더에 대한 공포가 커지게 된 것도

우연은 아닌 듯하다.[60]

차이 나게 살 능력은, 그런 삶을 향유하고 그로부터 이득을 취하는 것은 고사하고, 쉽게 얻어지지도 않으며 확실히 그 자체의 추동력으로 밀어붙여지는 것도 아니다. 이러한 능력은 하나의 예술인데, 모든 예술이 그러하듯 연구와 연습이 필요하다. 반대로 인간 존재의 혼란스러운 다원성에 대처하지 못하는 무능과, 분류/정리를 위한 모든 결정을 하는 데서의 불명확성은, 오히려 자체적으로 영속화되고 강화된다. 동질성에 대한 지향이, 차이를 척결하려는 노력이 효과적일수록, 이방인들을 대할 때 편안함을 느끼기 어렵게 되고 차이는 더욱더 위협적이 되며 이것이 낳는 불안은 더욱 깊어지고 강렬해진다. 통일적이고 단조롭고 반복적인 공동체라는 피난처로 숨어들어, 사람을 무기력하게 만드는 도시적 다성성多聲性의 여파로부터 몸을 숨기려는 기획은 사람을 추동시키는 만큼이나 패배시키는 기획이다. 이러한 말은, 차이에 대한 분노가 우연찮게도 자기 보완적이게 되었다는 사실이 없었더라면 한갓 사소한 진실에 그쳤을 것이다. 통일성 지향이 더욱 강렬해지는 만큼 '문간의 이방인들'이 드리우는 위험은 더 크게 자각된다. 이방인들과의 어울림이 드리우는 위험성은 자기 실현적 예언의 한 고전적 형태다. 근자 들어 그 어느 때보다도, 이방인들을 보게 되면 이는 곧 안전하지 않다는 널리 퍼진 두려움과 직결되기 쉬워졌다. 처음에는 막연히 추측만 되던 것이 이제는 수없이 반복하여 입증되고 결국엔 자명한 하나의 진리가 되었다.

이러한 곤경은 일종의 악순환이 된다. 공공의 선과 공동 운명을 조정하는 기술이, 실천된 적도 거의 없고 이제는 쓰이지 않아 잊혀가면서 제대로 습득해본 적 없는 낡은 기술로 전락함에 따라, '공공의 선'('살기 좋은 사회'는 차치하고)이 의혹의 대상이 되고 위협적이고 불명확하거나 우둔한 것으로 치부됨에 따라, 공동의 이해관계에 대한 협의가 아니라 공동의 정체성에서 안정감을 찾는 일이 가장 분별 있고 효율적이고 유익한 방식으로 부상하고 있다. 그러나 정체성과, 그것(정체성)이 오염되지 않도록 수호하는 일에 관심을 갖게 되면서, 공공의 이해, 그것도 가장 주목할 만하게 **조정된** 공공의 이해라는 것은 그 어느 때보다도 더욱 믿기 어렵고 허황된 것으로 여겨지게 되었다. 그리하여 이러한 이해관계를 추구하려는 의지가 출현하기란 그 어느 때보다도 더욱 어려워졌다. 샤론 주킨이 그러한 곤경을 요약했는데, "그 누구도 다른 사람과 말하는 법을 모른다."

주킨은 "공동운명체라는 이상이 소멸됨으로써 문화가 지닌 매력이 강해졌다"라고 주장한다. 그러나 "보통 미국적 어법에서 문화는 무엇보다도 '민족성'"이며, 이 민족성은 따라서 "사회에 일종의 몸을 숨길 틈새를 새겨 넣는 합법적 방식"이 된다.[6] 틈새를 새긴다는 것은 의심할 여지가 없이 모든 영토적 분리를 뛰어넘는 것이고, 방어할 필요가 있고 그것이 분리되어 있다는 사실로 말미암아 방어할 가치가 생긴 독립된 '방어 공간'의 권리를 갖게 됨을 뜻한다. 이는 그 틈새가 '동일한' 정체성을 가진 사람들만을 허용하고 이외의 모든 이들의 접근을 차단하는, 삼엄한 경비의 국경경비대로 둘러싸여 있기 때문이다. 영토를 분리하는 목적이 주변 이웃을 동질화하는 데 있는 만큼, '민족성'은 인간이 생각해낸 다른 모든 '정체성'보다 그 목적에 가장 잘 부합된다.

자명한 것으로 간주되는 다른 다양한 정체성들과는 다르게, 민족성 개념은 겹겹의 의미로 가득 채워져 있다. 그것은 자명하게도 인간의 노력으로는 뜯어낼 수 없는 천상의 결합으로 전제된다. 모든 제반 권리와 의무에 대한 모든 타협과 종국적 협의보다 앞서 있는, 사전 결정된 일종의 결속단위다. 다시 말해, 민족적 실체를 구분해준다고 여겨지는 동일성은 **타율적**이다. 즉, 인간이 만든 인공물이 아니다. 적어도 현재 살고 있는 인간들이 만들어낸 것은 확실히 아니다. 이렇게 되면, 다음 사실이 그다지 놀라울 것도 없다. '그 누구도 다른 이에게 말 거는 법을 모르는' 두려운 다성적 공간으로부터 '모든 이들이 서로 똑같은,' 그래서 말할 것도 별로 없고 말하기도 쉬운 '안전한 틈새'로 움츠려 숨을 경우, 민족성은 다른 정체성들보다 우선시된다. 또한 그다지 논리와는 별 상관없이, 여타의 공동체라 주장하는 것들이 자기들만의 고유한 '사회 안의 틈새'를 요란하게 외쳐대면서도 민족성이라는 모자에서 깃털을 훔쳐내느라[*] 열심이고 분주하게 자신의 뿌리와 전통, 공동의 역사와 공동의 미래를 만들어낸다. 그러나 무엇보다도 그들만의 구별되는 독특한 문화를 만드는 일에 주력하는데, 이는 '그 자체로 가치가 있다'고 그들이 주장하는 각 공동체의 진정한,

---

[*] 19세기 말엽 서양사회에서 새의 깃털로 사회적 신분을 과시하던 열풍을 가리킨다.

혹은 독특하다고 추정되는 면 때문이다.

우리 시대에 다시금 고개를 들고 있는 공동체주의를, 이후 근대화 과정 속에서 무력화 혹은 약화될 어떤 본능이나 습관을 깨끗이 제거하지 못한 데서 오는 거북한 딸꾹질 정도로 설명하는 것은 오류다. 공동체주의를 잠시 합리성이 실패한 것으로, 유감스럽지만 피하기 어려운 비합리적인 일로, 합리적으로 지향한 '공적 선택'이 의미하는 것들과 노골적으로 대립되는 어떤 일로 치부하는 것 또한 옳지 않다. 모든 사회 무대는 각각의 특정한 합리성을 고무하며, 이를 합리적 삶의 전략 개념으로 투사한다. 따라서 현재 공동체주의의 징후를 나타내는 것들은 '공적 공간'의 진정한 위기, 따라서 공적 공간이 본령으로 삼고 있는 인간 행위인 정치의 위기에 대한 일종의 **'합리적'** 대응이라는 가설이 그 힘을 얻게 된다.

정치의 영역이 공적 심경 토로의 장, 개인적 친밀함을 공적으로 전시하는 장, 사적인 미덕과 악덕들을 공적으로 심사하고 견책하는 장으로 좁혀짐에 따라, 즉 정치가 무엇이고 어떠해야 하는지를 고려하는 대신 공적 무대에 모습을 비추는 사람들에 대한 신뢰성 문제가 대두됨에 따라, 살기 좋은 정의로운 사회의 전망이 정치 담론에서 찾아볼 수 없는 것이 되면서 (세넷이 이미 20년 전에 갈파했듯이)[62] 사람들은 '그들에게 행동이 아닌 의도와 감정만을 소비할 것을 권장하는 정치적 배우를 그저 바라만 보는 수동적 관객이 되었다.' 그러나 요점은, 관객들이 멋진 구경거리 말고는 바라는 것이 없는 것처럼, 정치가로부터 그다지 많은 것을 바라지도 않는다는 것이다. 마찬가지로 그들은 현재 주목받는 다른 분야의 배우들에게도 괜찮은 구경거리를 전혀 바라지 않는다. 그리하여 무대에 오른 다른 구경거리들처럼, 정치 무대 역시 이해관계를 초월한 정체성이 우선이라는 메시지가 무차별적으로 단조롭게 주입되거나, 혹은 진정 중요한 것은 이해관계가 아니라 정체성이라는 식으로, 또 아니면 당신이 무엇을 하는가가 아니라 누구인가를 강조하는 끊임없는 공공교육의 장으로 변하고 있다. 머리끝부터 발끝까지 진정한 자아를 드러내는 문제가 더욱더 공적인 관계와 공적 삶의 실제 내용이 되고 있다. 그리하여 자아 정체성은, 한때 이해관계로 항로를 삼던 배들이 침몰하자 구조를 기다리는 조난자들이 가장 움켜쥐기 좋은 구명밧줄이 되었다. 세넷이 주장하는 것처럼, '공동체 유지 자체가 하나의 삶의 목표가 되고, 확실히 소속되지 않은 자들을 제거하는 것이 공동체의 주요한 일이 되었다.' 그리하여 '협상을 거부하고 이방인을 끊임없이 제거하는 것에 대한 합리적 근거'를 댈 필요는 더 이상 없다.

다르고 낯선 외래의 '타자'와 멀찍이 거리를 두려는 노력, 소통하고 조정하고 상호간 충실할 필요를 사전에 없애는 결정은, 사회적 유대 관계에서 새롭게 등장한 취약성과 유동성을 바탕으로 한 실존적 불확실성에 대한, 상상 가능할 뿐 아니라 예측 가능한 반응이다. 확실히 그러한 결정은 오늘날 오염과 정화에 대한 우리의 편집증적 관심, '외부인들'의 침입이 곧 개인의 안전에 대한 위협이라고 여기는 우리의 경향, 섞이지 않은 순수함이 곧 위협이 없는 안전이라고 보는 경향과도 잘 맞아떨어진다. 우리 몸

주변으로 남몰래 스며드는 외부인들은, 마치 코와 입을 통해 신체로 들어오는 물질들에 대해 우리가 신경을 곤두세우듯, 위협적 이물질로 인식된다. 이 두 가지 모두 '나의(우리의) 체계로부터 그것(들)을 추방'하려는 유사한 욕구를 충동질한다.

그러한 욕구는 인종 분리의 정치 속으로 수렴되고 뭉쳐지고 농축된다. 특히 '외국인들'의 유입을 반대하여 자신들을 지키자는 정치에서 특히 그러하다. 조지 벤코의 지적을 보자.[63]

> 타자들보다 더 타자인 타자들이 있다. 그들은 바로 외국인들이다. 우리가 이제 타자를 구상해낼 수 없기 때문에 사람들을 외국인이라고 배제하는 것은 일종의 사회 병리현상임에 틀림없다.

그것이 병리현상일 수도 있겠지만, 이는 확고하고 신뢰할 만한 의미가 없는 세상에 헛되이 의미를 강제하려 애쓰는 정신적 병리현상이 아니다. 이는 정치적 병리현상을 초래하는 공적 공간의 병리현상, 즉 대화와 조정의 기술이 시들고 쇠퇴하고, 참여와 상호 헌신 대신 도피와 생략을 하는 현상이다.

'이방인과 말을 섞지 말라' — 한때 걱정 많은 부모들이 힘없는 자식들에게 건네는 충고였다 — 는 말은 정상적 삶을 사는 성인들의 전략적 교훈이 되어버렸다. 이 교훈은 이방인이 우리가 대화하길 거부하는 대상이 되는 삶의 현실을 하나의 신중한 규칙으로 만든다. 국민의 실존적 불안감과 고뇌를 뿌리 뽑을 수 없는 무기력한 정부들은 그저 이 규칙을 반기며 기꺼이 따른다. '이민자들' 간의 연합전선은, '타자성'을 가장 완벽하고 구체적으로 체현하면서, 방향감각 없이 두려움에 떠는 개인들의 여기저기 흩어진 모임을 막연하게나마 '민족 공동체'를 연상시키는 그 무엇으로 바꾸어보겠다는 약속을 하고 있다. 이것이 우리가 사는 이 시대의 정부들이 수행할 수 있고, 수행하는 것을 볼 수 있는, 얼마 안 되는 일들 중의 하나다.

조지 헤이즐든의 헤리티지 파크는, 결국에 가선 그곳을 지나는 사람들 모두가 서로 자유롭게 말을 섞고 얘기를 나누는 공간이 될지도 모른다. 논쟁을 야기하거나 상호 헌신을 초래할 일이 없는 일상적이고 습관적인 말을 주고받는 것을 빼면 서로 할 이야기가 별로 없다는 사실 때문에 오히려 이야기하는 것이 자유로울 수 있다. 꿈에 그리던 헤리티지 파크 공동체의 순수성은 오직 결속의 단절과 유대의 붕괴라는 값비싼 대가를 치른 뒤에야 얻어지는 것일지도 모른다.

시간의 역사로서의 근대성

어린 시절(다른 시간대와 공간의 이야기다), "여기서 거기까지 얼마나 멀지요?"라고 물으면, "부지런히 걸으면 한 시간쯤, 아니 그 안이요"라는 대답을 흔히 듣곤 했다. 그러나 필자의 어린 시절보다 더 거슬러 올라가면 아마도 그 대답은 "지금 출발하면 정오 무렵엔 도착할 거요" 내지는 "해가 지기 전에 당도하려면 지금 출발하는 것이 좋겠소"가 좀 더 흔한 대답이었을 것이다. 요즘에도 그런 대답을 가끔 들을 수는 있다. 그러나 그러한 대답을 하기에 앞서 늘 좀 더 구체적으로 말해달라는 요청을 받게 마련이다. 이를테면 "차로 가시나요? 아니면 걸어서 가실 건가요?"와 같은 질문 말이다.

'멀다' 혹은 '오래 걸린다'는 말은, '가깝다'가 '곧'과 거의 동일한 의미였던 것처럼 거의 같은 뜻으로 쓰였다. 그것은 인간이 특정 거리만큼 떨어진 곳에 ─ 걸어서든지 쟁기를 끌고서든지 추수를 하면서든지 ─ 당도하는 데 얼마나 많거나 적은 노력이 소요될 것인지를 뜻하는 의미였다. 만일 사람들이 '공간'과 '시간'이란 말을 무슨 의미로 쓰는지 설명하라고 집요한 추궁을 받는다면, 아마도 '공간'이란 주어진 시간 안에 지나갈 수 있는 것이며 '시간'은 그 공간을 지나가는 데 필요한 시간이라고 답할 것이다. 그러나 그러한 집요한 추궁이 없으면 사람들은 그것들을 정의 내리는 게임을 전혀 하려 들지 않을 것이다. 왜 그런 일을 해야 한단 말인가? 일상에 깊이 배어 있는 것들 대부분에 대해, 사람들은 정의 내리라는 요청을 받기 전까지는 꽤나 충분히 이해하고 있다. 그런 요청을 받지 않는다면 우리는 그것들을 정의 내릴 필요를 거의 느끼지 않는다. 오늘날 우리가 '공간'과 '시간'이라고 칭하는 것을 당시 사람들이 이해하는 방식은 만족스러운 것이었을 뿐 아니라, 일을 수행하고 그 한계를 정하는 것이 웻웨어wetware*인 한, 인간의 두뇌이든 황소, 말의 두뇌든 필요한 만큼은 정확하기도 했다. 인간의 두 다리가 사람마다 다를 수 있다 해도, 그 다리를 다른 다리로 바꾼다 해도 결국 인간 근육이 지닌 능력을 넘어서지는 못할 것이므로, 그렇게 현저한 차이는 없다.

고대 그리스 올림픽이 열리던 시대에는 기록을 경신한다는 것은 고사하고, 트랙이나 올림픽 기록 같은 것에 대해 생각하는 사람은 없었다. 그런 생각을 하려면, 인간이나 동물 근육이 움직일 수 있는 한계를 넘어서는 다른 어떤 것을 고안하고 적용할 수 있어야 했고, 인간의 이동 능력은 개인마다 차이가 있다는 사실을 중시할 필요가 있었다. 이는 시간의 **선사시대**, 웻웨어에 기초해 움직이는 긴 시대가 막을 내리고, 시간의 **역사시대**가 시작됨을 뜻했다. 시간의 역사는 근대와 함께 시작되었다. 실상 근대성은 다른 무엇보다도 **시간의 역사**다. 근대는 시간이 역사라는 것을 가지게 된 시대다.

시간과 공간이 일단 인간의 일상적 노동과 연관되는 경우 왜 그것들이 인간의 사고와 관습 안에서 자꾸 분리되고 어긋나는지 알기 위해 역사서들을 뒤져보면, 이성으로 무장한 용맹스러운 기사들―두려움을 모르는 철학자들과 과감한 과학자들―이 이룬 고무적 발견의 일화를 종종 접할 수 있다. 이 경우, 천체의 거리와 속도를 측정한 천문학자들과, '물체'가 이동한 속도와 가속도의 정확한 관계를 계산해낸 뉴턴에 대해 배우게 될 것이며, 그 모든 것을 숫자―가장 추상적이고 객관적인 가상의 척도인―로 표현

＊ 컴퓨터 프로그램이나 소프트웨어를 고안해내는 인간의 두뇌를 뜻한다. 여기서는 유기체적인 혹은 생명체에 의한 운동력을 의미하는 듯하다.

하려던 그들의 뼈를 깎는 노력에 관해 배우게 될 것이다. 혹은 이들의 업적에 너무나도 깊은 감명을 받은, 시간과 공간이 인간의 인식에 있어 초월적으로 분리되어 있고 상호 독립적인 두 범주들이라고 간주한 칸트에 관해 배우게 될 것이다. 그렇지만 **영원성의 측면**sub specie aeternitatis에서 — 언제나 무한하고 영원한 — 사고하자는 철학자들의 주장이 아무리 정당화된다 해도, 철학적 과학적 성찰을 위한 '존재론적 바탕'과 영원불변의 진리가 되게끔 반죽할 경험적 재료들을 늘 마련해주는 것은, 다름 아닌 무한과 영원의 영역, 인간 실천의 범위 안에 든 유한한 영역이다. 이 한계는 역사의 뒤안길로 사라져버린 우둔한 망상가들, 신화를 꾸며내는 자들, 시인들, 여타의 공상가들과 위대한 철학자들을 구분해준다. 그리하여 어느 날 문득 철학자들의 눈에는, 시공간을 지배하려는 인간 실천의 범주와 수행력에 무언가 중대한 일이 일어났음에 틀림없다.

우리가 능히 짐작건대, 그 일은 바로 인간의 두 다리나 말들보다 훨씬 빨리 움직일 수 있는 차량을 만들어낸 것이다. 게다가 차량은 사람이나 말과 달리 더욱더 빠르게 만들 수 있었기에 그 결과 넓은 지역을 횡단하는 데 드는 시간은 자꾸만 줄어들었다. 인간도 동물도 아닌 운송수단이 출현하게 되자, 여행에 걸리는 시간은 거리 문제나 변치 않는 '웻웨어'의 문제가 아니게 되었다. 그 대신 시간은 여행기술에 속하는 자질로 변했다. 시간은 길게 늘이는 것이 불가능한 '웻웨어'나 인간의 조작이 불가능한 풍력이나 수력 같은 지독히도 변덕스럽고 종잡을 수 없는 힘이 아니라,

인간이 고안하고 만들고 적용하고 사용하고 통제하는 일종의 '하드웨어'가 되었다. 마찬가지로 시간은, 꿈쩍도 하지 않고 바꾸어 볼 도리 없는 땅덩어리나 바다 같은 것과는 무관한 요소가 되었다. 시간은 공간과는 달랐는데, 이는 공간과는 다르게 시간은 변화와 조정이 가능했기 때문이었다. 시간은 분열 요소이자 시공간의 결합에서 역동적인 파트너였다.

벤저민 프랭클린은 시간이 돈이라는 유명한 말을 한 바 있다. 그가 확신에 차서 그러한 선언을 할 수 있었던 것은 그가 이미 인간을 '도구를 만드는 동물'로 규정했기 때문이다. 그로부터 두 세기 후, 존 F. 케네디 대통령은 1961년 그간의 경험을 요약하면서 그의 친애하는 미국 국민들에게 "우리는 시간을 소파가 아닌 도구로 사용해야 한다"고 충고할 수 있었다. 시간이 공간의 압도적 저항을 극복하기 위한 지속적 노력들에 동원될 때, 즉 거리를 줄이거나, '먼 거리'가 인간의 야심의 한계는 물론 그 어떤 장애도 되지 않도록 해주는 도구(혹은 무기?)가 될 경우, 시간은 돈이었다. 그러한 무기로 무장했기에 우리는 우주를 정복하는 과업을 설정하고 그에 열성적으로 착수할 수 있었다.

왕들은 지방의 관리들보다 더 안락한 여행을 했을 것이고, 남작들은 자기 땅을 경작하는 농노들보다는 훨씬 편히 다녔을 것이다. 하지만 원칙적으로는 왕이든 남작이든 다른 사람들보다 훨씬 빠른 속도로 다닐 수는 없었다. '웻웨어'에서는 인간들은 서로 비슷했지만, 하드웨어는 그들 사이에 차이를 만들었다. 이 차이들은 (인간 근육의 비동질성에서 나온 차이와는 다르게) 아주 심오한 것으로 이전과 비교할 수 없는 것들이었고, 그것들이 효율적 조건으로 자리 잡기 전에, 그리고 더욱 많은 차이들을 생산해내도록 변용되기 이전에 생긴, 인간 행위의 **결과**였다. 증기와 내연기관이 도래하자 평등에 기초한 '윗웨어'는 종말을 고했다. 어떤 사람들은 먼저 원하는 곳으로 갈 수 있게 되었다. 그들은 추격을 따돌릴 수 있게 되었고, 자꾸만 느려지다가 결국 멈춰서 붙잡히는 일 없이 효과적으로 버틸 수 있게 되었다. 더 빨리 여행할 수 있는 자라면 누구든지 더 많은 영토를 주장할 수 있게 되었다. 그리고 그런 후에는 그 영토를 지배하고 지도를 만들어 관리할 수 있게 되었다. 경쟁자들을 멀리하고 침입자들을 경계선 밖으로 내몰면서 말이다.

혹자는 근대의 시작을 변화하는 인간의 실천 행위들의 다종다양한 면면과 연관 지을 수도 있겠다. 그러나 시간이 공간으로부터 해방되어 인간의 창의력과 기술사용 능력에 종속된 점이야말로, 그리하여 시간을 공간 정복과 영토 점유의 도구로서 공간의 대립항 자리에 놓는 것이야말로 근대의 시작에 대한 가장 좋은 사고의 출발점이 될 수 있다. 근대성은 가속화와 토지 정복을 수호성으로 하여 태어났으며, 근대성의 별들은 근대성의 특성과 행동, 그리고 운명에 관한 모든 정보를 지닌 하나의 성운을 형성한다. 이 별자리 운세를 읽어내기 위해서는 상상력이 풍부한 점성술사가 아닌, 훈련된 사회학자만 있으면 된다.

이제부터 시간과 공간의 관계는 미리 정해져 있거나 정체된 것이 아니라, 추이에 따르는 가변적이며 역동적인 것이어야 했다. '공간 정복'은 더 빠른 기계를 의미하게 되었다. 가속화된 움직임은 더 넓은 공간을 뜻했고, 움직임을 가속화하는 것이 공간을 확대하는 유일한 방법이었다. 이렇게 쫓고 달리는 게임에 붙은 이름은 공간 확장이었고, 포상은 공간이었다. 즉, 공간은 가치이고 시간은 도구였다. 그 가치를 극대화하기 위해 도구를 정비할 필요가 있었다. 막스 베버가 시사했듯이, 근대 문명의 운영 원칙인 '도구적 이성'의 대부분은 업무를 더 신속히 수행하는 방법을 고안하는 데 초점이 주어진 반면, '비생산적'이고 한가하고 공허한, 그래서 시간을 낭비하는 것들은 제거되었다. 혹은, 행동의 방법이 아니라 결과라는 측면에서 다시 풀이하자면, 도구적 이성은 공간 안에 사물들을 좀 더 조밀하게 채워 넣고, 주어진 시간 내에 다시 채워지게 될 공간을 거기서 더 확장하는 일에 집중하였다. 근대적 공간 정복의 초입에서 데카르트는 미래를 내다보기라도 한 듯, 존재와 공간성을 동일시하며 물질적으로 존재하는 모든 것을 '**외연을 가진 실체**res extensa'라고 규정하였다(롭 실즈 Rob Shields가 재치 있게 표현했듯이, 데카르트의 유명한 **코기토**cogito를 "나는 공간을 차지한다, 그러므로 나는 존재한다"라 바꾼다 해도 그 뜻이 손상되지는 않을 것이다).[64] 정복이 한풀 꺾이고 종말을 치닫던 무렵, 미셸 드 세르토Michel de Certeau는 과거를 회고하면서 권력은 영토와 국경의 문제라고 선언한 바 있다(최근에 팀 크레스웰 Tim Cresswell은 드 세르토의 견해를 "강한 자의 무기는 (…) 분류와 설계, 구분이다. 강한 자들은 지도의 확실성에 의존한다"[65]고 요약하여 말한 바 있다. 여기에 열거된 모든 무기들이 공간 배치의 작전과 관련된 것임에 주목하자). 혹은 강한 자와 약한 자의 차이점은 지도 형태로 된 (삼엄한 경비와 엄격한 통제가 가해지는) 영토와, 침입당할 수도 있고 경계를 재설정하거나 지도를 다시 그리는 데 취약한 영토 간의 차이라고 말할 수도 있겠다. 적어도 지금까지는 그래 왔으며, 근대 역사의 상당 기간 동안 계속 그렇게 유지되었다.

무거운 근대에서 가벼운 근대로

이제 종말로 치닫는 그 역사의 한 부분은 딱히 더 나은 이름이 없는 탓에, **하드웨어**의 시대 혹은 **무거운** 근대, 부피에 집착하는 근대, '클수록 좋다'는 식의 근대, '크기는 힘이요 부피는 성공'이 되는 근대로 부를 수 있겠다. 그것은 하드웨어의 시대였다. 중량의 시대, 더 무거워져만 가는 기계의 시대, 더욱 넓어져만 가는 공장 바닥을 둘러싸고서 점점 더 몰려드는 공장 일꾼들을 빨아들이는 길고 긴 공장 담벼락의 시대, 육중한 기관차 엔진과 거대한 해양 선박의 시대였다. 공간을 정복하는 것, 쥘 수 있는 한 많은 공간을 움켜쥐는 것, 그리고 소유를 증빙하는 구체적 증거들과 '침입 금지' 푯말을 달아 그 공간을 지키는 것이 으뜸가는 목표였다. 영토는 근대적 집착증 가운데 가장 첨예한 것으로, 영토를 획득하는 것은 근대의 충동 중에서도 가장 강박적인 것이었다. 그리고 영토의 경계선을 감시하는 일이야말로 가장 널리 퍼진, 활동성이 높으며 무차별적으로 늘어가는 근대의 중독 증상들 가운데 으뜸가는 증상이었다.

무거운 근대는 영토 정복의 시대였다. 부와 권력은 땅 속, 마치 철광석이나 석탄이 파묻힌 지층처럼 부피가 크고 육중하며 이동 불가능한 지층에 단단하게 깊이 뿌리박히거나 비축되었다. 제국들은 지구의 구석구석으로 뻗어 나갔다. 그와 동등하거나 우월한 힘을 지닌 여타의 제국들만이 이들의 확장을 가로막고 나섰다. 서로 경쟁하는 제국주의 영토의 반경에 가로놓인 것들은 모두 주인 없는 땅으로 보였고, 따라서 **빈 공간**으로 간주되었는데, 이 빈 공간들은 조치를 취해야 하는 도전이요, 게으른 자들에게는 꾸짖음이었다(당시의 과학이 '자연은 그 어떤 공백도 견딜 수 없다'고 속인들을 가르칠 때, 그것은 당대의 시대정신을 정확히 꿰뚫은 것이었다). 지구상에 '빈 곳,' 즉 아직 들어보지 못하거나 윤곽을 그리지 못한 제도나 군도, 발견되어 식민화되기를 기다리는 땅덩어리들, 미처 밟아보지 못하여 땅주인이 나서지 않은 대륙의 깊숙한 오지들, 빛을 밝혀주기만 기다리는 무수한 '어둠의 심장'*이 있다는 생각은 더욱더 당혹감과 참을 수 없다는 느낌을 자아냈다. 겁 없는 탐험가들이, 발터 벤야민Walter Benjamin의 '선원 이야기들'의 새롭고 현대적인 버전 속 영웅, 아이들의 꿈이자 어른들의 향수鄕愁가 되었다. 출발할 때는 열렬히 응원을 받고 돌아올

---

* 20세기 초 영국 소설가 조지프 콘래드Joseph Conrad의 소설 *Heart of Darkness*
를 뜻한다. 이 작품의 배경인 아프리카 콩고는 유럽 식민지인들에게 비문명화의
상징, 어둠의 심장으로 상징화된다.

때는 각종 명예를 부여받으며, 원정 탐험대가 연이어서 아직 지도로 그리지 못한 산악지대, 호수나 고원지대를 찾아 정글과 수풀, 북극의 빙원을 떠돌아 다녔다. 제임스 힐턴James Hilton의 '샹그릴라Shangri-La'는 '저 바깥'에, 아직 '발견되지 못한' 장소에 도저히 다가갈 수 없이 숨겨진 채, 아직은 인간의 발걸음을 허용치 않는 산악지대나 위험한 사막 저 너머, 구불구불한 길의 미처 밝혀지지 못한 끝에서 기다리고 있었다. 모험과 행복, 부와 권능은 지리적 개념이나 '토지'라는 장소에 묶인 채 움직일 수도, 운송할 수도 없는 것들이었다. 이것들은 침입 불가능한 담장과 빽빽하게 빈틈없이 늘어선 경비초소들, 밤새 경비를 서는 국경 보초들, 그리고 그 위치를 비밀에 부칠 것을 요했다(2차 세계대전 중 가장 삼엄한 경비 대상이었던 비밀 장소는 미국 공군기지였는데, 1942년 도쿄에 잔인한 공습을 행한 그 기지의 별명도 '샹그릴라'였다).

크기 그리고 양질의 하드웨어에 입각한 부와 권능은 그 움직임이 대단히 느리고 꿈쩍할 수 없을 정도로 황당무계하게 무거운 편이었다. 양자 모두 '실체를 갖춘' 고정된 것이었고 강철과 콘크리트로 꽁꽁 매여 그 부피와 중량으로 측정되었다. 부와 권능은 차지하는 공간을 확장함으로써 성장하였고 그 공간을 방어함으로써 방어되었다. 이러한 공간들은 그들의 온실인 동시에 요새이자 감옥이기도 했다. 대니얼 벨Daniel Bell은 온실/요새/감옥 중에서 가장 강력하고 부러움의 대상으로 열심히 모방되었던 곳을 묘사한 바 있는데, 그것은 바로 미시간에 있는 제너럴모터스의 '윌로 런Willow Run' 공장이었다.[66] 이 공장이 자리 잡은 터의 크기는 가로 3분의 2마일, 세로 4분의 1마일이었다. 자동차 생산에 필요한 모든 재료는 거대한 지붕 아래에 있는 단 한 개의 괴물 같은 우리 안에 모인다. 힘과 통제의 논리가 '외부'로부터 '내부'를 엄밀히 분리하는 데 기초가 되며 이 경계는 철통같이 지켜진다. 여기서 힘과 통제의 두 논리는 규모의 논리로 통합되고, 이는 크면 클수록 효율적이라는 하나의 계율 아래 체계화된다. 즉, 무거운 근대에서 진보는 규모의 증가와 공간의 확장을 뜻하였다.

장소를 총체적이고 꽉 짜인 곳으로 만들고 단일한 논리에 종속시킨 것은 다름 아닌 일상화된 시간이었다(그러한 시간을 '계량적'이라 불렀을 때 벨은 주요한 일상화의 척도로서의 시간을 떠올린 셈이다). 공간 정복에서 시간은 순응적이고 융통성을 갖춘, 그리고 무엇보다도 각 단위가 '공간을 먹어치우는' 능력을 배가함으로써 축소될 가능성을 갖춘 것이어야 했다. 80일만의 세계일주는 그럴듯한 공상이었지만 이를 8일 만에 해치우는 것이 훨씬 더 근사한 것이었다. 영국해협 위를 날고, 그러고선 대서양을 비행기로 건넌 것은 진보를 측정하는 이정표와도 같았다. 그러나 정복한 공간을 요새화하고 그 공간을 길들이고 식민화하고 다스리는 문제에 봉착했을 때는 뻣뻣하고 단일하고 융통성 없는 시간이 요구되었다. 즉, 단조롭고 변경할 수 없는 연속체로 배열하기에 적합하도록 비슷한 두께로 얇게 저미어낼 수 있는 종류의 시간 말이다. 공간은 그것이 통제될 때 진정 '소유되었다.' 그리고 통제는 무엇보다도 '시간을 길들이는 것,' 시간 속에 존재하는 역동성을 무력화하는 것이었다. 다른 탐험가들이 어렵사리 찾아내기 전에 나일강의 근원에 먼저 도달하는 것은 멋지고 흥미진진한 일이었지만, 일정보다 일찍 열차가 달려온다든가 공장의 부품 조립선반에 자동차의 어느 부품이 다른 부품보다 일찍 도착하는 것은 무거운 근대에서는 가장 끔찍한 악몽이었다.

규격화된 시간은 가시철조망이나 깨진 유리조각을 촘촘히 박아놓은 높은 담장들, 그리고 침입자가 들어오지 못하도록 삼엄한 경비를 갖춘 입구들 — 이것들은 내부인이 마음대로 그곳을 떠나는 것 역시 차단한다 — 로 권력을 결합시켰다. 무거운 근대의 시대가 지극히 열망하고 열심히 추종한, 잘 가공된 합리성의 표준인 '포드주의적 공장'은 자본과 노동 간의 일 대 일 만남의 장인 동시에 '죽음이 우리를 갈라놓을 때까지'라는 식의 일종의 결혼 서약이기도 하였다. 그 결혼은 사랑의 결합인 적은 거의 없이 편리나 필요에 따른 결혼이었지만, (그것이 개인 삶에서 어떤 의미를 지닌 것이었든지 간에) '영원토록' 이어질 운명이었으며 거의 대부분 그렇게 지속되었다. 그 결혼은 본질적으로 일부일처제였고 이는 쌍방이 다 그러하였다. 이혼은 불가능했다. 좋든 싫든 결혼 당사자들은 함께 살아야 했고 상대방이 없이는 유지될 수 없었다.

거대한 공장건물들, 육중한 기계들, 그리고 그 중요성에서 앞서의 것들에 못지않은, 영구히 지상에 묶인 노동이 자본에 '결합되는' 동안, 규격화된 시간은 노동을 지상에 묶어두었다. 자본과 노동 모두 움직이길 원치 않으며 움직이는 것도 불가능했다. 고통 없는 이혼이라는 안전밸브를 갖추지 못한 여느 결혼과 마찬가지로 이 둘의 동거 스토리는 시끄러운 불협화음과 분노로 가득

했고, 맹렬히 분출되는 적대감과 별로 극적이진 않지만 훨씬 잔인하고 집요한 매일매일의 참호전투를 특징으로 삼았다. 그러나 단 한시도 평민들은 그 도시를 떠날 생각을 하지 않았으며, 귀족들은 이제 그렇게 떠날 만큼 자유롭지 않았다. 이 둘을 제자리에 붙들어두기 위해 메네니우스 아그리파Menenius Agrippa*의 명연설은 필요 없었다. 바로 그 강렬하고도 지속적인 갈등이 그들이 운명공동체라는 것을 증명하기 때문이었다. 빽빽이 짜인 공장의 고정된 시간은 공장 담벼락의 벽돌과 모르타르로 그곳에 고용된 노동을 꽁꽁 묶어두고, 그만큼 효과적으로 자본 역시 고정화하였다. 그러나 소프트웨어 자본주의와 '가벼운' 근대가 도래하게 되자, 이 모든 것이 변했다. 소르본의 경제학자 다니엘 코엔은 이를 다음과 같이 집약하였다. "마이크로소프트에서 경력을 시작한 사람이라면 어디로 가게 될지 알 수가 없다. 포드나 르노에서 시작한 사람은 거의 틀림없이 똑같은 곳에서 경력을 마감하게 될 것이다."[67]

코엔이 묘사한 위의 두 경우에서 '경력'이란 말이 적합한 용어 사용인지는 잘 모르겠다. '경력'이란 말은 일련의 궤도를 떠올리게 하는데, 마치 일련의 단계들이 미리 설정되어 있어 진입하거나 승인받으려면 어느 정도 명확한 전제조건들이 요구되는 미국 대학들의 '정년 트랙'과 흡사하다. '경력 노정路程'은 시간과 공간의 상호 조정을 거쳐 형성되게 마련이다. 마이크로소프트 혹

---

* 고대 로마의 장군.

은 그곳을 주시하거나 모방하는 수많은 곳들에서는, 그곳에 고용된 사람들에게 어떤 일이 일어나든지 간에, 관리자들의 관심사는 "흐름을 따라가기 쉬운 형태의 느슨한 조직"에, 그리고 "다양하고 복잡하고 빠르게 움직이며 따라서 '불명료하고' '모호하며' '유연한'" 것으로 인식되는 이 세상에서 "월등한 적응력을 갖춘 고립된 섬을 형성하기 위해"[68] 기업 구성이 점점 더 완결편이란 없는 진행형의 시도로 되어가는 것에 집중된다. 이는 지속적 구조, 특히 경제활동 수명의 관습적 길이와 균형이 맞춰진 예측성을 갖춘 구조에는 불리하게 작용하는 것이다. 이런 여건 아래에서 '경력'이라는 개념은 불명확하고 부적절한 개념이 된다.

그러나 이는 단지 말재간을 부린 것에 불과하다. 그 용어가 정확하든 부정확하든 코엔의 비교의 핵심은 근대사에 있어 큰 변화의 분기점을 정확히 포착하고 있으며 그 변화가 인간의 존재조건에 가하는 충격파를 암시한다. 문제가 되는 변화는 시간의 소멸인 듯 가장하지만, 진짜 문제가 되는 건 공간이 이제 부적절하게 되었다는 점이다. 광속여행을 하는 소프트웨어적 우주에서 공간은 문자 그대로 '순식간에' 오갈 수 있으며 '저 멀리'와 '바로 여기'의 차이가 무효화된다. 공간은 행동에 한계를 짓지 않게 되고, 행동의 결과는 그다지, 혹은 전혀, 중요치 않게 되었다. 군사전문가 식으로 말하자면 공간은 그 '전략적 가치'를 상실한 셈이다.

게오르크 짐멜Georg Simmel이 언급했듯이 모든 가치는 그 가치들이 "다른 가치들을 멀리해야만" 얻어지는 것일 때 "가치 있는" 것이 된다. "특정한 것들을 획득하려고 우회하는 것"이 "그것들"을 "가치 있는 것으로 간주되도록" 한다. 짐멜은 이러한 설명 없이 '가치 물신주의' 이야기를 전해준다. 짐멜에 따르면, 사물은 "노력을 들인 만큼 가격이 매겨진다." 기이하게도 이 상황은 "가격만큼 노력을 들여야 하는" 것처럼 보이게 된다. 사물을 전유하려는 노정에서 협상을 필요로 하는 것은 바로 장애물들로, "사물을 얻고자 하는 긴장된 투쟁"이 가치를 가치 있게 만든다.[69] 한시도 지체하거나 흘려보내거나—희생시키거나—하지 않고 지극히 머나먼 장소들에 도달한다면, 그 장소들은 짐멜식으로 보자면 가치가 없는 게 된다. 일단 신속한 전자신호들로 먼 거리를 오갈 수 있게 되면 (그리하여 물리적으로 먼 지역들이 이를 바탕으로 영향을 받게 되면), 자크 데리다Jacques Derrida가 말한 대로 시간에 대한 모든 언급은 '**말소기호 아래 둔**sous rature'것처럼 여겨질 것이다. '즉시성'은 대단히 빠른 움직임과 대단히 짧은 시간을 의미하는 듯 보이지만, 실제로 이는 시간의 부재가 사건의 한 요인임을, 그리고 가치를 측정하는 한 요소가 됨을 뜻한다. 시간은 더 이상 '획득을 위한 우회'를 하지 않으며, 더 이상 공간에 가치를 부여하지 않는다. 소프트웨어적 시간의 근접—즉시성은 불길하게도 공간의 가치절하를 예고한다.

하드웨어적이고 무거운 근대의 시대, 막스 베버의 용어로는 도구적 이성의 시대이기도 한 그 시대에는 시간은 절약되어야 하고 신중히 관리되어야 할 자산이었다. 이를 통해 가치, 즉 공간의 대가가 극대화될 수 있어야 했다. 소프트웨어적이고 가벼운 근대의 시대에는 가치 획득의 한 수단으로서 시간의 효율성은 잠재적 목표라는 분야에서 모든 단위의 가치를 균등하게 상향 조정(혹은 하향 조정이라 해도 좋겠는데)하는 역설적 결과를 가져오며 무한으로 치닫는 경향이 있다. 의문부호는 수단이 아니라 그 목적 쪽에 붙게 되었다. 시-공간 관계에 적용된다면, 모든 공간 구석구석까지 동일한 시간범위 안에(즉 '순식간에') 도달할 수 있게 되었기 때문에 특권을 부여받거나 '특별한 가치'를 지닌 공간은 사라졌다. 어느 공간이라 하더라도 당장 갈 수 있게 된다면 굳이 특정 시간에 국한해 그 공간 어딘가에 꼭 가야 할 이유라곤 없어지고, 어떤 공간에 갈 권리를 확보하기 위해 노심초사할 이유 또한 없어진다. 만일 당신들이 원하는 때 언제라도 어떤 곳에 갈 수 있다는 것을 알게 되면, 그곳을 자주 가보고 싶은 마음이나 돈을 들여 평생이용권을 사려는 마음이 생기지 않을 것이다. 지속적 관리 감독이나 땅을 일구고 경작하는 고되고 위험천만한 일에 들어가는 비용을 감당할 이유는 더더욱 없어진다. 이제 땅은 손쉽게 갈 수 있고 이해관계나 '시사적 연관성'이 변하는 대로 그만큼 손쉽게 버릴 수도 있게 되었다.

유혹적인 '존재의 가벼움'

소프트웨어적 세계의, 실체가 없고 즉각적인 시간은 또한 하찮은 시간이기도 하다. '즉시성'은 당면한, '바로 그 현장'의 완성을 뜻하지만, 즉시 고갈되고 관심이 사라짐을 의미하기도 한다.

시작과 끝을 떼어놓는 시간상의 거리라는 것은 축소되거나 일거에 사라지고 있다. 시작과 끝이라는, 한때는 시간을 어떻게 보낼지 계획하는 데 쓰였거나 '상실한 시간 가치'를 계산하는 데 쓰였던 이 두 가지 개념은 의미를 크게 상실했다. 그것들의 의미는 실상 그들의 뚜렷한 대조에서 생긴 것이니 말이다. 오직 존재하는 것은 일차원적 시간의 점들, 즉 '순간' 뿐이다. 그렇다면 순간들을 모아놓은 형태에 불과한 그러한 시간은, '우리가 아는 시간'임에 여전한가? '순간적 시간'은 최소한 어떤 긴요한 측면에서는 모순어법이다. 혹시 공간의 가치를 말살시킨 뒤 시간은 자살해버렸을까? 시간의 광기 어린 자기 파멸의 길에서 공간은 그저 첫 사상자였던 것은 아닐까?

여기서 서술된 것은 물론, 시간의 역사에서 하나의 경계liminal 상황─현재 단계에서는 역사의 궁극적 **경향**으로 보이는 것─이다. 어떤 공간 지점에 도달하는 데 필요한 시간이 아무리 제로에 가깝게 남아 있다 해도 아직 완전히 도달한 것은 아니다. 엄청나게 빠른 처리속도를 갖춘 최첨단 기술도 진정한 '즉시성'을 획득하려면 아직 갈 길이 남아 있다. 그리고 여기에 논리적으로 수반되는 공간의 무관성 역시 진정으로 온전하게 일어난 적은 없다. 인간이라는 요소의 무중량, 무한적 가벼움과 유연성 역시 이루어지지 못했다. 그러나 상기한 상황은 정녕 가벼운 근대의 자라나는 지평임에 분명하다. 더욱 중요하게는, 이것이 가벼운 근대를 작동시키는 자들, 사회의 모든 조직, 세포 하나하나까지 파고들어 이를 먹어치우는 새로운 규범의 구현체인 이들이, 영원히 추구되어왔지만 결코 온전히 도달해본 적이라곤 없는(도달한 적이 없어서 계속 추구해온 것일지도 모른다) 이상이라는 점이다. 밀란 쿤데라는 현대적 삶의 비극의 중심축으로 '참을 수 없는 존재의 가벼움'을 그려냈다. 이탈로 칼비노Italo Calvino 같은 이는 문학예술의 영원한 해방적 기능을 가장 온전하고 궁극적으로 구현한 존재들을 창조했다. 그 존재들은 가벼움과 빠름에서(두 가지 동시에!) 완전히 자유로운 (잡을 수도 없고 덫에 가둘 수도 없고 요리조리 몸을 피해 달아나기 때문에 소유할 수 없어 완벽하게 자유로운) 인물들 — 나무 위로 날아다니는 남작과 육체가 없는 기사 — 이었다.

미셸 크로지에Michel Crozier는 삼십 년도 더 전에(그의 고전적 저작 《관료주의 현상Bureaucratic Phenomenon》에서) 지배를 (그리고 그 모든 다양한 변종들을) 불확실성의 원천에 다가서는 것으로 동일시하였다. 그의 평결은 여전히 유효하다. 즉, 그들 자신은 구속받지 않으며 규범에서 자유롭고 따라서 예측 불가능한 생활을 하면서도, 그들의 주인공들의 행동을 규범적으로 규제하는(일상화시키고, 따라서 단조롭고 반복적이며 예측 가능하도록 만드는) 사람들이 바로 지배자이다. 묶이지 않은 그들의 손은, 손이 묶인 사람들을 지배한다. 손이 묶이지 않은 사람들의 자유는 손이 묶인 사람들의 속박의 주요한 이유다. 반면 손이 묶인 이들의 속박은 손이 묶이지 않은 자들의 자유의 궁극적 의미가 된다.

이런 점에서 무거운 근대에서 가벼운 근대로 가는 길에는 아무런 변화도 없다. 그러나 그 골조는 새로운 내용으로 채워졌다. 좀 더 정확하게는, '불확실성의 원천에 다가서는 것'을 추구하는 일은 하나의 단일한 목표인 즉시성으로 좁혀지고 집중되었다. 더 빨리 움직이고 행동하는 사람들, 운동의 순간성에 가장 근접한 이들이 이제 세상의 지배자다. 그들만큼 빨리 움직이지 못하거나, 자유자재로 떠날 수 없는 범주의 사람들이 피지배자들이다. 지배는 도망가고 결속을 끊고 '다른 어딘가에 있을' 능력과, 이 능력을 실행할 속도를 결정할 권리에 있다. 그와 동시에 피지배자들에게서 자기들의 움직임을 가로막거나 억누르거나 늦추는 힘을 빼앗으면서 말이다. 현대판 지배를 위한 전투는 각기 가속과 지체라는 무기로 무장한 군대 간의 싸움이다.

사회 분화의 역사가 시작된 이래 오늘날 영구적이고 파괴할 수 없게 된 사회 분화의 핵심적 토대는 즉시성에 접근하는 데서의 차별성이다. 이는 곧 예측 불가능성에 대한 접근, 그리고 그에 따른 자유에 대한 접근이 차별적이라는 뜻이다. 땅을 뚜벅뚜벅 걷는 농노로 가득한 세상에서 남작들이 나무 위를 날아다닌다는 것은 그들에게 자유를 가져다주는 확실한 비결이었다. 오늘날의 농노 후계자들이 그 자리에 붙들려 있는 것도, 오늘날의 남작들이 과거 나무 위로 날아다니는 것과 유사한 방식의 편의를 갖추고 행동할 수 있기 때문이다. 남작들이 계속 날아다닐 수 있는 것은 바로 이러한 농노 후계자들의 강제된 이동 불가능성과 땅에 대한 속박 덕분이다. 농노의 불행이 아무리 깊고 비참해도 반역을 꾀하는 자는 찾아볼 수 없으며, 설사 농노들이 반역을 했다 치더라도 그들이 주적으로 삼은 빠르게 움직이는 그 과녁을 따라잡진 못했을 것이다. 무거운 근대는 자본과 노동을 그 누구도 빠져나가지 못할 철제 우리에 가두어놓았다.

가벼운 근대는 자본과 노동의 양편 가운데 자본을 철제 우리 바깥으로 놓아주었다. '고체' 근대는 상호 결속의 시대였다. '유동적' 근대는 결속 끊기, 회피, 손쉬운 도주, 절망에 찬 추격의 시대다. 가벼운 근대, 즉 '액체' 현대 시대에서 지배자는 가장 잘 빠져나가고 사전 예고 없이 이동할 자유가 있는 자들이다.

칼 폴라니Karl Polanyi는 (1944년 출간된 《거대한 변환: 우리 시대의 정치 경제의 기원 The Great Transformation: The Political and Economic Origin of our Time》에서) 노동을 '상품'으로 취급하는 것은 일종의 허구이며, 우리 시대는 그 허구를 바탕으로 한 사회적 합의라는 결과를 초래했다고 주장했다. 노동은 상품이 될 수 없는데(적어도 다른 상품들과 같은 상품일 수는 없다), 그것은 노동을 보유한 자와 노동을 따로 분리하여 사고팔 수 없기 때문이라고 그는 주장했다. 폴라니가 말한 노동은 사실 **육화된** 노동이었다. 이는 살아 있는 노동자의 육체를 움직이지 않고는 이동시킬 수 없는 것이다. 인간의 노동력을 고용하여 일을 시킬 때는 노동하는 자의 육체도 함께 고용해야 했고, 굼뜨기만 한 피고용인의 몸은 고용주의 자유를 제한했다. 노동을 감독하고 목표에 따라 작동하게 하기 위해서는 노동자를 관리하고 감독할 필요가 있었다. 작업 과정을 통제하기 위해서는 노동자를 통제해야만 했다. 그러한 필요는 자본과 노동을 서로 마주보게 하였고 좋든 싫든 그들을 공동으로 움직이게끔 했다. 결과적으로 엄청난 충돌이 있었지만, 수많은 상호 조정 역시 이루어졌다. 신랄한 공격과 처절한 투쟁, 그리고 전반적인 증오가 있었지만, 제법 흡족하거나 그럭저럭 참아 줄 만한 상호 공존 원칙을 정하는 문제에서 엄청난 창의성을 갖 게도 되었다. 양편 모두 혁명이나 복지국가 같은 것을 예상하지 않았지만, 그것은 둘의 결속을 끊는 일이 가능성과 적합성이 있 는 선택지가 되지 못하도록 막는 상황이 초래한 불가피한 사태 였다.

우리는 또 다른 '거대한 변환'의 시대를 살고 있고, 그 변환의 가장 주요한 측면은 폴라니가 당연시했던 조건과 정확히 정반대 의 현상이다. 즉, 현대의 자본에 영양분을 제공하는 주요 원천, 그 러니까 자본에게 풀을 뜯을 목초지로 기능했던, 그러한 유형의 인간 노동이 '분리'되었다는 점이다. 원형감옥과 같은 덩치 크고 둔하고 어색한 훈련 및 감독 설비들은 더 이상 필요가 없어졌다. 노동은 원형감옥을 빠져나왔고 자본의 입장에서는 그 감옥을 운 영하는 데 들어가는 터무니없는 비용과 번거로운 수고를 덜어낸 셈인데, 이는 실로 중요한 것이다. 자본은 자기 증식과 자기 확대 를 위하여 자신을 땅에 묶어둔 채 착취당하는 자들과 직접 결연 을 맺도록 강제해온 과제들을 제거해버렸다.

소프트웨어 시대의 탈육화된 노동은 더 이상 자본을 지상에 묶어두지 않는다. 노동은 자본이 영토를 벗어나 일시적이고 끊임 없이 변화하도록 놓아둔다. 노동의 분리는 무게 없는 자본을 예 언한다. 이들의 상호 의존성은 일방적으로 깨졌다. 달리 말해, 노 동은 예전과 마찬가지로 홀로일 경우에는 불완전하고 충족되지 않으며 그것이 충족되기 위해서는 자본의 존재를 반드시 필요로 하지만, 이제 그 역은 성립되지 않는다. 자본은 잠깐 동안의 수지 맞는 모험들을 좇아, 자본이 부족하거나 자본을 공유할 사업동반자가 부족할 리는 없다는 확신에 차서 희망찬 여행을 다닌다. 자본은 빠르게, 가볍게 여행할 수 있고, 그 가벼움과 운동성은 다른 모든 것들 입장에서는 영구적 불확실성의 근거가 되어버렸다. 이것이 오늘날 지배의 기초이고 사회 분화의 주요 요인이다.

덩치와 규모는 이제 재산이 아니라 빚이 되어가고 있다. 덩치 큰 사무용 빌딩들을 열기구 객실들과 기꺼이 맞바꾸길 바라는 자본가들에게는, 떠다닌다는 것이 가장 수지맞는 자산이고 따라서 그들이 가장 아끼는 자산이다. 떠다니게 되면 가장 강력해질 수 있는데, 열기구 너머로 쓸모없는 짐들을 버리고 필요 없는 승무원까지도 떨어뜨릴 수 있기 때문이다. 짐들 중에서도 가장 부담스러운 것은 대규모 직원들을 관리하고 감독해야 한다는 성가신 과제다. 그러한 과제는 자꾸 늘어나게 되어 있고 게다가 애정과 의무라는 겹겹의 천이 자꾸 덧붙어져 무게가 늘어나기 십상이다. 무거운 근대의 '경영 과학'이 '인력manpower'을 끌어들여 작업 일정대로 일하도록 강제하는 데 초점을 두었다면, 가벼운 자본주의 시대의 경영 기술은 '인력humanpower'을 풀어놓되 일은 더욱 잘하도록 하는 데 관심을 쏟는다. 잠깐씩의 만남이 지속적 관계를 대체한다. 이제 레몬즙을 얻으려고 레몬나무 숲을 조성하는 사람은 없다.

경영 차원에서의 이러한 지방흡입술은 경영 기술에서 가장 으뜸가는 전략이 되었다. 그러한 흡입술을 주요하게 적용한 것이 감량, 감원, 단계적 철수와 폐업, 특정 단위의 매각 등이다. 시간을 잡아먹는 감독의 번거로움을 감수하느니 노동자들 스스로 생존투쟁에 나서도록 하는 것이 더 값싸게 먹힌다.

어떤 이들은 섣불리 결론짓길, 이제 더 이상 '더 큰' 것이 '더 효율적'이진 않다고까지 말한다. 일반적인 해석에 의하면 이러한 결론은 올바르지 않다. 감원에 대한 강박은 불가분하게도 기업 합병으로 완성된다. 그 분야의 최고 선수들은 감원 작업에 더 많은 여지를 얻기 위해 합병하는 이들을 조정하거나 강제한다. 그러나 합병이 성공을 거두려면 그것이 아주 근본적이어야 하고 '골수 깊은 곳까지' '자산을 박탈하는 식'이 되어야 한다는 사실은 누구나 알고 있다. 합병과 감원은 서로 배치되지 않는다. 오히려 그들은 서로를 조건 짓고 지원하며 강화한다. 단지 역설로만 보이는 이러한 상황, 명백한 이 모순은 일단 미셸 크로지에의 원칙에 '새롭고 향상된' 해석을 더하기만 하면 해결된다. 합병과 감원 전략이야말로 자본과 금권을 신속히 이동시키고 그 범위를 더욱 세계적인 것으로 만든다. 동시에 노동에서 협상 및 소요를 일으킬 힘을 빼앗고 노동을 이동 불가능하게 하며 그 손을 가장 확실히 묶어버린다.

합병은 '사라지는' 행동을 영원토록 손쉽게 택할 수 있게 하면서, 지속적 상호 헌신을 대체해버린 단기적 거래와 일시적 만남, 도피와 회피를 주요한 지배 수단으로 삼는 자본, 수척한 몸으로 부유하듯 떠다니는 후디니Harry Houdini* 스타일의 자본 쪽에 더 긴 구명줄을 드리울 전조이다. '사라지는 행동'을 선택할 권리를 영원히 보장하는 자본은 책략을 부릴 여지를 더 많이 얻는다. 그러한 책략들로는 도피할 수 있는 더 많은 피난처들, 교체 가능한 대규모 기반들, 구현물의 다양화, 그리고 계속되는 감원으로 인한 파괴적 결과에서 손을 씻고 비용을 절감할 수 있는 방향으로 노동력을 재배치할 수 있는 힘의 증가 등이 있다. 이것이 현재 이미 타격을 받고, 미래의 또 다른 타격을 두려워하는 자들을 지배하는 양상이다. 미국 경영자협회가 위탁 연구를 통해 알게 된 것처럼, "이리저리 쥐어짜는 방식으로 행해진 감원 속에서 노동자들의 사기와 의욕은 가파르게 떨어졌다. 살아남은 노동자들은 해고된 다른 이들과의 경쟁에서 이겼다는 승리감을 느끼는 대신 다음번 도끼날이 그들을 덮칠 것을 기다렸다."[70]

확실히 생존경쟁은 직원들(혹은 좀 더 일반적으로는, 변화된 시공간 관계를 수동적으로 받아들여야 하는 입장인 사람들)만의 운명은 아니다. 이 경쟁은 가벼운 근대에서 강박적으로 무게를 줄이고 날씬해지는 기업의 머리끝부터 발끝까지를 관통한다. 경영진들은 살아남기 위해 고용하는 노동자의 규모를 축소해야 한다. 최고경영진들은 주식 거래에서 인지도를 높이기 위해 주주들의 표를 얻고, 난도질 작업의 현재 라운드가 완료된 후에 명예퇴직금을 받을 권리를 확보하기 위해 스스로 주요 계기들을 전개시켜 나간다. 그것은 자기 촉진적, 자기 가속화적 경향이 되며, (회개하고 계속 근면하게 일하라는 칼뱅의 교훈쯤은 이제 무시하는 막스 베버

---

* 헝가리 출신의 마술사로, 탈출 마술로 유명하다.

식 완벽주의 기업가들처럼) 본래의 동기인 효율성의 제고는 점차로 중요성을 잃게 된다. 경쟁게임에서 질 수도 있다는, 따라잡힐 수도 있고 뒤에 남겨지거나 시장에서 밀려날 수도 있다는 그 두려움만으로도 합병/감원 게임이 계속되기에는 충분하다. 이 게임은 점차로 게임 그 자체를 위한, 그 자체를 상으로 하는 게임이 되고 있다. 아니 차라리, 게임은 그 속에서 버티고 있다는 것이 유일한 보상이 되어, 왜 그것을 하는가라는 게임의 목적은 필요가 없어졌다고 해야 할 것이다.

순간적인 삶

리처드 세넷은 긴 세월 동안, 매해 다보스에서 열린 고위층 권력자들의 전세계적 회합의 고정 관객이었다. 다보스에서 쓴 돈과 시간은 충분히 그 값을 했다. 그러한 엉뚱한 짓을 통해 세넷은 오늘날 진행되는 전지구적 게임의 최고 선수들이 지닌 동기와 품성에 대한 꽤 충격적이고 놀라운 통찰을 얻게 되었다. 그의 보고서로 판단컨대,[7] 세넷은 특히나 빌 게이츠의 됨됨이와 업무수행력, 공개석상에서 밝혀진 그의 평생의 신념에 깊은 인상을 받았다. 세넷에 따르면, 게이츠는 "사물에 강박적으로 집착하는 성향이 전혀 없는 것 같다. 록펠러는 유정 굴착기, 빌딩, 기계, 철도 등을 장기간 소유하길 원했던 반면, 게이츠의 상품들은 맹렬하게 나타나서 그만큼 재빠르게 사라져 버린다." 게이츠는 자신이 "특정 직

업에 스스로를 가두고 마비되기보다는 어떤 가능성의 네트워크
에 자신을 위치시키는 것"을 선호한다고 거듭 말하곤 했다. 세넷
이 가장 놀란 것은 전혀 부끄러움 없이 당당하게, 어찌 보면 과장
되리만치 "당장 그럴 필요가 있으면 즉시 자기가 만든 것을 파괴
시킬" 만반의 준비가 되어 있는 게이츠의 태도였다. 게이츠는 어
쩌면 "끊임없이 위치를 바꾸며 활약하는" 선수 같았다. 그는 자신
이 만들어낸 것을 포함하여 그 어떤 것에도 집착(특히 어떤 감정
적 애착)이나 지속적 헌신을 하지 않으려고 조심했다. 그는 잘못
된 길로 들어서는 것을 두려워하지 않았다. 어떤 길이라 해도 그
를 장기간 그 방향으로만 묶어둘 수는 없기 때문이고, 되돌아간
다거나 옆길로 샌다는 것이 즉시 채택 가능한 변수로 계속 남아
있기 때문이었다. 이용할 수 있는 기회의 범위가 넓어지는 걸 제
외한다면, 그 어떤 것도 게이츠의 삶의 궤도에는 축적되거나 증
식되지 않았다고 말할 수도 있겠다. 그 궤도는 몇 야드만 엔진이
나아가면 바로바로 해체되는 식이었고, 발자국은 바람에 휩쓸려
없어져버리고, 모든 것은 모여들 때만큼이나 빠르게 폐기처분되
었다—그러고는 곧바로 잊혀졌다.

앤서니 플루Anthony Flew는 우디 앨런이 연기한 한 인물의 대
사를 인용한다. "전 제 일로 불멸을 얻고 싶지 않아요. 저는 죽지
않는 걸로 불멸을 이루고 싶거든요."[72] 그러나 이 불멸이란 말의
뜻은 필멸할 수밖에 없는 삶이라는 개념에서 나온 것이다. '죽지
않음'을 선호하는 것은, 불멸의 다른 형식을 선택하는 것이라기
보다는('일을 통해 얻는 불멸성'에 대한 하나의 대안), 현생을 즐기

라는 카르페 디엠을 지지하고 영원한 지속 따위에는 관심이 없다는 천명이다. 지속에의 무관심은 불멸을 하나의 개념이 아닌 경험으로 변형시키고 즉각적 소비 대상으로 만든다. 당신이 순간을 사는 방식이야말로 순간을 '불멸의 경험'으로 만드는 것이다. 만일 '무한'이 그러한 변형을 통해서도 살아남는다면 이는 오직 체험Erlebnis의 강렬함이나 깊이를 말해주는 척도에 지나지 않는다. 무한하게 감지 가능한 것들은 영원한 지속에 의해 꿈속의 텅 빈 장소로 미끄러져 들어간다. 즉시성(공간의 저항을 무화하면서 대상의 물질성을 용해시키는)은 모든 순간을 무한한 수용력을 갖춘 것처럼 보이게끔 한다. 그리고 무한한 수용력은 아무리 짧고 '덧없는' 순간일지라도 모든 순간을 응축시키는데 데 한계가 없음을 의미한다.

여전히 습관적으로 쓰이곤 하는 '장기간'이라는 말은 뜻 없는 텅 빈 껍데기에 불과하다. 만일 시간과 마찬가지로 무한 역시 즉시적인 것이라면, 그 자리에서 바로 사용되고 즉각 버려져야 할 것이라면, '더 긴 시간'이라는 것도 이미 그 순간이 제공한 것에 더 보탤 수 있는 게 없다. '장기간'의 숙고로부터 얻을 것은 그다지 많지 않다. 만일 '고체' 근대가 행동의 주요 동기와 원칙으로서 영원한 지속을 상정했다면, '액체' 현대에서는 영원한 지속이 할 역할이 없다. '단기간'이 '장기간'을 대체했고 즉시성은 궁극적 이상이 되었다. 시간을 무한 수용이 가능한 용기라고 추켜세우면서, 액체 현대는 시간의 지속을 용해한—더럽히고 가치를 훼손한—것이다.

이십 년 전에 마이클 톰슨Michael Thomson은 서로 얽히고 꼬인 '지속/순간'의 역사적 운명에 관한 선구적 연구서를 출간하였다.[73] '지속적' 대상은 매우 오랜 기간 동안 보존되지 않으면 안 되었다. 그 대상은 만일 그렇게 하지 않으면 추상적이고 비현실적인 것이 될 영원성에 최대한 가까이 접근한다. 사실, 영원성의 이미지도 오래도록 '영속'된다고 간주되고 인정되는 것들에서 나온 것이다. 지속적 대상들은 특별한 가치가 부여되어 소중한 것으로 여겨지게 되었고, 불멸성과의 관련 덕분에 — 불멸성이라는 궁극적 가치는 '자연스럽게' 소망하게 되는 것으로 그 어떤 논쟁이나 설득의 필요조차 없었다 — 우리는 그것들을 갈망하게 되었다. '지속적' 대상들의 반대는 '순간적' 대상들이었는데, 이것들은 사용되면, 즉 소비되면 그만이고, 소비되는 과정에서 사라질 운명이었다. 톰슨은 "정상 근처의 사람들은(…) 그들이 지닌 것들이 항상 지속적이고 다른 이들의 것은 항상 순간적이라는 것을 보장할 수 있다. (…) 그들이 질 수는 없었다"고 지적한다. 톰슨은 "자신들의 것을 지속적인 것으로 만들려는" 욕망이 "정상 근처의 사람들"의 줄기찬 소망이라는 사실을 당연하게 받아들인다. 대상을 지속적으로 만드는 능력, 대상을 집결시켜 유지하고 절도와 훼손을 막아내며 가장 최상으로는 그것들을 독점하는 것이 사람들을 '정상 근처'로 올려놓는 것일 수도 있다.

그러한 생각은 고체 근대의 현실에서 맞는(또는 최소한 믿을 만한) 것 같다. 그러나 여기서 나는 액체 현대의 도래가 이런 믿음을 위태롭게 한다고 주장하고 싶다. 지속되는 시간의 폭을 단축시키고, '장기간'에 대한 것을 잊게 만들고, 지속보다는 순간을 조절하는 데 집중하고, 순간적이고 즉각 써버릴 또 다른 것들을 들여오려고 기존의 모든 것을 가볍게 버리는 빌 게이츠 스타일의 능력이야말로 오늘날 정상에 있는 사람들의 특권이고 그들을 정상의 자리에 있게 만들어준 것이기 때문이다. '사용하고 버릴' 날짜가 지나가고, '새롭고 개선된' 대체품들과 '업그레이드 상품들'이 시중에서 판매되는 시기가 지났는데도 오랫동안 어떤 상품들이 꽉 차 있다는 것은 오히려 박탈의 징후이다. 가능성들의 무한함에서 시간의 무한성이 지닌 유혹적인 힘이 빠져나가면, 지속성은 그 매력을 잃고 자산에서 빚으로 탈바꿈하게 된다. 어쩌면 '지속'과 '순간'을 가르는 바로 그 경계선이, 한때는 강렬한 경쟁과 부산한 계획의 초점이었던 그 경계가 이제는 그저 국경 경비대와 거대한 빌딩 군단이 떠나버린 채 황폐화되었다고 말하는 것이 더 핵심을 찌르는 것일 수도 있겠다.

불멸성의 퇴락은, 다소 이론의 여지는 있겠지만 인류의 문화사에서 가장 결정적인 전환점이라 할 문화적 동요의 징조라 하지 않을 수 없다. 그러나 무거운 자본주의에서 가벼운 자본주의로, 즉 고체 근대에서 액체 현대로의 이행은, 적어도 신석기 시대 이후로 인간 역사에서 가장 중대한 이정표로 여겨졌던 자본주의나 근대의 도래보다도 더욱 근본적이고 중요한 출발점이 될 수도 있다. 실상, 인류의 역사 전반에 걸쳐 문화라는 작업은 한순간이라 할 인간의 삶과 덧없는 인간의 행위들에서 영속성이라는 견고한 핵심을 걸러내는 것이다. 그것은 순간성에서 지속성을, 단절에서 계속성을 불러내고, 그리하여 유한한 삶을 살아야 하는 인간 남녀들을 인간 종족의 불멸성을 위해 일하게 함으로써, 언젠가는 죽어야 하는 우리 인간들에게 놓인 한계를 극복하는 작업인 것이다. 이런 종류의 작업에 대한 수요는 현재 줄어들고 있다. 수요가 감소하는 데 따르는 결과물들은 여전히 나타나고 있고, 과거를 돌이켜봐도 의지할 만한 선례가 없기에 앞으로 어떻게 될지 미리 예측하기도 어렵다.

이러한 시간의 새로운 즉시성은 인간의 공존 양식을 바꾸어 놓는다. 가장 눈에 띄는 변화는, 인간이 공동의 일에 주의를 기울이는 방식(혹은 때에 따라서는 주의를 기울이지 않는 방식), 인간이 어떤 일들을 공동의 일로 만드는 방식(혹은 그렇게 하지 않는 방식)에서 일어난다.

현재 정치학 분야에서 놀라운 진보를 거두고 있는 '공공선택론'은 이 새로운 출발을 적절히 포착한다(인간의 새로운 관행이 인간의 상상력에 새로운 단계를 노정할 때 자주 일어나는 바와 같이, 이 이론은 이제까지 '과거의 모든 학문들'이 간과하고 무시하고 기만해온 것이라면서, 상대적으로 최근의 현상을 인간 조건의 영원한 진리라고 성급히 일반화하긴 했지만). 새로운 가설을 주장하여 큰 주목을 받았던 고든 털럭Gordon Tullock에 따르면, "이 새로운 접근법은 유권자들이 고객과 매우 비슷하고 정치인들이 기업인들과 매우 비슷하다는 전제에서 출발한다." '공공선택' 접근방식에 회의적이었던 리프 레빈Lief Lewin은 '공공선택' 학파의 학자들이 "정치적 인간을 마치(⋯) 근시안의 동굴인간처럼 묘사한다"고 통렬히 반박했다. 레빈이 생각하기에 이는 전적으로 잘못된 것이다. "인간이 '내일을 발견하고' 장기적으로 계산을 하는 법을 배우기 전" 동굴에 살던 원시인의 시대라면 모를까, 우리가 사는 현대, 유권자나 정치가를 포함한 거의 모든 사람들이 "우리는 내일 다시 만난다"는 사실을 알고 그리하여 신뢰성이란 것이 "정치가의 가장 귀중한 자산"[74](이에 덧붙이자면, 그 신뢰를 배분하는 것이 유권자가 가장 열렬히 사용하는 무기라는 점)이라는 것을 아는 현재에는 어림없는 소리다. '공공선택론'에 대한 비판을 뒷받침하기 위해 레빈은 수많은 경험적 연구를 통해, 자기 지갑 사정에 따라 투표를 했다고 털어놓은 유권자는 극히 드문 반면에, 대부분의 유권자들은 그들을 투표하도록 이끈 것이 다름 아닌 전체로서의 국가라고 공공연히 선언한다는 것을 보여주었다. 레빈은 바로 이 점을 예상했어야 한다고 말하는데, 나는 차라리 이것은 설문에 응한 투표자들이 자신들에게 예상되는 답변이자 '자신들이 대답해야만 하는 바'라고 생각한 것이었다고 말하고 싶다. 우리의 실제 행동과 우리가 스스로의 행동에 대해 설명하는 것 사이의 고약한 불일치를 충분히 고려해 본다면, '공공선택' 이론가들의 주장을 (이들의 주장이 전체적으로 그때그때 타당하다는 사실과는 상관없이) 냉정하게 거부하는 것은 어려울 것이다. 이런 경우에 만일 그들의 이론이 무비판적으로 '경험적 데이터'로 간주되어온 것들과는 거리를 두었더라면 통찰력을 갖추게 되었을 법도 하다.

한때는 동굴인간들이 '내일을 발견한' 적이 있던 것이 사실이다. 그러나 역사는 배워나가는 만큼이나 망각하는 과정이기도 하며, 기억이란 것도 기억하고 싶은 것만 기억하게 된다는 것은 잘 알려져 있다. 어쩌면 우리가 '다시 내일 만나게' 될 수도 있다. 하지만 만나지 못할 가능성도 있으며, 게다가 내일을 만나게 될 '우리'는 바로 얼마 전 만났던 그 우리가 아닐 수도 있다. 사태가 그러하다면 신뢰성과 믿음의 나눔은 자산일까 부채일까?

레빈은 장 자크 루소의 사슴 사냥꾼들 우화를 상기시킨다. 인간이 '내일을 발견하기' 전에 — 이야기는 이렇게 시작되는데 — 한 사냥꾼이 있었다. 그는 숲에서 사슴이 튀어나오기를 기다리지 않고 지나가는 토끼 한 마리에 욕심이 나서 한눈을 팔았다. 여럿이 합심하여 사슴을 잡아 고기를 나눌 때 돌아오는 몫이 더 큰데도 불구하고 그렇게 한 것이다. 그러나 오늘날은 그러한 일이 종종 발생한다. 오늘날의 사냥팀치고 사슴이 나오기만 하염없이 함께 기다리는 경우는 거의 없다. 그랬다간 합병 사업에 투자를 한 사람들은 전부 쓰디쓴 실망감을 맛봐야 할 것이다. 사슴을 잡을 때는 사냥꾼들이 서로 손을 벌려 잡고 서서 포위망을 좁혀가며 단단히 결속하여 행동하는 것이 필요하지만, 한 사람 몫밖에 안 되는 토끼는 수도 많고 다양한 데다 사냥해서 가죽을 벗겨 요리하는 데 별로 시간이 들지 않는다. 이 역시 발견, 그것도 **새로운 발견**이며 한때 '내일을 발견'하는 것이 그러했던 것만큼이나 풍요로운 결실을 가져올 수도 있다.

즉시성의 시대에 '합리적 선택'은 **결과는 회피하면서 만족을 추구하는 것**을 의미한다. 특히 결과가 내포하는 책임을 피하는 것을 뜻한다. 오늘의 만족을 위해 지속적으로 추구하는 것은 내일 만족할 기회를 저당 잡히는 것이다. 지속은 자산을 부채로 바꾸어 놓는다. 모든 육중하고, 고체이고 무거운 것들 — 이동을 가로막고 제한하는 모든 것 — 에 대해서도 마찬가지다. 거대한 공장시설들과 육중한 몸집이 지배하던 시대는 이제 막을 내렸다. 한때 소유주의 권위와 힘을 증언하던 것들이, 가속화라는 다음 라운드에서 패배를 예언하는 것, 즉 무력함의 신호탄이 되었다. 이동하기 좋은 날렵한 육체와 몸매, 단출한 옷과 운동화, ('언제나 연락이 되어야 하는' 유목민들이 사용할 수 있게 고안된) 휴대전화, 휴대용 혹은 일회용 소지품들은 즉시성의 시대를 으뜸으로 표상하는 문화적 징표들이다. 무게와 크기, 그리고 무엇보다도 그 두 가지를 확장시킨 주범인 지방덩어리(문자 그대로든 비유적이든)는 지속성이 처한 운명을 공유하게 되었다. 이것들은 우리가 그 위험을 인식하여 싸워내야 하고, 가장 좋게는 피해가야만 하는 위험인자들이다.

영원성에 무심하고 지속성을 회피하는 문화를 상상하기란 어렵다. 인간 행동의 결과에 무심하고 그러한 행동이 타인에게 끼치는 영향에 대해 책임지는 것을 회피하는 도덕을 상상하는 것도 그만큼이나 어렵다. 즉시성의 도래는 인간의 문화와 윤리를 미답의 발견되지 않은 영역으로 이끌며, 그곳에서는 이제껏 학습되어온 일상의 습관이 그 유용성과 의미를 상실한다. 기 드보르 Guy Debord의 유명한 주장처럼, "인간은 자기 조상들을 닮은 것보다 자기 시대를 더욱 닮는다." 그리고 오늘날의 남녀는 그들 부모와는 다르게도 "과거를 잊고 싶어 하며 이제 미래도 믿지 않는 듯한" 현재를 살고 있다.[75] 그러나 이제껏 긴 시간 동안 책임을 지는 것과 순간을 사는 것을 이어줄 뿐 아니라, 순간성과 지속성을, 인간이 지닌 필멸성과 그가 이루어낸 성취의 불멸성을 연결하는 가교 역할을 해온 것은 다름 아닌, 과거에 대한 기억과 미래에 대한 신뢰였다.

4장

일

내가 지난 삼십 년을 산 도시, 리즈Leeds*의 시청은 산업혁명 명장들의 잘난 체하는 야심과 보무도 당당한 자신감을 담아낸, 웅장한 기념비적 건물이다. 19세기 중반에 지어진 이 건물은 화려하고 육중한 석조 건물로, 이 시청이 건축적으로 모방한 파르테논 신전과 이집트 사원들처럼 세상이 끝나는 날까지 버티고 있을 것만 같다. 리즈 시청은 그 중심에 도시의 현안을 논의하고 더 나아가 대영제국의 영광을 빛낼 사안들을 의논하고 결정하기 위한 큼지막한 회의장이 자리 잡고 있다. 회의장 천장 아래에는 회의 참가자들을 인도하는 규칙들이 황금빛과 보랏빛 글자로 새겨져 있

* 영국 웨스트요크셔주의 한 도시.

다. 확신에 찬 신성불가침의 권리를 주장하는 이 부르주아 도덕률 중에는, '정직이 최선의 방책'이나 '더 살기 좋은 시대의 상징 Auspicium melioris aevi', '법과 질서' 같은 것들 사이로, 특히나 그 확신성과 비타협적 간명성으로 말미암아 눈에 띄는 구절이 있으니 이는 바로 '앞으로forward'이다. 시청을 방문하는 요즘 사람과는 달리, 틀림없이 이 규정을 만든 시의 원로들은 그 의미에 대해 한 치의 의혹이 없었던 것 같다. 원로들은 '진보'로 불리는 이 '앞으로 나아간다'는 개념이 무슨 뜻인지 물을 필요가 없었다. 그들은 '앞으로'와 '뒤로'의 차이를 알고 있었다. 그리고 그 차이를 안다고 그들은 주장해도 된다. 그 차이를 만든 행동을 **실천했기** 때문이다. '앞으로'라는 구절 옆에는 또 다른 교훈이 황금빛과 보랏빛으로 쓰여 있는데, 바로 '노동은 모든 것을 정복한다'이다. '앞으로'는 목적지요, 노동은 그들을 그곳으로 데려다줄 운반 수단이고, 시청에 권한을 위임한 원로들에게는 종착지에 도달할 수만 있다면 긴 여정은 거뜬히 감내하겠다는 강한 자신감이 있었다.

1916년 5월 25일에 헨리 포드는 《시카고 트리뷴Chicago Tribune》지의 기자에게 다음과 같이 말하였다.

역사라는 건 완전히 헛소리요. 우리는 전통을 원하지 않아요. 우리는 원하는 것은 현재이고, 쥐뿔만 한 가치라도 있는 유일한 역사는 오늘 우리가 만드는 역사요.

포드는 다른 사람들이라면 두어 번 곱씹었을 것을 단도직입적으로 말하기로 유명한 사람이다. 진보? 이를 '역사가 하는 작업'으로 생각하지 마라. 그것은 **현재**를 사는 우리가 해야 할, 우리의 일이다. 유일하게 중요한 역사는 아직 만들어지지 않았으되 지금 만들어지고 있고, 만들어질 수밖에 없는 역사이다. 즉 **미래**인 것이다. 또 다른 실용주의자이자 지극히 현실주의적인 미국인 앰브로즈 비어스Ambrose Bierce는 그보다 십 년 전, 《악마의 사전 *Devil's Dictionary*》에서, 미래란 '우리 하는 일이 번창하고 우리의 친구들이 진실하고 우리 행복이 확실시되는 시기'라고 적은 바 있다.

자기 확신에 찬 현대는 미래를 궁금해 하는 인간의 끝없는 호기심에 전적으로 새로운 주석을 덧붙여주었다. 현대의 유토피아는 한가한 백일몽도, 한갓 예언도 결코 아니었다. 공공연히 또는 비밀스럽게, 유토피아들은 소망해온 것을 실행에 옮길 수 있고, 또 실행에 옮길 것이라는 신념을 결의에 차서 천명하고 표현한 것이었다. 이러한 생산자들의 사회에서 미래는 다른 여타의 생산품과 같은 것으로 비추어졌다. 즉, 미래는 철저하게 계획, 설계되고 생산 과정에서 감독되는 것이었다. 미래는 노동의 창조물이었고 노동은 모든 창조의 원천이었다. 그럼에도 불구하고 1967년 대니얼 벨은 이렇게 적었다.

오늘날 모든 사회는 경제 성장과 생활수준 향상, 그리고 **이에 따라**[강조는 인용자] 사회변화를 계획하고 방향을 잡고 통제하려는 확연한 의지를 품고 있다. 현재의 연구는 과거와는 확연히 다른데, 특정한 사회-정책적 목표를 지향한다는 점에서 그러하다. 이런 새로운 면과 더불어 오늘날의 연구들은, 현실적 대안과 그 대안을 선택할 때 더 신뢰성 있는 기반을 마련해주겠다고 기약하는 새 방법론을 의식적으로 따른다.[76]

아마 포드라면 의기양양하게, 피에르 부르디외Pierre Bourdieu가 최근 근심에 차서 적은 것처럼, 미래를 지배하려면 현재를 꽉 붙들어야 한다고 주창했을지도 모른다.[77] 현재를 확고하게 거머쥔 자들은 미래에도 일이 잘 돌아가도록 힘쓸 수 있다는 자신감에 차 있을 것이고, 바로 그 이유로 과거를 무시할 수도 있다. 오직 그들만이 지난 역사를 '헛소리'라고 말할 수 있는데, 좀 더 점잖게 표현하자면 '무의미한 말', '실없는 과장', 또는 '허풍'이라는 뜻이겠다. 그 정도는 아니라 해도, 그들은 과거에 대해 그런 종류의 것들이 응당 받는 정도로만 겨우 관심을 보일 뿐이다. 진보는 역사를 고양시키거나 격상시키지 않는다. '진보'라는 것은 역사란 전혀 중요하지 않다는 믿음이 담긴, 역사를 그렇게 방치하겠다고 결심하는 일종의 선언이다.

진보 그리고 역사에 대한 신념

핵심은 이것이다. '진보'는 역사의 어떤 특징이 아닌, 현재에 대한 확신을 의미한다. 가장 심오하고 아마도 유일한 진보의 의미는 두 가지의 상호 밀접한 신념, '시간은 우리 편이다'라는 신념과 '어떤 일을 성사시키는 것은 우리'라는 신념으로 구성된다. 이 두 가지 신념은 공존 공생한다. 그리고 이 둘의 공존은 그 신념을 가진 사람들의 행동으로 뒷받침되면서 어떤 일을 이룰 힘이 있는 한 계속 유지된다. 알랭 페레피트Alain Peyrefitte는, "가나안 땅의 황무지를 변화시킬 유일한 자원은 그 사회 구성원들이 서로에게 갖는 확신이며 그들이 공유하게 될 미래의 모든 것에 대한 신뢰이다"라고 적고 있다.[78] 진보 개념의 '본질'에 관해 우리가 말하거나 듣길 바라는 그 외의 모든 것, 즉, 그 신념과 자기 확신을 '존재론적'으로 해석하려는 것은 이해 못할 바는 아니지만 잘못된 방향의 헛된 노력이다.

정녕 역사는 더 나은 삶과 더 많은 행복을 위한 행진이란 말인가? 이것이 사실이라면 이를 우리가 어떻게 안단 말인가? 그런 말을 하는 우리는 과거를 살아본 적이 없다. 과거를 살았던 이들은 오늘날 살아 있지 않다. 그런데 누가 비교를 한다는 말인가? (벤야민/클레Klee의 역사의 천사처럼) 과거의 끔직한 일들이 너무도 싫은 나머지 쫓기듯 미래로 돌진하는 것이든, 아니면 (휘그당이 우리에게 제시하는 역사의 드라마틱한 판본보다는 좀 더 낙천적으로) '우리의 일이 번영하리라'는 희망에 이끌려 미래로 서둘러 가는 것이든, 앞으로 나아가고 있다는 유일한 '증거'는 기억과 상상력의 작용일 뿐이다. 그리고 우리가 확신이 있는지 없는지에 따라, 과거를 기억하고 미래를 상상하는 이 두 작용들은 결합되거나 분리된다. 변화를 만들어낼 힘이 있다고 자신하는 사람들에게, '진보'는 자명한 것이다. 반면에 일이 자신들의 손을 벗어나 잘못되고 있다고 느끼는 사람들에게 진보란 개념은 떠오르지 않을 것이며 어쩌다 그런 말을 듣는다 해도 웃어넘길 것이다. 이 두 가지 극단적 상황은 상호간 합의는 고사하고, 좋다 싫다 논쟁할 여지도 없다. 헨리 포드라면 그가 운동에 대해 했던 말을 진보에 대해서도 똑같이 되풀이할 수도 있겠다. "운동은 헛소리요. 건강하다면 운동이 필요 없지. 아프다면, 운동 안 하겠고."

그러나 자기 확신 — '현재를 단단히 붙들고 있다'는 자신감 — 이 진보에 대한 신념이 자리할 유일한 기초라면, 우리 시대에 그 신념이 불안정해지고 취약해진 것도 놀라운 일은 아니다. 왜 그리 되었는가를 설명하는 일은 그다지 어렵지 않다.

먼저, '세상을 앞으로 가게끔 하는' 힘이 뚜렷하게 부족하다. 액체 현대를 맞이한 우리 시대의 가장 통렬하면서도 해답이 요원한 질문은 (더 좋은, 더 행복한 세상을 만들기 위해) '무엇을 해야 할 것인가?'가 아니라, '누가 그 일을 할 것인가'이다. 케네스 조윗[79]은 질서의 완전한 승리를 예고한 여호수아 담론의 붕괴를 선언한 바 있다. 최근까지 우리가 이 담론을 이용하여 세상과 앞으로의 전망에 관한 개념을 형성하고, 세상이 '하나의 중심에 따라 잘 정리되어 있고, 단단하게 고정되어 있으며, 진입 가능한 울타리에 관해서만큼은 광적이리만치 관심을 가졌다'고 주장해왔다고 하고 있다. 그런 세상에서 힘에 관한 의혹은 제기될 수 없다는 것이다. 결국 '여호수아 담론'의 세계는 강력한 힘의 결집, 그 힘의 작용이 낳은 잔여물이거나 결과에 다를 바 없었으므로, 그 이미지는 마치 포드식 공장이나 '주문 - 설계 - 관리 감독'을 하는 주권

국가들(비록 실제적으로는 그렇지 않더라도 최소한 야심이나 결의에서만은 주권을 지닌)처럼, 모든 존재들을 흔들리지 않으며 패배라고는 모르는 고체적인 것으로 만드는 하나의 굳건한 존재론적 기초였다.

진보에 대한 신념의 기초는 오늘날 현저하게 금이 가고 균열과 만성적 분열 양상을 보이고 있다. 가장 견고하고 누구도 이의를 제기하지 않았던 요소들도 현재 그 요소들이 지닌 주권과 신뢰성은 물론이고 그 밀도까지 빠르게 상실하고 있다. 어떤 종류의 일을 누가 할지 결정을 내려주던 정치에는 더 이상 사람들을 일하도록─뭔가 하도록─몰아가는 힘이 남아 있지 않기 때문에, 근대 국가의 노쇠함이 가장 뼈저리게 느껴진다. '액체 현대'가 시작될 무렵 정치적 삶을 살던 모든 주체들은 예전과 마찬가지로 각각의 해당 지역에 묶여 있는 반면, 힘은 그들이 닿지 못할 곳으로 유유히 흘러간다. 우리가 경험하고 있는 것은 마치 고공 비행을 하는 비행기 승객들이 조종실에 아무도 없다는 것을 알게 된 경험과 유사하다. 기 드보르를 인용하자면, '중앙 관제소는 시야에서 사라졌다. 이제 유명한 지도자나 분명한 이데올로기가 그 중심을 점령하는 일은 없다.'[80]

두 번째로, 실천주체가─어떤 실천주체이든─세상을 개선하려면 무엇을 해야 하는가가 자꾸만 불분명해진다는 점이다. 지난 두 세기에 걸쳐 수많은 붓을 가지고 다양한 색으로 그려낸 행복한 사회의 이미지들은 모두 이룰 수 없는 백일몽이거나, (그 사회의 도래가 선포된 경우에는) 사람 살 수 없는 곳이었다. 사회를 설계하는 형식 하나하나가 행복보다는 오히려 엄청난 불행을 양산했음이 입증되었다. 이는 두 적수들, 지금은 파산한 마르크스주의와 현재 잘나가고 있는 자유주의 경제 양편에 똑같이 적용된다(잘 알려진 것처럼 자유주의 국가를 옹호하는 피터 드러커는 1989년에 "자유방임laissez-faire 역시 '사회를 통한 구제'를 약속했다"고 지적했다. 즉, 개인의 이익을 추구하는 데 장애가 되는 모든 것들을 제거하면 결국 완벽한, 혹은 가능한 선에서 최상의 사회가 된다는 뜻이다. 이 때문에 그러한 호언장담은 더 이상 진지한 고려의 대상이 되지 못한다). 한때 그 비슷한 주장들에 대해 프랑수아 리오타르가 던진 질문, "보편적 해방을 향한 과정에서 도대체 어떤 사상이 (…) 아우슈비츠를 피해갈 수 있단 말인가"라는 질문은 예전과 마찬가지로 여전히 답을 찾지 못했고 앞으로도 그러할 것이다. 여호수아 담론의 전성기는 끝났다. 이미 화폭에 담겨진, 입맛에 딱 맞게 그려진 세상 그림에 대한 관심은 사라졌고, 아직 그려내지 못한 그림은 **선험적**으로 의심스럽다. 우리를 이끌어줄 목적지라는 개념이 없이 우리는 여행을 하고 있다. 살기 좋은 사회를 찾으려는 것도 아니고 우리가 사는 사회에서 무엇이 우리를 정처 없이 질주하게 만드는지도 확실치 않다. "더 이상의 사회적 구제는 없다. (…) 이십 년 전 린든 존슨 대통령이 하던 식으로 오늘날 '위대한 사회'를 주창하는 자가 있다면 일고의 가치도 없이 비웃음감이 될 것이다"[81]라고 한 피터 드러커의 평결은 이 시대의 분위기를 한 치의 오차 없이 포착하고 있다.

그러나 진보라는 근대의 로맨스, 즉 모든 것이 '잘되어가고'

있고, 지금보다 더 많은 만족을 얻게 될 것이며, 그렇게 나아지는 방향으로 가도록 예정되어 있다는 믿음은 아직 끝나지 않았고 조만간 끝날 것 같지도 않다. 근대성은 오직 '만들어가는' 인생밖에 모른다. 근대의 남녀 개인들에게 삶이란 주어진 과제가 아니라 아직 완성되지 않은 혹독한 과제, 엄청난 집중과 새로운 노력을 요하는 과제다. '액체' 현대나 '가벼운' 자본주의 단계의 인간조건이란 것이 있다면, 그것은 삶의 양식에 원기를 부여하였다. 진보는 최종적으로(그리고 곧) 완전한 상태(모든 일이 완성되고 더 이상 변화가 필요치 않은 상태)에 이르기 위한 임시적 수단이나 잠정적 현안이 아니다. 진보는 영원한, 아마도 끝이 없을 도전이자 필요, '살아 있되 그것도 잘 살아 있음'을 그 자체로 뜻하는 것이 되었다.

그러나 만일 현재 체현된 진보 개념이 너무나 생소하여 그것이 여전히 우리와 함께 머물고 있는지 의아해진다면, 이는 현대적 삶의 다른 매개변수들처럼 진보 역시 '개인화'되었기 때문이다. 좀 더 핵심을 말하자면 진보 개념에서 **공적인 성격은 빠져나가고 사적인 것**만 남게 되었기 때문이다. 진보, 그것은 이제 공적인 성격이 사라졌다. 이는 지금 현실을 '업그레이드'하려는 제안들이 다종다양해졌기 때문이고, 기발하고 새로운 것이 정말 개선을 의미하는가 하는 논쟁이 그것이 도입되기 전후로 자유롭게 이루어질 수 있고 선택된 연후에조차도 논박당할 여지에 속수무책이기 때문이다. 또한 그것은, 개선이란 문제가 이제는 집단이 아니라 개인 차원의 기획이 되었기 때문에 사적인 것이 되었다. 자신들의 지혜와 자원과 근면함을 이용하여 스스로를 좀 더 만족스러운 조건으로 끌어올리고, 불쾌한 현재의 조건들을 수수방관하는 것은 바로 개개 남녀들이기 때문이다. 울리히 벡은 《위험사회》에서 이렇게 썼다.

> 개인화된 삶의 양식과 조건들이 출현하면서 사람들은—살아남기 위해— 앞으로의 삶을 계획하고 관리할 때 스스로를 중심으로 세우게 된다. (⋯) 개인은 실제로 자신의 사회적 정체성을 선택하거나 바꾸어야 할 뿐 아니라, 그러한 일의 위험을 직접 감수해야 한다. (⋯) **생활세계에서 개개 남녀 하나하나가 공적 의미의 재생산 단위가 된다.**[82]

진보의 **실행 가능성** 문제는, 이를 인류 전체의 운명으로 보든 개인의 과제로 보든 간에, 진보에서 공적인 성격이 사라지고 사적인 것이 되기 전에 그랬듯 지금도 여전히 남아 있다. 피에르 부르디외가 정확히 지적한 대로, 미래를 설계하기 위해서는 현재를 부여잡는 것이 필요하다. 여기서 유일하게 새로운 것은 이제는 개인들 각자가 현재를 붙잡는 것이 중요해졌다는 점이다. 그리고 개인 차원으로 현재를 붙잡는 일은 대다수 동시대 현대인들에게는, 잘해봤자 덜덜 떨리는 손으로 잡거나, 그보다 빈번하게는 대놓고 손을 놓아버리는 일이다. 우리는 보편적 유연성의 세계에서 뼈아프고 가망 없는, 개인 삶의 요소요소에 속속 침투한 '불안정한Unisherheit' 조건에서 살고 있다. 그 유연성은, 동반자 문제나 공공의 이해만큼이나 생사가 걸린 문제이고, 문화적 정체성만큼이나 전문성의 변수가 되며, 건강이나 균형 잡힌 몸매만큼이나 남 앞에서 자기를 소개하는 양식이고, 그 추구 방식만큼이나 가치 있는 미덕이다. 신뢰라는 배가 정박할 안전한 항구는 드문데, 이 배는 대부분의 시간을 풍랑을 피할 항구를 헛되이 찾으며 닻을 내리지 못하고 떠돈다. 우리는 아주 세심한 주의를 기울여 공들여 만든 계획조차도 잘못되거나 기대했던 것과는 너무나도 먼 결과를 가져오기 십상이라는 것, '모든 것을 잘 정비하려는' 우리의 진지한 노력이 종종 전보다 훨씬 더 혼란스럽고 형식이 없고 뒤죽박죽인 결과를 불러오기도 한다는 것, 그리고 우연성과 우발적 사고를 없애려는 우리의 노력도 운을 건 도박과 그리 크게 다르지 않다는 것을 알게 되었다.

과학은, 지금까지의 습관에 충실하게도, 곧바로 이 새로운 역사적 경험에서 힌트를 얻은 혼돈과 재앙의 과학 이론을 잉태하여 새롭게 떠오르는 분위기를 반영하였다. 한때 과학은 '신은 주사위 놀음을 하지 않는다'는 믿음, 즉 우주가 본질적으로 확정되어 있으며 인간이 무지 속에서 헤매거나 오류를 범하지 않고 늘 목적에 맞는 행동을 하려면 우주의 법칙을 완전하게 조사해놓는 것이 인간이 해야 할 일이라는 믿음을 따랐으나, 현대 과학은 이번엔 이 세상이 불확정성을 가지고 있으며 정상과 질서, 평형이 아니라 우연과 예외가 엄청나게 많이 작용한다는 인식 쪽으로 방향을 바꾸었다. 과학자들 역시 그 동안의 습관에 충실하게, 과학적 절차를 거친 이 뉴스를 그들이 처음으로 그러한 직감을 받은 영역에, 즉 인간사와 인간 행동이라는 세계에 들려주었다. 그리하여 우리는 가령 당대의 과학 정신으로 충만한 철학을 설파하여 대중적 영향력을 얻은 다비드 뤼엘David Ruelle의 글에서 "확정된 질서가 우연이라는 무질서를 낳는다"는 말을 읽게 된다.

경제학 보고서들은 (…) 입법자들과 주요 정부 관료들의 역할이 그 사회에 유리한 방향으로 평형상태를 찾아내어 실행하는 것이라는 인상을 준다. 그러나 물리학에서 드러나는 혼돈의 예들은 어떤 역동적 상황이 평형상태로 가지 않고 일시적 혼돈과 예측 불가능한 발전을 촉발한다는 것을 가르쳐준다. 따라서 입법자들과 주요 관료들은 더 나은 평형상태를 창출하고자 하는 그들의 결정이 의도와는 다르게 격렬하고 예측 못한, 엄청난 재앙으로 이어질 수도 있는 진동을 창출할 수도 있다는 점을 명심해야 한다.[83]

일이 현대의 주요 가치로 떠오르게 된 이유들 중에서도 으뜸은, 무형의 것들에 형태를 제공하고 일시적인 것들에 지속성을 부여하는 놀랍고도 기적 같은 능력이 있다는 것이다. 이 능력 덕분에 일은 가장 중요하고 결정적인 역할을 마땅히 부여받을 수 있었다. 미래를 [가축처럼] 길들이고 마구를 얹어서 식민화하려는 근대적 야심을 품고, 혼돈을 질서로, 우연성을 예측 가능한(따라서 통제 가능한) 사건들로 교체하는 과정에서 말이다. 일은 수많은 덕목과 유익한 효과를 가진 것으로 간주되었는데, 예컨대 일을 하면 부가 늘어나고 불행이 사라진다는 식이다. 그러나 일에 부여된 모든 장점에는 그것이 질서를 창출한다는, 인류를 스스로의 운명에 대한 책임자로 만드는 역사적 행위에 공헌한다는 전제가 놓여 있었다.

위와 같은 의미로 이해된 '일'은 인류가 자신들의 역사를 만들 때, 하려고 마음먹어서가 아니라 운명적으로 천성적으로 마땅히 하기로 되어 있는 행위로 이해되었다. 그리고 '일'은 인류의 모든 구성원 하나하나가 모두 떠맡아야 할 집단적 노력 같은 것으로 간주되었다. 나머지 것들은 모든 일의 결과일 뿐이었다. 일이 부과되는 것은 인간의 '천부조건'이며 일에서 벗어난다는 것은 비정상이었다. 그 천부조건으로부터 벗어나는 것은 끝없는 가난과 불행, 박탈과 타락의 원인을 제공하는 것이었다. 개인들은 그들이 하는 일이 전체 인류가 행하는 노력에 가치 있는 공헌을 했는가에 따라 서열이 매겨졌다. 또한 일은 인간 행위 가운데 최고의 지위를 부여받고, 일을 함으로써 개인의 도덕성이 개선되고 전반적으로 사회의 도덕 기준도 상승하게 된다고 여겨졌다.

'불확실성'이 영구적인 것이 되고 그런 식으로 보이게 되면, 이 세상에 존재한다는 것은 법칙의 구속을 받거나 법칙을 따르는, 논리적이고 일관되며 점증적으로 진행되는 일련의 행위가 아니라, 차라리 하나의 게임으로 여겨지게 된다. 이 게임에서는 '저 바깥세상'이란 것이 게임 참가자 중 한 명이 되어 다른 참가자들처럼 자기 패를 숨기고 경기를 한다. 여느 게임에서와 마찬가지로 미래에 대한 대비책이 일시적이고 변화무쌍하고 변덕스럽기 십상이어서 바로 다음 몇 걸음 이상 나아갈 수가 없다.

인간의 노력이라는 지평에 궁극적 완벽 상태는 보이지 않고, 어떤 노력을 기울여도 결점 없는 효율성은 불가능하다는 불신만 생긴다. 장기간에 걸친 일관되고 목적 지향적인 노동 속에서 '전체적' 질서라는 개념을 층층이 쌓아올린다는 게 도무지 말이 안 되는 것처럼 여겨진다. 현재를 고수하지 않으면 않을수록, 설계도에서 '미래'를 포용할 여지는 적어진다. '미래'라는 이름표가 붙은 시간의 연장선은 점점 짧아지고 삶이라는 전체로서의 시간은 '한 번에 하나씩'의 에피소드들로 얇게 저며지게 된다. 지속성은 이제 더 이상 발전의 표지판이 되지 못한다. 한때 점증적이고 장기적 성질을 띠던 진보는 계속 이어지는 개별 에피소드들의 요구 사항들보다 뒷전에 놓이게 된다. 개별 에피소드들은 장점이 충분히 드러나고 완전히 소비되어야 한다. 유연성이라는 가르침이 지배하는 삶에서, 삶의 전략과 설계는 단기적인 것이 될 뿐이다.

최근에 자크 아탈리Jacques Attali는, 오늘날 비록 은밀하게일망정 미래에 대한 우리의 사고와 그 미래에서의 우리의 역할을 지배하게 된 것은 미로 이미지라고 시사했다. 미로 이미지는 현 단계의 우리 문명을 거울처럼 비추어준다는 것이다. 미로는 인간조건에 대한 하나의 알레고리로서 유목민들이 정착민들에게 전송한 하나의 메시지다. 천년왕국은 지났고, 정착민들은 마침내 미로 같은 운명이라는 도전에 임할 자기 확신과 용기를 얻게 된다. 아탈리가 지적한 것처럼, "모든 유럽언어에서 **미로**는 인위적 복잡성, 무익한 어둠, 가혹한 체제, 뚫고 나갈 수 없는 덤불과 동의어이다. '명료함'은 논리와 동의어가 되었다."

정착민들은 담장을 투명하게 하고, 구불구불한 통로를 직선으로 만들고 곳곳에 표지판을 마련하고 복도마다 환하게 불을 밝히기 시작했다. 그들은 또한 모든 미래의 여행자들이 어떤 길로 가야 하고 어떤 길을 피해야 하는지에 관한 정보를 담은 안내책자와 선명하고 확실한 설명서들을 만들어내었다. 그들은 이 모든 수고를 다 해놓고 나서는, 미로가 여전히 끄떡없이 제자리에 버티고 있다는 사실을 알아차렸다. 변한 게 있다면, 판별하기 힘들게 제멋대로 엇갈려 찍힌 발자국들 덕분에 미로는 더욱 복잡해지고 종잡을 수 없게 된 것, 불협화음처럼 들려오는 명령들과 이리저리 뒤틀린 새 통로가 이미 떠나온 길에 끊임없이 덧붙여졌다는 것, 한번 빠져들었던 막다른 길들에 새로운 막다른 길이 얽히고 붙어서 혼란과 위험을 가중시킨다는 것이다. 정착민들은 '내키지 않는 유목민'이 되어, 그들이 처음 역사적 여행을 시작했을 때 받았던 메시지를 뒤늦게 떠올리고, 잊힌 내용—어쩌면 '그들의 미래에 꼭 필요한 지혜'를 담고 있을—을 복구하려고 필사적으로 애쓰고 있다. 다시 한번, 미로는 인간 조건의 지배적 이미지가 되었고, 그 의미는 "그 어떤 법칙도 없이 그냥 길이 펼쳐진 모호한 장소다. 우연과 느닷없는 놀라움이 미로를 지배하며, 이는 순수 이성의 패배를 알린다."[84]

타협의 여지가 없는 미로 같은 세상에서 인간의 노동은 삶의 다른 양상들과 마찬가지로 자족적 에피소드들로 분할되었다. 또한 인간이 해야 하는 다른 행위들과 마찬가지로, 행위자의 의도에 일치하는 목표는 자꾸만 회피하는 듯 물러나는데, 어쩌면 그것은 달성할 수 없는 것일 수도 있다. 일은 질서를 세우고 미래를 통제하는 세상에서 게임의 영역으로 떠내려 왔다. 일하는 행위는 조심스럽게 단기 목표를 세워 그저 한두 걸음만 내딛는 게임 참가자의 전략처럼 되었다. 중요한 것은 한 걸음마다 얻게 되는 즉각적 결과로, 그것은 바로 그 현장에서 소비될 만한 것이어야 한다는 것이다. 이 세상은 너무 멀리 떨어져 있는 다리들로 가득한 게 아닌가 하는 의심을 받기에 이르렀고, 그 다리들은 우리가 그곳에 도달하기 전에는 건널 엄두도 안 내는 편이 나을 수도 있다. 그곳에 도달하는 건 요원할 수도 있으니 말이다. 장애물들을 만나면 하나하나 차례로 처리해나가야 한다. 왜냐하면 삶은 일련의 에피소드들이며 각각의 에피소드들은 고유한 대차대조표를 갖고 있어서 별개로 계산되어야 하기 때문이다. 삶의 도로는 똑바로 뻗어 있지 않으며, 한 고비를 넘긴다 해도 앞으로 올바른 방향으로 간다는 보장이 있는 것도 아니다.

일 역시 성격이 바뀌었다. 보통 일은 일회용 행위, 사기꾼이나 협잡꾼의 책략과도 같이, 당장 손에 잡힐 만한 것을 목표로 삼고, 손에 들고 있는 것에 자극을 받아 행동하며, 상황을 만들어가기보다 상황에 좌우되고, 계획하고 의도된 행동의 산물이라기보다는 우연을 추구한 결과다. 마치, 에너지를 충전하려고 전기 소켓을 찾아 돌아다니는 법은 잘 알고 있지만 그렇게 돌아다니느라 에너지를 다 써버리는 유명한 사이버 두더지의 경우와 기이하리만치 닮았다.

일은 더 이상 인류가 보편적으로 공유하는 사명을 지니도록 원대하게 계획된 것도, 평생의 천직이라는 웅장한 의도를 지닌 것도 아니게 되었다. 이러한 일의 성격 변화를 표현하기 위해서는 '땜질'이라는 말이 더 적합할지도 모르겠다. 그 종말론적 올가미가 벗겨지고 형이상학적 뿌리가 잘리고 나니, 일은 고체 근대와 무거운 자본주의 시대를 지배했던 가치들의 집합체 속에서 부여받았던 중심의 위상을 잃고 말았다. 일은 이제 사람이 자신을 정의하고 정체성이나 평생의 계획들을 설정하고 수정할 때 중심이 되는 확고한 축을 제공하지 못한다. 또한 이제 더 이상 그것은 사회의 윤리적 기초 혹은 개인의 삶의 윤리적 축이라고 손쉽게 간주할 수도 없게 되었다.

그 대신, 일은 다른 삶의 행위들과 나란히, 주로 미학적 중요성을 획득하게 되었다. 일은 미래 세대의 축복은 고사하고 우리 시대 형제자매의 인간미나 우리 민족과 조국의 힘에 끼칠 진정한 또는 잠정적 효과로써 평가되기보다는, 그 자체로 만족스러운 어떤 것이어야 한다. 극소수의 사람들만이 ― 극소수라는 것도 아주 드문 경우이지만 ― 자기들이 수행하는 일이 참으로 중요한 공익을 위한 것이라면서 특권이나 위엄, 명예를 요구할 수 있다. 이제는 더 이상 일이 그것을 행하는 사람들을 '고귀한 인간', '더 나은 인간'으로 만들어주리라 기대하는 법이 없으며, 그러한 이유로 일이 칭송받는 경우는 거의 없다. 일은 생산자요 창조자라는 윤리적, 프로메테우스적 천직의 의미라기보다는, 감각을 추구하고 경험을 수집하는 소비자의 미학적 필요와 욕구를 만족시키고 즐겁게 해주는 능력 여부로 평가되고 측정된다.

노동의 부흥과 쇠락

《옥스퍼드 영어사전》에 따르면, '노동labour'이라는 말을 "사회의 물질적 필요를 공급할 목적으로 행해지는 육체적 힘씀"이라는 뜻으로 처음 사용한 기록은 1776년에 있다. 한 세기가 지나서 그 말은 원래의 뜻에 덧붙어서, 생산에서 이 부분을 담당하는 사람을 뜻하는 "일반 노동자와 숙련공에 대한 일반적 지칭"이 된다. 그리고 그 직후 두 가지 의미를 연결시켜 노동조합이나 그 밖의 단체들까지 의미하게 되면서 두 의미 사이의 연관성은 강화되었고, 이 말은 정치적 이슈나 정치적 힘을 행사하는 수단을 의미하게 되었다. '노동의 삼위일체' 구조를 부각시켜 소개한 영어의 사용은 주목할 만하다. 일('육체적 정신적 수고')에 부여된 의미, 하나의 계급으로 일하는 사람들의 자체 구성, 그리고 그 자체 구성에 깔려 있는 정치를 면밀히 연결시키고 있기 때문이다(정녕 운명적 정체성에 연결된 의미론적 접근이다). 달리 말하자면, 육체적 수고를 사회의 부와 복지의 원천으로 간주하는 것과 노동운동의 자기주장을 연결하고 있다. 이 삼위일체는 함께 일어나고 함께 쓰러진다.

대부분 경제사가들은, 부와 소득 수준에 관한 한, 힘의 정점에 놓였던 문명들 간에 별 차이가 없다는 점에 동의하고 있다(예컨대 폴 배록Paul Bairoc이 발견해 정리한 자료 참조[85]). 1세기 로마나, 11세기 중국, 17세기 인도의 부의 정도는 산업혁명 진입기의 유럽의 부와 그다지 다르지 않았다. 일부 추정에 따르면 18세기 서

유럽의 일인당 소득은 그 시기의 인도나 아프리카, 중국의 일인
당 소득과 비교하여 30퍼센트 정도밖에 높지 않았다. 그러나 이
러한 소득 격차를, 상상할 수 없을 정도로 바꾸어 버리는 데에는
백 년이 채 걸리지 않았다. 1870년에 이르러, 산업화된 유럽의
1인당 소득은 세계 최빈국들의 1인당 소득의 11배였다. 그 다음
세기에 이 수치는 5배나 증가하여 1995년에는 50배를 기록했
다. 소르본의 경제학자 다니엘 코엔이 지적한 대로, "국가 간 불평
등 현상은 최근에 발생한 것이라고 나는 단언한다. 이 현상은 최
근 두 세기 동안의 산물이다."[86] 노동을 부의 원천으로 보는 생각,
그러한 생각 위에서 탄생하여 발전한 정치 역시 두 세기의 산물
이다.

전지구적인 새로운 불평등과 새로운 자신감, 그리고 그에 따
르는 우월감은 전례 없는 것으로, 그야말로 가히 장관이었다. 이
러한 느낌들을 지적으로 이해하고 이에 동화하는 데는 새로운 개
념, 새로운 인식틀이 필요했다. 새롭게 탄생한 정치경제학이 그
러한 개념과 틀을 보급하였고, 이는 산업혁명 초기까지 근대 역
사 단계에 이르는 길에 함께했던 중농주의와 중상주의 사상을 대
체하게 되었다.

혹자는 다음과 같이 말할 수도 있겠다. 이러한 새로운 개념들
이 스코틀랜드에서 만들어지게 된 것이 '우연이 아니다'라고 말
이다. 스코틀랜드는 국내외로 산업적 격변의 본류로, 이에 연루
되어 있는 동시에 일정한 거리를 둔 상태였으며, 새롭게 출현하
는 산업질서의 중심이 될 나라와 물리적으로, 또 심리적으로 가

까우면서도 잠시 동안은 그 경제적 문화적 충격에 영향을 받지 않을 수 있었다. 통상 '중심'을 전적으로 지배하게 된 경향은 '주변'에 속한 곳들에서 가장 즉각적으로 탐지되고 가장 분명하게 발언된다. 문명의 중심 그 외곽지대에 산다는 것은 현상을 분명하게 관찰할 만큼, 그것도 현상을 '객관화'해서 볼 만큼 가까운 곳에 있다는 것을 뜻하는 것이며, 그리하여 그 인식을 개념화하여 빚고 응축시키기에도 충분하다는 뜻이다. 따라서 다음과 같은 복음이 스코틀랜드로부터 날아든 것도 '단순한 우연'이 아니다. 부는 일로부터 오나니, 노동이 부의 으뜸가는, 아마도 유일한 원천이기 때문이로다.

한참 뒤에 칼 폴라니가 칼 마르크스의 통찰을 새롭게 고찰하며 제안한 대로, 새로운 산업질서를 가동시킨 '대변환'의 시점은 노동자들을 그들의 생계의 원천에서 분리한 것이었다. 그 중대한 사건은 더욱 포괄적인 출발의 일부였다. 즉, 생산과 교환이 좀 더 일반적인, 실로 모든 것을 아우르는 분리 불가능한 삶의 방식에 더 이상 기입되지 않는 것이었다. 그리하여 (토지, 화폐와 함께) 노동이 그저 상품으로 간주되고 취급되는 상황이 생겨났다.[87] 이 새로운 단절로 말미암아, 노동력과 그 보유자들이 자유롭게 이동하거나 이동되고, 다른('더 나은'―더 유용하거나 더 수지가 맞는) 용도에 쓰이도록 새롭게 결합되고, 다른('더 나은'―더 유용하거나 더 수지가 맞는) 조합에 속하는 게 가능해졌다고 볼 수 있다. 우리의 일상생활에서 생산행위를 분리함으로써 '육체적 정신적 힘씀'은 그 자체로 하나의 현상으로 굳어지게 된다. 즉, 모든 사물들과 똑같이 취급되는 하나의 '사물'로서, '거래되고' 위치를 바꿀 수 있으며 다른 '사물들'과 결합되거나 분리될 수 있게 된다.

그러한 분리가 일어나지 않았더라면, 노동 개념이 '자연적으로' 속해 있던 '총체성'에서 정신적으로 분리되거나 자족적 대상으로 집약될 가능성은 없었을 것이다. 산업화되기 이전의 부에서 '토지'는 땅을 갈고 추수하는 사람들이 있음으로써 완전해지는, 그런 총체성을 지닌 것이었다. 지금까지와 전혀 다른, 산업적 사회의 도래를 선포하게끔 이끈 새로운 산업질서와 개념적 네트워크는 영국에서 탄생하였다. 영국은 자국의 농업인구를 파멸시키면서 토지와 인간의 노력과 부 사이의 '자연적' 고리를 파괴했다는 점에서 인근 유럽의 다른 국가들과 확연히 구분되었다. 토지 경작자들은 언제든 사용할 수 있는 이동 가능한 '노동력'의 보유자나 운반자로 보이기 위해 우선은 한가하며, 이리저리 떠돌고, '주인 없는' 상태가 되어야 했는데, 그들의 노동력은 그 자체로 잠정적 '부의 원천'이라고 지칭되었다.

노동자들이 새롭게 보유하게 된 한가함과 뿌리 뽑힘의 상황은 당대의 좀 더 성찰적으로 사고하는 사람들에게 노동의 해방으로 비추어졌다. 전체적으로 인간 능력이 그 당혹스럽고 수치스러운, 비좁은 마을의 제약과 습관의 힘, 무기력의 세습으로부터 해방된다면 신명 날 일이었다. 그러나 '자연적 제약'으로부터 해방된 노동이라고 해서, 자유롭게 떠돌며 어디에도 속하지 않거나 '주인 없는' 상태로 노동을 오래 놓아두는 것도 아니었다. 노동이 자율적이고 자체적 결정권을 가져 자기 마음대로 시작되거나 계속할 수 있는 것은 더더욱 아니었다. 그러한 해방이 있기 전 노동이 속해 있던 자생적 '전통적 생활방식'은, 이제는 폐지되거나 효력을 상실하여 다른 질서로 대체되려는 참이었다. 그러나 이번에 오게 될 것은 미리 예정된 질서로, 목적 없이 떠도는 운명이나 역사의 흐름 밑으로 어쩌다 침전물처럼 쌓이게 되는 것이 아니라 이성적 사고와 행동의 산물이었다. 노동이 부의 자원이라는 것을 알게 되면서부터 이성이 할 일은 최상의 효율성으로 그 자원을 채굴하고 간척하고 개발하는 것이 되었다.

현대의 이러한 떠들썩한 시대정신에 물든 일부 논객들은(칼 마르크스가 그중 으뜸일 텐데) 낡은 질서가 사라지는 것을 계획적 폭발의 결과로, "견고한 것들을 녹이고 신성한 것들을 세속화하는" 경향을 지닌 자본이 파묻은 폭탄에 의한 폭발로 보았다. 토크빌처럼 그러한 해석에 다소 회의적이고 상대적으로 덜 열광적이었던 다른 이들의 경우, 옛 질서의 퇴조는 폭발이긴 하되 바깥을 향한 것이 아니라 내부를 향한 폭발이었다고 보았다. 과거를 회고하면서 이들은 (회고를 할 때면 언제나 모습을 드러내거나 가정되는) 구체제의 심장부에서 종말의 맹아를 발견했으며, 새롭게 등장한 주인이 뽐내며 활보하고 다니는 것도 그저 시체가 돌연 움직이는 정도의 것, 혹은 옛 질서가 이미 오래전 절망에 휩싸여 써보았지만 종말을 피하거나 미루는 데는 별 소용이 없었던 특효약과 똑같은 약을 다시금 의욕과 결의를 가지고 써보려는 것에 지나지 않는다고 간주하였다. 그러나 새로운 체제의 전망과 그 지배자들의 의도에 관해서는 이견의 여지가 별로 없었다. 이제 효

력을 상실한 옛 질서는 자신보다는 덜 취약하고 더 생명력이 있
는 새 질서에 의해 대체될 운명이었다. 녹아버린 것들이 남긴 빈
자리를 채울 새로운 고체성의 것들이 구상되고 건설되어야만 했
다. 떠돌며 흐르는 것들은 다시금 그 어느 때보다도 단단하게 닻
을 내려 붙잡아두어야 했다. 같은 의미로 최근 유행하는 말로 표
현하자면, '탈배태된 것들'은 조만간 '다시 배태시킬' 필요가 있
었다.

　낡은 지역적/공동체적 유대를 허물고, 습관적 방식과 관습적
법칙에 전쟁을 선포하고, 과거와 매개하는 모든 힘들을 갈아서
분쇄하는 일, 이 모든 일의 전반적 결과는 '새로운 시작'이라는 혼
미한 망상이었다. '고체의 것들을 녹이는 것'은 강철 기둥을 세우
기 위해 철을 녹이는 것처럼 느껴졌다. 녹아서 이제 액체가 된 현
실들은 새로운 수로를 따라 새로운 주형틀에 담겨 어떤 형태를
갖출 태세가 된 것처럼 보였다. 아무리 야심만만한 목표라 하더
라도, 생각하고 발견하고 발명하고 계획하고 행동하는 인간의 능
력을 능가하지는 못할 것처럼 보였다. 행복한 사회, 행복한 사람
들이 사는 사회가 바로 다음 모퉁이까지 와 있다고는 할 수 없었
지만, 철학자들의 설계도에는 이미 그 사회의 도래가 임박했음이
예견되고 있었고, 실천가들의 방과 지휘소에서는 그 대략의 윤곽
에 생동감을 부여하고 있는 참이었다. 철학자들과 실천가들이 공
히 노고를 쏟아부은 목표는 새로운 질서의 건설이었다. 새롭게
찾은 자유는 미래의 질서정연한 일상을 불러오려는 노력 속에 전
략적으로 배치되어야 했다. 어떤 것도 변덕과 예측 불가능한 과

정, 우발과 우연에 방치되어서는 안 되었으며 모든 형식은 좀 더 유용하고 효율적으로 개선된다는 전제 하에서만 현재 형식을 유지할 수 있었다. 이리저리 떠다니는 잡동사니와도 같은 과거의 필연은 물론이고, 막 난파당한 유배자들이나 표류자들을 뭍으로 끌어올려 각각의 처지에 맞게 터전을 마련해주고 정착시키는 일을 하면서도, 현재로서는 헐겁기만 한 모든 목표들도 다시금 단단히 묶어야 할 이 새로운 질서란 엄청나게 방대하고 돌이나 강철 같은 속성의 고체로 오래오래 버틸 수 있도록 만들어져야만 했다. 큰 것은 아름다웠고, 합리적이었다. '크다'는 것은 힘, 야심, 용기를 의미했다. 새 산업질서가 건설되는 현장 곳곳에는 이러한 힘과 야심의 기념물, 파괴할 수 있든 없든 적어도 겉으로는 파괴할 수 없을 것처럼 보이게 만들어진 기념물들이 늘어섰다. 담장 안의 육중한 기계류와 기계공들로 가득한 거대한 공장들, 수로와 다리들, 영원을 숭배하는 의식과 신도들의 영원한 영광을 위해 세워진 고대 사원과 경쟁이라도 하듯 웅장하게 세워진 기차역들로 방점이 찍히는 철도들의 복잡한 도로망들이 그 기념물들의 예이다.

"역사는 헛소리다"라고, "우리는 전통을 원치 않는다"라고, "우리는 현재를 살고 싶고, 쥐뿔만큼이라도 가치 있는 역사는 우리가 오늘 만드는 역사"라고 선언했던 바로 그 헨리 포드가 어느 날 자기 근로자들의 임금을 두 배로 올리면서, 그 이유를 자신의 노동자들이 포드 자동차를 타길 원하기 때문이라고 했다. 물론 이것은 농담조의 설명이었다. 포드 노동자들이 차를 산다 해도 그

숫자는 전체 판매량에서 극히 미미한 정도였지만 임금을 두 배로 올린다는 것은 포드의 생산원가에 엄청난 부담이었으니 말이다. 관례를 깨는 조치를 취한 진정한 이유는 성가실 만큼 높아진 노동의 이동성을 저지하고 싶었기 때문일 것이다. 그는 노동자들이 일단 포드에 들어오면 영원히 머물기를 바랐으며, 그들이 평생 그곳에서 일을 하여 그들을 훈련하고 가르치는 데 투자한 비용이 제값을 해내길 원했다. 그런 결과를 거두기 위해서는 자기 직원들을 노동력이 완전히 소진될 때까지 직장에 붙들어놓고 떠나지 못하도록 해야 했다. 마치 헨리 포드 자신이 노동자들을 고용하고 그 노동력을 사용하기 위하여 그 부와 권력에 의존하였듯이, 노동자들 또한 **그의** 공장에 고용된 상태에, 그들의 노동력을 소유주에게 파는 상태에 의존해야 했다.

포드는 다른 사람들이라면 마음속으로만 품거나 귓속말로 속삭일 법한 말을 언성을 높여가며 표현했다. 아니 어쩌면 그는, 똑같은 어려움에 처한 이들이 느끼고는 있지만 언변 좋게 표현할 수 없었던 것을 대놓고 말한 것인지도 모르겠다. 포드의 이름을 빌려 고체 근대, 무거운 자본주의에 전형적으로 들어맞는 보편적 유형의 의도와 실행을 설명하는 것은 적절했다. 포드식의 새로운 합리적 질서는 당대의 보편적 경향의 기준이 되었다. 그 질서는 그 시절의 모든, 혹은 대부분의 기업가들이 고군분투하여 드물게 성취해내는 하나의 이상이었다. 그 이상이란 천상의 결혼처럼, 인력으로는 갈라놓을 수 없고 감히 그러려고 생각할 수도 없는 자본과 노동의 결합이었다.

기실 고체 근대는 무거운 자본주의 시대, **상호 의존성**으로 강화된 자본-노동 결합의) 시대이기도 했다. 노동자들은 생계 때문에 고용된 상태에 의존하고, 자본은 재생산과 성장 때문에 노동자들을 고용하는 데 의존했다. 양자가 결합하는 장소는 하나의 고정된 주소였다. 둘 중 어느 쪽도 쉽게 다른 곳으로 옮겨갈 수 없었다. 육중한 공장의 담장들이 공동의 감옥 속에 두 파트너를 감금하고 묶어두었다. 자본과 노동자들은 경제적 형편이 좋든 나쁘든, 병들었든 건강하든 간에, 죽음이 그들을 갈라놓을 때까지 결속되어 있었다. 공장은 그들의 공동 서식지인 동시에 참호전을 벌이는 전투장, 꿈과 희망을 키우는 자연의 고향집이기도 했다.

자본과 노동이 서로 마주보고 함께 결속한 이유는 사고파는 거래 때문이었다. 살아남기 위해 각자는 그 거래에 알맞게 몸을 유지할 필요가 있었다. 자본 보유자들은 노동을 구매할 능력을 유지해야 했고, 노동 보유자들은 장래의 고객들이 망설이지 않을 만큼, 자기 처지 때문에 치러야 할 모든 비용을 구매자들이 짊어지는 일이 없을 만큼, 민첩하고 건강하고 강인하거나 그게 아니라면 매력이라도 있어야 했다. 양편 모두 서로를 적절한 상태로 유지하도록 하는 '기득권'이 있었다. 자본과 노동을 '재상품화'하는 것이 정치, 그리고 최고 정치기관인 국가의 으뜸가는 기능이요 관심사가 된 것도 놀랄 일이 아니다. 국가는 자본가들이 노동을 구매할 적합한 상태인지, 시가대로 지불할 능력이 있는지 감독해야 했다. 실업자들은 진정 '산업예비군'이었고 여하한 경우에도 일하라는 요청이 떨어질 경우 바로 뛰어들 만반의 준비가 된 상태여야 했다. 바로 그러한 일에 전념하기 위해 존재하는 복지국가는, 이것이 없다면 자본도 노동도 성장은커녕 건강하게 목숨을 부지할 수조차 없는, 순수하게 '좌우익을 초월한' 버팀목이었다.

일부 사람들은 복지국가를 일시적 조치라고 보았다. 불행에 대비한 이 집단 보험을 통해 가입자들이 잠재력을 최대한으로 발휘할 수 있을 만큼 과감해지고 영리해지고 위험을 감수할 용기를 갖게 되면, 즉 보험 가입자들이 '자기 발로 서는 것'이 가능해지면 바로 그 운영을 종료해야 한다는 것이다. 좀 더 회의적인 사람들은 복지국가를 집단이 기금을 모아 관리하는 공중위생 장치로 보았다. 자본가 기업 측에서 (꽤나 긴 앞으로의 시간 동안) 재활용할 자원도 의지도 없는 사회 폐기물들을 계속 배출하는 한, 계속 돌려야 하는 정화 및 치유 시설 말이다. 복지국가가라는 것을, 예외들을 처리하고 규범에서 이탈하는 것을 사전에 막으며, 그럼에도 그러한 일이 발생한다면 그 영향력을 최소화시키는 하나의 장치로 보는 데는 일반적인 합의가 있기는 했다. 규범 그 자체는 이의를 제기할 수 없는, 자본과 노동의 직접적인 일 대 일 상호 결합이었고, 모든 중대하고 어려운 사회 현안들은 그러한 결속의 틀 안에서 해결되어야 한다는 것이었다.

젊은 견습생으로서 포드에서 첫 일자리를 잡은 사람이라면 그의 직업 인생이 바로 그곳에서 끝나게 될 것임은 너무나도 분명했다. 무거운 근대에서 시간의 지평은 장기적인 것이었다. 노동자들에게 시간의 지평은 한 직장 안에서 평생 고용되는 것에 드리워져 있었지만, 그 직장의 수명은 노동자들의 수명을 훌쩍 넘어선 것이었다. 자본가들에게 '가족의 재산'은 가족 구성원 한 명의 수명보다는 길게 가야 하는 것으로, 그것은 그들이 물려받거나 건립한, 혹은 가보에 보태려고 마음먹은 공장들과 동의어였다.

요약하자면 이렇다. '장기적' 마음가짐이 경험에서 우러나오는 기대가 되고, 계속되는 경험에 의해 그러한 기대들이 설득력을 갖추고 강화되면서, 노동을 사는 사람들과 노동을 파는 사람들 각각의 운명이 앞으로도 상당 기간 — 편히 말해 영원토록 — 분리할 수 없을 만큼 긴밀히 교직되리라는 것, 그리하여 이웃 간 공정한 규칙을 결정하는 것이 같은 지역에 거주하는 주택 소유자들에게 초미의 관심사이듯이, 그럭저럭 괜찮은 공존 방식을 실천하는 것은 '만인의 관심사'라는 것이다. 그러한 경험이 확립되기까지는 수십 년, 혹은 한 세기가 넘게 걸렸다. 그것은 길고 고된 '고체화' 과정의 끝 무렵에 모습을 나타냈다. 리처드 세넷이 최근 연구에서 밝힌 것처럼 자본가 시대의 태생적 무질서로부터, 여하튼 가장 발전한 경제체제에서 '강한 노조, 복지국가의 보장들, 그리고 거대 기업'이 결합하여 '상대적 안정'의 시기가 창출된 것은 제2차 세계대전이 끝나고부터였다.[88]

문제의 이 '상대적 안정'은 분명 지속적 충돌을 바탕에 깐 것이었다. 루이스 코저Lewis Coser가 그 역설적 의미를 잘 간파한 대로, 안정을 가능케 한 것이 충돌인 만큼 그것은 '기능적'이라 할 수 있다. 좋든 싫든 대립하는 자들이 상호 의존성으로 말미암아 결속되어 있었기 때문이다. 반목과 무력행사, 그리고 그에 뒤이은 협상이 서로 반목하는 양편의 결속을 강화했다. 이는 엄밀히 양편 모두 혼자 살 수는 없었기 때문이고, 양편 모두 수용 가능한 해결책을 찾는 데 그들의 지속적 생존이 걸려 있음을 알고 있었기 때문이다. 계속 서로의 곁에 있어줄 것이라 기대되는 한, 이 공존의 규칙은 강력한 조정, 때로는 신랄하기도 한 반목과 파국, 때로는 제휴와 타협에 초점이 놓였다. 노조들은 무기력한 개개 노동자들을 집단적 협상력을 갖춘 세력으로 탈바꿈시키고 그들의 권리를 약화시키는 규정들을 개정하며 고용주가 임의로 행동하지 못하도록 제약을 가하였다. 상호 의존성이 유지되는 한, 자본주의 초기에 공장에 모여든 기술자들이 분노했던 그 비인간적 시간표(그리하여 E. P. 톰슨이 생생히 기록한 바와 같은 저항을 촉발한)와 거기서 '새롭게 개선된' 버전인 프레더릭 테일러의 악명 높은 시간 측정 방식은, 세넷의 말을 빌리자면, "거대 산업조직의 성장을 위하여 경영진 측이 가하는 억압과 지배"의 행위였지만, 이는 또한 "노동자들이 자신들의 요구사항을 주장할 수 있는 영역, 자기들의 힘을 강화하는 영역"이기도 하였다. 세넷의 결론은 이렇다. "일상은 비굴하게 만들지만 보호를 해주기도 하며, 노동을 해체하지만 삶을 구성해주기도 한다."[89]

이제 상황은 변했고, 다방면의 변화에서 핵심적 요소는 '장기적' 마음가짐을 대체하게 된 새로운 '단기적' 마음가짐이다. '죽음이 우리를 갈라놓을 때까지' 지속되던 결혼은 이제는 찾아보기 힘든 낡은 시대의 것이 되었다. 파트너들은 이제 서로 곁에 오래 있어주길 기대하지 않는다. 최근의 계산에 따르면 보통 정도의 교육을 받은 젊은 미국인은 그/그녀의 노동인생에서 최소 열한 번쯤 일자리를 바꾼다고 한다. 그 변화의 속도와 빈도는 현 세대의 노동인생이 끝나기 전에 더욱 증가할 것이 거의 확실하다. 오늘날의 슬로건인 '유연성'을 노동시장에 적용하면 이는 '우리가 알던 일'에 종말이 오고 있고, 대신 계약서가 있을 수도 있고 없을 수도 있는 단기계약과 '다음번 통고까지'라는 불안정한 지위가 도래하고 있음을 말해준다. 우리의 일하는 삶은 불확실성으로 가득하다.

결혼에서 동거로

물론 이런 상황이 그다지 새로울 게 없다고 말할 수도 있겠다. 노동인생이 불확실성으로 가득한 것은 태곳적부터 그랬다고. 그러나 오늘날의 불확실성은 경악을 금치 못할 새로운 유형이다. 우리의 생계와 그 장래를 엉망진창으로 만들지도 모를 이 두려운 재앙은 쫓아버릴 수도 없고, 최소한 맞서 싸울 수도 없는, 논쟁하고 합의하고 강제하여 얻은 조치들을 통해 단결하여 파국의 정도를 완화시킬 수도 없는 종류의 것이다. 가장 끔찍한 재앙이 제멋대로 강타하면서, 기괴한 논리로 혹은 도무지 논리랄 것도 없이 희생양을 골라 변덕스럽게 주먹을 여기저기 휘두르기에, 누가 끝장날지, 누가 살아남을지 예상할 도리가 없다. 오늘날의 불확실성은 강력한 **개인화**의 힘이 되고 있다. 통합하기보다는 분리하며, 다음날 눈을 떠보면 어떤 식으로 분리될지 알 수 없기 때문에 '공공의 이해'라는 개념은 점점 더 불명확해지고 실용적 가치를 송두리째 잃고 있다.

오늘날 공포, 근심, 슬픔은 혼자 감당하게끔 되었다. 이것들이 쌓여 '공동의 명분'으로 모아지는 일은 없으며, 그 주소가 분명하기는커녕 주소라는 것 자체가 없다. 이런 상황으로 말미암아 과거 합리적 전술로 여겨졌던 단결은 그 위상을 잃고, 노동계급 조직들을 자기방어적, 호전적 조직체로 만든 것과는 한참 다른 삶의 전략을 구사해야 할 필요가 생겼다. 피에르 부르디외는 현재 고용에서 일어나는 변화로 인해 이미 타격을 입었거나 그렇게 될까봐 두려워하는 사람들과 대화하면서, "각종 규제가 풀린 노동과 임시직을 늘리는 방식으로 지원되는 새로운 착취 형태에 직면하여 전통적 노조운동 형식은 적절치 않은 것 같다"라는 말을 수차례나 들었다. 부르디외는 최근 시작된 사태가 "과거의 유대의 토대를 무너뜨렸"으며, "결속 끊기가 전투적 정신과 정치 참여의 죽음에 병행되고 있다"고 결론지었다.[90]

노동의 고용은 단기적이고 변덕스러워져 보장은커녕 확실한 장래 전망이 없는 일시적인 것이 되었고, 승진과 해고 게임에 관한 거의 모든 규정이 휴지 조각이 되거나 게임이 끝나기도 전에 걸핏하면 변경되는 상황에 이르자 서로에 대한 충성과 헌신이 싹을 틔우고 뿌리내릴 가능성은 거의 없어졌다. 장기적으로 상호 의존하는 시대와는 다르게, 이제 어차피 일시적일 수밖에 없게 된 공동의 노력과 그에 따른 합의사항들을 마련하는 지혜에 대해, 비판은 고사하고 첨예하고 진지한 관심을 촉발할 일이 드물어졌다. 고용 현장은 그저 며칠간 찾아가서 서비스를 받아보니 별로 흡족하지 않다 싶으면 언제든지 훌쩍 떠날 수 있는 야영장 같은 곳처럼 느껴진다. 이제 그곳은 공존에 필요한, 받아들일 수 있는 규정들을 만들기 위해 고생을 무릅쓰고 인내심을 가지고 임하는 공동거주지가 아니다. 세넷이 "일시적 관계맺음의 형식이 장기적 결합보다 사람들에게 더 유용하다"라고 주장한 반면, 마크 그래노베터Mark Granovetter는 "취약한 유대"의 시대라고 규정했다.[91]

오늘날의 '액화되고' '흐르고' 분산되고 흩어져 있으며 규정에서 풀려난 근대의 형식이 이혼이나 의사소통의 최종적 단절을 의미하는 것은 아니라 하더라도, **결속 끊기**와 자본과 노동의 연계가 헐거워진 것으로 특징지어지는, 가벼운, 자유롭게 떠다니는 자본주의의 도래를 예견케 하고 있음은 분명하다. 이 운명적 출발을 칭하여 결혼에서 '동거'로 옮겨가는 과정이라 할 만도 한데, 이 과정에 자연히 뒤따르는 태도와 전략적 파생물은, 일시적 동거라는, 즉 동거의 필요나 욕구가 고갈되면 이 결합이 언제라도 또 어떤 이유로도 깨질 수 있다는 가능성을 전제한다. 함께 지낸다는 것이 **서로 득이 되는** 합의와 **상호 의존**의 문제였다면, 결속 끊기는 **일방**의 문제이다. 일방이라 함은, 결합의 한쪽 당사자가 늘 은밀하게 바라왔지만 어렴풋하게라도 그에 대한 속내를 드러낸 적은 결코 없었던 자율성을 얻게 된다는 뜻이다. 저 너머에 살던 '부재지주'는 실제로는 성취한 적이 없었던 것으로, 자본은 과거에는 꿈도 못 꿀 새로운 이동의 자유를 통해 노동에 대한 의존에서 벗어나게 되었다. 재생산, 자본의 증대, 수익과 배당금, 주식 보유자들의 만족시키는 일들은, 특정 지역 내의 노동과 결합이 지속되어야 할 필요가 사라지면서 자율성을 얻게 되었다.

물론 이러한 자율성이 완성된 것은 아니며 자본은 아직 자기 바람대로 애써온 만큼 그렇게 민첩하지 못하다. 지리적 내지 지역적 요소는 대부분의 경우 계산에서 아직은 고려되어야 하고 지역 정부들의 '방해'도 여전히 자본의 자유로운 이동에 난감한 제약으로 기능한다. 그러나 자본은 전례 없이 초지리적이고, 가볍고, 모든 짐을 훌훌 벗어던진 채 실물 기반에서 벗어나고 있으며, 이미 달성한 공간적 이동성은 지리적 구속을 받는 정치집행 주체들을 위협하여 순순히 자신들의 요구에 응하도록 굴복시킬 정도가 되었다. 지역적 유대를 끊고 다른 곳으로 이동하겠다는 위협(암묵적이어서 그저 추정만 되는)에 대해, 책임감 있는 정부라면 그를 통해 이득을 얻고 정부 기능을 유지하기 위해, 자본이 투자를 그만두겠다는 위협을 거두어들이도록 가능한 모든 정책을 실시하면서 최대한 신중한 사안으로 다루어야 했다.

전례가 없을 정도로, 오늘날의 정치는 자본이 움직이는 속도와 지역 실권자들의 '(그 속도를) 늦추는 능력' 간의 전투 같은 것이 되고 있는데, 여기서 승산이 없는 싸움을 하는 것처럼 느끼는 쪽은 지역 기구들이다. 유권자들의 안녕에 헌신하는 정부라면, 자본이 자국으로 들어오게 하고, 일단 들어오면 관광객처럼 하루

하루 숙박료를 내며 호텔방에 머무는 게 아니라 사무실들이 자리 잡은 마천루들을 세워달라고 감언이설을 할 도리밖에 없다. (자유무역 시대의 흔한 정치용어를 빌자면) '자유로운 기업 활동을 위한 더 나은 환경을 만드는 것', 이는 곧 정치 게임을 '자유로운 기업'의 규칙에 알맞게 바꾼다는 것으로, 이를 통해서만 자본 유치를 이룰 수 있고, 이루려고 시도해볼 수 있다. 즉 규제완화가, '기업 활동 규제' 법률과 조항들을 무력화시키고 휴지 조각으로 만들기 위해 정부가 재량껏 입법권을 사용함으로써 정부의 힘을 자본의 자유를 억제하는 데 쓰지 않겠다는 정부의 선서가 신뢰할 만하고 확실한 것이 된다. 정부가 정치적으로 관장하는 지역이 전지구적으로 사고하고 행동하는 자본이 장차 일을 해나가려 함에 우호적이지 않다는, 혹은 옆 나라들보다는 덜 우호적이라는 인상을 줄 만한 모든 조치를 억제하는 것이다. 실제로 이는 낮은 세금, 거의 없다시피 한 규제들, 그리고 무엇보다도 '유연한 노동 시장'을 의미한다. 좀 더 일반적으로는, 자본이 앞으로 어떠한 조치를 취한다 해도 사람들은 이에 조직적 저항을 할 능력도 안 되고 그럴 생각도 없이 고분고분하다는 것을 의미한다. 역설적이게도, 정부들은 자본이 떠나겠다는 사전통고를 촉박하게 하거나 아예 통고조차 없이 훌쩍 떠날 자유를 확연히 보장해 주어야만 자본을 제자리에 붙들 희망이 있다.

육중한 기계와 거대 공장의 직원들이라는 무거운 바닥짐을 훌훌 던져버리고, 자본은 그저 선실 짐칸에 넣을 만큼 가벼운 짐만 들고 가볍게 여행한다. 짐은 서류가방, 휴대용 컴퓨터, 그리고 휴대전화가 전부다. 민첩함에 대한 새로운 태도는 모든 결속, 그 중에서도 특히 안정적 결속을 대번에 쓸데없고 우둔한 것으로 만들어버린다. 일단 움직임이 시작되면, 그것은 갑자기 방향을 바꾸고 생산성을 더 높일지도 모를 다른 옵션들을 사전에 제거하여 바람직한 경쟁노선에서 일탈하려 한다. 전세계의 주식 매매와 경영진들은 '감량', '감원', '회사 분할' 같은, '올바른 방향'으로 가는 모든 결속 끊기의 조치들에 기꺼이 보상을 해주려 한다. 반면 회사가 증원이나 고용확대, 또는 장기적 계획이라는 '수렁에 빠져들었다'는 소식을 접하면 즉각 처벌을 한다. 후디니식 '탈출 마술가'들의 사라지는 기술, 도피와 회피의 전략, 필요하다면 언제든 달아날 수 있는 민첩함과 능력, 이러한 결속 끊기와 비非헌신의 새로운 정책의 축이 오늘날 경영상에서는 지혜와 성공의 증표이다. 오래전에 미셸 크로지에가 지적하였듯이, 불편한 결속과 성가신 헌신에의 의무, 자유로운 책략 구사를 막는 의존성에서 해방되는 것은 언제나 지배자가 가장 좋아하는 효율적 무기였지만, 오늘날 그 무기의 공급과 이를 사용할 능력은 이전의 근대 역사에서 그랬던 것보다 훨씬 덜 공평하게 나누어지는 것 같다. 오늘날 아마도, 사회 계층화와 지배서열의 가장 으뜸가는 요인이 되고 있는 것이 바로 이동 속도이다.

이익의 주요 자원, 특히 미래 자본의 큰 이익을 만들어낸 것은, 점점 더 **물질적 대상**보다는 **아이디어**가 되고 있으며, 그 추세가 꾸준히 심화되고 있다. 아이디어는 일단 만들어지면, 그 후에는 그에 이끌리는 구매자/고객/소비자들인 사람들의 수효를 바탕으로 계속 부를 발생시킨다. 아이디어가 이윤을 남기도록 하는 문제에서는, 경쟁대상은 생산자가 아니라 소비자이다. 오늘날 자본의 결속이 주로 소비자들과의 결속인 것도 놀라운 일이 아니다. 이 영역 안에서만 '상호 의존'을 거론하는 것이 말이 된다. 자본은 경쟁력과 효율성, 이윤 창출에서 소비자에게 의존적이다. 그리고 그들의 일정은 소비자가 존재 여부, 혹은 매물로 나온 그 아이디어에 대한 수요를 소비자가 생산하고 산출하고 강화할 가능성에 의해 마련된다. 여행을 계획하고 자본의 지역 이탈을 촉발하는 문제에서 노동력은 그저 부차적 고려사항일 뿐이다. 따라서 어느 지역의 노동력이 자본(좀 더 일반적으로는 고용과 일자리 획득의 상황)을 그 자리에 '지속시키는 힘'은 막대하게 줄어들었다.

로버트 라이히Robert Reich[92]는 현재 경제활동에 참가하는 사람들을 넓게 네 부류로 나누었다. '상징 제작자들', 그러니까 아이디어가 바람직하고 시장성이 있도록 하는 방법을 고안하는 사람들이 첫 유형이다. 그리고 노동의 재생산에 참여하는 이들(복지국가의 교육자들이나 다양한 공무원들)이 두 번째 유형에 속한다. 세 번째 유형은 '개인 서비스'(존 오닐John O'Neill이 '피부 무역skin trades'이라 분류한 직업 유형)에 종사하는 사람들로, 서비스를 받는 사람들과 직접 맞대면해야 하는 이들인데, 상품에 대한 욕망의 생산자들이 이에 해당한다.

마지막으로 네 번째 유형은 지난 한 세기 반 동안 노동운동의 '사회적 토대'를 형성한 사람들을 포함한다. 라이히의 용어로는, 이들은 공장 생산라인이나 (최신판 공장에서는) 컴퓨터 네트워크와 자동기록기 같은 전자장치들에 묶인 '일상 노동자'들이다. 오늘날 경제체제에서 그들은 가장 소모적이고, 일회적이며 교환을 한다 해도 상관없는 부분인 것 같다. 그들의 취업 요건에는 특정한 기술이나 고객과의 사회적 교류 기술 같은 것이 포함되지 않는다. 다른 사람으로 대체하기도 쉽다. 고용주가 무슨 수를 써서라도 그들을 붙잡아두고 싶어 할 만큼의 특별한 자질을 갖춘 경우도 드물다. 그들의 권한이란 것은 그저 거의 바닥난 미미한 협상력뿐이다. 그들은 자신들이 일회용이라는 것을 잘 알고 있기 때문에 그들의 직업에 애정을 갖고 헌신하는 것, 동료들과 관계가 오래 지속되도록 노력하는 것이 아무 의미가 없다는 것을 알고 있다. 그 안에 도사린 좌절을 피하기 위해 그들은 직장에 충성하거나 자기 삶의 목표를 직장의 미래 속에서 찾으려고 하지 않도록 조심한다. 이는 노동시장의 '유연성'에 대한 당연한 반응인데, 이를 개인 삶의 체험으로 해석해보자면 장기적 안정이란 것은 이들이 현재 하고 있는 일과 거의 관련이 없는 것이다.

이십여 년 만에 뉴욕의 제과점을 다시 찾은 세넷이 알아낸 것처럼, "감원으로 이리저리 쥐어짜는 통에 노동자들의 사기와 열의는 급격히 떨어졌다. 살아남은 노동자들은 잘려나간 사람들에 대해 자신들이 거둔 승리를 축하하기보다는 다음에 그들에게 날아들 타격을 기다리고 있었다." 그러나 그는 노동자들에게서 자신들의 일과 일터에 대한 관심이 줄어들고, 그 미래를 향해 생각과 에너지를 쏟아 부으려는 바람이 사라지는 또 다른 이유에 대해 이렇게 덧붙인다.

조각하는 일에서부터 식사 시중을 드는 것까지 모든 형태의 일에서 사람들은 그들의 능력을 시험하는 어려운 일과 스스로를 동일시한다. 그러나 이 유연한 일터에서는 다양한 언어를 쓰는 노동자들이 불규칙적으로 들락날락하고 매일매일 완전히 다른 주문이 오기 때문에 기계가 유일하게 진짜 주문의 기준이 된다. 따라서 기계를 작동하는 것이 누구에게나 쉬워야 한다. 유연한 체제에서 난해함은 비생산적이다. 끔찍한 역설로, 난해함과 거부감을 줄일수록 우리는 사용자들이 무비판적이고 무관심한 행동을 하게끔 하는 상황을 만든다.[93]

새롭게 분화된 사회의 반대극 주변, 가벼운 자본주의의 권력 피라미드 맨 꼭대기에, 공간이 그다지 중요하지 않은 사람들이 순회하고 있다. 이들은 몸을 어디 두더라도 그곳에서 벗어나 있다. 그들은 자기들을 만들고 힘을 부여해준 새로운 자본주의 경제만큼이나 가볍고 민첩하다. 자크 아탈리는 그들을 이렇게 묘사한다. "그들은 공장이나 토지를 갖고 있지 않으며 지도적 지위를 점하고 있지도 않다. 그들의 부는 이동 가능한 자산에서 나온다. 그 자산이라 함은 미로의 법칙을 알고 있다는 것이다." 그들은 "창조하고, 게임하며 움직이는 것을 사랑한다." 그들은 "변동하는 가치와 미래에 대해 아무 걱정도 하지 않는, 이기적이고 쾌락주의적인" 사회에 산다. 그들은 "새로움을 희소식으로, 변덕을 미덕으로, 불안정을 긴요함으로, 잡다함을 풍요로 간주한다."[94] 비록 정도는 다양하지만 그들은 "미로 속에서 사는" 기술, 즉 방황을 받아들이고 어지러운 현기증을 느끼면서도 시공간 바깥에서 기꺼이 살아갈 준비가 되어 있고 그들이 시작한 여행이 어디로 갈지, 얼마나 지속될지에 대해 전혀 아는 바가 없다.

두세 달 전 어느 공항에서 나는 아내와 함께 다음 연결항공편을 기다리던 참이었다. 이십대 후반이나 삼십대 초반쯤 되어 보이는 두 남자가 옆자리에 앉았는데, 둘 다 휴대전화를 갖고 있었다. 약 한 시간 반을 기다리는 동안 그들은 서로 아무 말도 하지 않은 채 전화로 연결된 보이지 않는 건너편 상대들과 계속 이야기하는 것이었다. 그렇다고 서로 맞은편에 앉은 상대를 까맣게 잊은 것도 아니었다. 사실인즉슨, 그들이 그렇게 행동한 동기는 맞은편 사람을 의식했기 때문이었다. 그 두 사람은 경쟁을 하고 있었던 것이다. 집중적이고 광적이고 맹렬한 극한의 경쟁을 말이다. 상대가 여전히 전화를 하는 동안 휴대전화 통화가 끝나기라도 하면 미친 듯이 다른 번호를 눌러댔다. 얼마나 많은 번호를 가지고 있는가, 어느 정도 '연결이 되는가', 얼마나 두터운 연결망을 갖고 있는가, 원한다면 다른 연결망에 접속을 하는 것이 가능한가, 이런 것들이 두 사람에게는 궁극적이고 최상의 중요성을 지닌 것이었다. 즉, 사회적 처지와 위상, 힘과 위신의 지표였던 것이다. 두 사람은 한 시간 반 동안 공항 술집에 있었지만 그곳과는 동떨어진 어떠한 외부 공간에서 지낸 셈이다. 비행편 안내방송이 나오자, 그들은 동시에 같은 동작으로 서류가방을 닫더니 휴대전화를 귀에 바싹 붙인 채 자리를 떴다. 그들과 이 미터쯤 떨어져 앉아 그들의 일거수일투족을 바라보고 있던 나와 내 아내의 존재를 알아차렸을 리는 만무하다고 나는 확신한다. '생활세계Lebenswelt'에 관한 한 그들은 (클로드 레비스트로스가 비판한 정통 인류학의 유형을 좇자면) 외형은 우리와 가깝지만 정신적으로는 무한히 동떨어진 존재였다.

나이절 드리프트는 자신이 '부드러운' 자본주의[95]라 이름 붙인 것에 관한 명석한 논문에서, 어휘와 인식틀의 주목할 만한 변화가 새로운 전지구적, 탈지리적 엘리트를 특징짓고 있음에 주목한다. 그들은 자신들의 행위의 골자를 설명하기 위해 '춤'과 '서핑'이라는 은유를 사용한다. 그들은 더 이상 '엔지니어링'에 관해 말하지 않으며, 여러 문화와 네트워크라는 말 대신에 팀과 제휴라는 용어를, 통제나 리더십이나 관리라는 말보다는 영향력이라는 용어를 사용한다. 그들은 직전 통고에 의해서나 통고 자체가 없이도 조합을 이루었다가 해체되고 다시 결합될 수 있는 느슨한 조직에 관심이 있다. 그러한 결합은 너무나도 유동적 형태여서 주변 세상을 "다양하고 복잡하고 신속히 움직이며, 따라서 '모호하고' '임의적이고' '유연하고'", "불확실하고, 역설적이며, 심지어 혼돈"으로 보는 그들의 세계관에 안성맞춤이 된다. 오늘날의 기업 조직들은 의도적으로 내부에 조직 와해의 요소를 심어둔다. 고체적 성격이 덜할수록, 유동적이 될수록 좋다. 이 세상 다른 모든 것들과 마찬가지로 모든 지식은 빠르게 노쇠할 수밖에 없으며 '제도화된 지식을 수용하기를 거부하는 일' 역시 그러하다. 이제는 선례를 따르거나 축적되어온 경험에 담긴 지혜를 배우는 일을 거부하는 것이 효율성과 생산성을 높이기 위한 교훈으로 간주된다.

공항 바에서 내가 지켜본, 휴대전화를 하던 두 사람들도 (실제 그렇든 아니면 그러길 희망하는 것이든) 세상의 모든 불확실성과 불안정성 위에서 번영하고 있는, 가상공간의 새로운 소수 엘리트 거주자들의 표본일지도 모르겠다. 하지만 지배자들의 스타일은 지배자들의 스타일이게 마련이다. 설혹 어떤 매력적 선택권을 쥐여주거나 어떻게든 그러한 스타일을 흉내 내는 것이 바람직하면서도 긴요해지도록 생활의 무대를 바꾸지 않는다고 하더라도, 결국에는 자기만족과 살아남기의 문제로 바뀌는 것이다. 공항 라운지에서 시간을 보내는 사람은 거의 없으며, 그곳에서 자신의 본원적 요소를 느끼거나, 배어나오는 지루함과 그 공간을 가득 메운 조잡한 군중에 짓눌리거나 버거워하지 않을 자신이 있는 초지리적인 사람은 더욱 없다. 그러나 다수의, 어쩌면 대부분의 사람들은 동굴을 떠나지 않아도 유목민인 상태다. 그들은 여전히 집에서 안식을 찾지만 집 안에서조차 홀연히 동떨어진 느낌을 얻진 못할 것이며, 아무리 열심히 노력한다 해도 진정 '집처럼 편안하게' 있을 수는 없을 것이다. 안식처 역시도 여기저기서 전선이 들어오는 구멍이 나 있고, 방송전파가 쉽사리 뚫고 들어오는 곳이기 때문이다.

이들은 예전 사람들과 마찬가지로, 지배당하고 '원격조종'을 당하고 있다. 그러나 그 지배당하는 방식은 새롭다. 지도력은 구경거리로 바뀌었고 감시는 유인으로 바뀌었다. 방송전파를 지배하는 자들, 생방송을 지배하는 자들이 이 세상의 형태와 내용을 결정한다. 아무도 관객더러 그 구경거리를 보라고 강요하거나 쥐어박을 필요가 없다. 그들의 진입을 감히 거부하는 자들에게 재앙 있으리. (대부분 전자화된) '정보'에 대한 접근성은 가장 열렬히 옹호되는 인간의 권리가 되었으며, 오늘날 복지의 증대를 측정하는 수단은 다른 여러 가지 중에서도 텔레비전 세트를 갖추고 (텔레비전 세트에 침략당하고) 있는가이다. 게다가 그 정보가 다른 어떤 것(그 '어떤 것'이 무엇이든 간에)보다도 많이 전달하고 있는 것은, 정보 수용자가 거주하는 이 세상의 유동성과 그 거주자들의 유연성이라는 미덕이다. '저 바깥세상'에 대한 진정한 재현인 것처럼 오인될 가능성이 무척이나 높고 '현실의 거울' 역할을 가장 강력하게 수행한다는(현실을 충직하게 왜곡 없이 반영한다고 가장 흔하게 칭송받는) 전자화된 정보의 일부인 '뉴스'는, 피에르 부르디외의 추정에 따르면 상품 중에서도 가장 빨리 상하는 상품이다. 뉴스의 예상 수명은 연속극이나 토크쇼, 1인 코미디 시간에 비교해 봐도 우스꽝스러울 만큼 짧다. 그러나 뉴스의 쉽게 상하는 성질은 그 자체가 '실제 세상'에 대한 정보로서 대단히 중요한 정보 아이템이다. 뉴스방송은 매일 숨 가쁜 변화의 속도, 가속화되는 노령화와 영원히 계속되는 새로운 시작들을 반복하여 계속적으로 찬미하고 있다.[96]

여담: 미루기의 간략한 역사

라틴어로 크라스Cras는 '내일'을 뜻한다. 단어는 어의가 확장되어 사용되는 바, '다음에'라는 막연한 의미에서 미래라는 뜻까지 갖고 있는 **마냐나**mañana와 크게 다르지 않게 쓰인다. **크라스티누스**Crastinus는 내일에 속한 것들을 가리킨다. **미룬다**pro-crastinate는 것은 어떤 것을 미래에 속한 것들 사이에 놓는다는 뜻이다. 그곳에 어떤 것을 **놓는다**는 것, 이것이 즉각 시사하는 바는 내일이란 것이 사물이 있어야 할 자연스러운 공간이 아니며 문제의 어떤 것이 마땅히 그곳에 속해 있는 게 아님을 뜻한다. 즉, 그것은 원래 다른 곳에 속한다는 암시를 하는 것이다. 그렇다면 어디인가? 당연히 현재다. 내일에 놓기 위해, 우선 그것은 현재로부터 끌어내지거나 현재로의 접근이 봉쇄되어야 한다. '미룬다'는 것은 일어난 일을 그대로 받아들이지 **않는** 것, 세상사의 자연적 순서에 따라 행동하지 **않는** 것을 뜻한다. 현대에 와서 흔해진 인상과는 반대로, 미루기는 게으름, 나태, 침묵이나 권태의 문제가 아니라, 어떤 **적극적** 자세, 잇따라 일어나는 일들에 대한 통제권을 취하고, 우리가 고분고분 저항을 하지 않고 살게 되면 일어날 일들과는 다른 양상을 만들려는 어떤 노력이다. 미룬다는 것은 어떤 대상이 **현존**하게 되는 것을 연기하고 지연하여 그 대상의 현존 가능성을 조절하는 것으로, 대상을 멀찍이 떨어뜨려놓고 즉시성을 유예시킨다.

미루기가 하나의 문화적 실천이 된 것은 근대의 여명기부터

였다. 그 새로운 뜻과 도덕적 의미는 시간의 의미가 새로워지면서, 시간이 역사를 갖게 되고 시간이 역사적 **존재**가 되면서 시작되었다. **상이한** 자질과 **변화하는** 가치를 담은 '현재의 순간들' 사이를 오가는 통로로서, 지금껏 살아온 현재와는 뚜렷하게 구분되는 (그리고 통상 그보다는 더 바람직한) 또 다른 현재로의 여행으로 간주되는 시간에서, 미루기의 새로운 의미가 유래하였다.

요약하자면 이러하다. 미루기의 현대적 의미는, 순례와도 같은 시간, 하나의 목표에 다가가는 이동으로서의 시간에서 유래하였다. 그런 시간 속에서는 각각의 현재는 이후에 오는 무언가에 의해 평가된다. 각각의 현재가 지금 여기에서 어떠한 가치를 지닌 것이든지 간에, 그것은 더 높은 가치를 지닌 다음 현재가 올 것을 예고하는 징표에 지나지 않는다. 현재의 쓰임새, 즉 과업은 더 높은 가치에 우리를 좀 더 가까이 데려다주는 것이다. 혼자 따로 떼어놓은 현재 시간은 무의미하고 가치가 없다. 그러한 이유로 그것은 결점과 약점을 지닌 불완전한 것이다. 바로 가까이 있는 것은 **이루어지지 않는 것**noch-nicht-geworden에 의해, 아직 존재하지 않는 것에 의해 평가되고 의미가 주어지는 것이다.

따라서 순례의 삶을 사는 것은 본질적으로 아포리아적이다. 이는 각각의 현재로 하여금 아직 존재하지 않는 어떤 것에 봉사하도록 강제하는데, 거리를 좁히고 근접성과 즉시성을 향해 가도록 함으로써 그것에 봉사하도록 한다. 그러나 그 거리를 좁혀 목표를 달성하고 나면, 현재는 자기를 의미 있고 소중한 것이게끔 해준 모든 것을 상실한다. 순례자의 삶이 선호하고 특권을 부여하던 도구적 이성은 절대로 목표에 접근할 수 없지만, 즉 목표에 가까워지기는 하되 결코 목표와의 거리가 제로가 되지 않도록 유지되지만, 모든 노력들의 목표가 영원토록 시야에 잡히도록 해주는 기괴한 업적을 달성할 방도를 찾도록 촉구한다. 순례자의 삶은 완성을 향한 여행이지만, '완성'은 의미 상실과 동의어이다. 완성을 향한 여행은 순례자의 삶에 의미를 부여하지만, 여행이 주는 의미는 자살 충동에 의해 메말라간다. 그 의미는 운명을 다하면 지속될 수 없다.

미루기는 그 모호함을 반영한다. 순례자는 진짜 중요한 것들을 손에 넣으려는 준비를 더 잘 하기 위해 미룬다. 그런데 그것들을 손에 넣는 것은 그 순례가 끝난다는 것을 의미하므로, 순례가 유일한 의미인 인생도 끝이 나게 된다. 이런 이유로 미루기는 사전에 정해진 일체의 시간상 제약을 깨고 무한히 연장되는 내재적 속성이 있다. 마치 그리스 달력처럼 말이다.* 미루기는 그 자체를 목적으로 하게끔 되어 있다. 미룸의 행동에서 뒤로 연기된 가장 중요한 것은 미루기 그 자체가 끝나는 것, 그 종결이게 마련이다.

근대 사회의 기초가 되고, 이 세상에 존재하는 근대적 방식을 가능하고 불가피한 것으로 만드는 태도/행동의 가르침은 **만족의 지연**(필요 혹은 욕망의 충족, 즐거운 경험과 여흥의 순간적 지연)이었다. 미루기가 근대의 무대(혹은 근대적 무대라고 제시된)에 진입

---

* 고대 그리스인들은 달력을 사용하지 않았기 때문에 그리스 달력에서 일어난 일이란 결코 일어나지 않는 사건을 가리킨다.

한 것도 이런 체현 속에서였다. 막스 베버가 설명하듯, 볼거리가 가득하고 독창적인 근대의 발명품들이 한편으로는 자본 축적으로, 또 다른 한편으로는 일의 윤리의 확산과 침투로 귀결된 것은 바로 서두름과 조급함 때문이 아니라 바로 이 특정한 지연 때문이었다. 더 나아지려는 욕망이 이러한 노력에 박차를 가하고 계기를 마련해주었다. 그러나 '아직은 아니다', '지금은 아니다'라는 경고가 그러한 노력이 예기치 못할 결과를 향하도록 이끌었고, 나중에 이는 성장, 발전, 가속화, 말하자면 근대사회라고 알려지게 되었다.

이상적 '만족의 지연' 형식 속에서 미루기는 모든 내적 모호성을 보유하고 있었다. 리비도와 타나토스가 모든 유예 행위에서 서로 경쟁하였고, 각각의 지연에서 죽음이란 적에 대해 리비도가 승리를 거두었다. 욕망은 충족되기 위한 노력들을 기울였지만, 그러한 노력들은 갈망되는 만족이 그저 희망으로 남아 있는 한에서만 유지될 수 있었다. 동기를 부여하는 욕망의 모든 힘은 그 미완성에 있었다. 결국 살아 있기 위해 욕망은 그저 자체적 연명을 바라는 수밖에 없었다.

'만족의 지연' 형식 속에서 미루기는 곡물을 수확하고 섭취하는 것보다 땅을 갈고 씨를 뿌리는 것을 우위에 두었고 이익 회수보다는 투자를, 소비보다는 저축을, 자기 방임보다는 자기 절제를, 소비보다는 노동을 우위에 두었다. 그러면서도 미루기 자신이 우선권을 부여하기를 거부한 것들의 가치를 훼손하거나 장점과 중요성을 깎아내리는 일은 절대로 하지 않았다. 그것들은 스스로에게 가한 절제로 얻은 상이요, 자발적 지연에 대한 보상이기 때문이었다. 자기 절제가 가혹할수록 결국 자기 방임을 할 기회는 더 커지게 될 것이었다. 저축하라, 저축을 많이 할수록 더 쓸 수 있기 때문이다. 일하라, 일을 더 할수록 더 많이 소비할 수 있기 때문이다. 역설적으로 즉시성을 거부하고 명백한 목표를 파괴하는 것이 목표를 더욱 고양시키고 고상한 것으로 만들었다. 기다릴 필요로 인해 보상의 매력과 유인력이 더 커졌다. 인생에서의 노력들의 한 동기로서 욕망을 줄이는 것이 아니라, 미루라는 가르침이 욕망을 삶의 으뜸가는 목표로 만들었다. 만족의 지연은 소비자를 정신을 바짝 차리고 눈을 부릅뜬 생산자의 상태에 있게 함으로써, 생산자가 소비자의 수고를 계속하도록 만들었다.

그 모호성 때문에 미루기는 두 가지 대조적 경향에 의해 유지된다. 하나는 **일의 윤리**, 즉 목적을 뒤바꾸어 **일 그 자체를 위한 일**이라는 미덕을 내세우는 윤리를 낳았고, 즐거움을 지연하는 것 자체가 그것이 추구하기로 되어 있는 여타의 가치들보다 더 정교한 가치가 되고 다른 가치들은 무한히 연장하고 미루라는 압력을 받게 되었다. 또 다른 경향은 소비의 미학으로 귀결되는 것으로, 일을 토양에 볏짚을 까는 순수하게 도구적 역할을 수행하는 것으로 격하시켰다. 즉, 현재에 존재하는 가치들을 위해서가 아니라, 앞으로 그것이 준비하는 것의 기초를 마련하기 위해 하는 행동이 되었는데, 여기서는 절제와 금욕을 아마도 필수적이긴 하지만 부담스럽기 때문에 최소한으로 줄이면 좋을 희생으로 간주했다.

양날의 칼인 덕분에, 미루기는 근대 사회의 '고체적' 단계와

'액체적' 단계, 즉 생산자 단계와 소비자 단계 모두에서 기능을 수행했다. 물론 각각의 국면에 긴장과 풀리지 않는 태도적/가치론적 갈등을 떠넘기긴 했지만 말이다. 따라서 오늘날 소비자 사회로의 전환은 가치의 변화가 아니라 그 강조점이 이동한 것이라 볼 수 있다. 그러나 미루기의 원칙은 기로에 서 있다. 윤리적 권고라는 방패막이 역할을 떠맡지 못하게 되어 원칙이 흔들리게 된 것이다. 만족의 지연은 이제 더 이상 도덕적 미덕의 증거가 아니다. 그냥 단순한 곤경, 사회 질서상의 불완전함이나 개인적 부적절함, 혹은 두 가지 모두를 알려주는 다분히 문제적인 부담일 뿐이다. 불쾌한(그렇지만 고칠 수는 있는) 상황을, 권고받는 것이 아니라 체념한 상태로 슬프게 받아들이는 것이다.

일의 윤리가 지연을 무한정 연장시키는 쪽으로 내몰렸다면, 소비의 미학은 그것의 폐지를 강요한다. 조지 스타이너George Steiner가 말했듯이 우리는 '카지노 문화' 속에서 살고 있다. 카지노 안에서는 '리앙 느 바 플뤼Rien ne va plus*라는 외침이, 미루기가 어디까지 허용되는지 그 한계를 설정해준다. 보상을 받아야 하는 행동이 있다면, 그 보상은 즉시 이루어져야 한다. 카지노 문화에서 기다림은 결핍에서 기인하는 것이지만, 그 결핍을 충족하는 것 또한 단시간에, 즉 다음 한 판이 돌아갈 때까지는 끝나야 하며 기다림만큼 짧은 수명이어야 한다. 그러지 않으면 그것이

---

* '더 이상 가지 마라'라는 뜻으로, 카지노에서 더 이상 베팅할 수 없다는 의미로 쓰인다.

욕망을 재충전시키고 재활성화하기는커녕 질식시켜버리고 말 것이다. 세상에서 가장 희구되는 보상은 소비의 미학에 지배받는다.

미루기의 시작과 끝이 이렇게 해서 서로 만나게 된다. 욕망과 충족 간의 거리는 절정의 순간으로 응축된다. 존 투사John Tusa가 (1997년 7월 19일 《가디언》 지에서) 언급했듯이 그러한 순간들은 대단히 많다. 즉, "즉각적이고 지속적이고 분할되고 즐거운, 항상 수와 형식에서 증가일로에 있다." 대상과 행위의 성격은 "즉시적, 지속적, 반성 없는 자기 충족"일 뿐이다. 명백하게도, 충족이 **즉시적**이어야 한다는 요구는 미루기의 원칙과 전투를 치르고 있다. 그러나 충족이 즉시적이 되면, 충족은 그것이 단명하거나 세분된 여흥의 힘이 미치는 범위를 넘어서지 못하도록 금지될 때만 지속될 수 있다. 카지노 문화에서 미루기의 원칙은 두 개의 전선에서 동시에 공격을 받는다. 만족이 **출발**하는 것 못지않게 그것이 **도착**하는 것을 미루기 역시 현재 궁지에 몰려 있다.

그러나 이는 한쪽만 이야기한 것이다. 생산자 사회에서 만족 지연이라는 윤리적 원칙은 일의 노력이 견고하게 지속되도록 하는 데 사용되어왔다. 소비자 사회에서는 이와 다르게, 욕망의 지속성을 확고히 하려는 실천에서 똑같은 원칙이 여전히 필요하다. 욕망은 노동보다 훨씬 덧없고 유약하며 정신적 고갈을 초래하고, 일과는 달리 제도화된 일상으로서 강화되지 않기 때문에 만족이 '일정한 시간에 배치되지 않으면' 살아남을 가능성이 별로 없다. 생생하게 살아 있기 위해서 욕망은 시간이 되어야 하고 매우 자주 충족되어야 한다. 그러나 충족은 곧 그 욕망의 끝을 말해준다.

따라서 소비의 미학에 지배받는 사회는 매우 특별한 종류의 충족이 필요하다. 데리다가 말한 **파르마콘**과 유사한, 치료제인 동시에 극약이기도 한, 죽지 않을 만큼 조금씩 따라 먹어야 하는 약이랄까. 절대로 잔을 깨끗이 비우지 않는, 언제나 절반은 버리고 마시는, 정말로 충족되는 것은 아닌 충족······.

미루기는 자신을 부정함으로써 소비자에게 봉사한다. 그 충족이 지연됨으로써 유발되는 욕망은 이제 더 이상 창조적 노력의 원천이 되지 못한다. 이젠 지연을 단축시키거나 아예 지연을 없애버림으로써 촉발되는 욕망이 그 역할을 하게 되며, 이는 일단 욕망이 생기면 그 충족을 느끼는 기간을 단축시킴으로써 유발되는 욕망과 짝을 이룬다. 미루기와 전쟁을 벌이고 있는 문화의 등장은 근대 역사에서 새로운 것이다. 그것에는 거리 두기나 반성, 지속, 전통과 같은, 하이데거에 따르자면 우리가 아는 존재의 양식인 **반복**Wiederholung이 들어설 여유가 없다.

유동적 세상 속 인간의 유대

두 부류의 사람들이 차지한 두 공간 유형은 놀라울 정도로 다르지만 서로 긴밀히 얽혀 있다. 두 공간은 서로 대화를 나누진 않지만 지속적 의사소통을 한다. 서로 별 공통점이 없지만 유사한 흉내를 낸다. 이 두 공간은 사뭇 딴판인 논리에 지배받으며 다른 삶의 경험을 주조하고, 유사한 행동양식을 정의하면서도 빈번하게 뚜렷한 대조적 표현을 쓰는 서사와 서로 다른 인생의 여정을 밟는다. 그러면서도 두 공간은 같은 세상 안에 수용되어 있다ㅡ 그리고 그 둘이 속한 세상은 견고하지 못하고 변덕스럽다.

우리 시대에 대한 가장 날카로운 분석가 중 한 명인 피에르 부르디외는 1997년 12월에 〈오늘날 불안정성은 도처에 있다Le precarite est aujourd'hui partout 〉라는 논문을 발표했다.[97] 이 논문의 제목은 모든 것을 말해주고 있다. 변덕스러움, 불안정성, 공격에의 취약성은 우리 시대에 가장 널리 퍼진 삶의 조건들의 특징들이다. 프랑스 이론가들은 **불안정성**précarité을 말하고, 독일 이론가들은 **불확정성**Unsicherheit과 **위험사회**Risikogesellschaft를, 이탈리아 이론가들은 **불안**incertezza을, 영국 이론가들은 **불안정**insecurity을 말한다. 이들 모두는 전세계에서 다양한 형태와 이름으로 경험되는 인간 곤경의 동일한 측면, 특히나 지구상에서 고도로 발전되고 풍요로운 지역에서 무기력과 의기소침이 야기되는 것에 유념한다. 이 개념들이 파악하고 명확히 발언하고자 하는 현상은 (지위와 자격과 생계의) 불안정과 (이것들이 지속되고 미래에도 안정적일지에 대한) 불확실, 그리고 (일신상의, 우리 자신을 포함한 우리의 연장선상에 있는 것들, 즉 소유물, 이웃, 지역사회의) 불안전을 결합한 것이다.

불확실성은 위에 열거한 나머지 모든 것들의 준비태세를 나타내는 징표다. 생계의 불확실성, 특히 일터와 고용 현장에서 청구되는 가장 흔한 종류의 생계수단의 불확실성이 그러하다. 생계의 문제는 이미 너무나도 취약해졌지만, 해를 거듭할수록 위태로

워지고 신뢰하기 힘든 것이 되어버렸다. 많은 사람들은 전문가들의 모순되기로 유명한 의견들에 귀를 기울이면서도 더러 주변을 돌아보고 가장 가깝고도 절친한 이들의 운명을 곱씹는다. 정치가들이 제아무리 용감한 표정을 짓고 그들이 내놓는 약속이 과감해 보인다 해도 사람들은 풍요로운 사회에서 실업이 '구조적'인 것이 된 건 아닐까 하는, 충분히 근거 있는 의심을 한다. 그도 그럴 것이, 자리가 새로 났다 싶으면 금세 그 자리는 채워져 모든 사람이 일하기에는 충분치 않다. 기술적 진보는 — 기실 그 자체가 불안한 고용 현실을 합리화하려는 노력일 텐데 — 더 많은 일자리가 아니라, 더욱 드물어진 일자리를 예고하게 마련이다.

이제 잉여인간으로 전락한 이들의 삶이 얼마나 취약하고 불확실해졌는가를 추정하는 데는 그다지 많은 상상력이 필요하지 않다. 그러나 문제는 당분간 간접적이겠지만 최소한 심리적으로라도 다른 이들은 모두 영향을 받는다는 점이다. 구조적 실업의 세계에서는 그 누구도 진정 안전하게 느낄 수 없다. 안정된 회사에서 안정된 일자리를 갖는다는 것은 할아버지의 향수 어린 옛날이야기로 느껴진다. 일자리를 일단 얻고 나면 그 자리를 오래도록 보장해줄 기술이나 경험이 따로 있는 것도 아니다. 그 누구도 다음번 '감원'이나 '능률화', '합리화', 들쭉날쭉 변하는 시장의 수요, 변덕스러우면서도 저항할 도리 없는 '경쟁력', '생산성', '효율성'이라는 불굴의 압력에 대항하는 보험에 들었다고 생각할 수가 없다. '유연성'이 오늘날의 표어다. 이 말은 안정과 확고한 헌신, 미래의 자격을 내재하지 않은, 그저 특정 기간 동안만 유지되거나 다시 갱신해야 하는 계약, 사전통고 없는 해고, 일체의 보상 없음을 조건으로 제시하는 일자리들을 예고한다. 따라서 어느 누구도 자신은 대체되지 않을 거라고 자신할 수 없다. 이미 쫓겨난 사람들도 그렇고 남을 쫓아내고 그 자리를 만끽하는 사람들도 그러하다. 가장 특권을 누리는 자리조차도 임시직이거나 '다음번 통고까지'라는 조건이 붙게 마련이다.

장기적 안정의 부재로, '즉각적 만족'이 하나의 합리적 전략처럼 여겨진다. 삶이 던져주는 그 어떤 것이든 **지금 여기에**hic et nunc 당장 달라. 내일 무엇이 올지 누가 알겠는가? 만족의 지연은 그 매력을 잃었다. 결국 오늘 쏟아붓는 노력과 노동이 보상으로까지 이어지는 경우라 해도 그것이 자산이 될지는 지극히 불확실하다. 더욱이, 오늘 근사해 보이는 보상을 기나긴 기다림 끝에 마침내 얻는다 해도 그것이 그때에도 바람직할지는 전혀 확실치 않다. 우리는 모두 쓰라린 경험을 통해 자산이 빚이 되고 눈부신 보상이 수치스러운 딱지가 될 수도 있음을 배웠다. 유행이 대경실색할 속도로 나타났다 사라지고, 모든 욕구 대상은 완전히 향유되기도 전에 해묵고 실망스럽고 심지어 혐오스러워지기까지 한다. 오늘 '멋진' 스타일의 삶이 내일은 웃음거리가 될 수 있다. 부르디외를 다시 한번 인용해보자. "우리 시대의 남녀를 특징짓는 냉소주의를 개탄하는 사람들은 그러한 냉소주의가 그것을 부추기고 요청하는 사회 경제적 상황과 연관이 있음을 놓치면 안 된다." 로마에 불이 났는데 불을 끌 방법이 없을 때는, 바이올린을 연주하는 일이 다른 것을 하는 것보다 딱히 더 바보짓도 아니고 시의적절하지 않은 것도 아니다.

불확실한 사회 경제적 상황으로 말미암아 남녀 개인들은 이 세상이 **일회용** 물품들, 한번 **쓰고 버리는** 물품들이 — 다른 인간을 포함한 전체 세상까지 — 가득 담긴 용기처럼 보는 훈련을 하고 있다(혹은 아주 어렵게 터득하고 있다). 게다가 세상은 용접으로 밀폐되고 땜질로 막아버려, 완전히 망가져도 수리는커녕 결코 열어보지도 못할 '블랙박스'처럼 되어 있는 듯하다. 오늘날 자동차 수리공들은 고장 나거나 손상된 엔진을 고치는 것이 아니라 수명이 다했거나 결함이 있는 부품을 내다버리고 그저 다른 밀봉된 기성제품을 창고 선반에서 꺼내와 바꿔 끼우는 훈련을 받고 있다. '예비 부품'(이 말 자체에 모든 설명이 들어 있다)의 내부 구조나, 그것이 작동하는 수수께끼 같은 방식에 관하여 수리공들은 전혀 아는 바가 없다. 그들은 그러한 이해와 기술을 자기 책임으로, 자기들이 서로 경쟁해야 할 분야로 여기지 않는다. 정비소에서 그러하듯 정비소 바깥의 삶에서도 그러하다. 모든 '부속'은 '예비'이고 교체 가능하며 교체하는 것이 좋다. 손상된 부품을 내다버리고 다른 것으로 교체하는 데 몇 분이면 되는데, 왜 많은 품이 들어가는 수리 작업에 시간을 낭비하겠는가?

미래가 기껏해야 흐릿하게 안개가 자욱하고 위험요소로 가득해 보이는 세상에서 장기적 목표를 세우고 집단의 힘을 키우기 위해 개인의 이익을 양보하고 미래의 행복이라는 명분 아래 현재를 희생한다는 것은 근사하지도 않고 분별 있는 계획도 아니다. 바로 지금 여기서 기회를 잡지 못하면 영원히 놓치고 만다. 따라서 기회를 붙잡지 못한다는 것은 용서할 수 없는 일이며, 옹호는 커녕 쉽게 변명을 늘어놓을 수 없는 일이다. 오늘날의 헌신이 다음날 오는 기회를 가로막기 때문에 헌신이 가볍고 피상적일수록 손해가 줄어든다. '지금'이 삶의 전략에서 키워드인데, 이 경우 전략을 어디에 적용하고 그것이 무엇을 암시하든 상관없다. 불안정하고 예측 불가능한 세상에서, 현명한 방랑자라면 가볍게 여행하는 행복한 세계인들을 모방하려고 최선을 다할 것이다. 여행을 속박하는 일체의 것들이 없어져버렸다고 너무 많은 눈물을 흘리지도 않을 것이다. 인간의 유대는 엔진 부품과 같지 않아서 기성제품이었던 적이 없다는 것, 용접으로 밀봉해두면 빠르게 썩고 해체되고 만다는 것, 사용하지 않으면 쉽게 교체하지 못한다는 것 등에 대하여 그들이 너무 많은 시간을 할애하여 고민하는 일은 거의 없다.

따라서 노동시장의 운영자들이 의도적으로 시장을 '불안정화' 시키는 정책을 시행하면, 삶의 정책은 이를 일부러 선택하든 혹은 게을러서 그냥 채택하고 수용하든 간에, 그 정책을 지원하고 부추기게(효과를 배가시키며) 된다. 일부러 채택해도 게을러서 채택해도 결과는 같다. 즉, 인간의 유대, 사회적 유대, 동반자적 유대가 퇴색하고 시들고 허물어지고 해체되는 것이다. '죽음이 우리를 갈라놓을 때까지'와 같은 헌신은 그 정의와 의도와 실제적 여파로 볼 때 '만족이 지속될 때까지'와 같은 일시적이고 덧없는 계약, 어떤ㅡ측정 불가능한ㅡ비용을 치르고서라도 그 관계를 지켜내려고 노력하기보다는, 파트너 중 하나가 다른 기회나 더 나은 가치를 발견하면 얼마든지 몸을 빼내는 계약이 된다.

달리 말하자면, 유대와 동반관계들은 생산되는 것이 아니라 **소비되는** 것으로 간주되고 취급되는 경향이 있다. 이것들은 다른 모든 소비 대상과 같은 기준으로 평가된다. 소비시장에서는 겉보기에 오래갈 듯한 상품들도 통상 '시험사용 기간'이 주어진다. 만일 구매품이 만족스럽지 않으면 환불이 약속된다. 협력관계에 있는 파트너가 그런 용어로 '개념화'되면, 양쪽 모두 '관계가 잘 유지되도록 하는 것', 사정이 좋든 나쁘든 '부유하든 가난하든' 병들든 건강하든 진자리 마른자리 모두 겪으며 서로 돕는 일은 그들이 할 일이 아니게 된다. 결합을 오래 지속하기 위해 서로의 취향에 맞게 가다듬고 타협하며 희생할 필요가 없다. 이제 그 결합은 즉각 소비될 상품으로서 만족을 구하는 문제가 되었다. 만일 거기서 나오는 쾌락이 애초의 약속과 기대에 미치지 못하거나, 즐거움을 감소시킬 새로운 상대가 나타나거나 하면, 소비자 권리와 공정거래법을 내세워 소송을 걸어 헤어질 수 있다. 가게에서 '새롭고 더 나은' 물건을 찾으면 되는데, 더 못나고 낡은 상품에 애착을 가질 이유가 어디 있겠는가.

이에 뒤따르는 것은 동반관계의 일시성이, 스스로 실현되는 예언 같은 것으로 바뀌게 된다는 것이다. 인간의 유대가 다른 모든 소비대상들과 마찬가지로, 기나긴 노력과 간헐적인 희생으로 이루어지는 것이 아니라 구매 즉시 눈 깜짝할 사이에 만족을 얻기를 기대하는 대상이라면, 즉 만족스럽지 않으면 거부하는, 만족을 주는 한에서만(절대로 이 기간을 넘어서지 않고) 지니고 사용하는 것이라면, 동반관계를 잇기 위해 불편과 어려움을 감수하는 것은 고사하고, 뼈 빠지게 노력하고 '굳이 나쁜 일에 돈을 갖다버릴' 짓을 하는 건 별 의미가 없다. 조금만 비틀거려도 동반관계는 무너지고 깨질 수 있다. 사소한 의견 충돌이 가혹한 갈등이 될 수도 있고, 경미한 마찰이 본질적이고도 회복 불가능한 양립 불가능성의 증거로 여겨질 수도 있다. 미국 사회학자 W. I. 토머스w. I. Thomas가 이러한 사태 변화를 목격했더라면 다음과 같이 말했을 것이다. 만일 사람들이 자신들이 일시적으로, 다음 통고가 올 때까지만 헌신하게 될 것이라 생각하고 있다면, 그것은 자기들이 자초한 것이라고.

사회적 실존의 불안정성 때문에 주변 세상은 즉각적으로 소비될 상품의 총합으로 여겨진다. 그러나 세상이란 그 안에 사는 사람들이 있어야 완전해지는 것인데, 세상을 소비자 아이템 창고쯤으로 여기게 되면 인간적 유대를 지속하기 위한 조정이 지극히 어렵게 된다. 불안정한 사람들은 성마른 경향이 있으며 그들의 욕망을 가로막는 것은 무엇이든지 참기 힘들어한다. 게다가 어차피 꽤 많은 욕망이 좌절될 것이기 때문에 사람들이 참기 힘들어할 대상들은 도무지 부족할 기미가 없다. 즉각적 만족이 삶을 에는 불안감을 제거할 수 있는 유일한 길(안정과 확실성을 희구하는 우리의 목마름을 해소시키지는 못한다는 점에 주목하자)이라면, 우리가 추구하는 만족을 가져오는 걸 난감해하고 꺼리는 이들은 물론이고 만족 추구와 명백한 관련이 없는 대상이나 사람들을 우리가 참을 이유는 정녕 없다.

하지만 변덕스러운 세상의 '소비자화'와 인간적 유대의 해체를 연결해주는 또 하나의 고리가 있다. 생산과 다르게 소비는 고유하고도 어찌해볼 도리 없이 홀로 하는 행위다. 사람들은 다른 사람들과 함께 소비를 하는 순간에조차도 외로움을 느낀다. 생산적(대체로 장기적)인 노력은 설사 근력만 보태면 되는 것일지라도 협동을 요한다. 무거운 목재를 다른 곳으로 옮기는 데 한 시간에 여덟 사람의 노동을 필요로 한다고 했을 때, 한 사람이 여덟 시간(몇 시간이 되었든) 동안 같은 일을 해낼 수 있는 것은 아니다. 노동 분업과 다양한 전문기술이 필요한, 한 사람의 기술로는 처리해낼 수 없는 복잡한 일의 경우에, 협동의 필요는 더욱 분명해진다. 협동이 없다면 어떤 상품도 선보일 가능성이 없다. 이리저리 흩어져 있는 노동을 모아 생산적 노력으로 만드는 것이 협동이다. 그러나 소비의 경우, 협동은 그다지 요구되지 않을뿐더러 도리어 노골적이리만큼 불필요하다. 소비되는 일체의 것은 개인적으로 소비된다. 설사 사람들이 운집한 집회장일지라도 말이다. 스페인의 영화감독 루이스 부뉴엘Luis Bunuel은 천재적인 손길로 (〈자유의 환영Phantom and Liberty〉에서) 사람들 간의 사교와 친목의 장으로 널리 알려진 식사라는 행위가 (겉보기와는 정반대로) 가장 고립되고 비밀스러운, 다른 이들의 시선을 피해 열렬하게 방어되는 행위임을 입증한 바 있다.

자기 영속화된 확신 부재

알랭 페레피트[98]는 근대/자본주의 사회의 '강제적이고 강박증적 발전'에 관한 회고적 연구에서 근대 사회의 가장 두드러진, 진정 구성적인 특징은 **신뢰**라고 결론지었다. 여기서 신뢰는 자기 자신에 대한, 타인들에 대한, 그리고 제도에 대한 신뢰를 말하는데, 신뢰를 구성하는 이 세 가지는 한때 필수불가결한 것이었다. 이것들은 서로의 상황을 형성하고 지탱하였다. 하나를 제거하면 다른 둘은 내파된다. 현대의 질서를 세우려는 야단법석 또한 신뢰에 대한 제도적 기초를 세우려는 노력의 진행이라 말할 수도 있겠다. 그 노력은 믿음에 투자하기 위한 안정된 골조를 부여하고, 오늘날 소중히 여기는 가치가 계속 소중히 여겨지고 갈망될 것이라는 믿음, 가치를 추구하고 획득하는 규칙이 계속해서 준수되며 시간의 흐름에 침해받지 않고 버틸 것이라는 믿음을 신뢰할 만한 것으로 만들고자 한다.

페레피트는 '기업과 그에 수반되는 고용'을 그러한 믿음을 씨뿌리고 경작하는 가장 중요한 터전으로 따로 구분하였다. 자본주의 기업이 갈등과 반목의 온상이기도 하다는 사실이 우리를 잘못 인도해서는 안 된다. 왜냐하면 신뢰 없이는 저항이 있을 수 없고, 믿음이 없이는 경쟁이 있을 수 없기 때문이다. 만일 노동자들이 권리투쟁을 하면 이는 그들이 희망컨대, 그들의 권리가 각인된 '권력 유지'의 틀에 대한 신뢰가 있기 때문이다. 그들은 기업이야말로 자신들의 권리를 안전하게 보관하기에 적합한 장소라고 믿는다.

하지만 이제 더 이상 그렇지 않거나, 적어도 빠른 속도로 그렇지 않게 되고 있다. 합리적인 사람이라면 자기가 평생 일하는 시간을, 혹은 적어도 그중 많은 부분을 한 회사에서 보내리라 기대하지 않는다. 대부분의 합리적인 사람들은 차라리 자기들의 평생 저축을 위험천만하다고 알려진 주식거래 투자 펀드와 보험회사에 투자하고 말지, 지금 일하는 회사가 지급할 연금에 의지할 생각은 없다. 나이절 드리프트가 최근 간추린 바대로, "동시다발로 '유예되고' '감원되고' '개량되는' 조직을 믿는 것은 어려운 일이다."

피에르 부르디외[99]는 신뢰의 붕괴와, 정치에 참여하고 집단행동을 할 의지가 쇠퇴하는 것 사이에 연관성이 있음을 보여준다. 그가 시사하는 것은, 미래를 내다보는 능력은 모든 '변형하는' 사고와 현재 사태를 재점검하고 개혁하려는 노력에 있어 필수불가결한 조건이라는 점이다. 그러나 현재를 확고히 장악하지 못한 사람들에게 미래를 내다보는 능력이 생길 리 만무하다. 라이히 Reich의 네 번째 유형은 가장 현저하게 현재를 장악하지 못하는 그룹이다. 땅에 속박되어 있고 이동을 금지당하며, 움직이기만 하면 바로 중무장한 국경 초소에서 붙잡히기 때문에 그들은 자유롭게 돌아다니는 자본에 비해 가장 열등한 위상에 놓인다. 자본은 점차로 전지구적이 되는데도, 이들은 자기 지역에 머물러 있다. 그러한 이유로 전혀 무장도 하지 못한 채 알 수 없는 '투자가들'과 '주주'들의 불안정한 변덕, 그리고 그보다 훨씬 더 당혹스러운 '시장의 힘', '무역용어들', 그리고 '경쟁하라는 요구'에 노출된다. 오늘 그들이 얻은 모든 것들은 내일 경고조차 없이 빼앗겨버릴 수도 있다. 그들은 이길 수가 없다. 그들이 합리적인 사람들이거나 합리적이 되려고 발버둥을 치고 있기에, 기꺼이 일전을 불사할 마음도 없다. 자신들의 애환을 정치적으로 이슈화하거나 개선책을 강구하는 정치세력이 될 가능성도 적다. 몇 해 전 자크 아탈리가 예견했듯이, "권력은 장차 특정 노선을 따라가는 운동을 저지하거나 촉진시키는 능력에서 생겨난다. 국가는 네트워크를 통제하는 식으로만 권력을 행사하게 된다. 그리고 네트워크를 엄정하게 통제할 수 없는 무능은 돌이킬 수 없을 만큼 정치기구들을 약화시키게 될 것이다."[100]

　무거운 자본주의에서 가벼운 자본주의로, 고체 근대에서 유동적인 혹은 액체화된 근대로 가는 길은 노동운동의 역사가 아로새겨진 골조를 재구성해왔다. 그 길은 또한 먼 길을 돌아, 역사의 악평이 자자한 소용돌이를 이해하는 방향으로 흐르고 있다. 지구상의 '선진화된'('현대화'라는 의미에서) 지역 전반에서 노동운동이 쇠퇴해버린 끔찍한 난국을 ― 이를 야기한 것이 대중매체의 무력화의 여파이든, 광고주들의 음모이든, 소비자 사회의 유인력이든, 혹은 볼거리 여흥 위주의 사회로 인한 주의산만이든 간에 ― 그저 대중적 분위기가 변한 것으로 설명하고 마는 것은 합리적이지도 그다지 설득력이 있지도 않다. 엄청난 실책을 놓고 이를 '노동 정치가들'의 양면성 때문이라고 탓해보았자 소용없다. 그런 설명들이 지적하는 현상들이 완전히 꾸며낸 것은 아니라 해도, 삶의 맥락과 사람들이 살아온 사회적 배경(스스로 택한 것이라 보기 힘든)

이 변화했다는 것을 말하지 않는다면 그런 설명은 제 기능을 할 수 없는 것이다. 노동자들은 대량생산 공장에 모여 자신들이 노동력을 파는 기간을 더 인간적이고 값어치 있는 시간으로 개선하기 위해 대오를 강화했던, 노동운동 이론가들과 실천가들은 노동자들의 연대에서 보편적 원리로서의 정의를 살찌울 '좋은 사회'에 대한 갈망 — 이제 막 시작되어 아직은 뚜렷한 목소리를 얻지 못했으나 선천적으로 결국에는 세상을 압도하게 될 — 을 감지했던 시대가 근본적으로 변해버렸다는 것을 말하지 않는다면 말이다.

5장

공동체

차이라는 것은 이성이 완전히 잠에서 깨지 못하거나 다시 잠에 빠져들 때 생겨난다. 이 같은 생각은, 인간 개개인이 한 치의 오점도 없는 개념을 구상할 능력을 가졌다는 포스트계몽주의 자유주의자들의 의혹 없는 믿음에 신뢰성을 더해준 무언의 신조였다. 우리 인간 모두는 일단 올바른 길을 선택하기만 하면 결국 그것이 모두에게 옳은 길임이 입증되는, 올바른 길을 고르는 타고난 자질이 있다는 식이다. 이성으로 무장한 데카르트의 주체나 칸트의 인간은, 만일 이성으로 다듬어진 올곧은 길에서 밀려나거나 벗어나길 회유당하지만 않는다면 인간적 방식에서 실수하는 법이 없었다. 상이한 선택들은 역사의 어처구니없는 실수들이 침전되어 생긴 것이다. 즉, 편견이나 미신, 허위의식 등으로 다양하게 불리는 뇌 손상의 결과다. 개인 하나하나의 특성인 이성의 **자명한** eindeutig 평결과는 달리, 판단력의 차이들은 집단적 기원이 있다. 예컨대 프랜시스 베이컨의 '우상들'은 사람들이 이리저리 치고받고 떠미는 곳, 극장에서 시장에서 부족의 축제가 벌어지는 곳에 산다. 인간 이성의 힘을 해방한다는 것은 그러한 모든 것들로부터 개인을 해방함을 뜻하였다.

이러한 신조를 공론의 장으로 끌어들인 것은 자유주의 비평가들뿐이다. 계몽주의 유산을 자유주의적으로 해석하는 것은 사태를 잘못 파악한 것이거나 오도하는 것이라고 비난하는 이들은 언제나 흔했다. 낭만주의 시인들, 역사가들, 그리고 사회학자들이 민족주의 정치인들과 결탁하여, 사람들이 머리를 모아 자기들 이성이 닿는 한 최상의 공존 규범을 작성하기 이전에 벌써, (집단적) 역사와 (집단적으로 따르는) 관습이 있었다고 지적했다. 우리 시대의 공동체주의자들은 용어만 다를 뿐, 같은 내용을 말하고 있다. 인간은 '탈배태되고' '아무 부담도 짊어지지 않은unencumbered' 개인이 아니라 언어를 사용하고 교육과 사회화를 거친, 스스로 자신을 주장하고 구성하는 존재다. 이 비평가들이 무슨 생각을 하는지가 늘 분명하지는 않다. 자족적 개인이라는 전망은 과연 거짓인가? 또는 해로운가? 자유주의자들이 잘못된 견해를 설파한다고, 잘못된 정치학을 이끌고 북돋우며 면죄시킨다고 비난받아야 할까?

그러나 작금의 자유주의적 공동체주의liberal-communitarian 논쟁은 '인간 본성'이 아니라 정치학에 관심을 두는 것 같다. 일반

통념 및 개인이 짊어질 책임이 불러올 불편사항들에 대비한 집단적 보험으로부터 개인이 해방되는 일이 발생했는지 여부가 아니라, 그 해방이 좋은가 나쁜가를 문제 삼는다. 이미 오래전에 레이먼드 윌리엄스Raymond Williams는 '공동체'에 관해 주목할 만한 점은 그것이 늘 존재해왔다는 사실이라고 지적한 바 있다. 공동체의 필요성을 둘러싸고 소동이 일어나는 이유는 주로, '공동체'의 그림들이 그려냈다고 주장하는 그 현실들을 우리가 목격할 수 있는지, 그렇다면 그것이 받아 마땅한 존중을 받을 만큼 길게 지속될지가 점점 불분명해진다는 사실 때문이다. 집단이 공동의 역사와 관습, 언어, 교육으로 그 구성원들을 결속시킨 장비가 해를 거듭할수록 구식이 되었다는 사실이 없었더라면, 공동체를 용감하게 옹호함으로써 자유주의자들이 거절한 그 요구에 걸맞게 공동체를 회복하려는 시도는 일어나기 힘들었을 것이다. 액체 현대 단계에서는 오직 지퍼가 달린 장비들만이 보급되는데, 이 장비들을 판매할 때의 주요 전략은 아침에 걸쳤다가 저녁에는 벗을 수 있다는(혹은 그 역도 가능한) 편리함을 강조한 것이었다. 공동체들은 크기와 색도 다양하지만, '가벼운 외투'에서 '철제 새장'까지 뻗어 있는 베버의 축에 표시해보면 놀랍게도 모두 전자인 외투에 가까운 것이 된다.

공동체들이 살아남으려면 보호를 받아야 하고, 구성원 개개인의 선택에 의해 생존이 보장된다고 설득해야 한다. 공동체의 생존을 개인의 책임으로 여기는 한, 모든 공동체들은 **추정된** 공동체, 즉 현실이 아닌 기획, 개인의 선택이 있기 **이전**이 아니라 **이후**

에 오는 어떤 것이 된다. '공동체주의의 그림들이 보여주는' 공동체라는 것은 비가시적이고 침묵에 가까운 실체이다. 그러나 공동체주의자들은 그림을 전시하기는커녕 비슷하게라도 그리려 들지 않을 것이다.

이것이 바로 공동체주의의 내적 역설이다. '어떤 공동체에 속한다는 것은 좋은 일이다'라고 말하는 것은 그것에 속해 있지 **않음**을, 또는 개인의 근육을 움직이고 두뇌를 열지 않는 한 그다지 오래 소속되지는 못하리란 점을 간접 증언하는 것이다. 공동체주의적 기획을 실현하기 위해서는 바로 그것이 거부해왔던 개인에 의한 선택에 호소해야만 한다. 공동체가 짊어질 짐을 개인에게 던진다고나 할까? 악마에게 일정한 몫을 내주는 일 없이, **진정한** bona fide 공동체주의자가 되는 것은 불가능하다.

논리학자들이 보기에는 이러한 모순 자체가, 공동체주의의 정치 기획이 마치 사회 현실의 해석 이론인 양 위장하려는 노력을 의심하게 만든다. 그러나 사회학자들 입장에서는, 공동체주의 사상의 인기가 왜 계속되고(어쩌면, 높아지고) 있는지를 하나의 중요한 사회적 사실로서 반드시 설명/이해해야만 한다(위장이라 해도 너무나 효과적으로 잘 위장해온 셈이고 그러한 위장이 공동체주의의 성공을 가로막은 것도 아니라는 사실에 사회학자들의 눈이 커지지는 않을 것이다. 이것은 너무나 잘 알려진 사실이기 때문이다).

사회학적으로 말하자면 공동체주의는, 현대 삶의 가속화되는 '액화'에 대한 지극히 예상 가능한 반응, 개인의 자유와 안정 사이의 깊어만 가는 부조화─그 액화가 파생시킨 수많은 뼈아픈 결과 중에서도 가장 당혹스럽고 괴로운 ― 에 대한 반응이다. 전후 세대에게 안전장치의 공급은 빠르게 위축된 반면, 개인의 책임의 크기(실제로 실천에 옮겨지지는 않더라도 어쨌든 할당되는)는 전례 없는 규모로 급증했다. 예전의 안정감이 눈에 띄게 사라진 결과, 인간 사이의 유대는 낯설고도 취약한 것이 되었다. 유대가 덧없게 되었다는 비통함은 개인들 각자의 목표를 추구할 개인의 **권리**를 위해 불가피하게 치러야 할 대가일 수도 있겠지만, 그와 동시에 목표들을 **효율적으로** 추구하고 이에 필요한 용기를 내는 데 아주 무서운 장애가 될 수밖에 없다. 이러한 사실 또한 액체 현대 사회의 삶의 본성 깊숙이 뿌리내린 역설이다. 역설적 상황이 역설적 답을 야기하고 고무하는 게 이번이 처음은 아니다. 액체 현대에서의 '개인화'의 역설적 본성에 비추어, 그에 대한 공동체주의적 대응 역시 모순적 속성을 지니게 되는 것은 놀랄 일이 아니다. 전자는 후자에 대한 적절한 설명이며 후자는 전자에 딱 맞는 결과이다.

공동체주의가 다시 고개를 드는 것은, 인간적 가치의 필수불가결한 한 쌍(자유와 안정) 가운데 안정에서 너무 멀리 떨어진 방향으로 급격하게 변화하고 있는, 진정 통렬한 추세에 대한 응답이다. 이런 이유로 여전히 공동체주의 복음서는 설법을 기다리는 대규모의 회중에 기댈 수 있다. 그 복음서는 수백만 명의 이름으로 말한다. 피에르 부르디외가 주장하듯이 불안정성은 "**오늘날 도처에 있다.**" 이는 모든 인간 실존의 구석구석에 스며있다. 필리프 코엔Philippe Cohen은, 오늘날 '급증하는 불확실성'에도 불구하고 나태와 위선에 빠져 있는 권력층 엘리트들에 대한 분노에 찬 선언문인 최근 저서 《보호인가 소멸인가*Protéger ou disparaître*》[101]에서, 실업(일자리 중 열에 아홉은 엄밀하게 말해 임시직 또는 단기계약이다), 불안한 노후, 그리고 도시 삶의 위험요소들을 열거하며 이를 오늘, 내일, 그리고 먼 미래에 대한 근심을 확산시키는 주된 요인으로 지목하였다. 위 세 가지를 한데 묶은 것이 안전의 부재라는 것이다. 그리고 공동체주의의 주된 호소는, 끊임없이 예측을 불허하며 혼란을 가중시키는 사나운 바다에서 길을 잃은 선원들에게 안전한 항구, 꿈의 종착지를 약속하는 데 무게를 싣는다.

에릭 홉스봄Eric Hobsbawm이 신랄하게 평한 대로, "사회학적 의미에서의 공동체들이 실제 삶에서는 찾아보기 힘들게 된 최근 수십 년 동안처럼 '공동체'라는 말이 무분별하고도 공허하게 남발된 적은 없다."[102] "남녀들은 다른 모든 것들이 이동하고 변화해 그 어떤 것도 확실치 않은 이 세상에서, 확실하고도 영원하게 소속될 수 있는 집단을 찾고 있다."[103] 족 영Jock Young은 홉스봄의 언급을 이렇게 정리했다. "공동체가 붕괴되는 만큼 그에 비례해 공동체의 정체성은 고안된다."[104] 우리는 이렇게 말할 수도 있겠다. 공동체주의 복음서에서의 '공동체'는 사회이론에서 말하는 미리 설계되어 안전하게 세워진 '공동사회Gemeinschaft'(그리고 페르디난트 퇴니스Ferdinand Tönnies에 의해 하나의 '역사 법칙'으로 치장한 것이기도 하다)가 아니라, 열성을 다해 추구하지만 자꾸만 달아나는 '정체성'을 지칭하는 하나의 익명이라고. 그리고 올랜도 패터슨Orlando Patterson(에릭 홉스봄이 인용한)이 언급한 대로, 사람들은 서로 경쟁하는 정체성 준거 집단들 가운데 하나를 **선택**하라는 요청을 받지만, 이들의 선택은 그/그녀가 '소속된' 특정 집단을 선택할 수밖에 없다는 강한 믿음에 따라 미리 정해져 있다.

공동체주의 복음이 말하는 공동체는 큰 글씨로 쓴 집(**찾아낸** 집이나 **만들어진** 집이 아니라 **우리가 태어난** 집, 따라서 우리의 기원과 '존재 이유'를 다른 어떤 곳도 아닌 이곳에서만 찾을 수 있는, **가족의** 집)이다. 그리고 확실히, 오늘날 대부분의 사람들에게 개인적 경험의 문제가 아닌 아름다운 동화에 더 가까운 종류의 집이다 (가족의 집터는 한때는 일상적 습관과 관습적 기대라는 그물망으로 빈틈없이 짜여 있었지만, 이제 그러한 방파제는 산산이 부서져버렸고 오늘날에는 여생을 강타할 파도에 속수무책이다). 경험의 영역을 벗어나 있는 것도 유용하다. 집이 지닌 온화하고 아늑한 속성은 시험대에 올라선 안 되며, 우리가 집에 대해 상상하며 키워낸 매력을, 어떤 강제적 속성이나 거부할 수 없는 의무사항들 같은 덜 선호되는 속성을 부과하여 더럽혀서도 안 된다. 한마디로, 집에 대한 우리 상상력의 화폭에는 대체로 어두운 색깔이 없어야 한다.

집이 큰 글씨로 되어 있는 것은 도움이 되기도 한다. 평범한 벽돌과 회반죽으로 지어진 집 안에 갇힌 이들은 혹시나 자신들이 안전한 항구가 아니라 감옥에 있는 게 아닌지 불길한 느낌에 번번이 놀랄 수 있기 때문이다. 거리의 자유가 바깥에서 그들에게 손짓하고 있지만, 그들이 꿈꾸어온 집에서 오늘날 안정감을 얻지 못하듯이 거리의 자유 역시 안타깝게도 그들에게는 멀기만 하다. 그러나 내 집에 있다는 매력적 안정감이 그저 매체의 커다란 스크린에 투사된 것에 불과하다 해도, 그 재미를 망쳐버릴 만한 '바깥'이란 것도 남아 있지 않다. 이상적 공동체는 하나의 총체적 세상, 유의미하고 보람찬 삶을 사는 데 필요한 모든 것을 제공하는 **완벽한 세계지도**compleat mappa mundi이다. 집 없는 이들을 고통스럽게 하는 것이 무엇인가에 주의를 기울임으로써, 전체적이고 총체적으로 일관된 세계에 이르는 통로를 제시한 공동체주의적 치유책은 마치 현재나 미래의 모든 근심 걱정에 대한 진정 근본적 해결책인 양 보이게끔 되었다. 다른 근심들은 이에 비하면 소소하고 보잘것없는 것처럼 말이다.

공동체적 세상은 그것을 뺀 나머지 모든 것, 정확히는 적대적인 모든 것들과 관련을 끊을 때 비로소 완성된다. 나머지 모든 것은 그저 복병과 음모로 가득하고 적들이 혼돈을 주된 무기로 휘두르며 법석을 떠는 황야일 뿐이다. 공동체적 세상의 내적 조화는 그 경계 철조망 너머부터 뻗어나가는 무성한 정글을 배경으로 했을 때 광채를 더한다. 공동의 피난처를 찾도록 이끈 공포심을 물리치기 위해 서로가 공유하는 정체성 더미에 몰려들어 곁불을 쬐는 것도 바로 그곳, 황야를 피해서이다. 족 영의 표현을 빌리자면, "타인들을 악마로 만들려는 욕망은" 자기 내부에 있는 "존재론적 불확실성에 기초한다."[105] 하나의 '총괄적 공동체'는 그 말 자체에 모순을 담고 있다. 본래 타고난 형제 살해 성향이 없이는, 공동체적 형제애는 미완성에 그치고 말거나 아예 생각이 떠오르거나 싹을 틔우거나 자라나지 못할지도 모른다.

민족주의는 두 번째

공동체주의 복음에서의 공동체는 하나의 민족 공동체이거나 민족 공동체의 유형을 본떠 구상된 공동체이다. 이런 원형을 선택하는 데는 충분한 이유가 있다.

첫째, '민족성'은 인간들을 통일시키려는 다른 어떤 토대와도 다르게 '역사를 자연화'하고, 문화를 '자연적 사실'로, 자유를 '동의된(그리고 인정된) 불가피함'으로 드러내는 이점을 가지고 있다. 민족에 소속되어 있다는 것은 행동을 촉구한다. 즉, 자연에 충성할 것을 **선택해야** 한다―매우 열심히, 한시의 쉴 틈이나 지체 없이 정해진 모델에 따라 살도록 노력하고 그것을 유지하는 데 공헌을 해야 한다. 그러나 그 모델 자체는 고를 수 있는 대상이 아니다. 선택을 해야 한다면 이는 상이한 소속 상태를 가리키는 것들 간의 선택이 아니라, 소속됨인가 뿌리 없음인가, 집 있음인가 집 없음인가, 존재인가 무인가 사이의 선택이다. 바로 이것이 공동체주의 복음이 되풀이하여 주입시키려고 하는(그래야만 하는) 곤경이다.

둘째, 일체의 다른 충성심들보다 민족의 단결을 우위에 두는 민족국가는, 근대의 공동체 중 유일한 '성공담', 아니 차라리 어느 정도의 법적 판단력과 효력을 가지는 위상까지 공동체를 밀어 올리는 노력을 기울인 유일한 단위였다. 통합과 자기주장의 정당한 기반으로서 민족성(그리고 민족적 동질성)이라는 개념은 그렇게 해서 역사적 토대를 부여받아왔다. 현대의 공동체주의는 당연히 그 전통을 활용하기를 희망한다. 오늘날 국가 주권이 요동치고 국가의 손에서 흘러내리는 깃발을 인수할 누군가가 명백히 필요해진 마당에, 그러한 희망은 꽤나 그럴싸하게 보인다. 그러나 민족국가의 업적과 공동체주의의 야심을 나란히 놓고 둘 사이의 유사점을 비교하는 데는 한계가 있음을 알아차리는 것은 어렵지 않다. 결국 민족국가의 성공은 자기주장을 하는 여러 공동체들을 **억압한** 덕택이다. 즉, 민족국가는 온 힘을 다하여 '편협한 지역주의', 지역적 관습 내지 '방언들'과 맹렬히 싸우면서, 공동체 내부의 상이한 집단들이 각자 지녀온 전통들을 희생시켜서 통일된 언어와 역사적 기억을 유포했다. 국가가 주도하고 국가가 감독하는 '문화투쟁Kulturkampfe'*이 결의에 차 있을수록, '자연적 공동체'를 만들려는 국가적 노력은 더욱 성공을 거둘 수 있었다. 더욱이, 민족국가는 (오늘날의 대기 중인 공동체들과는 다르게) 이러한 과업 앞에 우두커니 속수무책으로 앉아만 있거나, 그저 사상 주입의 힘에만 기대려 들지는 않았다. 민족국가에는 공식 언어나 학교 교육과정, 통일된 법제도 등과 같은, 대기 중인 공동체들이 도저히 손에 넣지 못할 강력한 법률적 지원이 있었다.

최근 공동체주의의 부흥이 있기 훨씬 전부터, 근대 국가의 건설이라는 추한 가시투성이 등껍질 안에 대단히 소중한 보석이 있다는 논의가 있어 왔다. 이사야 벌린은 근대적 의미의 '조국'에는

---

* 1871년에서 1878년에 걸쳐 비스마르크 정부가 가톨릭교회를 억누르기 위해 시행한 가톨릭 차별정책.

피범벅의 잔인한 측면과는 동떨어진, 인간적이고도 윤리적 칭송을 받을 만한 부분이 있다고 보았다. 애국심과 민족주의를 구분하는 경우는 꽤나 흔하다. 더러는 이렇게 대비된 두 가지 중에 애국심은 '두드러진' 쪽이고, 밥맛 떨어지는 민족주의적 현실은 '두드러지지 않는' 쪽이 된다. 경험된 것이 아니라 추정된 것으로서의 애국심은, 민족주의가 (길들여지고, 문명화되고, 윤리적으로 고양되었다면) 그렇게 될 수도 있었지만 실제로는 그렇게 되지 못한 것이다. 애국심은 민족주의적 특징들 중에서 가장 혐오스럽고 수치스러운 것으로 간주되는 특징들을 부정하는 방법으로 설명된다. 레셰크 코와코프스키 leszek Kołakowski[106]는, 민족주의자들은 타자에 대한 공격과 증오를 통해 자기 동족의 존재를 내세우려 하고, 자기 국가에서 벌어지는 모든 불행이 이방인의 음모라 믿으며, 다른 민족이 자신의 민족에게 마땅한 존경심을 품지 않는다고 원한을 품는 반면, 애국자는 "문화적 다양성, 특히 소수민족과 그들의 종교에 대해 너그러운 관용을 베푸는 것"이 특징이며 자기 민족이 듣고 싶어 하지 않는 것들까지 기꺼이 말할 준비가 되어 있다고 주장했다. 비록 이 구분이 그럭저럭 괜찮고 도덕적으로나 지적으로 높이 평가할 만한 것이라 해도, 이것은 동일한 선택지에 넣을 수 있는 것이 아닌, 고상한 이상과 비열한 현실의 대비이기 때문에 그 가치를 잃고 만다. 자기 동포가 애국자이길 바라는 대부분의 사람들은 한결같이, 앞서 애국적 입장에 속한 특성들을 위선으로 내지는 민족을 배반하는 증거로 보거나 혹은 그보다도 나쁜 것으로 몰면서 헐뜯고자 한다. 그러한 특성들—차이에 관용을 베푼다거나 소수집단에 호의적이라거나 아무리 불쾌한 진실이라도 이를 말할 용기가 있거나 하는 것들 — 은 '애국심'이 '문제'가 되지 않는 나라, 애국심을 임박한 과제로 보지 않을뿐더러 여기에 문제가 있다고 걱정하지도 않을 만큼 공화국 시민의 권리가 잘 보장된 나라에 가장 널리 퍼져 있다.

《환상 없는 자유주의 Liberalism without Illusion》(시카고대학교출판부, 1996)의 편집자 버나드 야크 Bernard Yack는, 《나라 사랑: 애국주의 및 민족주의에 관하여 For Love of Country: An Essay on Patriotism and Nationalism》(옥스퍼드대학교출판부, 1995)의 저자 마우리치오 비리올리 Maurizio Virioli를 반박하는 논의에서 홉스의 경구를 다른 말로 바꾸어 표현한다. "민족주의는 거슬리는 애국심이고, 애국심은 선호되는 민족주의이다."[107] 기실, 민족주의와 애국심을 구분해주는 기준이, 그것들을 드러내려는 열망의 있고 없음 혹은 우리가 그것들을 인정하거나 부인할 때 수치심 내지 양심의 가책을 얼마나 느끼는가 외에는 별로 없다는 결론을 내릴 이유가 있기는 하다. 차이를 만드는 것은 바로 그것들의 서로 다른 이름이고, 그 차이는 주로 수사적인 것이다. 그것도 논하는 현상의 실제 내용에서 구분되는 것이 아니라 그에 느끼는 정서 내지 감정을 논하는 우리의 방식에 따라 구분될 뿐으로, 그 정서 내지 감정은 논하는 방식의 차이가 아니고서는 본질적으로 유사한 것들이다. 그러나 인간의 공존의 상태에 영향을 가하는 중요한 요인은, 우리가 그에 대한 감정들을 서술할 때 사용하는 말이 아니라, 그 정서와 감정의 본질, 그로 인한 행동과 정치적 결과이다. 야크는 애국자들의 일화에 담긴 행동들을 회고하면서 고매한 애국심의 감정이 "모두가 공유하는 정열의 수준까지 고양되면" "애국자들이 보여주는 정열은 온화하기보다는 사납고도 맹렬한 것이었다"고 결론짓는다. 그리고 그 애국자들은 수백 년 동안 "유용하고 잊지 못할 수많은 덕목들"을 보여주었지만, "국외자들에 대해 온화하고 동정적인 경우는 별로 없었다."

그러나 다르게 표현했다는 것이 중요하며, 그렇게 달리 표현한 것 자체에 때로 핵심을 찌르는 실용적 여운이 있다는 것을 부정할 수는 없다. 하나는 '(현재) 그러함being'의 담론을 측량하기 위해 만들어진 것이고 다른 것은 '되고 있음becoming'의 담론을 판단하기 위한 것이다. 전반적으로 '애국심'은 '미완성'에 대한 근대의 신조, 인간의 유연성(핵심적으로는 '개혁 가능성')을 신봉한다. 따라서 애국심은 양심에 거리낌 없이 (그 약속을 실제로 지키든 안 지키든) '일치단결'하라는 요청을 공공연히 굳건하게 제기한다. 대열에 합류하는 문제는 이미 결정된 것이고 올바른 선택을 했다면 온갖 어려움을 뚫고 영원토록 그 선택에 충실하기만 하면 된다. '민족주의'는 이와 다르게, 구원에 대한 칼뱅주의자들의 해석이나 자유의지에 대한 성 아우구스티누스의 생각과 더 흡사하다. 〔민족주의는〕 그다지 선택을 믿지 않는다. 네가 '우리 중 하나'이든 아니든 간에 그 상황을 바꾸고 싶어도 네가 할 수 있는 것은 별로 없거나 어쩌면 아예 없다. 민족주의적 담론들에서 '소속'은 운명일 뿐, 선택할 수 있는 운명이나 인생 계획이 아니다. 소속은 이제는 시대에 뒤떨어지고 효력이 사라진 인종적 민족주의에서와 같은 생물학적 유전 문제이거나, 첨단유행을 걷고 있는 다양한 '문화주의'적 민족주의에서처럼 어떤 문화적 유전일 수는 있지만, 이것은 모두 사람이 걸음마를 시작하고 말을 배우기 훨씬 전부터 이미 결정이 난 문제이다. 따라서 개인에게 남겨진 선택은 두 팔 벌려 확고한 믿음으로 이 운명의 평결을 받아들이든지 아니면 그 평결을 거슬러 반역자가 되길 자초하든지 둘 중 하나다.

애국심과 민족주의의 차이는 그저 단순한 수사적 차원을 뛰어넘어 정치적 실천의 영역에까지 이르게 되었다. 클로드 레비스트로스의 용어를 따르자면, 첫 번째 공식은 '식인적' 전략을 고취하기 쉽고 (포식자들이 이방인들을 '먹어치워', 이방인이 세포 차원까지 포식자 몸과 똑같아져서 이방인이 지녔던 고유의 특성이 없어지는), 두 번째 공식은 '우리가 되기에 부적합한' 이들을 '토해내고' '뱉어내는' 전략과 연관성이 있다. 그리하여 눈에 잘 띄지 않는 게토의 담장이나 눈에 잘 띄는(비록 보이지는 않지만 실체는 더욱 분명하게 감지되는) 문화적 차단벽 안에 이방인들을 감금시키거나, 요즈음 인종청소라 지칭되는 것처럼 그들을 송두리째 멀리 보내 버리거나 도망가도록 하여 격리시킨다. 그러나 논리적 사고가 꼭 논리적 행동으로 이어지는 것은 아니며, 따라서 수사적 차원과 정치적 실천이 일대일로 일치하는 관계는 아니라는 것, 두 전략이 각각의 수사 안에 갇혀버릴 수 있다는 점을 기억해두는 편이 현명하다.

일체성 — 동질성을 통한, 아니면 차이를 통한?

애국적/민족주의적 신조에서 '우리'란 **우리와 같은** 사람들을 뜻한다. 반면, '그들'은 **우리와 다른** 사람들을 뜻한다. '우리'가 모든 면에서 같은 것은 아니다. '우리'끼리도 동질적 특성 못지않게 이런저런 차이점들이 있지만, 같은 면들이 이를 축소하고 완화하고 중화시켜준다. 우리 모두가 같이 공유하는 부분은 우리를 갈라놓는 다른 어떤 것들보다도 훨씬 더 결정적으로 중요하며 필연적인데, 그것은 우리가 입장을 정할 때 이질성들이 주는 충격을 능가할 정도의 중요성을 지닌다. 또한 '그들'이 모든 면에서 우리와 다르지는 않다. 그러나 그들은 다른 모든 것보다도 더 중요한 어떤 면이 우리와 다르다. 그 다름은 그들이 우리와 어떤 유사점을 갖고 있든지 간에, 우리와 같은 입장에 서지 못하도록 가로막고 진정한 결속을 어렵게 할 정도로 중요하다. 이는 전형적으로 '모 아니면 도'의 상황이다. '우리'를 '그들'과 가르는 경계선은 분명히 그어져 있으며 눈에 쉽게 띈다. 왜냐하면 '소속' 증명서는 오직 한 가지 규정만을 갖고 있으며, 신분증을 발급받으려는 사람들은 단 한 가지 질문을 받게 되는데, 여기에는 '예/아니오'라는 대답만 가능하기 때문이다.

어떤 차이점이 '핵심적'인지—어떤 차이점이 일체의 유사성보다 더욱 중요하여 모든 공통점들을 작고 무의미한 것으로 만드는지(그 차이는 궁극적 단합을 논하는 회의가 시작되기도 전에, 적대감을 일으키는 구분을 지극히 명명백백한 것으로 만든다)—에 대한 질문은 별 의미가 없다. 그 질문은 대체로 파생적이고 대부분의 경우 논쟁의 시발점이 아니라 사태가 벌어진 뒤 떠오르는 하나의 뒤늦은 단상이다. 프레드릭 바스Fredrick Barth가 설명한 대로, 이미 존재하는 소원함을 국경들이 인정하거나 인지하는 것이 아니다. 국경은 통상 그 소원함이 야기되기 전에 그어지기 때문이다. 제일 먼저 갈등이, '우리'를 '그들'과 떼어놓으려는 필사적 시도가 생겨난다. 그러고는 '그들'한테 있다고 예의 주시된 특성들이 도저히 화합이 불가능한 낯섦의 증거와 원천으로 여겨진다. 인간은 그야말로 여러 특성을 지닌 다면적 존재이기에 다름을 탐색하는 일이 진지하게 시작되고 나면 그런 특색들을 찾아내기란 그다지 어렵지 않다.

민족주의는 문을 잠근 후 문고리를 떼어내고 초인종을 못쓰게 만들어버리고 나서는, 집 안에 있는 이들만이 그곳에 있을 권리가 있다고, 영원히 정착할 권리가 있다고 못 박는다. 반면에 애국심은 그 표면만 바라본다면 좀 더 너그럽고 호의적이고 협력적이다. 애국심은 받아들여 달라고 요청하는 이들에게 패를 넘겨준다. 그러나 대부분의 경우 그 궁극적 결과를 보면 애국심과 민족주의는 놀라울 정도로 흡사하다. 사람들이 각각의 차이점들을 끌어안고 계속 그 차이들을 유지하고 갈고닦으려 하면 공존이 가능하지 않다고 보는 점에서, 애국심과 민족주의적 신조는 입장이 동일하다고 말할 수 있다. 또는 애국자와 민족주의자들은 다양한 삶의 방식들과 사유, 지식들의 **영향을 받는** 유사성을 바람직하고 추구할 만한 가치로 요구하거나 장려하지 않고, 그들을 오늘날의 상태로 만들어준 것 — 바꾸어 말하자면, 그들을 다르게 만들어준 것 — 에 더욱더 힘과 명목을 부여하여 그들의 단결을 추구한다.

버나드 크릭Bernard Crick은 유일한 진리, 만물을 통일하는 유일한 정의의 기준을 꿈꾼 플라톤에 반박하면서 아리스토텔레스가 그의 《정치학Politics》에서 언급한 '좋은 폴리스' 개념을 인용한다.

> 폴리스polis는 일체성을 증진하려다보면 폴리스이길 멈추는 때가 있다. 이러한 지경에 이르지 않는다 해도, 폴리스가 폴리스로서의 본질을 상실하기 직전까지 가면, 나쁜 폴리스가 되게 마련이다. 이것은 마치 음악에서 어떤 테마를 한 박자로 처리하거나 화음和音을 동음同音으로 만들어 버리는 것과 같다. 진실인즉슨, 폴리스는 많은 구성원들의 총합이라는 것이다.

그가 붙인 논평을 통해 크릭은, 애국심이나 민족주의 그 어느 쪽도 열심히 지지하지 않고 오히려 적극적으로 두 개념에 반대하는 일체성 개념을 발전시켰다. 이러한 일체성 개념은 내재적 복수성複數性을 지녔고, 그런 사회에서 함께 산다는 것은 "자연히 다를 수밖에 없는" 관심사들을 조정하고 화합시키는 것을 의미하며, "다른 관심사들을 영원히 억압하고 강제하기보다는 이를 조화시키는 것이 훨씬 낫다"고 추정한다.[108] 달리 말하자면 현대문명 사회의 복수성은 이를 혐오하거나 싫어하는데도 (슬프게도) 없어지지 않는 어떤 '잔인한 사실'이 아니라, 희소식이요 다행스러운 경우인데, 이는 그것이 곤란함이나 불편함보다 훨씬 많은 혜택을 가져다주며, 인류를 위한 지평을 넓히고, 다른 삶의 방식들이 전해줄 수 있는 것보다 훨씬 많은 면에서 삶의 기회를 제공해 주기 때문이다. 애국심이나 민족주의적 신념과는 분명하게 대조되는, 가장 장래성 있는 이러한 일체성은 이런저런 가치관과 선호도, 다양하게 선택되는 삶의 방식들, 그리고 상이하지만 항상 스스로 결정할 힘이 있는 수많은 폴리스의 구성원들이 벌이는 자기정체성 찾기에 관한 반대와 토론, 조정과 타협을 통해 매일 새롭게 **성취되는** 것이다.

이는 본질적으로 일체성의 **공화주의적** 모델, 자기정체성을 추구하는 데 참여한 주체들의 연합적 성취인, 새롭게 출현한 일체성이라 할 수 있다. 즉, 선험적으로 주어진 조건이 아니라 삶을 공유한 결과로서의 일체성, 차이를 거부하고 억압하고 질식하는 것이 아니라 조정과 화해를 통해 이루어낸 일체성이다.

주장컨대, 액체 현대 세상의 조건들이 조화를 이루고 설득력과 현실성을 갖추게 하는 것은 일체성의 유일한 변이(함께 사는 유일의 공식)라 할 것이다. 일단 믿음과 가치관과 생활양식들이 모두 '사적으로 되면'—탈배태되고 맥락에서 구분되어, 영구적(대출금을 다 갚은) 내 집이 아니라 모텔을 연상시키는 곳에 배태를 위한 장소를 제공받으면—정체성들은 그저 취약하고 일시적이며 '다음번 통지까지' 존재하는 것처럼 보일 수밖에 없으며, 이 경우 자기정체성을 확고히 유지해 부식하지 않도록 막으려는 주체의 기술과 결의를 빼면 딱히 방어책이 없다. 일시적 정체성들은 말하자면, 액체 현대의 주민들이 정면으로 맞닥뜨린 어떤 것이다. 당연히 이에 따른 선택들 역시 그러하다. 사는 기술을 어렵게 터득해보겠다거나, 혹은 이러한 배움이 더 이상 필요 없는 그런 조건을 기어코 만들어보겠다는 선택 말이다. 알랭 투렌이 최근 말한 대로, 현재의 사회 상태는 "사회적 존재로서의 인간, 그/그녀의 행위나 행동이 그들의 사회적 지위를 결정하고 그 지위에 의해 그들의 사회적 정체성이 결정되는 방식이 끝났다는 것"을 보여준다. 따라서 사회적 행위자들이 '문화적 심리적 특수성'을 지켜내려면, "그들을 결합할 원리를 개인 안에서 찾아야지 사회 제도나 보편주의 원칙들에서는 찾을 수 없게 되었다는 자각"이 있어야만 한다.[109]

이론가들이 이론화하고 철학자들이 철학적으로 규명한 새로운 세상의 조건에 관한 이러한 소식은, 허구라는 적절한 이름으로든 '실화'로 위장되어서든 대중예술의 연합세력에 의해 매일같이 강조되고 있다. 영화 〈엘리자베스〉의 관객들이 배운 바와 같이, 영국의 여왕이 된다는 것도 일종의 자기 권리 주장과 자기 창조의 문제다. 헨리 8세의 딸이라는 존재는, 교활함과 결단력으로 뒷받침되는 엄청난 개인적 주도권을 쥐고 있다. 걸핏하면 시비를 걸고 완강히 반항하던 궁정 신하들이 무릎 꿇고 절하게 만들기 위해, 무엇보다도 귀 기울이고 따르게 만들기 위해, 미래의 '글로리아나'는 화장에 필요한 다량의 화장품을 사고 헤어스타일과 머리 장식을 비롯해 모든 복장을 바꾸어야만 한다. 주장에는 자기 주장만이, 정체성에는 만들어진 정체성만이 있을 뿐이다.

확실히, 이 모든 것은 문제가 되는 주체의 힘으로 응축된다. 방어 무기를 똑같은 것으로 장만한 길이 없으니, 힘없고 빈약하게 무장한 개인들이 자신들의 개인적 무능함에 대한 구제책을 집단의 힘 속에서 찾길 바라는 것은 당연한 이치다. 우리 모두가 보편적으로 경험하고 있는, '**법률상**de jure 개인'이라는 조건과 '**실제**de facto 개인'이 될 기회 사이의 그 넓기만 한 간극을 고려한다면, 똑같은 유동적 근대의 환경은 다양한 생존전략을 후원할 수 있으며 후원하게 될 것이다. 리처드 세넷이 주장한 대로, "우리"는 오늘날 "자기방어적 행위이다. 공동체에 대한 욕망은 자기방어적인 것이다. (…) 확실히 '우리'라는 것이 혼돈과 해체를 막는 방어 수단으로 사용될 수 있다는 것이 거의 보편법칙이 되었다." 그러나(이 '그러나'가 대단히 중요한데) 공동체에 대한 갈구가 "이민자들과 다른 국외자들을 거부함으로써 표현"된다면, 이는 다음의 이유로 그러하다.

안식처를 갈구하는 욕망을 근거로 한 현재의 정치는 전지구적 노동시장의 회로를 옮겨 다니는 약자들을 자신의 먹이로 겨냥하고 있다. 빈곤층 노동자들을 이동하게 하고 그 상대적 박탈을 이용하는 강자들과 그 제도들을 겨냥하기보다는 말이다. IBM 프로그래머들이 (…) 중요한 한 방식으로 이러한 방어적 의미의 공동체를 초월할 때가 있는데, 이는 그들이 인도 출신 동료들이나 그들의 유대인 총수에 대한 비난을 멈출 때다.[110]

'중요한 한 방식'이라 할 때, 부연컨대 이는 아마도 오직 한 가지 방식이라는 말이지 그것이 가장 중대하다는 의미는 아닐 것이다. 위험으로 가득한 복잡함에서 물러나 일체성이라는 안식처로 가고 싶은 충동은 보편적인 것이다. 그 충동에 따르는 방식들이 다를 뿐이고 그 방식들은 행위자가 얻을 수 있는 수단과 자원에 정비례하여 달라지는 경향이 있다. IBM 프로그래머들처럼 잘나가는 사람들, 자기들이 주로 머무는 사이버스페이스에서는 편안하지만 '가상현실화'하기 어려운 것들에 내재된 운명의 장난 및 사회적 세계의 물리적 요인들에는 면역력이 훨씬 떨어지는 사람들은, 온갖 위험을 멀리하려고 첨단기술로 만든 값비싼 해자나 도개교 등을 설치할 능력이 있다. 프랑스에서 손꼽히는 부동산 개발업체 회장인 기 나피야Guy Nafilyah는 "프랑스인들은 동요하고 있다. 그들은 자신들과 비슷하지 않은 이웃을 두려워한다."고 언급한 바 있다. 전국 숙박협회 회장 자크 파티니Jacques Patigny는 전자카드와 경비들이 주택가의 "주변부를 폐쇄하고 그 안으로의 접근을 차단하는" 미래가 반드시 올 것이라고 내다보았다. 그러한 미래는 "통신선을 따라 점점이 박힌 군도"에 적합하다. 단절되고 차단되어 진정 탈지리적인, 복잡한 사설경비 시스템과 온갖 곳에 자리 잡은 비디오 감시카메라, 그리고 스물네 시간 철통 경비를 하는 중무장 경비원들을 갖춘 주거 지역들이 툴루즈 지역 전체에 걸쳐 들어서고 있다.[iii] 이미 미국에서, 그리고 빠르게 전지구화의 길에 들어선 세계의 풍요로운 지역 전체에 걸쳐 그 수가 늘어나듯이 말이다. 철통같은 경비를 세운 이 군락들은 빈민들이 사는 인종적 게토와 두드러지게 흡사하다. 그러나 한 가지 큰 차이점이 있다. 그곳에 사는 이들은 막대한 경비를 내야 하는 특권계층으로서 그들의 자의로 그곳에 산다는 점이다. 또한 출입구를 지키고 선 경비들은 합법적으로 고용되었으므로 전적으로 법적 승인 아래 총기류를 소지한다는 점이 그러하다.

리처드 세넷은 이러한 유행에 대하여 심리사회학적 주석을 붙이고 있다.

> 공동체의 이미지는 '우리'가 누구인지에 대한 갈등은 고사하고, 차이점을 느끼게 할 만한 모든 것을 깨끗이 정화한다. 이런 식으로 공동체적 연대감의 신화는 일종의 정화의식이 된다. (…) 공동체들 안에서 이 신화적 공유가 뚜렷이 말해주는 바는, 서로 같기 때문에 이들이 서로 속해 있고 함께 나눈다는 것이다. (…) 그 '우리'라는 느낌, 비슷해지려는 욕망을 표현한 이 느낌은 인간이 서로를 더욱 깊숙이 들여다볼 필요가 없게 해주는 하나의 방편이다.[112]

수많은 여타의 현대판 공권력과 마찬가지로, 불순물이 섞이지 않은 순수성에 대한 꿈 역시 액체 현대 시대에 이르러 공적인 규제가 철폐되고 사적인 것이 되었다. 그 꿈에 따라 행동하는 것은 사적인 ─ 지역적이고 개별적 모임 단위의 ─ 동기에 맡겨지게 되었다. 개인 안전을 수호하는 것도 이제는 사적인 문제로, 지방 행정당국들과 지방 경찰이 바로 가까이서 조언과 지원을 해준다.

부동산 개발업자들은 일을 해주는 대가를 치를 능력이 있는 사람들의 근심을 기꺼이 덜어주려 한다. 단독이든 몇몇이 모여서든 개인 차원으로 취해진 조치들은, 그 조치를 모색해야 했던 충동과 동등한 수준이어야 한다. 공동의 신화적 논리에 따라 환유적인 것들이 은유적인 것들로 재형성된다. 다시 말해, 위험에 처한 몸에 인접해 있는 표면적 위험들을 거부하고 밀쳐내고자 하는 소망, '외부'를 내부와 비슷하거나 '닮거나' 일치하는 것으로 만들고 싶은, '저 바깥'을 '이 안'의 모양대로 다시 만들고 싶은 긴급한 욕구로 감쪽같이 탈바꿈했다. '비슷함을 나누는 공동체'에 대한 꿈은 근본적으로 **자기애**가 투사된 것이다.

뾰족한 묘수가 없는 당혹스러운 질문에 맞닥뜨리는 일을 피하려는 시도들 역시 미친 듯 필사적이 되었다. 그 질문이란, 겁에 질리고 자기 확신이 없는 자아가 사랑할 자격이 있는지, 자아가 자아의 터전을 쇄신하려는 기획의 산물로 대접받아야 하는지, 그리고 그 자아가 과연 받아들여도 좋을 정체성의 기준에 근거한 것인지에 관한 질문이다. '비슷함을 나누는 공동체' 속에서 그러한 불쾌한 질문은, 바라건대 제기되는 일이 없어야 하고, 정화를 통해 획득한 안전이 믿을 만한가의 문제 역시 절대 의문시되어서는 안 된다.

다른 글(《정치를 찾아서*In Search of Politics*》, Polity Press, 1999)에서 필자는 불확실, 불안정, 불안전이라는 '세속적 삼위일체'를 논한 바 있다. 이들 각각은 그 원류가 확실하지 않기 때문에 더 뼈아프고 더 고통스러운 고뇌를 낳는다. 그 기원이 무엇이든, 농축된 증기는 새나갈 틈새를 필사적으로 찾는데, 불확실성과 불안정성의 원천에 가까이 가는 길은 봉쇄되었거나 닿을 수 없는 곳이기에 모든 증기압력이 다른 데로 이동하여 애간장이 탈 듯 가늘고 약한 밸브, 곧 일신과 가정과 수위 환경의 안전이라는 밸브로 결국 쏠리게 된다. 그 결과, '안전 문제'는 실어 나를 수도 없고 그렇다고 덜어낼 수도 없는 만성적 과적 상태의 근심과 갈망의 짐덩어리들이 되는 추세다. 세속적 동맹은 더 안전한 상태를 영원히 목말라하도록 되어 있다. 그 목마름은 어떤 실제적 조치들로도 해소될 수 없다. 왜냐하면 불확실성과 불안정성의 주요한, 영원히 늘어나는 원천들을 그냥 방임할 수밖에, 이들 고뇌의 주요 공급원들은 손도 대지 않은 채로 그대로 놓아둘 수밖에 없기 때문이다.

안전을 위한 값비싼 대가

다시금 고개를 드는 공동체주의의 추종자들이 쓴 저작들을 검토한 필리프 코엔은, 동시대인들의 삶의 고난들에 대한 치유책으로 그들이 칭송하고 추천하는 공동체들이 해방의 잠재력을 지닌 곳이라기보다는 오히려 고아원이나 감옥 혹은 정신병동 같아 보인다고 결론지었다. 코엔의 말은 타당하다. 해방의 가능성은 공동체주의자들의 관심사였던 적이 없다. 장래의 공동체들이 치유길 바라는 고난들은 바로 해방의 과잉, 안락함을 누리기에는 너무나도 큰 해방의 가능성이 누적되어 생긴 침전물이다. 자유와 안전 사이의 올바른 균형을 오랜 기간 결론 없이 모색하면서, 공동체주의는 후자의 편에 확고히 서 있다. 인간이 소중히 여겨온 이 두 가치가 서로 충돌하고 상반되는 목적을 지향한다는 것, 한쪽을 좀 더 맛보려면 다른 쪽의 일부, 아니 어쩌면 큼지막한 부분을 반드시 양보해야만 한다는 것은 이미 알려진 바이다. 공동체주의자들이 좀처럼 받아들이지 않으려는 한 가지 가능성은, 인간의 자유를 넓히고 파고들면 인간 전체의 안전의 합이 늘어날 수도 있고, 자유와 안전이 상호 공존 속에서 각각 증대됨은 물론이고 이들이 함께 성장할 수도 있다는 사실이다.

반복건대, 공동체를 모색하는 일은 소요와 적대감의 바다 속에서 아늑하고 쾌적하고 평온한 섬을 찾는 일과 같다. 그것은 유혹하고 꼬드기면서도 그 찬미자들이 너무 자세히 들여다보지 않기를 권한다. 왜냐하면 우리가 마침내 파도를 다스리고 바다를 길들이게 될 것인가 하는 문제는 우리의 의사일정 속에서 의심스럽고도 비현실적인 제안으로 이미 삭제되었기 때문이다. 안식처가 유일하다는 사실은 이를 모색할 가치를 더해주고, 다른 삶의 가치들이 거래되는 주식시장이 점차로 자꾸만 변덕스럽고 예측하기 힘들어질수록 안식처의 가치는 시장성이 높아진다.

하나의 안전한(혹은 다른 것보다 그다지 심하게 위험하지는 않은) 투자로서, 공동체적 안식처의 가치는 투자자의 몸—과거와는 달리, 투자자의 몸은 **생활세계**Lebenswelt로서 다른 어떤 장식물이나 외피보다 그 수명이 분명히(실상 비교할 수 없을 정도로) 늘어났다 — 말고는 대적할 상대가 별로 없다. 과거와 마찬가지로 그 몸은 언젠가는 죽을 것이고 그만큼 일시적이지만, 그 필멸하게 마련인 간명함은, 액체 현대가 쇼윈도와 상품진열대에서 꺼내 입었다가 벗곤 하는 모든 관계의 틀reference frame, 지향점들, 분류 작업과 가치 평가가 지닌 일시적 덧없음에 비한다면 마치 영원처럼 보일 정도이다. 가족, 직장동료, 계층, 이웃, 모두 영원성을 상상하기에는, 이것들이 믿을 만한 관계틀이 될 여지가 있다고 믿기에는 너무나도 유동적이다. '내일 우리는 만날 것이다'라는 희망, 미리 생각하고, 장기적으로 행동하고, 한 걸음 한 걸음을 잘 교직하여 일시적이고 치유할 길 없는 필멸의 삶을 세심하게 고안된 궤도 위에 올려놓을 그 모든 이유들을 부여하곤 했던 믿음은 이제 그 신뢰성의 상당 부분을 잃어버렸다. 내일 우리가 만나게 될 가능성은 우리가 갑자기 다음날 완전히 딴판인, 근본적으로 뒤바뀐 가족과 계층, 이웃 속으로 불쑥 던져짐을 의미하게 되었으며, 다른 직장동료들이 있는 회사가 이제 훨씬 믿을 만하고 더 안전한 베팅처럼 여겨지게 되었다.

오늘날 읽으면 마치 고체 근대의 땅에서 후세에게 보낸 편지처럼 들리는 한 논문에서, 에밀 뒤르켐은 오직 "지속적 특성을 지닌 행위들만이 우리의 의지력을 쏟을 가치가 있으며 지속되는 쾌락만이 우리 욕망에 값한다"고 주장하였다. 이는 정녕 고체 근대가 충분한 결과를 내면서 그 거주민들에게 반복해서 주입한 교훈이지만, 요즘 사람들의 귀에는 너무나 생소하고 공허하게만 들린다. 비록 뒤르켐이 그 교훈에서 이끌어낸 실제적 충고보다는 덜

괴상하겠지만 말이다. 그에게는 순전히 수사적 질문처럼 보였던, "개인의 쾌락의 가치는 무엇인가? 그것들이 그토록 공허하고 짧다면 말이다"라는 질문을 던져 놓고, 그는 서둘러 독자들의 불안감을 잠재우며 다행히도 우리는 그런 쾌락을 좇을 만큼 자포자기 상태는 아니라고 지적하였다. "왜냐하면 사회는 개인보다 더 무한히 오래 살기 때문이다." "사회들은 헛되지만은 않은 만족을 우리가 맛보도록 허용한다." 뒤르켐의 견지(그의 시대에는 꽤나 믿을 만했던)에서 사회는, "그 보호 아래" 우리 자신이 순간에 불과하다는 공포로부터 숨을 수 있는 몸이다.[113]

그 몸, 그리고 그것이 주는 만족의 덧없음은 뒤르켐이 지속적 사회제도를 찬양하던 그때 이후로 더 나아진 것이 없다. 하지만 난관은 다른 모든 것들이 — 가장 현저하게는 사회제도들이 — '그 몸과 그것이 주는 만족'보다 훨씬 순간에 불과한 것이 되었다는 데 있다. 수명은 상대 개념이다. 그리고 반드시 죽게 될 그 몸은 아마도 주변 것들 중에서 가장 오래 사는 존재(실제로 해를 거듭하면서 그 기대수명이 자꾸 늘어가는 유일한 존재)일 것이다. 몸이야말로 연속성과 지속성이 있는 마지막 안식처요 피난처라 할 만하다. '오랜 기간'의 의미가 어떤 것이든지 몸의 필멸성이 설정한 한계를 뛰어넘기는 매우 어렵다. 몸은 안전의 최후의 보루, 쉴 새 없는 적의 폭격에 노출된 보루, 모래바람이 휩쓰는 사막의 마지막 오아시스가 되고 있다. 따라서 몸을 보호하려는 관심은 미친 듯 강박적이고 열에 들떠 과도한 양상을 띤다. 몸과 바깥세상 간의 경계는 현대의 여러 전선들 중에서 가장 삼엄한 경비가 이루어지는 곳이다. 몸의 구멍들(진입 지점)과 몸의 외피(접촉 장소)는, 필멸성을 깨닫게 됨으로써 생겨나는 공포와 고뇌의 가장 주된 초점들이다. 이러한 것들은 ('공동체'를 제외하고) 더 이상 다른 초점들과 마음의 짐을 나누지 않는다.

새삼 등장한 몸의 우선성은 공동체 이미지(확실성을 겸비한 안정감을 주는 공동체, 안전의 온실과도 같은 공동체)를 형상화할 때 이상적으로 보호되는 몸의 꼴을 본뜬 공동체를 만들려는 경향에서 반영된다. 내부가 동질적이고 조화로운 단일체로 보이도록 하기 위해 외부에서 온 섭취되지 않는 물질들은 제거되고, 모든 진입 지점이 면밀히 감시, 통제, 보호를 받는다. 그리고 그 바깥은 중무장이 되어 있고 어떤 해도 입히지 못할 갑옷과 투구로 단단히 감싸여 있다. 공동체라 일컬어지는 것의 경계는 마치 몸의 외부 경계처럼, 위험과 의심과 항시적 감시의 황야에서 신뢰와 자상한 보살핌을 쏟을 영역을 갈라내도록 되어 있다. 공동체라 일컬어지는 것과 몸은 공히 내부는 융단 같고 외부는 뾰족한 가시 철망 같다.

몸과 공동체는 확실성과 안정감과 안전을 얻으려는 전투가 매일같이 유예 없이 행해지는, 점차로 황폐해지는 전쟁터의 최후의 방어진지와도 같다. 이제 몸과 공동체는 수많은 요새들과 말뚝 방어선들로 쪼개어져서 그 임무를 수행해야 한다. 이들이 할 수 있는 것 이상이 이들의 책임으로 돌려짐에 따라, 안정감을 찾는 사람들이 안식처를 찾아 도망쳐 오게 만든 그 두려움이 완화되기는커녕 더욱 깊어지기 십상이다.

몸과 공동체의 새로운 외로움은 액체 현대의 논리에 포섭된 폭넓고도 핵심적인 변화들의 결과다. 그 변화들 중 하나는 특히나 중요하다. 이는 체념인데, 국가가 그 부속장치들에게서 확실성과 안전을 주로 (독점적이라 할 정도로) 조달해온 역할을 단계적으로 폐지하고 매각함으로써, 국가가 그 국민의 확실성/안전 추구에 찬성하고 이를 보증하길 거부한 데 따른 것이다.

민족국가 이후

근대에 들어 민족은 국가의 '또 다른 얼굴'이자, 국가가 그 영토와 그 안에 사는 사람들에 대한 지배권을 행사하는 주요 무기였다. 민족이 안전과 지속성을 보증해준다는 신뢰와 흡인력의 대부분은 민족이 '국가', 그리고 '주민의 확실성과 안전', 이 둘을 하나의 지속적이고도 믿을 만한(집단적 보장이므로) 기반에 두려는 의도를 가진 행동 — 국가를 통한 — 들과 밀접한 관계를 맺는 데서 유래했다. 하지만 상황이 달라지자 민족을 국가와 가깝게 연결시켜서 별로 얻을 것이 없어졌다. 열광적 애국심으로 강화되고 결속되었던 대량 징집된 군대가 엘리트주의적이고 냉담한 전문직 첨단 기술자 부대들로 바뀌게 됨에 따라, 국가 차원에서는 민족의 동원 잠재력에서 그다지 기대할 것이 없어졌다. 한 나라의 부는 그 나라 노동력의 질과 양, 그리고 사기가 얼마나 높은가보다는, 그 나라가 전지구적 자본의 냉담한 용병 세력들을 얼마나 끌어들일 수 있는가로 측정되는 상황이 되었다.

국가가 개인을 필멸성이라는 제한을 넘어서는 곳으로 인도해 줄 안전한 가교가 더 이상 아닌 바에야, 개인의 생명은 물론이고 개인의 행복을 희생하여 국가의 유지나 국가의 영원한 영광에 헌신하라는 요구는 놀랍지는 않더라도 공허하고 기이하게만 들린다. 수백 년 간 지속되었던 민족과 국가 사이의 로맨스는 이제 끝이 날 참이다. 이혼은 아니지만, 조건 없는 충성에 기초한 그 신성한 결혼관계는 사라지고 그 대신에 '동거'를 위한 합의사항들이 자리 잡았다. 동반자들은 이제 한눈을 팔아도 되고 다른 관계를 시작해도 된다. 그들의 동반관계는 더 이상 적절하고 받아들여질 만한 행동에 대한 의무적 양식이 아니다. **이익사회**Gesellshaft 시대의 공동체 부재에 대한 대안을 제공해주던 민족이 이제 **공동사회**Gemeinschaft가 남기고 간 것들 속에서 닮고 따라하고 싶은 양식을 찾아 거슬러 올라간다고 말할 수도 있겠다. 민족을 하나로 다잡아주던 제도적 발판이 점차 일종의 '내 스스로 하는' 일로 간주된다. 완강하게 잡히지 않는 안전을 좇는 동안 천애고아가 되고 만 개인이 민족의 날개 아래 모여든 요인은, 실무적이고 관례화된 규정이 아니라 확실성과 안전에 대한 갈망이다.

국가가 확실성과 안전에 대한 구조작업을 해줄지 묻는 일은 그다지 희망이 없는 것 같다. 국가의 정치적 자유는 탈지리성과 **빠른** 이동 속도, 피하고/도망치는 능력이라는 대단한 무기를 갖춘 신생 전지구적 자본에 의해 가차 없이 쇠퇴하였다. 새로운 전지구적 지령을 위반하는 것에 대한 보복은 신속하고 잔인하게 이루어진다. 실상, 새로운 전지구적 규칙으로 벌이는 게임을 거부하는 것은 가장 잔인하게 처벌받을 범죄이며, 이는 스스로 자기 주권을 정의하는 영토로 말미암아 땅에 속박된 국가 권력이 모든 희생을 무릅쓰고라도 조심하고 피해야 할 일이다.

종종 그 처벌은 경제 차원에서 행해진다. 보호주의 정책을 실시하고, 국민 가운데 '경제적인 잉여'가 되는 부분에 후하게 공공 지원을 하고, '세계 금융시장'과 '세계 자유무역' 원리에 나라를 맡기는 것을 주저하는 죄를 저지른 불복종 국가들은, 차관 대출을 거부당하거나 부채 탕감을 받지 못한다. 그러한 국가의 현지 통화는 이제 전세계적으로 배척당하고 투자 가치가 급락하고 현지 주식은 세계 시장에서 곤두박질치며 떨어진다. 또한 그 경제는 제재를 받고 봉쇄되며 과거와 미래의 무역 파트너들에게 지구상의 하층 천민으로 취급받는다. 세계 투자자들은 예상되는 손실을 줄이고 싶어서라도 짐을 꾸리고 자산을 철수해버리고서는, 지역 정부로 하여금 떠난 자리의 잔해를 말끔히 치우라고, 그로 말미암아 엎친 데 덮친 격으로 피해를 입은 그 나라의 희생자들을 구제하라고 떠넘길 것이다.

그러나 가끔 처벌이 '경제 조치들'에 국한되지 않을 수도 있다. 특히나 완강하게 버티는 정부들(하지만 오래 버틸 만큼 그렇게 강하지는 못한)은 장차 이를 모방할 자들에 대한 일벌백계 차원에서 따끔한 본보기 교육의 대상이 된다. 세계적 자본 세력의 우월성에 대한 매일의 일상적 전시만으로는 이 새로운 '세계 질서'의 동기를 알아보고 이에 협력하도록 만드는 데 불충분하다면, 군사력이 사용되기도 한다. 느림보다는 속도가, 결속할 필요보다는 도망가는 능력이, 지역성보다는 탈지리성이 우월하다는 면이, 이 번에는 치고 빠지는 전략에 능하고 '구제할 인명'과 구제할 가치가 없는 인명을 엄격히 가르는 면에서 전문화된 무장 군대의 지원을 받아 가히 장관으로 펼쳐진다.

하나의 도덕적 행동으로서 유고슬로비아와 행한 전쟁 방식이 과연 옳은가 그른가는 여전히 논쟁의 불씨다. 하지만 '정치적 수단이 아닌 다른 방법으로 세계 경제 질서를 보급'한 것으로 본다면 그 전쟁은 말이 된다. 새로운 세계의 위계질서와 이를 지탱하는 게임의 새로운 규칙을 멋지게 한번 보여준 것으로서 공격자들이 선택한 전략은 들어맞은 셈이다. 전쟁이 낳은 수천 명의 심각한 '사상자들'과 불모지가 되어버린 그 나라가 장차 오랜 세월 동안 생계수단과 자생력을 잃게 된 점만 제외한다면, 이 전쟁을 하나의 **독특한**sui generis '상징적 전쟁'이라 부르고 싶을 정도다. 그 전쟁 자체, 전략과 전술은 (의식적이든 무의식적이든) 새로이 등장하고 있는 질서관계의 상징이었다. 정말이지 이 사건은 그 메시지를 전한다.

사회학을 가르치는 사람으로서 나는 해마다 학생들에게 거듭 말한다. 정통 '문명의 역사'는 가만히 안주하려는 점진적이면서도 가차 없는 경향, 그리고 결국 유목민에 대한 정착민의 승리를 특징으로 한다고 말이다. 패배한 유목민들이 그 본질상, 퇴화되고 반문명적인 세력임은 더 언급할 필요도 없었다. 짐 맥러플린은 최근 그 승리의 의미를 밝히면서 근대 문명의 궤도에 정착한 사람들이 '유목민'을 어떻게 취급했는지 그 역사를 간략하게 서술하였다.[14] 그의 지적에 따르면, 유목생활은 "'야만적'이고 저개발된 사회의 특징으로 간주되고 취급되었다." 유목민은 원시적인 것으로 정의되었는데, 휘호 그로티우스Hugo Grotius* 이래로 '원시적'인 것과 '자연적'인 것은(즉, 조야한 자연 상태, 문화가 생기기 전, 문명화되지 못한 것) 동일한 것이었다. "법이 발전하고 문화가 진보하고 문명이 강화된 것은 모두 인간 진화와 향상 — 시간이 지나면서 공간적으로 땅과 관계를 맺게 된 것 — 과 밀접히 연결된다." 진보는 정착하는 삶의 방식을 추구하면서 유목생활을 버린 것과 일치한다는 것이다. 확실히 이 모든 일은, 지배라는 것이 직접적이고 꽉 짜인 결속을 뜻하고 지리적 정복과 합병, 식민화를 의미했던 무거운 근대 시기에 일어났다. '전파傳播주의'(한때 제국의 수도들에서 인기를 끌던 역사관이었다)의 창시자요 주요 이론가이며 '강한 자의 권리'의 설파자였던 프리드리히 라첼 Friedrich Ratzel은, 문명적 천재는 극히 드물고 수동적 추종만이 널리 퍼진 상황에 비추어 우월한 종족의 개념은 불가피하다고 간주했다. 그가 식민주의 시대로의 진입에 대하여 다음과 같이 기술한 것은 당대의 분위기를 정확히 간파한 것이었다.

존재하기 위한 투쟁은 공간을 얻으려는 투쟁을 뜻한다. (…)

* 17세기 초반 네덜란드 델프트 출신의 법학자로서 자연법의 원리에 입각해 근대 국제법을 창시하였다.

우월한 민족은, 힘없는 야만적 이웃 민족의 영토를 침범하여 그들의 땅을 빼앗아 그들을 그들 스스로 감당할 만한 협소한 구석으로 밀어내고, 그들의 얼마 안 되는 재산에까지 잠식해 들어가서 결국 약자가 지배하던 최후의 것들까지 다 잃게 하는데, 그들은 말 그대로 지구 끝까지 내몰린다. (…) 그러한 팽창주의자들의 우월성은 주로 영토를 점유하고 활용하여, 그것을 전유할 능력이 더 크다는 데 놓인다.

말이 더 필요 없다. 액체 현대 시대에 지배 게임은 '더 큰 것'과 '더 작은 것' 사이의 게임이 아니고, 더 빠른 것'과 더 느린 것 사이의 게임이다. 적이 잡을 수 없는 속도를 내는 자가 지배한다. 속도가 지배를 의미하게 되면, '영토의 전유와 활용, 점유'는 약점 —재산이 아니라 빚—이 된다. 자신의 사법권을 이양하고 심지어는 다른 누군가의 땅과 합병한다는 것은 자본 집중적이고, 번거로우며 수지타산이 안 맞는 행정, 감찰, 책임과 헌신과 같은 잡무를 뜻한다. 무엇보다도 장차 그가 움직일 자유를 엄청나게 억누르는 면이 있다.

치고 빠지는 종류의 전쟁을 앞으로 더 벌일 것인지는 극히 불명확한데, 그 첫 번째 시도가 승자에게 이동성을 앗아간—승자에게 액체 현대와는 걸맞지 않는 힘겨운 토지 점령, 지역적 참여와 관리 감독의 책임들을 지우는—결말을 가져왔다는 사실에 비추어볼 때 그러하다. 전지구적 엘리트들의 힘은 지역 단위 공동체들을 벗어날 능력에 달려 있고, 지구화는 엄밀히 말해 그런 일들을 맡지 않으려고, 그런 과제와 역할을 오직 해당 지역 정부에 떠넘겨서 그 정부가 법률과 (해당 지역의) 질서 수호를 도맡도록 한다.

실상, 승리자들의 캠프에 '다시 생각해보자'는 분위기가 넘쳐나는 증거는 매우 많다. '세계 경찰' 전략은 다시금 집중적, 비판적 검토의 대상이 되고 있다. 점점 더 많은 영향력 있는 세력들이, 전지구적 엘리트들이 '해당지역 경찰 관할구역이 되어버린 국가'에 떠넘기려던 역할들 중 특히 이웃나라의 유혈사태를 해결하려 노력하던 역할만은 다시 맡아야 한다고 목소리를 높인다. 그리고 그런 사태를 해결하려는 노력 역시 '분산되고' '탈중심화'되는 방향으로, 세계적 위계질서상의 서열과 인권의 보장 유무에 따라 새롭게 할당되어야 한다고 말이다. 그리하여 지구화를 전파하려는 뚜렷한 의지를 지닌 전지구적 기업들과 정부들의 관용과 '암묵적인 경제적 이해관계' 덕분에 보유하게 된 군부와 군사무기를 '원래 그것이 속해 있는 곳에' 넘기라는 것이다. 예컨대, 미국 국제전략연구소의 특별 연구위원이자 여러 해 동안 미 국방부의 정책변화 동향에 대한 신뢰할 만한 지표를 제시해온 에드워드 N. 루트워크Edward N. Luttwak는, 《외교Foreign Affairs》('가장 영향력 있는 정기간행물'로 《가디언》이 평한 바 있는) 1999년 7-8월 판에서 "전쟁에 한 번 더 기회를 주자"고 호소한 바 있다. 루트워크에 따르면 전쟁이란 늘 나쁜 것만은 아니다. 때로는 평화를 이끌어내기도 한다. 비록 평화라는 것이 오직 "모든 호전주의자들이 지쳐 나가떨어지거나 한쪽이 결정적으로 승리를 거둘 때" 오긴 하지만 말이다. 최악의 사태는 (나토가 한 일이 바로 그런 것인데) 전쟁을 하다 말고 어중간하게 멈춘 상태이며, 종지부를 찍어줄 결전이 끝나기도 전에 서로 기진맥진해지거나 한쪽이 전쟁을 할 능력이 없어지는 경우다. 그런 경우에는, 갈등은 해결된 것이 아니라 그저 잠시 멈춘 것일 뿐이고 적들은 이 휴전 상태를 이용하여 전략을 다시 짜고 재무장하게 된다. 따라서 당신들을 위해서나 그들을 위해서나 '다른 민족의 전쟁에' 제발 개입하지 마라.

루트워크의 호소를 기꺼이 고맙게 받아들일 청중이 제법 많을 것이다. '다른 수단을 통한 지구화의 보급'이 진행됨에 따라, 결국 개입을 삼가고 소모적 전쟁이 '자연 종식' 되도록 놔두면, '다른 민족의 전쟁'에 직접 개입하는 번거로움 없이 특히나 그 어색하고 부담스러운 결과에 발 담그는 일을 하지 않고도 똑같은 이득을 챙길 수 있기 때문이다. 신중치 못하게도 휴머니즘의 기치 아래 전쟁을 하는 데서 오는 양심의 가책을 달래기 위해, 루트워크는 군사적 개입이 어떤 목표를 달성하는 수단이 되기에 얼마나 부적합한가를 지적한다. "심지어 대규모의 사심 없는 개입조차도 명백한 휴머니즘적 목표를 달성하지 못할 수도 있다. 혹자는 나토가 아무 일도 하지 않았더라면 혹시 코소보인들이 더 잘 살지 않았을까 생각할 수도 있다." 어쩌면 나토군이 매일의 훈련이나 잘 하고 그 지역 주민들이 해야 할 일은 그들이 하도록 내버려두는 것이 훨씬 더 나았을지도 모른다.

이렇듯 심사숙고를 초래하고 승리자들이(공식적으로는 성공작이라 일컬어지는) 개입을 후회하도록 이끈 것은 그들의 치고 빠지는 캠페인이 본래 피해가기로 되어 있던 바로 그 결과를 피하지 못했다는 사실 때문이다. 그 결과란 개입과 점령, 그리고 점령한 영토에 대한 행정관할의 필요성이겠다. 코소보에 낙하산부대가 착륙하여 교전 중인 양측이 서로 쏴죽이는 것을 막고, 그들이 사정거리 안에 들어가지 못하게 안전거리를 유지함으로써 나토군대는 '하늘에서 지상으로 내려온 천사' 같은 존재가 되었고, 그 땅의 더러운 현실을 떠맡을 책임을 짊어지게 되었다. 냉정하고 통찰력 있는 분석가이자 정치를 가능성의 예술로 이해한(다분히 구식이긴 하지만) 정치의 대가 헨리 키신저Henry Kissinger는 전쟁의 폭격으로 초토화된 나라들을 회복시킬 책임까지 떠맡는 커다란 실수를 저지르지 말아야 한다고 경고했다.[115] 키신저가 지적한 바, 그러한 계획은 "끝 모를 개입이 시작되면서 더 깊은 개입으로 우리를 몰아가는 위험을 무릅쓰게 하여, 격렬한 증오로 뒤범벅이 된, 우리에게 별 전략적 이득도 주지 못하는 그런 지역을 지키는 위험한 경찰 노릇을 하게끔 만든다." 게다가 엄밀히 말해서 그 '개입'은 또 무엇이란 말인가! '다른 수단을 통해 지구화를 보급'하려는 목적의 전쟁들을 하는 본래의 이유가 그 '개입'을 피하기 위함이 아니었던가! 키신저는, 민간 행정부는 결국 불가피하게도 분규를 일으키게 되어 있고, 엄청난 비용이 들고 도덕적으로도 문제가 되는 그 일을 해결하려면 행정가들이 무력에 의존하는 사태를 부른다고 덧붙였다.

이제까지, 점령군이 분쟁 해결 과제를 떠맡는 동안 그들이 폭격을 가하고 실정을 이유로 갈아치운 해당 지역 사람들보다 이 과제를 더 잘 해냈다는 증거는, 설사 있다손 치더라도 거의 없는 셈이나 마찬가지다. 그들이 공중폭격을 개시하는 명목으로 내세웠던 난민들의 운명과는 극히 대조되게도, 귀환자들의 매일매일은 좀처럼 기사화되지 않으며 어쩌다 간혹 독자나 시청자가 접하는 뉴스는 매우 안 좋은 것들뿐이다. "코소보의 소수 세르비아인들에 대한 폭력과 계속되는 보복행위는 가뜩이나 불안한 현지 사정을 더욱 악화시키고 있으며 나토 군대가 통치권을 장악한 뒤 겨우 한 달 지났을 뿐인데 세르비아인이 인종적으로 완전히 청소되는 지경이다"라고 크리스 버드Chris Bird는 프리스티나*에서 보도하고 있다.[116] 지상의 나토 군대는 격렬한 인종적 증오에 직면하여 당황한 기색이 역력하고 속수무책인 듯이 보인다. 초음속 폭격기에 장착된 텔레비전 모니터로 바라볼 때만 해도 증오가 그저 어떤 살기등등한 악한 때문이려니 간단히 치부하고 그렇게 해결하면 될 것 같았는데 말이다.

장 클레르Jean Clair는 다른 많은 증인들과 함께, 발칸반도의 전쟁이 그 전체 지역에 심각하고도 지속적인 불안정을 가져올 것이며 마케도니아, 알바니아, 크로아티아와 불가리아의 경우와 마찬가지로 아직은 어리고 취약한, 어쩌면 아직 태어나지도 않은 민주주의를 성숙시키기는커녕 내적인 붕괴를 초래할 것이라 내다보았다.[117] (대니얼 버넷Daniel Vernet은 이 주제에 관하여 발칸의 정치학자와 사회학자들을 대상으로 시행한 여론조사 결과를 '발칸인들은

---

* 코소보의 도시.

끝 모를 고뇌의 위험에 직면해 있다'는 제목으로 발표하였다.[118]) 그러나 그는 또한 그 국가의 성장 가능성의 뿌리를 잘라버린 결과 생겨난 그 정치적 공백을 어떻게 채워야 할지에 대해서도 문제를 제기한다. 세계시장 세력들은 더 이상 일을 방해받거나 저지당하지 않아도 된다는 것에 환호하며 그 공백 안으로 진입하겠지만, 그곳의 유명무실한 정치권력을 대행할 생각은 없다 (혹은 그럴 생각이 있다 해도 해낼 수 있을 것 같지 않다). 또한 그들이 강하고도 확신에 찬, 자기 영토에 대한 완전한 지배권을 행사하는 민족국가의 부활에 관심이 있는 것도 아니다.

'제2의 마셜플랜'은 현재의 문제에 대해 가장 흔히 제시되어 온 해결책이다. 가장 영광스런 전쟁에서 계속되는 전투를 통해 악명을 떨치게 된 것은 비단 장성들만은 아니다. 그러나 아무리 많은 액수가 목표를 위해 비축되어 있다 해도 모든 곤경마다 다 값을 치를 수는 없는 노릇이다. 발칸반도의 곤경은 2차 세계대전 후 국민국가들이 시민들의 생계 수단을 회복시킴과 동시에 함께 그들의 주권을 재건해야 했던 것과는 뚜렷하게 다르다. 코소보 전쟁 이후 발칸반도에서 우리가 직면한 것은 물질적 재건의 과제를 거의 맨 처음부터 다시 해야 한다는 것(유고슬라비아인들의 생계 수단이 완전히 붕괴되었기 때문이다)뿐만 아니라, 그 전쟁으로부터 생겨난 끓어오르고 곪아터진 인종 간 쇼비니즘이 더욱 강화되었다는 사실이다. 세계시장의 네트워크 안에 발칸인들이 포함되는 것이 '불관용'과 증오를 완화하는 데 큰 기여를 하지는 못할 것 같다. 왜냐하면 그런 상황은 끓어오르는 종족감정의 주요 원인이었던(그리고 지금도 계속 그러한) 불안감을 줄여주기보다는 가중시킬 것이기 때문이다. 예를 들어 진짜 위험요소는, 세르비아인들의 저항력이 약화되는 것인데, 그렇게 되면 이웃나라들이 또 한 번 적개심과 인종청소의 결전을 시도하는 상황이 초래될 수도 있다.

나토 정치가들이 발칸반도의 '뒤섞인 인구지대'(한나 아렌트 Hannah Arendt가 통찰력 있게 부른 대로)에 전형적인, 그 섬세하고도 복잡한 현안들을 조잡하게 처리한 실망스럽기 짝이 없는 기록을 생각하면, 또 다른 엄청난 희생이 따르는 큰 실수가 또 생기는 것은 아닐까 두려움이 앞선다. 난민들과 망명자들의 새로운 물결이 더 이상 자국의 부유한 유권자들을 겁주는 일이 없도록 확실히 해놓고 나면, 유럽의 지도자들은 예전에 수도 없이 겪었던 그 통제 불가능한 나라들ー소말리아, 수단, 르완다, 동티모르, 아프가니스탄ー에 대한 관심을 끊게 될 것이라는 예측은 그리 빗나간 이야기가 아니다. 그러고 나면 우리는 시체가 즐비한 우회도로를 따라 다시금 반듯하게 정비된 대로로 돌아오게 될 것이다. 국제 소수인종 연구소 소장인 안토니나 젤랴즈코바 Antonina Jelyazkova는 (버넷이 인용한 대로) 이를 매우 잘 표현하고 있다. "소수집단의 문제는 폭격으로 해결할 수 없다. 그 타격은 양편의 악마를 전부 풀어놓게 되기 때문이다."[119] 민족주의를 옹호하는 입장을 택했기 때문에 나토의 행동은 그렇지 않아도 이미 광적인 그 지역의 민족주의를 더욱 부채질한 셈이 되었고 이에 따라 그 후에 민족 말살의 시도들이 계속 반복하여 벌어질 근거를 마련해주었다. 가장 슬픈 결과는 그 지역의 언어나 문화, 종교가 서로 수용되고 친밀하게 공존을 유지할 가능성이 유사 이래로 가장 낮아졌다는 점이겠다. 의도가 어떤 것이었든, 그 결과는 진정 도덕적 해결이라면 그러했을 흐름과는 정반대로 흐르고 있다.

그 결과는 (아직은 예단이긴 하지만) 상서롭지 못하다. 새로운 '세계경찰로서의 행동'을 통해 종족적 도발을 징벌하려는 시도들은 현재까지는 그다지 결론을 이끌어낼 힘이 있는 것도 아니고 오히려 역효과를 가져오는 것으로 판명되었다. 무차별적 지구화의 전반적 결과는 지극히 불균형적인 것이었다. 새롭게 시작된 종족 분규의 상처가 제일 먼저 생겼고 그 치료약은 기껏해야 시험단계(아마도 시행착오가 될 가능성이 높은)에 있다. 지구화는 공동체간 평화로운 공존이 아닌, 적대감과 투쟁을 악화시키는 데 훨씬 더 성공하는 것 같다.

공백 메우기

다국적 기업들(즉, 지역의 이해와 제휴관계가 이리저리 분산되고 변화하는 전지구적 회사들)에게 '이상적 세상'이란 '국가가 아예 없거나, 최소한 덩치가 좀 작아진 국가들만 있는 세상'이라고 홉스봄은 갈파했다. "석유가 있는 게 아니면, 국가가 작고 힘이 없을수록 그 정부를 사들이는 데 적은 돈이 들어간다."

실제 오늘날 우리에게는 이중적 체제가 있다. 하나는 국가의 '민족 경제'라는 공식 체제이고, 다른 하나는 실제이면서도 대개는 비공식적인, 초민족적 단위와 제도의 체제이다. (…) 영토와 권력을 지닌 국가와는 다르게, '민족'의 다른 요소들은 경제의 지구화에 의해 짓밟힐 수 있는데, 그것도 매우 쉽게 유린된다. 민족성과 언어가 그 두 가지 명백한 요소들이다. 국가 권력과 강제력을 빼앗으면 그것들이 별 의미가 없어진다는 점은 명백하다. [120]

경제의 지구화가 그야말로 도약에 도약을 거듭하면서, '정부를 사들이는 일'은 확실히 점점 더 필요 없어진다. 정부가 자기들 관할의 자원(즉, 어떤 식으로 수지균형을 맞추든지 틀림없이 자기들 사법권이 닿는 범위 내에 둘 수 있는 그러한 자원)의 수지균형을 맞추는 것에 너무나도 무능하다면, 불가피한 '세계자본'에 투항하는 것은 물론이고 그 세계자본과 활발하고도 빈틈없이 협력할 수밖에 없다.

기든스는 전세계적 '근대화'의 메커니즘을 이해하기 위해 비기독교적 '인도의 크리슈나 신'의 메타포를 사용했다. 이는 오늘날 경제의 지구화에 잘 들어맞는다. 대부분의 민족국가 정부들이 전지구적 '크리슈나 신'에게 경쟁이라도 하듯 자기들이 통치하는 땅을 바꾸어달라고 빌고 달래고 유인함에 따라, 행위의 주역과 수동적 상대방을 구분하기가 점점 더 어려워진다. 그 경쟁에 합류하기에 너무 굼뜨거나 덜떨어지거나 근시안이면, '지갑 사정에 따라 투표하는' 유권자들을 회유할 때 공약으로 내세울 만한 것이 아무 것도 없는 매우 곤란한 지경에 놓이거나, 고분고분하게 한목소리를 내는 '세계 여론'에 의해 즉각 비난받고 세계무대에서 추방당하든지, 아니면 정신을 번쩍 차리게 한다는 명분으로 퍼부어지는 폭탄 세례를 받거나, 그렇게 하고 말겠다는 위협, 대세에 합류하라는 위협을 받게 된다.

민족국가 주권의 원칙이 마침내 불신임되어 국제법상의 법령집에서 제거된다면, 혹은 국가의 저항력이 효과적으로 해체되어 세계열강의 이해타산에서 그다지 중요한 고려대상이 아니게 되면, '국가들로 이루어진 세계'가 어떤 초국가적 질서(세계 경제 세력들을 강제하고 규제하는 삼권분할의 견제와 균형을 갖춘 하나의 전지구적 정치체제)로 자리바꿈하는 것이 가능성 있는 각본 가운데 ─오늘날의 견지에서는 가장 확실한 것은 아닌─ 하나다. 피에르 부르디외가 새로 만든 표현인, '불안정화 정책'의 전세계적 확산이 뒤를 이을 가능성도 비슷한 정도로 확실하다. 설사 국가의 주권에 가해진 타격이 치명적이고도 최종적인 것이라 해도, 설사 국가가 강압정치를 할 독점권(막스 베버와 노르베르트 엘리아스는 공통적이게도 이러한 독점권을 국가의 가장 두드러진 특색인 동시에 근대의 이성 혹은 문명화된 질서의 **필요조건**으로 간주했다)을 잃는다 해도, 대량학살의 결과 등을 포함하여 전체적으로 일어나는 폭력의 총합이 꼭 줄어드는 것을 의미하지는 않는다. 폭력은 아마도 국가 차원에서부터 '공동체'(신종족) 차원으로 강등된 채로 그저 '규제 풀린' 상태가 된다.

제도화된 '수목樹木 구조arboretic frame'(들뢰즈와 가타리의 비유를 빌리자면)*의 틀이 없는 속에서, 사회성은 그 화약과도 같은 '폭발적' 표현양식으로 되돌아가게 되어, 매우 다양한 정도의 지속성을 지닌 형식들을 움틔울 수도 있겠다. 그러나 결국 그 표현양식들은 매우 다종다양하게 불안정하고 열띤 논쟁의 대상이 되고 의지할 기초를 결여한 상태가ー그 형식들을 추종하는 자들의 열정적이고도 광기 어린 행동을 제외하고는ー될 것이다. 만성적으로 깔린 불안정 상태는 무언가 그에 대한 보상을 필요로 하는 법이다. 그 공백을 메우는 적절한 방법은, 계속 '화약고 사회' 상태가 유지되어 처벌을 효과적으로 피하면서도 범죄에 적극적으로(자발적이든 강제에 의해서든) 가담하는 것이다. 화약고 사회가 태어나기 위해서는, 또 계속 살아 있기 위해서는 반드시 폭력이 필요하다. 그러한 사회에는 생존을 위협할 적, 집단적으로 처형하고 고문하고 절단시킬 적이, 만일 전투에서 지게 될 경우 상대 집단의 모든 구성원들을 인류를 저버린 범죄의 방관자로 선포하고 기소하고 처벌받을 수 있도록, 반드시 필요하다.

기나긴 일련의 야심적 연구에서(《세상의 창조 아래 감춰진 사물들에 관하여Des Choses cachées depuis la fondation du monde》, 《희생양Le Bouc émissaire》, 《폭력과 신성La Violence et le sacré》), 르네 지라르René Girard 는 공동체의 탄생과 유지에서 폭력의 역할에 관한 포괄적

---

* 둘의 공저《천 개의 고원Mille Plateau》에서 주창된 개념으로 사회 위계가 중심 줄기에서 가지로 뻗는 형국을 가리킨다.

이론을 전개하였다. 폭력적 충동은 평화롭고 우호적인 협력관계의 고요한 표면 바로 밑에서 늘 이글이글 불타고 있다는 것이다. 그 충동은 폭력이 금지된 평온한 공동체의 섬을 오롯이 차단시켜주는 경계선 너머로 물길을 내어 그 바깥으로 흘러가도록 해야 한다. 그렇지 못하면 폭력은 그 공동체로 하여금 겉치레를 벗어던지게 하여 공동체의 방어 수단으로 재활용될 수 있다. 이렇게 재활용된 형태 속에서 폭력은 필수불가결한 것이 된다. 희생양을 올리는 제의의 형태로 계속 거듭하여 상연되며, 이 제의를 위한 제물은 명시적인 적 없으면서도 무척이나 엄격한 이런저런 규칙에 따라 선택된다. "모든 제물의 효험을 결정하는 공동의 특징이 있다." 그 공동의 특징은 이러하다.

> 내부적 폭력─공동체 내부에 있는 모든 이의제기, 경쟁, 시기심, 그리고 언쟁─을 억누르기 위하여 제물을 쓰는 것이다. 제물의 목적은 그 사회의 조화를 회복하고 사회조직을 강화하는 데 있다.

제물을 바치는 수많은 형태의 의식들을 한데 묶어주는 것은 공동체적 일체감, 그 일체감의 일시성에 생명을 부여하려는 목적이다. 그러나 이러한 역할을 위해서는 '대타로 희생을 할 무엇,' 공동의 일체감이라는 제단에 바쳐질 그 대상이 반드시 제대로 선택되어야 한다. 그리고 선택의 법칙은 정확한 만큼이나 요구사항도 많다. 제물이 되기에 적합하려면, 그 대상은 "'희생시킬 법한'

것들의 대열에서 제외된 인간적 범주와 선명한 유사성을 지녀야
하고"(즉, 그 인간들은 '그 공동체 내부인'으로 여겨져야 한다), "그러
면서도 여전히 전혀 혼동이 오지 않을 정도로 차이점을 지녀야
만 한다." 후보자들은 반드시 외부에 있는 이여야 하지만 그렇다
고 너무 멀리 있어서도 안 된다. "우리 공동체 구성원이 될 자격
이 있긴 하되" 분명 달라야 한다. 대상들을 희생시키는 행위는 결
국, 도저히 건널 수 없는 그 사회의 '안'과 '밖'의 경계를 빈틈없이
긋기 위한 것이다. 때문에 정기적으로 다음과 같은 부류가 희생
양으로 선택되는 것이다.

> 전쟁포로, 노예, 파르마코스pharmakos*와 같이 사회의 바깥이나
> 주변부에 위치한 존재들 (…) 도시의 다른 거주자들과 연결되
> 는 사회적 유대를 형성하거나 공유할 수 없는, 외부나 변두리
> 지역에 사는 개인들. 외국인 내지는 적으로서의 그들의 위상,
> 그들의 노예근성, 그것도 아니면 그저 그들의 나이 때문에 이
> 들 미래의 희생양들은 그 공동체에 완전히 통합되지 못한다.

사회의 '합법적' 구성원들과 사회적 유대가 없다는 것(혹은 그
러한 유대를 만들지 못하도록 금지되는 것)은 또 하나 편한 점이 있
다. 희생양에게는 "보복당할 위험 없이 폭력을 휘둘러도 되기 때

---

* 고대 그리스에서 공동체에 큰 재앙이나 위기가 닥쳤을 때 정화의식을 위한 희생
  양으로 선택된 사람을 뜻한다.

문이다."[121] 그들을 벌주되, 이에 대한 처벌은 받지 않아도 된다. 혹은 전혀 반대의 예상을 거론하면서 희생양들이 얼마나 잔인한 살인마일 수 있는가를 온통 구색을 맞춰 짜깁기하여 꾸며놓고서는 우리가 일치단결하여 이 사회를 열심히 눈에 불을 켜고 지켜야 한다고 목청을 드높인다.

지라르의 이론은 결국, 드나듦으로 문턱이 닳고 닳은 사회의 변경에서, 특히 그 사회의 정체성이 불확실하거나 의문시될 때, 더 정확히 표현하자면 그 경계가 없거나 허술하거나 선명치 못할 때, 경계를 긋는 장치로서 일상적 폭력이 사용되는 그러한 사회들에서 폭력이 흔하고 광포하다는 점을 이해하기 위한 것이다. 그러나 세 가지 논평이 제기될 수 있다.

첫째, 만일 '희생양'을 정기적으로 제물로 바치는 것이 어떤 '사회적 계약'의 불문율을 갱신하려는 의식이라면, 이러한 기능이 가능한 것은 그 제물이 지닌 다른 측면 때문이라는 점이다. 즉, 역사적인 혹은 신화적인 '창조일화'에 대한 집단 기억, 적의 피로 흥건한 전쟁터에서 최초의 맺은 협정 같은 것 말이다. 그런 일화가 없다면, 제물을 바치는 의식을 면밀하게 반복함으로써 과거로 소급되는 일화를 주조할 필요가 있다. 그러나 진짜이든 고안된 것이든, 이는 공동체 위상을 갖추려는 모든 단위들에게 동일한 유형으로 기능한다. 여기서 모든 단위라 함은, 장차 공동체가 되겠지만 아직은 피가 뚝뚝 흐르는 '진짜 제물' 대신 자비로운 의식을 치르거나, 진짜 제물을 죽이는 대신 그 대리 역할을 할 어떤 것을 죽이면 되는 위치에 오르지 못한 공동체들을 가리킨다. 공동의 삶을 '독립 기념일'의 기적을 줄기차게 거듭하는 삶으로 변화시켜줄 제의적 희생 양식을 아무리 숭고하게 포장한다 해도, 공동체가 될 야심을 품은 모든 사회들이 이끌어낸 실용적 교훈은, 치밀하게 다듬어지고 숭엄하게 치러지는 예배가 되기엔 턱없이 부족한 행동들을 야기한다.

둘째, 자기 존재를 안전하고 확고히 하기 위해서, 대열을 더욱 빈틈없이 짜기 위해서 공동체가 '최초의 살인'을 저지른다는 생각은, 지라르 자신도 말했다시피 앞뒤가 맞지 않는다. 최초의 살인이 일어나기 전에, 강화할 대열이 있거나 확고히 해야 할 공동의 삶이라는 것이 있었을 리 만무하기 때문이다. (지라르 자신조차 그의 책 10장에서 제물 예배에서 산재되어 있는 절단의 상징을 논할 때 이를 다분히 시사하고 있다. "공동체의 탄생은 무엇보다도 하나의 절단 행위이다.") 내부적 폭력을 그 공동체(내부인들 간의 평화를 유지하기 위해 외부인을 죽이는 공동체) 경계 너머로 계획적으로 추방시키는 전망 역시 무심결에 하는 설명(진정한 설명이든 남 탓을 하는 설명이든)이 되기에는 꽤나 그럴듯해 보이지만 실상 기초가 빈약한 임기응변식 대처의 또 다른 예이다. 오히려 원죄 그 자체가 연대를 요구하고 대열을 정비할 필요를 제기함으로써 공동체를 살아 숨 쉬게 하는 것이라 해야 옳다. 원죄 때문에 희생되었다는 입장의 타당성이야말로 공동의 연대를 요청하고 해마다 제물 의식으로 재확인되기 마련이다.

셋째, "희생양은 본래 보복당할 위험이 없는 폭력 행위다"(13쪽)라는 지라르의 주장은 다음의 언급으로 보완되어야 한다. 즉,

희생양이 효과가 있기 위해서는, 감수할 위험이 없다는 사실을 조심스럽게 감추거나 강력히 부인하는 편이 더 낫다는 것이다. '최초의 살인'에서 적은 완전히 숨이 끊어지지 않고, 당장이라도 무덤에서 벌떡 일어날 태세인 좀비가 되었음에 틀림없다. 진짜 죽어버린 적, 혹은 부활이 불가능한 죽은 적이라면 단결의 필요를 정당화할 만큼의 두려움을 일으키지 못하게 마련이다. 그런데도 매번 제물 의식은 정기적으로 거행된다. 적이 마침내 죽었다는 소문 자체가 적의 선동일 뿐이며, 따라서 이 소문은 적이 아직도 살아서 우리를 공격하는 간접적이지만 생생한 증거라고, 모든 구성원들에게 거듭 상기시키기 위해서다.

보스니아 대학살에 대한 방대한 연구에서 아르네 요한 베틀레센Arne Johan Vetlesen은 신뢰할 만한 제도적 기초(바라건대 지속적이고 안정적인)가 없을 때에는, 개입하지 않고 미온적이며 무관심한 방관자가 그 공동체의 가장 무서운 적이 되어 증오를 받는다고 지적한다. "대량학살 행위자의 견지에서는 구경꾼은 지금 벌어지는 학살을 정지시킬(…) 가능성이 있는 사람들이다."[122] 첨언컨대, 구경꾼들이 그 잠재적 가능성에 따라 행동할지 여부에 상관없이, '방관자'(공동의 적을 파멸시키는 데 아무것도 하고 있지 않은 사람)로서의 그들의 존재는 화약고 같은 사회가 **존재이유**를 끌어내는 유일한 전제에 대한 일종의 도전이다. 즉, '우리가 아니면 저들' 식의 상황, '저들'의 파멸이 '우리의' 생존에 필수적이며 '저들'을 죽이는 것이 '우리'가 살 수 있도록 하는 **필수적 전제조건**이라서다. 또한 부연하고 싶은 바는, 그 사회의 구성원 자격이 절대로 '미리 지정된' 것이거나 제도적 확증을 받은 것도 아니고 '피의 세례'를 받은 것도 아니라는 점이다. 집단 범죄에 개인적으로 가담하는 것만이 지속적 구성원 자격을 따내고 이를 합법적으로 만드는 유일한 방법인 셈이다. 국가가 주도하는 대량학살과는 달리(그리고 주요하게는 나치즘에 의한 유대인 학살과는 달리), 화약고 사회들의 탄생 의식으로서의 대량학살은 어떤 전문가의 손에 맡기거나 특별한 직무 단위로 파견될 수 없다. 얼마나 많은 수의 '적들'이 죽었는가는 별로 중요치 않다. 살인자가 얼마나 많았는가가 중요해진다.

또한 그 살인이 대낮에 모든 이가 보는 앞에서 공개적으로 저질러져 가해자들의 이름을 일일이 다 아는 증인들이 있다는 것이 중요하다. 그리하여 징벌을 피해 달아나는 것이 실행 가능성이 없기 때문에, 그 최초의 범죄로부터 태어난 사회만이 가해자들이 숨어 살 수 있는 유일한 피난처가 된다. 베틀레셴이 그의 보스니아 연구에서 간파했듯이 인종청소는 이러하다.

> 가해자와 희생자 간의 간격이 가깝다는 조건을 포착하고 유지하는데, 실제로 그러한 조건들이 없으면 만들어내기도 하고, 퇴색되는 듯이 보이면 하나의 원칙으로서 그 조건들을 연장하기도 한다. 이러한 초개인적 폭력 속에서 모든 가족들은 고문과 강간, 살인을 두 눈으로 목격하길 강요당한다.[123]

반복건대 구시대적 대량학살, 그리고 무엇보다도 그들이 '이상적 유형'으로 삼는 홀로코스트 즉 유대인 학살의 경우와는 달리, 증인들은 화약고 사회가 탄생하는 모태로서의 복합 요인에서 그 요인을 형성하는 필수 재료다. 화약고 사회라는 것은 그럴법하게도(종종 기만적이게도) 최초 범죄가 잊히지 않고 남아 있어서 그 구성원들이 자기들이 지은 죄가 한둘이 아님을 잘 알기에 서로 지켜주며 결속하는 한에서만 목숨을 보장받을 수 있게 된다. 자기들이 저지른 일이 범죄이고 처벌받아 마땅한 것이라는 사실에 이의를 제기하며 일치단결하는 것에 온통 공동의 관심이 쏠려 있기에 그들의 결속은 시멘트처럼 단단하다. 이러한 상황에 대처하는 최상의 방법은, 정기적으로 또는 지속적으로 그 범죄의 기억을 되살리고 예전 범죄에 새로운 범죄를 덧붙임으로써 처벌의 공포를 더욱 생생하게 만드는 것이다. 화약고 사회들은 통상 한 쌍으로 태어나기 때문에('저들'이 없다면 '우리'도 없을 것이다), 그 한 쌍 중 어느 쪽이 어쩌다 힘이 더 세지면, 대량학살의 폭력은 그 폭력에 의존하려는 갈망이 거세지는 것은 물론이고, 서슴없이 저지르게 되는 범죄이기 때문에 또 한 번 새로 '인종청소'를 하거나 대량학살의 시도를 해야만 할 핑계거리를 찾을 기회는 늘 넘쳐난다. 폭력은 폭발적 사회성이 생겨나게 하는 것이자, 그것의 앙금이 쌓인 공동체들이 자신들의 삶의 방식으로 삼은 것이다. 이러한 폭력은, 따라서 본질적으로 자기 번식적이고 자기 영속적이며 자기 강화적이다. 폭력은 그레고리 베이트슨이 지칭한 바, '정신분열적 연쇄'이며, 그 연쇄를 뒤집으려는 노력은 물론이고, 이를 끊으려는 모든 노력에 완강히 저항한다.

지라르와 베틀레센의 분석 방식에 의하면 화약고 사회들을 특히나 맹렬하고 잔혹한 폭동을 일으키는 유형으로 만들고, 그 사회들에 대량학살을 저지를 가능성을 상당한 정도로 부여하는 하나의 특징은, 그 사회들의 **'영토와의 관련'**이다. 그러한 가능성은 액체 현대 시대의 또 다른 역설로 귀착될 수 있다. 영토권은 고체 근대의 공간적 집착과 긴밀하게 연결되어 있다. 영토권은 영토에 대한 집착을 먹고 살며, 그리고 나서는 그것의 유지나 재분배에 이바지한다. 화약고 사회들은 이와는 정반대로 액화된 현대의 한가운데에 놓여 있다. 영토적 야심과 뒤섞인 화약고 속성의 사회성은 따라서 수많은 끔찍하고 결실 없고 '부적절한' 변화를 가져오기 십상이다. 공간을 정복하고 지키는 데서 '삼키고' '내뱉는' 두 전략은(통상 고체 근대의 갈등 상황에서 가장 이해관계 걸린 현안이었던) 이제 현대의 가볍고/유동적이고/소프트웨어적인 다양성이 지배하는 세상에서는 대단히 뒤떨어진(좀 더 중요하게는 '시대에 뒤떨어진')일로 여겨진다. 그러한 세상에서 공간 정복을 위한 두 전략에 매달리는 것은 규칙을 따르는 것이 아니라 이를 해치는 일이 된다.

사방을 포위당한, 이주하지 않는 주민들은 새로운 '유목민' 파워게임의 규칙과 그 보상을 받아들이기를 거부한다. 이러한 태도는 임박한 전지구적 유목민 엘리트 계층이 도저히 이해하기 어려운 것이어서 그저 낙후성과 퇴보의 징후로 인식할 수밖에 없다. 반목, 특히나 군사적 반목에 관해서는 액화된 현대 세상의 유목민 엘리트 계층은 자기들의 '문명화된' 군사 전략과 비교해, 이들

정주 인구의 영토 지향적 전략을 '야만적'인 것으로 간주한다. 이제 영토에의 집착을 세분화하고 판단하는 근거를 조정하고 지시하는 것은 이들 유목민 엘리트들이다. 계율은 뒤집혀버렸다. 그리하여 과거에 숱하게 검증된 '연대기적 정치학'의 무기, 한때 승리해서 정착한 주민들이 유목민들을 야만적인/미개인의 선사시대 상태로 추방시키는 데 사용했던 그 무기가, 이제는 겨우 명맥이나 유지하는 영토적 주권 혹은 그 주권을 수호하는 데 여전히 열과 성을 다하는 이들과의 한판 싸움에서 승리를 거둔 유목민 엘리트들이 휘두르는 무기가 된 것이다.

영토적 관행을 배척하면서 이들 유목민 엘리트들은 대중적 지지를 받을 수 있다. '인종청소'라 칭해지는 대량 추방을 목격하고 각계각층이 분노하면 이러한 추방이 마치 규모는 더 작지만 매일같이 집 근처에서—문명화의 십자군을 이끄는 모든 나라 모든 도시 공간에 걸쳐—벌어지는 일을 확대경으로 보여주는, 불쾌한 일 같은 것이 되어 그 분노를 더욱 격렬하게 만든다. '인종청소부들'과 싸우면서, 우리는 우리 자신 안에 있는 '내면의 악마들'을 물리친다. 이 악마들은 원치 않는 '외국인들'을 게토에 가두라고, 망명법을 강화하는 일에 박수를 보내라고, 역겨운 이방인들을 길거리에서 치워버리라 요구하라고, 그리고 감시 카메라와 무장경비가 에워싼 안식처라면 액수가 얼마든지 돈을 들이라고 촉구한다. 유고슬라비아 전쟁에서 양쪽의 입장은 뚜렷하게 비슷했다. 비록 한쪽에서는 공공연한 목표로 선포된 바가 다른 쪽에서는 어정쩡하게나마 간절히 품고 있는 비밀이었지만 말이다.

세르비아인들은 자기 영토에서 다루기 어렵고 불편하기만 한 소수 알바니아인들을 쫓아내길 바랐던 것이고, 나토 국가들은 이른바, '같은 방식으로 반응했을' 뿐이다. 나토 국가들의 군사행동은 주로 다른 유럽인들이 원했던 것, 즉 알바니아인들이 세르비아에 그냥 머물러 있었으면 하는 바람, 이들 알바니아인들이 어색하고 원치 않는 이민자들의 몸으로 그들에게 다시 살아 돌아올지도 모른다는 위협을 미연에 방지하려는 바람에 따라 취해진 것이기 때문이다.

짐 보관소로서의 공동체들

그러나 화약고 사회와, 그 표면에 드러난 액화된 현대의 체현 및 영토의 문제는 꼭 필요한 것도 아니고 보편적인 것은 더욱 아니다. 오늘날 분쟁지역의 공동체들은 설사 그 확산이 영토적 구획에 따라 이루어진다 해도 액체 현대 시대에 걸맞도록 되어 있다. 그 공동체들은 치외법권 지역에 있다(그 공동체들은 영토적 제약으로부터 자유로울수록 훨씬 더 놀랄 만큼 성공적이다). 마치 그 공동체들이 불러낸 정체성의 혼령들이 폭발하고 소멸하는 그 짧은 시간 동안 불안하게 머물듯이 말이다. 이들 공동체의 '폭발적' 성질은 액체 현대 시대의 정체성들과 잘 맞는 면이다. 그 정체성들과 유사하게도, 이 문제적 공동체들은 일시적이고, 덧없으며 '단면적'이거나 '단일 목표'를 지닌다. 그것들의 수명은 음향과 분노로 가득하되, 지극히 짧다. 그 힘은 예상되는 지속성에서 오는 것이 아니라 역설적이게도 불안정함과 불확실한 미래에서, 그 무상한 존재가 요란하게 부르짖는 경계심과 감정이입에서 온다.

'짐 보관소로서의 공동체'라는 이름은 이 공동체들의 특징적 면모들을 잘 포착했다. 행사에 걸맞은 멋진 의상을 찾으러 온 방문객들은 그들이 매일 따르는 규범과는 뚜렷하게 구별되는 어떤 의상 철학을 준수하는 바, 그 방문을 '하나의 특별한 행사'로 갈라 놓음은 물론, 방문객들이 그 행사가 계속되는 동안은 극장 건물 바깥의 삶에서 보이는 것보다 훨씬 더 통일적으로 보이도록 한다. 그들이 이곳에 모여든 이유는 저녁 공연 때문이다. 그것은 낮 동안의 그들의 관심사나 소일거리와는 완전히 다른 공연이다. 공연장에 들어서기 전에 그들은 길거리에서 입고 있던 외투나 파카를 극장에 있는 짐 보관소에 모두 맡긴다(사용된 옷걸이의 수를 세어보면 그곳에 사람이 얼마나 찼는지, 그 공연 작품의 당장의 미래가 어떠할지 판단할 수 있다). 공연 동안에는 모든 눈이 무대로 향한다. 모든 이들의 주의 또한 그러하다. 기쁨과 슬픔, 웃음과 침묵, 몇 차례 박수가 터지고 환호성과 탄성이 동시에 흘러나온다. 마치 이 모두가 잘 짜인 각본처럼, 감독의 지시에 따라 진행되는 것처럼 말이다. 그러나 마지막 커튼이 내려가면 관객들은 짐 보관소에서 소지품을 챙겨들고 다시금 길에서 입던 옷을 걸치고 그들의 일상적인, 평범한 역할로 돌아간다. 그들은 길거리를 가득 메운 다양한 군중 속으로 감쪽같이 스며든다.

짐 보관소로서의 공동체는 평소에는 판이한 개인들 내면에

잠들어 있는 유사한 관심사에 호소를 하는, 그리하여 이들 모두를 잠깐 동안, 다른 관심사들—그들을 결속시키기보다는 분리하는—은 잠시 방치되거나 아예 망각된 채로 제쳐두고 모두 모여들게 만들 어떤 구경거리를 필요로 한다. 짐 보관소 공동체는 잠시 존재하는 하나의 행사로서, 구경거리들은 개인의 관심사들을 '집단적 이해'와 뒤섞지 않는다. 이것들이 더해진다고 해서 문제가 되는 개인적 관심사들에 새로운 특질이 생기는 것은 아니며 구경거리들이 어떤 환상을 공유하도록 한다 해도 그 공연이 주는 흥분을 넘어 오래 지속되지는 않는다.

구경거리들이 무거운/고체의/하드웨어 근대 시기의 '공동의 명분'을 대신하게 되었다. 이 사실은 새로운 스타일의 정체성들의 성격에 큰 차이를 불러왔고 때때로 그 정체성을 추구할 때 뒤따르는 정서적 긴장과, 공격성을 야기하는 마음의 상처를 이해하는 데 긴 시간이 필요해졌다.

'카니발 공동체들'은 현재 논의되는 공동체들에게 적합한 또 다른 이름이다. 결국 그러한 공동체들은 매일의 고립적 투쟁이 주는 고민들로부터, 자신들의 힘든 문제들을 자력으로 해결하도록 설득당하거나 강요당하는, 피곤한 **법률상** 개인의 처지로부터 잠시 벗어날 수 있도록 해준다. 화약고 공동체들은 나날의 고독이 주는 단조로움을 날려버리는 **사건들**, 카니발의 경우가 그런 것처럼 억눌린 울적함을 해소하고 이들 축제의 가담자들이 흥청망청 술자리가 끝나고 나면 반드시 돌아가야만 할 그 일상을 좀 더 잘 버티게끔 해주는 사건들이다. 그리하여 루트비히 비트겐슈

타인의 음울한 사색이 낳은 철학처럼, 그들은 '매사를 그냥 그대로'(즉, 상처 입은 희생자들이나 '간접적 사상자들'이 될 운명을 가까스로 모면한 이들의 도덕적 상흔을 별로 고려하지 않고) 내버려둔다.

'짐 보관소' 혹은 '카니발'의 화약고 사회들은, 법률상 개인이 처한 본질적으로 고독한 곤경과, 실제상 개인으로 향상하려는 이들의 열정적이지만 아무 결실도 거둘 수 없는 노력들과 마찬가지로 액체 현대의 풍경에 없어서는 안 될 특색이다. 구경거리들이나 짐 보관소의 못과 옷걸이, 그리고 사람들을 운집케 하는 카니발은 그 수도 많고 다양하여 각자 입맛에 맞는 것을 찾을 수 있다. 헉슬리식의 신천지는 오웰의 1984년으로부터 '5분간의 (집단 차원이 된) 증오'를 차용하여 영리하고 독창적이게도 이를 '5분간의 (집단 차원이 된) 찬미'라는 방편으로 땜질하였다. 매일같이 신문 제1면과 텔레비전 뉴스의 첫 5분간 등장하는 요약 뉴스는 그 기치 아래 사람들이 운집하여 어깨와 어깨를 겯고 (가상의) 행군을 하는 새로운 깃발을 만들어냈다. 이것들은 그 주변으로 가상의 공동체들이 서로 얽혀 동시다발로 느끼는 공포(때로는 도덕적 공포지만 그보다는 자주 비윤리적이고도 반도덕적 유형의 공포)와 흥분에 따라 이리 밀치고 저리 당기는, 일종의 가상공간적 '공동 목표'를 부여한다.

짐 보관소/카니발 공동체들이 지닌 한 가지 효과는, 이것들이 흉내 내며 오도하는 방식으로 맨 처음부터 복제하거나 만들어보겠다고 약속한 '진짜'(즉, 포괄적이면서도 지속적인) 공동체로 모아지는 것을 제법 효과적으로 피해간다는 점이다. 이것들은 미처

분출되지 못한 사회성의 충동들을 집약하는 대신 분산시킴으로써, 어쩌다 한 번씩 극히 드물게 일어나는 조화롭고도 합심을 이룬 집단적 행동들 속에서 필사적으로, 그러나 허망하게 구제책을 찾으면서 고독을 영구화하는 데 기여한다.

법률상 개인의 숙명과 실제상 개인의 운명 사이에 드리운 메울 수 없는 깊은 골에서부터 생겨난 고통들에 대한 치유는 정녕 이루어지지 못한 채, 이것들은 액체 현대 상황에 특유한 사회적 혼란의 징후이자 때로는 일상적 요인이 된다.

덧붙이며:
글쓰기와 사회학적 글쓰기에 관하여

사유할 필요가 우리를 사유하게 만든다.
_ 테오도르 W. 아도르노

시인의 곤경에 관한 체코의 얀 스카첼Jan Skácel의 견해(스카첼의
표현대로라면, 시인은 "항상 저 깊은 곳에 있는" 시구들을 발견할 뿐이
다)를 인용하면서, 밀란 쿤데라는 (《소설의 기술L'Art du roman》,
1986) 이렇게 말한다. "시인이 글을 쓴다는 것은 '항상 거기 있
는' 그 무언가를 뒷전에 숨긴 벽에 부딪힘을 의미한다." 이런 점
에서 시인의 과제는 역사 저술과 그다지 다르지 않다. 역사 저술
역시 **창안하는** 것이 아니라 **발견하는** 것이기 때문이다. 역사는 시
인들처럼 모든 새로운 상황 속에서 이전에는 숨어 있던 인간의
가능성들을 발견해낸다.

역사가 사무적으로 하는 일은 시인 입장에서는 일종의 도전
이요 과제이고 사명이다. 시인이 이 사명을 떠맡으려면, 이미 잘

알려져 구태의연해진 진실들, 이미 표면으로 부상했기에 '명백해져서' 그저 그곳에 떠다니는 진실들을 섬기는 일을 거부해야 한다. '기정사실화'된 그런 진실들이 혁명적이든 반체제적이든, 기독교적이든 무신론적이든—혹은 얼마나 옳고 적절하고 고매하든, 혹은 바로 그것이든 그것이라 주장되어온 것이든 별로 중요하지 않다. 명칭이 어떻든지 간에 이 '진실들'은 시인이 찾아낼 필요가 있는 '숨어 있는 그 무엇'이 아니다. 오히려 이것들은 시인이 사명을 다해 부딪쳐야 할 벽이다. 명백하고 자명하며 '우리 모두 그걸 믿잖아' 식의 진실들을 대변하는 자들은 **가짜 시인**이라고 쿤데라는 말한다.

그런데 이러한 시인의 소명이 사회학자의 소명과 관련이 있다면 그것은 무엇일까? 우리 사회학자들은 시를 거의 쓰지 않는다(우리 중에 직업상의 일들로부터 안식년을 내어 글을 쓸 시간을 갖는 경우는 있다). 그렇다 해도 우리가 '가짜 시인'처럼 되는 것이 싫거나 '가짜 사회학자'가 되는 게 화가 난다면, 우리 역시 숨어 있는 인간의 가능성들을 발굴하는 진짜 시인이 하는 일과 비슷한 일을 해야만 한다. 그러한 이유로 우리는 명백하고 자명한 진실들의 벽, 오늘날 지배적인 어떤 이데올로기가 그것이 보편적으로 수용되었다는 사실 때문에 그 지배의 합당함을 입증받고 있다면 바로 그 이데올로기의 벽을 파고들어야 한다. 그러한 벽들을 허무는 것은 시인의 소명일 뿐 아니라 사회학자의 소명이기도 하다. 가능성들의 벽을 높이 쌓아올리는 것은 인간 잠재력에 관한 거짓 증언을 하면서 그 허세의 실체가 드러나지 않도록 가로막는다는 똑같은 이유에서다.

어쩌면 시인이 찾는 시구는 '항상 거기 있었을'지도 모른다. 하지만 역사가 발견해낸 인간의 잠재력이 도무지 무엇인지 잘 모를 수도 있다. 인간 — 창조자이면서 피조물, 역사의 영웅이면서 희생자 — 은 정녕, 언젠가 적시에 발견되기만을 기다리는 같은 크기의 가능성을 영원히 지니고 있을까? 그게 아니면, 오히려 인간 역사가 진행됨에 따라 발견과 창조를 대조하는 것은 아무 의미도 없고 공허한 헛소리일까? 역사란 끝없는 인간 창조의 과정이라는 바로 그 이유로(바로 그 증거로 말미암아) 인간의 끝없는 자기 발견의 역사이기도 한 것은 아닐까? 항상 새로운 가능성들을 발견/창조하고, 이미 발견되어 실제가 된 가능성의 목록을 더욱 확장하려는 그 성향이야말로, 이제껏 그래왔고 지금도 그러한, '항상 거기 있는' 유일한 인간 잠재력이 아닐까? 역사가 새로운 가능성을 창조한 것인가, 아니면 '그저' 역사가 이를 발견한 것인가 하는 문제는 수많은 지성들이 기꺼이 매달릴 만한 달가운 과제임에 틀림없다. 역사 자신의 입장에서는 어떤 대답이 나오길 기다리지도 않거니와 그러한 대답이 굳이 필요 없지만 말이다.

니콜라스 루만Nicholas Luhmann이 동료 사회학자들에게 남긴 참으로 귀하고 중요한 유산은, 인간 조건의 핵심을 포착하고 요약하는 '오토포에시스autopoesis' 즉, 자기 창조 개념이다(행위하고 창조하고 형태를 만들고 효과를 낸다는 그리스어 포에이시스$\pi o\iota\epsilon\ell\eta$에서 온 말로, 고통 받는 것, 행위의 근원이 아니라 대상이 됨을 뜻하는 그리스어 아이스테시스$\pi\alpha\sigma\chi\epsilon\iota\eta$의 반대말이다). 이 말을 선택한 것 자체가 역사와 시의 연관(선택된 친근성이 아니라 세습된 유사성)을 창조하거나 발견하는 것을 뜻한다. 시와 역사는 인간 잠재력에 있는 오토포이에시스의 두 평행적 흐름이다(여기서 '평행'은 보여 이Bolyai와 로바체프스키Lobachevski 기하학이 지배하는 비非-유클리드적 우주 속 평행이다). 그 흐름 속에서 창조는 발견이 취할 유일한 형식이며 자기 발견은 창조의 가장 주요한 행위가 된다.

다음과 같이 말해보고 싶기도 하다. 사회학은 앞의 두 흐름과 나란히 흐르는 제3의 흐름이라고 말이다. 적어도 사회학이 인간 조건을 파악하고 그것을 이해 가능한 것으로 만들려는 노력을 하면서 그 인간 조건 내에 머물러야 한다면 마땅히 그래야만 한다. 사회학이 처음 생겨난 이래로 그렇게 되려고 노력해온 바대로 말이다. 물론 사회학은, 외관상 도저히 뚫고 들어갈 수 없어 보이고 아직 완전히 무너지지는 않은 그 벽들을 인간 잠재력의 최종적 한계선들로 오인하여 걸핏하면 그러한 노력에서 일탈하기를 거듭하는가 하면, 수비대의 사령관과 그 명령을 받는 군대* 출입 금지 구역으로 한계선을 그어놓은 곳으로 사회학이 침범하는 일은 절대 없을 거라며 안심시키느라 그 본연의 궤도를 벗어나기도 하였다.

알프레드 드 뮈세Alfred de Musset**는 거의 두 세기 전에 "위대

---

* 이른바 액체 현대의 권력자들을 비유한 것이다.
** 19세기 프랑스의 시인, 소설가, 극작가.

한 예술가에게는 조국이 없다"고 주장하였다. 두 세기 전에 이 말은 그야말로 전투적이고 전쟁을 부르는 표현이었다. 그가 이 말을 했던 시기는 팔팔하고 귀가 얇은 이들을 선동하는 오만하고 호전적인 애국주의가 한창인 때였다. 그 시절 수많은 정치가들은 단일한 법, 단일한 언어, 단일한 세계관, 단일한 역사와 단일한 미래를 가진 민족국가를 세우는 것을 소명으로 삼았다. 많은 시인들과 화가들은 이제 막 움트기 시작한 여린 민족정신을 북돋우고 오랫동안 묻혀 있던 민족전통을 부활시키고, 예전엔 없었던 전혀 새로운 민족정신을 구상하거나, 아직은 자신들이 한 민족임을 충분히 자각하지 못한 민족에게 영웅적 조상들의 설화와 노래, 이름들을 제공하였다. 무언가 함께 나누고 사랑하고 고이 간직할 것들, 그리하여 그냥 같이 사는 것이 아니라 함께 소속된 상태로 고양시켜서 죽은 선조들을 기념하고 추앙하며 그 유산을 기꺼이 지키도록 이끌어냄으로써, 그 아름답고 달콤한 소속감에 눈을 뜨게 했다. 이러한 시대적 배경에 맞서는 뮈세의 직설적 평결은 반역의 낙인이요, 그에 맞서 무장하라는 외침을 낳는 것이었다. 이는 그의 동료 작가들로 하여금, 정치가들이 벌이는 야심찬 기획에 대하여, 무장경비를 선 국경선들과 총포가 번뜩이는 참호의 예언가들과 설교자들에 대하여, 협력을 거부할 것을 촉구하였다. 민족주의 정치가들과 민족주의 이념으로 무장한 계관시인들이 결의에 차서 세우고자 한 형제애 속에 실은 형제 살해의 가능성이 숨어 있음을 뮈세가 간파했는지, 아니면 그의 말이 그저 당대의 편협한 지평과 정체되고 좀스러운 정신에 대한 지식인적 환멸과 분노의 표출인지는 알 길이 없다. 그 당시 그가 어떤 심경으로 그랬든 간에 오늘날 후대의 독자라는 유리한 입장에서 그 검붉은 피로 물든 인종청소, 대량학살, 대규모 묘지의 얼룩이 번진 확대경을 쓴 채로 그의 글을 읽으면, 시사성이나 항의정신, 임박성이 여전히 빛을 발하고 있고, 그 논쟁적 성격 역시 당시 그랬던 만큼이나 생생하게만 느껴진다. 그때나 지금이나 그의 말은 그 어떤 작가적 **존재이유**에도 결정적이라 할 질문을 던짐으로써 작가의 소명의 핵심을 찌르고 그들의 양심에 도전장을 내민다.

그 후로 한 세기 반이 지나, 아마도 살아 있는 스페인 작가들 중에서 가장 위대하다 할 후안 고이티솔로Juan Goytisolo가 다시금 그 문제를 거론하게 된다. 최근의 한 인터뷰(1999년 2월 12일자 《르몽드》지의 〈후안 고이티솔로의 싸움Le batailles de Juan Goytisolo〉)에서 과거 스페인이 가톨릭 숭배라는 이름으로 이단을 탄압하는 과정에서 매우 엄격한 민족정체성 개념을 채택한 후, 결국 16세기 말엽에 그야말로 '문화적 불모지'가 되었음을 지적한 바 있다. 여기서 고이티솔로가 스페인어로 글을 썼지만 꽤 오랫동안 파리와 미국 등지에서 살다가 마침내 모로코에 정착하게 된 점에 유념할 필요가 있다. 또한 그 어떤 스페인 작가도 그처럼 자기 작품의 다수가 아랍어로 번역된 경우가 없다는 점도 주목을 요한다. 왜일까? 고이티솔로는 그 이유를 확실히 알고 있다. 그의 설명은 이러하다. '친밀감과 거리는 일종의 특혜적 상황을 만들어낸다. 둘 다 필요하다.' 각각이 다른 이유 때문이지만 이 두 특성은 그 자신의 모국어인 스페인어, 그리고 이후 습득한 프랑스어, 영어,

아랍어와의 관계 속에 잘 드러나고 또 느껴진다. 이들 언어들은 그가 순서대로 고향으로 삼은 나라들의 언어다.

　고이티솔로는 삶의 대부분을 스페인에서 멀리 떨어져 살았기 때문에 그에게 스페인어는 더 이상 나날의 활기 없고 평범하며 너무 지나치게 익숙해진 나머지 별로 깊이 생각하지 않아도 바로 집어쓰는 의사소통 수단이 아니었다. 어린 시절 그가 썼던 언어와의 친밀성은 별로 영향을 입진 않았고 입을 수도 없지만, 이제 그 언어와 거리가 생기고 말았다. 스페인어는 "망명생활 속의 진정한 고국 땅" 같은 것, 잘 알고 느끼고 그 안에서 살아본 경험이 있는 영토가 되었지만, 이제는 매우 멀어져서 경이롭고 신명나는 발견거리들이 가득한 어떤 것이기도 했다. 친밀하면서도 먼 영토는 그 자체로 좋고 싫을 것 없는 냉정하고 초연한 검토대상이 될 수 있고, 토속적으로 사용했을 때에는 보이지 않던 함정과 미처 시험되지 못한 이런저런 가능성들을 드러내고, 이전에는 의혹조차 없던 그 형성력을 객관적으로 보여주고, 창조적 개입을 허하고 이를 적극 유도하기도 한다. 이렇듯 친밀성과 결합된 덕분에 고이티솔로는 하나의 언어에 굴절 없이 깊이 몰입하는 것 — 망명자에게는 그러한 몰입은 전혀 불가능하다 — 이 위험천만한 것임을 깨달을 수 있었다. "우리가 오직 현재에만 산다면 이는 현재와 함께 사라질 위험을 무릅쓰는 것이다." 고이티솔로가 끊임없이 사라지는 현재를 뛰어넘어, 그렇지 않았던들 그리 되었을 가능성도 없고 상상하기도 어려운 방식으로 스페인어를 풍요롭게 할 수 있었던 것도 자기 모국어에 대한 '외부적'이고 초연한 시선이 있었기 때문이다. 그는 자신의 산문과 시에 오랫동안 아무도 쓰지 않았던 옛날 용어들을 다시금 가져와서, 그 말들을 뒤덮은 창고의 먼지를 털어내고 시간의 더께로 빛이 바랜 흔적을 닦아내고 그 말들에 이전에는 당연시했던(혹은 오래 잊혀졌던) 생명력을 새로이 부여했다.

최근 카트린 말라부Catherine Malabou와 공저한 《보행 도로 *Contre-allée*》라는 책에서, 자크 데리다는 독자로 하여금 **여행으로서의 사색**—혹은 더 정확하게는 사색으로서의 여행—을 제안한다. 이는 멀리 '미지의' 것들이 잔뜩 쌓아놓은 위기와 쾌락과 위험을 감수하며(돌아오지 못할 수도 있음을 감안하면서) 미지의 것들을 향해 길을 가는 것, 그 독특한 출발행위, **내 집**chez soi에서 떠나기를 생각해보라는 뜻이다.

자크 데리다는 '멀리 있기'에 집착한다. 그 집착이 시작된 것이 열두 살 된 자크가 1942년 학교에서 유대인 학생들을 추방시키라는 북아프리카의 비시Vichy 행정부의 포고령으로 인해 퇴교 조치를 당했을 때부터라는 설명은 제법 설득력이 있는 것 같다. 이렇게 데리다의 '영원한 망명'은 시작되었다. 그 이후 데리다는 프랑스와 미국을 오가며 살았다. 미국에서 그는 프랑스인이었다. 프랑스에서는 그가 아무리 노력해도 번번이 유년 시절 알제리 말투가 정교한 프랑스 **말투**parole에 계속 끼어들어 이 소르본 교수의 얇은 피부 밑에 숨겨진 **검은 기운**pied noir을 노출시키곤 하였다 (일부 사람들은 바로 이 때문에 데리다가 글쓰기의 우월성을 찬양하고 그 가치론적 단언을 뒷받침하려고 우월성의 원인론적 신화를 구상하게 되었다고 생각하기도 한다). 문화적으로 데리다는 '나라 없이' 살아야 했다. 그러나 이 말이 어떤 문화적 고국 땅이 전혀 없었다는 뜻은 아니다. 오히려 정반대이다. '문화적으로 나라가 없음'의 상태는 하나 이상의 고국 땅을 갖게 되는 것, 문화들이 접한 교차로에 자기만의 고향을 건설하는 것을 의미하였다. 데리다는 일종의 **외국 놈**métèque, 즉 문화적 혼혈아가 되었고 그렇게 살았다. 그의 '교차로 위의 고향'은 언어로 세워진 것이었다.

문화적 교차로에 집을 건설하는 일은 달리 다른 곳에서는 겪지 못할 시험을 언어에 가해볼 수 있는, 그러지 않았던들 눈치채지 못했을 특질들을 꿰뚫어보고, 어떤 언어가 능력이 있는지, 절대로 전달할 수 없는 것에 대해 그 언어가 어떤 약속을 하는지 꿰뚫어볼 수 최적의 기회임이 드러났다. 교차로 위의 집으로부터 감각의 내재적 복수성과 미결정성에 관해(《글쓰기와 차이 L'Écriture et la différence》), 기원의 만성적 불순함에 관해(《그라마톨로지에 대하여 De la grammatologie》), 의사소통의 영구적 미실현에 관해(《우편엽서 La Carte postale》) — 1999년 3월 12일 《르몽드》지에서 크리스티앙 들라캄파뉴Christian Delacampagne가 지적하듯이 — 흥미진진하고도 놀라운 뉴스들이 나왔던 것이다.

고이티솔로와 데리다의 메시지는 뮈세의 메시지와는 사뭇 다르다. 이 두 소설가와 철학자는 공히, 뮈세의 메시지처럼, 위대한 예술은 그 어떤 고국 땅도 없음을 보여주고 있는 것일까? 그렇지 않다. 오히려 정반대로 예술가와 마찬가지로 예술은 수많은 고국 땅, 가장 틀림없는 사실은 적어도 하나 이상의 고국 땅을 가질 수 있다는 것이다. 그 비결은 집 없음이 아니라, 많은 집들을 내 집으로 삼는 것이며, 그 각각의 집 안팎에 동시에 있는 것이며, 친밀함과 외부인의 비판적 시선을 결합하는 것이며, 참여와 초연함을 결합하는 것이다. 이는 안착한 사람들이 도저히 배우기 어려운 기술이다. 이 비결을 터득하려면 망명의 가능성을 가져야 한다. **엄밀히, 안에 있으되 그곳에 속하지는 않는** 식의 망명 말이다. 이 상황이 초래하는 '국한되지 않음'의 상태는 내 집의 진실은 사람이 만든 것이고 따라서 사람이 없앨 수도 있다는 것, 모국어는 세대 간에 끊임없이 이어지는 하나의 의사소통의 흐름이자 글로 전해진 어떤 것보다도 늘 더욱 풍성한 언어의 보고이며 늘 새롭게 단장될 준비가 된 것임을 밝혀준다.

조지 스타이너는 사뮈엘 베케트, 호르헤 루이스 보르헤스, 블라디미르 나보코프를 가장 위대한 현대 작가로 칭한 바 있다. 이들의 공통점, 이들을 위대하게 만든 점은 바로 이들 세 작가 모두 똑같은 편안함으로—똑같이 '집처럼' 속속들이 잘 알고 있는—하나가 아닌 몇 개의 언어 세계를 돌아다녔다는 점이다(한 가지 생각나는 것이 있다. '언어 세계'는 일종의 동어반복이다. 우리 각자가 살고 있는 이 우주는 '언어적'이고 그럴 수밖에 없다. 즉 말로 이루어졌다는 뜻이다. 말은 가시적이지 않은 것들로 이루어진 그 칠흑 같은 바다에서 가시적인 형태들로 된 섬들을 밝혀주며, 중요치 않은 것들이 뚜렷한 형식 없이 뭉쳐 있는 거대한 덩어리에서 여기저기 연관성이 있는 지점들을 표시해준다. 말은 이 세상을 이름을 부여하는 것이 가능한 대상들의 범주들로 잘게 쪼개어주고, 이 대상들이 친한지 반목하는지, 가까운지 먼지, 끌리는지 서로 소외시키는지 드러낸다. 그리고 거기에 독자적으로 머물고 있는 한에서는 그런 모든 인위적 명칭의 대상들을 현실 수준으로, 존재하는 유일한 현실의 반열로 끌어올린다). 우리는 그러한 세계를 적어도 하나 이상은 살아야 하고, 찾아가야 하며, 잘 알고 있어야 한다. 이를 통하여 우리는 한 세계가 어떤 식으로 부여되든지, 외관상으로는 난공불락의 구조라 해도 그 뒤에 버티고 있는 인간의 창의력을 탐지해야 하며, 자연의 법칙과 그 필수요소가 무엇인지 자연의 본성을 헤아리려면 어느 정도로 인간의 문화적 노력이 요구되는지 알아내야 한다. 이 모든 것이 결국에는 그러한 문화적 노력에 **깨달음을 가지고** ─ 이러한 노력에는 많은 위기와 함정들이 도사리고 있음을 알면서도 그 노력의 지평은 무한하다는 것을 잘 아는 ─ 참여하려는 용기와 결단력을 발휘하는 데 필요하다.

창조(그리고 발견)는 늘 어떤 규칙을 깨는 것을 의미한다. 어떤 규칙을 따른다는 것은 창조가 아니라 그저 똑같은 일상에 불과하다. 망명자들에게 규칙 파괴는 자유로운 선택의 문제가 아니라 피할 수 없는 필연 같은 것이다. 망명자들은 자신들이 도착한 나라의 규칙을 충분히 알지 못한다. 그러므로 이 규칙을 별 껄끄러움 없이 자연스럽게 대하고 고분고분 순응함으로써 그곳 사람으로 인정받으려는 노력까지 하지는 않는다. 그들이 원래 태어난 나라의 입장에서는 망명을 했다는 사실은 일종의 원죄로 기록된다. 이러한 견지에서 원죄를 저지른 자들이 이후 행하는 모든 일들은 이들이 규칙을 깨는 부류라는 증거로서 폄하된다. 적극적 죄이든 소극적 죄이든, 규칙 파괴는 망명자들의 상징적 특성이 되고 말았다. 이러한 사실로 인하여 망명자들은 그들의 삶의 여정을 보낸 그 어떤 나라들의 본토인들에게도 환영받지 못했다. 그러나 역설적이게도 그로 말미암아 이들 망명자들은 자기가 관련된 모든 나라에 그 나라들이 절실히 원하던 선물을 부지불식간에 가져다주는 셈이 된다. 이 선물은 이 나라들이 다른 어떤 곳에서도 받을 것이라 예상 못했던 그러한 것들이다.

분명히 말하자면, 여기서 논하는 '망명'은 꼭 물리적, 육체적 이동의 경우에만 해당하는 것은 아니다. 망명은 한 나라를 떠나 다른 나라를 가는 것을 의미하긴 하지만 꼭 그러라는 법은 없다. 크리스틴 브룩로즈Christian Brook-Rose가 (그녀의 논문 〈망명Exsul〉에서) 지적한 바대로, 모든 망명, 특히 작가들의 망명, 즉 말로 언명된 망명, 따라서 일종의 소통 가능한 **경험**을 만들어내는 망명에서 두드러진 특징은 흡수 통합되기를 거부한다는 점이다. 즉, 그것은 물리적 공간에서 벗어나 있으려는, 주변 다른 이들이 정착한 곳과는 다른, 그들이 떠나온 곳과도 다르고 그들이 도착한 곳과도 다른, 자기만의 독자적인 어떠한 터를 불러내려는 결단이다. 그러한 망명은 어떤 특정한 물리적 공간과의 관계나 수많은 물리적 공간들 사이의 대립관계가 아니라 앞서 말한 독자적 공간을 자율적으로 취하는 가운데 정의된다. '결국,' 브룩로즈는 다음과 같이 질문한다.

모든 시인 혹은 '시적'(탐험적이고 엄격한) 소설가는 일종의 망명자들이지 않은가? 밖에서 안을 들여다보면서 그들의 정신적 눈에 포착된, 그 빛나는 탐스럽게 창조된 소우주는 이들이 글쓰기의 노력을 쏟아 부을 공간이자, 독자에게는 더 짧게 읽혀질 공간이 아니겠는가? 이런 유형의 글쓰기는 종종 출판업자와 대중과 사이가 좋지 않아서 고독하고 전혀 사회화 되지 않는 최후의 창작이다.

'전혀 사회화되지 않은' 채로 살겠다는 확고한 결단, 통합 불가라는 조건하고만 통합하겠다는 동의, 자주 고통과 고뇌를 부르지만 결국엔 승리를 거두는, 옛 것이든 새 것이든 그 터전의 위압적 억압에의 저항, 판결을 내리고 선택할 권리에 대한 완강하기 그지없는 방어, 이도 저도 아닌 어정쩡한 상태를 수용하거나 그 상태를 만들어가는 것, 이 모든 것들이 '망명'을 구성하는 특징이라 할 수 있다. 강조컨대, 이 모든 것들은 물리적 이동성이 아니라 정신적 이동성을 지향하는 태도요 삶의 전략이다.

미셸 마페솔리Michel Maffesoli(《유목주의에 관하여: 방랑의 시초 *Du nomadisme: Vagabondages initiatiques*》, 1997)는 오늘날 우리 **모두**가 사는 이 세상을 '떠다니는 영토'라 칭하였다. 그곳에서 '연약한 개인들'은 온통 구멍투성이의 '다기공 현실'에 직면한다. 이 영토 안에서는 오직 유동적이고 모호한 상태, 영구히 진행되는 상태, 지속적 자기 위반 상태에 놓인 것들만이 살 수 있다. 이곳에서 '뿌리내릴' 수 있다면 이는 그저 역동적으로 그러할 뿐이다. 즉, 뿌리내림의 상태는 반드시 반복적으로 '자기와 거리를 두는' 행위를 통해, 바깥세상의 노변에서 '여행하는' 행위—터를 만들어주고 눈을 뜨게 해주는—를 통해 매일 새롭게 규정되고 새롭게 만들어져야만 한다. 우리 모두를, 즉 오늘날 세상을 사는 모든 주민들을 유목민에 비유하면서 자크 아탈리(《지혜의 길 Chemins de sagesse》, 1996)가 말하는 바, 가벼운 여행 노정에서 만나는 모든 이방인들에게 친절하고 우호적이며 반갑게 대하는 것과는 거리가 멀게도, 유목민들은 자기 텐트가 침입자를 저지할 벽이나 참호도 없이 외부 공격에 취약하다는 생각에 빠져 끊임없이 경계를 해야만 한다. 무엇보다도 유목민은 유목민의 세계에서 살아남으려는 싸움 속에서 지속적으로 찾아드는 방향감각 상실, 어디로 뻗어 있는지 얼마나 가야 하는지 잘 모르면서 그 다음 굽이길이나 교차로만 생각할 뿐 그 너머는 쳐다볼 생각도 못하고 길을 여행하는 것에 점차로 익숙해질 필요가 있다. 즉, 이들은 날이 어두워지기 전에 꼭 빠져나가야 할 그 얼마 안 되는 길에 온통 신경을 집중할 필요가 있다는 것이다.

'다기공 현실'에서 삶을 살아갈 운명에 처한 '연약한 개인들'은 얇은 얼음판 위로 스케이트를 지치는 것처럼 느낀다. 그리고 랠프 월도 에머슨이 그의 에세이 〈신중함 Prudence〉에서 평하듯, "얇은 얼음판 위로 스케이트를 탈 때" "우리의 안전은 우리의 속도에 달려 있다." 연약하든 그렇지 않든 개인들은 안전이 필요하고 안전을 갈망하고 안전을 추구하고, 그리하여 있는 힘을 다하여 그들이 어떤 일을 하든지 높은 속도를 유지하려고 애쓴다. 빠른 주자들 사이에서 뛸 때 속도를 늦춘다는 것은 뒤로 처진다는 뜻이고, 얇은 얼음판 위를 달릴 때 속도를 늦춘다는 것은 또한 물에 빠져 죽을 실제적 위험이 커지는 것을 의미한다. 따라서 속도는 여러 생존 가치들 중에서 최고의 가치로 등극한다.

그러나 어쨌든 속도는 사유에는, 특히 멀리 내다보는 안목이나 장기적인 사유에는 별 도움이 안 된다. 사유는, 이제까지 걸어온 길을 간추려보고 도착한 곳과 그 곳에 도달하기 위한 지혜(내지는 때로 신중치 못함, 경솔함도 되겠지만)를 면밀히 들여다보면서 잠시 쉬어갈 필요, '숨 좀 돌려야 할' 필요가 있음을 일깨워준다. 사유를 하면 우리는 어쨌든 늘 달리는 속도를 유지해야 한다는 당면한 과제로부터 한 걸음 떨어질 수 있다. 사유를 하지 않는다면, 얇은 얼음판 위에서 스케이트 타야 하는, 구멍이 많은 세상에 사는 연약한 개인이 타고난 **처지**fate를 마치 영원히 피치 못할 **숙명**destiny으로 오해할 가능성도 있다.

타고난 처지를 피치 못할 숙명으로 오해하는 것은 막스 셸러 Max Scheler가 그의 《질서애Ordo amoris》에서 줄기차게 주장하듯이, 중대한 실수다. "인간의 타고난 처지가 그의 숙명은 아니다. (…) 타고난 처지와 숙명이 똑같다는 가정은 숙명론이라 불러 마땅하다." 숙명론은 판단상의 오류인데, 왜냐하면 타고난 처지는 "자연적이고 기본적으로 이해할 수 있는 기원"을 지니기 때문이다. 더 나아가 비록 타고난 처지가 자유로운 선택, 특히나 개인의 자유로운 선택 문제가 아니라 해도, 이는 "한 인간 혹은 한 민족의 삶에서 점차로 성장한다." 이 모든 것을 볼 줄 알고, 타고난 처지와 숙명의 차이와 간극을 알아차리고, 숙명론의 함정을 피하려면 우리에게는 얇은 얼음판 위를 달리면서는 쉽게 얻을 수 없는 여러 자원과 재능이 필요하다. 즉, 사유를 위한 '휴식' 시간, 장기적 안목을 가능케 하는 어떠한 거리 같은 것 말이다. 셸러는 "우리의 숙명이라는 이미지는" "우리가 그로부터 등을 돌릴 때 오직 반복적으로 남는 흔적 속에서만 부각된다"고 말한다. 하지만 숙명론은 일종의 자기 보완적 태도다. 생각에서 **필수불가결한 조건**이라 할 그러한 '등 돌리기'를 별로 시도할 가치가 없는 것으로 보이게 하기 때문이다.

거리를 두고 시간을 내는 것이야말로—숙명과 타고난 처지를 구분하기 위하여, 숙명을 타고난 처지로부터 해방하여 숙명이 자유롭게 우리의 타고난 처지와 대면하고 이에 도전할 자유를 주기 위하여—사회학의 맡은 바 임무다. 이것이야말로 사회학자들이 의식적으로 의지를 품고 성실하게 그들이 몸담은 임무이자 그들의 타고난 처지를 일종의 숙명으로 새롭게 개척하고자 노력한다면, 해낼 수 있는 일이다.

"사회학이 그 답이다. 그런데 질문이 무엇이었나?"라고 울리히 벡은 그의 《위험사회에서의 정치》에서 묻는다. 앞선 장에서 벡은 자신이 찾는 그 질문을 잘 표현했던 것 같다. 즉, '전문가주의'를 뛰어넘는 민주주의가 가능한지, "우리가 과연 우리에게 부여된 그 조건들 아래에서 살길 바라는지에 관한 공개적 논쟁과 의사결정이 가능한 곳에서 시작되는" 그런 민주주의가 가능한지라는 질문 말이다.

이 가능성에는 물음표가 찍혀 있다. 이는 누군가 의도적으로 나쁜 마음을 품고 그러한 논쟁을 가로막고, 모든 것을 두루 이해하면서 의사결정을 하는 것을 금지했기 때문이 아니다. 의사표현을 하고 공동의 관심 현안을 논의하기 위해 함께 모일 자유가 오늘날처럼 완전하고도 무조건적으로 보장된 적은 거의 없었다. 그러나 핵심적인 것은, 벡이 생각하는 바, 우리에게 시급한 종류의 민주주의가 진정 시작되기 위해서는 토의하고 결정을 통과시키는 형식적 자유 그 이상의 무언가가 더 있어야 한다는 점이다. 우리에게는 또한, 우리가 논의하길 원하는 것이 무엇이고 우리가 통과시키는 결정들이 무엇에 관한 것이어야 하는가를 알 의무가 있다. 게다가 오직 전문가들만이 현실과 환상의 차이를 발언할 권리, 가능한 것들과 불가능한 것들을 구분할 권리를 독차지하고, 그들만이 사안을 논의하고 결정할 권위를 가지고 있는, 그렇게 되어버린 이 사회 안에서 우리가 그런 일들을 수행해야 한다는 사실이다(전문가들은 그 정의상 '사실들을 조리 있게 바로잡는' 사람들, 사실들을 있는 그대로 바라보고 그것과 더불어 살 수 있는 가장 위험이 적은 방식에 대해 사유하는 사람들이라 하겠다).

왜 이것이 쉽지 않고, 뭔가 조치를 취하지 않는 한 쉽게 될 가능성이 없는지에 대해 벡은 그의 《위험사회: 새로운 근대성을 향하여》에서 설명한다. 그는 이렇게 적었다. "음식 대 굶주림의 관계가 곧, 위험을 제거하거나 **과소해석하여 떨쳐버리는** 일 대 위험을 자각하는 일의 관계다." 주로 물질적 궁핍에 시달리는 사회라면, 불행을 '제거하는' 것과 '과소해석하여 떨쳐버리는' 것 중 어

덧붙이며

느 하나를 선택하는 일은 없다. 그러나 현재의 우리 사회는 물질적 궁핍이 아니라 위험에 시달리고 있으므로 이 두 가지 중 하나를 선택할 수 있고, 그러한 선택이 날마다 행해지고 있다. 배고픔이 이를 부정한다고 해서 줄어들지는 않는다. 배가 고플 때는 주관적 고통과 그 객관적 원인이 불가분 연관되어 있으며 그 연관은 너무나도 자명하여 거짓을 말할 수 없다. 그러나 물질적 궁핍과는 달리 제반 위험들은 주관적으로 경험되는 것이 아니다. 적어도 위험들은 앎에 의해 매개되지 않는 한, 직접 '살아내는' 대상이 아니다. 이것들은 주관적 경험의 영역에 절대로 도달하지 못할 수도 있고, 주관적으로 경험되기도 전에 사소한 것으로 치부되거나 노골적으로 부정될 수도 있다. 그리고 이것들이 점차로 그 정도를 더함에 따라 정녕 주관적 경험의 영역에 도달하지 못하도록 차단될 가능성 또한 점점 커지는 추세다.

그렇다면 이는 **사회학이 그 어느 때보다도 오늘날 더욱 요청된다**는 뜻이겠다. 사회학자들이 전문가인 이 일, 객관적 고통과 주관적 경험 간의 잃어버린 연관을 다시금 살펴보도록 하는 일은 작금에 이르러 가장 긴요하고 필수적인 것이 되었으며, 사회학자들의 도움 없이 이 일을 수행하기란 무척이나 어려워졌다. 왜냐하면 다른 전문 분야의 대변인들이나 실천가들이 그 일을 하기란 전혀 불가능해졌기 때문이다. 모든 전문가들이 실제적 문제를 다루고 모든 전문지식이 그 실제적 문제 해결에 집중한다면, 사회학은 어떤 전문 지식의 한 분야에 불과할 것이다. 그 전문 지식에서는, 사회학이 스스로가 풀고자 애쓰는 실제적 문제들이 **인간에**

대한 이해를 목적으로 하는 계몽이 될 터이다. 사회학은 아마도 (부르디외가 지적했듯이) **설명과 이해**를 구분한 딜타이Dilthey의 유명한 언급을 극복하고 이를 무효화한 유일한 전문분야일 것이다.

우리의 타고난 처지를 이해하는 것은 그것이 우리의 숙명과는 다른 것임을 자각함을 뜻한다. 타고난 처지를 이해하는 것은 그 처지와 장차 닥칠 숙명을 초래하는 복잡한 원인의 그물망을 알아내는 것이다. 이 세상에서 일을 하려면(이는 '세상이 시키는 대로 일을 하는' 것과는 뚜렷하게 구별된다), 이 세상이 작동하는 방식을 알아야만 한다.

사회학이 전달해줄 종류의 계몽은 자유롭게 선택하는 개인을 그 대상으로 하며, 개인들의 선택의 자유를 강화하는 것을 목적으로 한다. 사회학의 당면 목표는 이른바 설명의 문이 닫힌 경우, 그 문을 다시 열어 이해를 돕고자 함이다. 사회학적 계몽의 결과로서 개개 남녀 인간들의 자기 형성과 자기 권리 주장—이는 그들이 팔자소관으로, 타고난 처지로 받아들였던 삶을 진정 원하고 있는지 결정 내릴 힘을 얻으려면 반드시 먼저 갖추어야 할 전제조건이다—은 활력과 효율성과 합리성을 부여받는다. 자율적 사회라는 명분은 자율적 개인의 명분과 서로 이로운 관계에 놓여야 한다. 이 둘은 같이 이기거나 혹은 같이 지는 것이다.

코넬리우스 카스토리아디스의 《서양의 파산Le Délabrement de l'Occident》을 인용해보자.

자율적인 사회, 진정 민주적인 사회는 미리 주어진 모든 것에 질문을 던지는 사회이며, 그리하여 새로운 제반 의미를 창조하도록 해방하는 사회다. 그러한 사회에서 모든 개인은 자신들의 삶을 위해서 그들이 하고자 하는(그리고 할 능력이 되는) 창조를 자유롭게 한다.

사회는 일단 '확실시되는' 의미란 없다는 것, 그 사회가 혼란을 바탕으로 살고 있다는 것, 사회 그 자체도 하나의 형식이지만 최종 고착되는 일이 없는 그러한 형식을 추구하는 일종의 혼란임을 스스로 알게 될 때, 진정 자율적이게 된다. 확실히 보장되는 의미들―절대적 진실, 미리 지정된 행동 규범, 더 이상 주의를 기울일 필요가 없는 옳고 그름에 대해 미리 나누어진 경계선들, 성공적 행동임을 보장하는 제반 규칙들―이 없다는 것은 진정 자율적인 사회와, 동시에 진정 자유로운 개인이 있기 위해 **없어서는 안 될 필수조건**이다. 자율적 사회와 그 구성원의 자유는 서로서로를 조건 짓는다. 민주주의와 개인성이 이루어낸 그 어떤 안전도 인간 조건의 만성화된 우발성과 불확실성과의 싸움에 달린 것이 아니라, 그 인간 조건을 인식하고 그 결과를 정면으로 대하는 데 달려 있다.

고체 근대의 후원 하에 태어나고 발전한 정통 사회학이 인간의 복종과 순응의 조건들에 온 신경을 썼다면, 액체 현대에 걸맞은 사회학이 주로 관심을 기울여야 하는 것은 자율성과 자유의 촉진이다. 그러한 사회학은 따라서 개인의 자각과 이해, 그리고

책임을 반드시 그 초점으로 삼아야 한다. 고체화되고 관리 감독되는 근대 사회의 주민들에게 주어진 대립 지점은 순응인가 이탈인가였다. 오늘날의 액화되고 중심을 해체당한 단계의 사회에 주어진 대립 지점, 진정 자율적인 사회로 가는 길을 마련하기 위해 꼭 직면해야 할 대립 지점은, 책임을 떠맡을 것인가 아니면 개인의 행동에 대한 책임을 굳이 그 행위자가 짊어지지 않아도 되는 어떤 피난처를 찾을 것인가에 관한 것이다.

대립의 두 번째 항목, 피난처를 찾는 것은 꽤나 유혹적인 선택이고 현실적으로도 제법 가능성이 있다. 토크빌은(《미국의 민주주의*De la démocratie en Amérique*》 2권에서) 인류의 전체 역사에서 인류를 괴롭히는 그 독약과도 같은 이기심이 "모든 미덕의 씨앗을 고갈시켰다면," 근대에 전형적인 이 새롭고도 근대적인 고통인 개인주의는 그저 "공적 미덕의 원천"만을 말려버렸을 뿐이라고 지적한다. 즉, 이 영향을 받은 개인들은 '위대한 사회'는 그저 될 대로 되라는 식으로 내버려둔 채 "자기들이 직접 쓸 수 있게 작은 회사들을 잘게 썰어내느라" 바쁘다는 것이다. 토크빌이 그 언급을 한 이래 그러한 유혹은 엄청나게 증대되어왔다.

올바르게 산다는 것이 어떤 것인지에 대한 어떤 확고하고도 신뢰할 만한 보장이 없이, 우리가 대단히 많은 서로 다투는 가치관들, 규범들, 삶의 방식들 한 가운데 처해 있다는 것은 위험천만하며 값비싼 심리적 대가를 치르는 일이다. 두 번째 반응, 즉 책임 있는 선택을 하는 데 꼭 필요한 요구사항들로부터 숨어버리는 것이 점차 매력을 더해가고 있다는 것은 전혀 놀랄 일이 아니다. 줄리아 크리스테바Julia Christeva의 표현대로(《민족주의가 사라진 국가들Nations without Nationalism》에서) "발가벗은 개인이 그러한 상태를 보상받을 원초적 안식처를 염원하지 않는 경우는 드물다." 그리고 우리 모두 정도의 차이는 있겠지만, 어느 때는 더 심하게, 또 어느 때는 덜 심하게 우리 자신이 '발가벗은 개인' 상태임을 알아차리곤 한다. 우리는 거듭거듭 "엄청나게 단순해지길" 꿈꾼다. 각성하라는 촉구가 없으면, 우리는 태아 시기의 자궁이나 벽으로 사방이 막힌 집의 이미지 속에서 영감을 얻는, 퇴행적 환상에 빠지곤 한다. 이탈과 반역이 순응의 또 다른 '이면'이듯이 원초적 안식처를 찾는 것은 책임의 '이면'이다. 원초적 안식처에 대한 갈망은 오늘날 반역을 대신하게 되었다. 이제 반역은 분별 있는 선택지가 되지 못한다. 피에르 로장발롱Pierre Rosanvallon이 지적하듯이(그의 고전적 《유토피아적 자본주의Le Capitalisme utopique》에서), 더 이상 "폐기하고 대체할 명령권자는 없는 것처럼 보인다." 사회적 운명론 대 실업 현상이라는 대조가 증언하다시피 이제 반역자가 설 자리는 없는 듯하다.

질병의 징후들은 많이 있고 뚜렷해 보인다. 그러나 부르디외가 거듭 말했듯이 사람들은 헛되이 정치적 세상에서 그 합당한 표현을 찾고 있다. 분명한 표현을 얻어낼 수 없으니 이들은 외국인을 혐오하거나 인종 편견적 광기의 외침 ─ '원초적 안식처'를 그리워하는 향수병이 가장 흔하게 표현되는 경우로서 ─에서 이 표현을 읽어내려 한다. 희생양을 만들고 전투를 불사할 태도로 차이를 참지 못하는-정치로부터 빠져나와 사적으로 견고하게 구축한 벽들 뒤로 숨는-새로운 종족 중심적 분위기에 대한, 당장 손에 잡히는 대중적 대안은 더 이상 선입관을 갖지 않는 것, 무엇보다도 괴로움의 진정한 원천에 더 이상 적절하게 반응하지 않는 것이다. 따라서 이 지점이야말로 사회학이, 사태를 이해하도록 설명하는 힘으로써, 학문이 밟아온 역사상 가장 절실하게 자신의 본령을 다해야 하는 곳이다.

피에르 부르디외가 《세계의 비참 La Misère du monde》의 독자들에게 일깨우는 바, 아주 먼 옛날의 것이긴 하지만 지금도 유효한 히포크라테스 전통에 따르면 진정 효험 있는 치료약은 보이지 않는 질병-"환자들이 이에 대해 말하지 않거나 말하는 것을 잊어버린 사실들"-을 간파할 때 시작된다. 사회학의 경우 꼭 해야만 하는 일은 "외견상의 징후를 보고 이를 논의하여 결국 그 구조적 원인들을 왜곡하여 드러내는 경우를 밝혀내는 것이다." 우리는 "의심할 바 없이 이 크나큰 불행을 (종종 격퇴했다는 주장을 하지만 그 정도로 기여하지는 못했던) 격퇴시켰으면서도 다른 한편으로 온갖 소소하고 잡다한 불행들이 전례 없이 급증할 조건들을 제공하는 사회적 공간들을 엄청나게 양산한 이 사회 질서에 특징적인 고통들을 꿰뚫어보아야 한다."

어떤 질병을 진단하는 것은 이를 치료하는 것과 다르다. 이 일반론은 의학적 판단에서 그러한 만큼 사회학적 진단에서도 적용된다. 그러나 대단히 중요한 한 관점에서 사회의 질병이 육체적 질병과는 다르다는 점에 주목해야 한다. 질환을 앓고 있는 사회질서의 경우, 적절한 진단이 없다는 것은(울리히 벡이 탐지했듯이, 위험을 '과소해석하여 떨쳐버리는' 경향으로 말미암아 밀려나거나 침묵당하면), 그 자체로 질환의 핵심적이고도 결정적인 양상이다. 카스토리아디스의 유명한 언급처럼, 만일 사회가 그 사회에 대한 질문을 멈춘다면 사회는 아픈 것이다. 이는 또한 다음과 같은 경우를 생각해볼 때 피할 수 없는 결론이기도 하다. 즉, 사회란 ─그 사회가 의식하든 의식하지 않든─자율적이라는 것(그 제도들이 단지 인간의 손으로 만든 것이고 따라서 인간이 없앨 수도 있으므로), 그런데 자기에 대한 질문을 유보함으로써 자기가 자율적이라는 사실을 자각하지 못하는 한편, 그 사회가 이질적인 것들이 공존한다는 환상을 유포하여 결국 그로 말미암은 운명론적 결과들을 불러온다는 점을 고려한다면 말이다. 질문을 새로이 던진다는 것, 이는 장기적으로 치료로 한 걸음 다가감을 의미한다. 만일 인간 조건의 역사 속에서 발견이 창조와 동등한 것이라면, 인간 조건에 대한 사유에서 설명과 이해가 같은 것이라면, 인간 조건을 개선시키려는 노력들 속에서 진단과 치료 역시 그렇게 서로 합치될 것이다.

피에르 부르디외는 《세계의 비참》의 결론을 내리며 이를 완벽하게 표현하였다. "삶을 고통스럽게, 도저히 살아갈 수 없게까지 만드는 작동 원리를 알게 된다는 것은 이 원리를 무력화시킨다는 뜻이 아니다. 그리고 제반 모순을 밝히는 것은 이 모순들을 해결한다는 뜻이 아니다." 그렇더라도 사회학적 내용이 얼마나 사회적 효과를 거둘 것인지 회의를 품는다 해도, 고통받는 자들이 자신들의 고통을 사회적인 원인과 결부시킬 수 있다는 점을 깨닫게 하는 효과가 사회학에 있음을 부정할 수는 없다. 또한 불행의 사회적 기원이 "그들의 가장 내밀하고 가장 비밀스러운 것들까지도 포함하여 그 모든 사회 형식들 속에" 있음을 깨닫는 효과 또한 사소하게 치부되기 어렵다.

부르디외가 우리에게 일깨우듯이 **자유방임**처럼 큰 죄인도 없다. 인간의 불행을 평상심으로 지켜보면서 TINA(더 이상 대안이 없다는 뜻의, There is no alternative의 약자)라는 주문을 외우며 양심의 가책을 달래는 것은 그 불행의 공범이라는 뜻이다. 자발적으로 혹은 태만으로 인해 인간이 이루어온, 충분히 피할 수 있는, 우발적이고도 변경 가능한 사회질서, 특히 불행에 책임이 있는 그런 종류의 질서의 속성을 은닉하거나, 더 나쁘게는 부정하는 데 참여하는 사람은 위험에 처한 한 인간을 돕기를 거절했다는 점에서 도덕적으로 유죄이다.

사회학을 하고 사회학에 관한 글을 쓰는 것은, 다른 방식으로 함께 살되 덜 불행하게 혹은 전혀 불행하지 않게 살 가능성, 나날이 억제되고 무시되고 불신하게 된 이 가능성을 발견하는 데 그 목적이 있다. 이 가능성을 보지 않고, 찾지 않고 그리하여 억누르는 것은 그 자체로 인간적 불행이고 그 불행을 영속화하는 주요한 요인이다. 그 가능성을 찾아내는 것만으로 그것이 유용해지는 것은 아니다. 또한 알아내었다 해도 이 가능성들을 실행에 옮길 만큼 신뢰하지 못할 수도 있다. 발견은 시작일 뿐, 인간적 불행과의 전쟁이 끝나는 것이 아니다. 그러나 인간의 자유에서 그 척도를 밝히고 인식함으로써 가장 개인적이고 사적인 불행을 포함한 모든 불행의 사회적 원천과 투쟁하는 데 그 자유를 온전히 사용하도록 힘쓰지 않는 한, 그러한 전쟁은 부분적 성공도 거두지 못할뿐더러 진지하게 수행되기도 어렵다.

사회학을 하는 길에서 '참여'와 '중립'을 선택할 여지는 없다. 참여하지 않는 사회학은 아예 불가능하다. 대놓고 밝히는 자유주의적 입장에서부터 철두철미한 공동체주의적 입장까지 오늘날 통용되는 수많은 사회학 상표들 한가운데서 도덕적 중립 입장을 취하려 한다면 이는 헛된 노력이다. 사회학자들이 자신들의 글이 지닌 '세계관'의 효과나, 그 세계관이 인간의 개별적 혹은 연대의 행동에 미치는 여파를 부정하거나 망각할 수는 있겠다. 그러나 이는 모든 다른 인간들이 나날이 마주한 선택의 책임을 저버리는 대가를 치러야만 한다. 사회학이 할 일은 그러한 선택들이 진정 자유로운지, 인류가 지속되는 동안 그 자유가 유지되는지, 더욱 더 자유로워지는지 잘 살펴보는 일이다.

후주

1   Herbert Marcuse, "Liberation from the affluent society." *Critical Theory and Society: A Reader*, ed. Stephen Eric Bronner and Douglas Mackay Kellner (London: Routledge, 1989), p. 277.

2   David Conway, *Classical Liberalism: The Unvanquished Idea* (New York: St Martin's Press, 1995), p. 48.

3   Charles Murray, *What it Means to be a Libertarian: A Personal Interpretation* (New York: Broadway Books, 1997), p. 32. Jeffrey Friedman, "What's wrong with libertarianism," *Critical Review*, 1997 Summer, pp. 407~67. 참조.

4   *Sociologie et Philosophie* (1924). Anthony Giddens가 번역한 *Emile Durkeim: Selected Writings*(Cambridge: Cambridge University Press, 1972)에서 인용. p. 115.

5   Erich Fromm, *Fear of Freedom* (London: Routledge, 1960), pp. 51, 67.

6   Richard Sennett, *The Corrosion of Character: The Personal Consequences of Work in the New Capitalism* (New York: W. W. Norton & Co., 1998), p. 44.

7   Gilles Deleuze and Felix Guattari, *Anti-Oedipus: Capitalism and Schizophrenia*, trans. Robert Hurley (New York: Viking Press, 1977), p. 42.

8   Alain Touraine, "Can we live together, equal and different?", *European Journal of Social Theory*, November 1998, p. 177.

9   Frankfurt am Main: Suhrkamp, 1986. 영역 Mark Ritter, Ulich Beck, *Risk society: Towards a New Modernity* (London: Sage, 1992).

10   Beck, *Risk Society*, p. 137.

11   Beck, *Ecological Enlightenment: Essay on the Politics of the Risk Society*,

trans. Mark A. Ritter (New Jersey: Humanity Press, 1995), p. 40.

12 Theodor Adorno, *Negative Dialectics*, trans. E. B. Ashton (London: Routledge, 1973), p. 408.

13 Theodor Adorno, *Minima Moralia: Reflections from Damaged Life*, trans. E. F. N. Jepcott (London: Verso, 1974), pp. 25~6.

14 Adorno, *Negative Dialectics*, p. 220.

15 Adorno, *Minima Moralia*, p. 68.

16 Adorno, *Minima Moralia*, pp. 33~4.

17 Theodor Adorno and Max Horkheimer, *Dialectics of Enlightenment*, trans. John Cumming (London: Verso, 1986), p. 213.

18 Adorno and Horkheimer, *Dialectics of Enlightenment*, pp. 214~5.

19 Leo Strauss, *on Tyranny, including the Strauss–Kojève Correspondence*, ed. Victor Gourevitch and Michael S. Roth (New York: Free Press, 1991), pp. 212, 193, 145, 205.

20 Nigel Thrift, "The rise of soft capitalism," *Cultural Values*, 1/1, April 1997, pp. 29~57. 여기서 드리프트는 자신들의 개념들을 발전시키고 있다. 이 개념들에 관한 다른 논의로 Kenneth Jowitt, *New World Disorder* (Berkeley: University of California Press, 1992), Michel Serres, *Genesis* (Ann Arbor: University of Michigan Press, 1995).

21 Alain Lipietz, "The next transformation," in *The Milano Papers: Essays in Societal Alternatives*, ed. Michele Cangiani (Montreal: Black Rose Books, 1996), pp.116~7.

22 V. I. Lenin, "Ocherednye zadachi sovietskoi vlasti," :*Sochinenia*, 27. February – July 1918; Moscow: GIPL, 1950, pp. 229~30.

23 Daniel Cohen, *Richesse du monde, pauvretés des nations* (Paris: Flammarion, 1997), pp. 82~3.

24 Max Weber, *The Theory of Social and Economic Organization*, trans. A. R. Henderson and Talcott Parsons (New York: Hodge, 1947), pp. 112~4.

25 Gerhard Schulze, "From situations to subjects: moral discourse in transition," in *Constructing the New Consumer Society*, ed. Pekka Sulkunen, John Holmwood, Hilary Radner and Gerhard Schulze (New York: Macmillan, 1997), p. 49.

26   Turo-Kimmo Lehtonen and Pasi Maenpaa, "Shopping in the East-Central Mall," in *The Shopping Experience*, ed. Pasi Falk and Colin Campbell (London, Sage, 1997), p. 161.

27   David Miller, *A theory of Shopping* (Cambridge: Polity Press, 1998), p. 141.

28   Zbyszko Melosik and Tomasz Szkudlarek, *Kulture, Tozamosc i Demokracja:Migotanie Znaczen* (Krakow: Impuls, 1998), p. 89.

29   Marina Bianchi, *The Active Consumer: Novelty and Surprise in Consumer Choice* (London: Routledge, 1998), p. 6.

30   Hilary Radner, "Producing the body: Jane Fond and new public feminine," in the *Constructing the New Consumer Society*, ed. Sulkunen et al., pp. 116, 117, 122.

31   스펜서 프리츠 기본Spencer Fritz-Gibbon 박사는《가디언》에 보낸 서한에서 토니 블레어 총리의 당혹감을 적절하게 설명한다. "의도가 발각된 지금에 와서야 로빈 쿡이 나쁜 놈으로 몰리고 있는 점은 흥미롭다. 얼마 전 그는 동티모르 점령 구역에서 20만 명을 학살한 인도네시아 독재 정부에 장비를 판매한 일과 연루되어 있었다. 영국의 대중매체와 국민이 섹스 문제에 표하는 만큼의 분노를 대량학살 문제에 표현한다면 이 세상은 더 안전한 곳이 될 것이다."

32   Michael Parenti, *Inventing Reality: The Politics of the Mass Media* (new York: St. Martin's Press, 1986), p. 65 참조. 파렌티의 말에 따르면, 팔려는 물건이 어떤 것이든지 그 도처에 깔린 방대한 광고물들이 내포하는 메시지는, '제대로 잘살기 위해서' 소비자들은 상품을 생산하는 기업 측의 지도를 받아야 한다는 것이다. 당연히 개인적 무능함에 관해서도 이들 기업들은 똑같은 메시지를 전달하기 위하여 방대한 규모의 고문위원들, 개인적 자문위원들, 그리고 '자기계발' 책자들의 저자들에게 의지할 수 있다.

33   Harvie Ferguson, *The Lure of Dreams: Sigmund Freud and Construction of Modernity* (London: Routledge, 1996), p. 205.

34   Harvie Ferguson, "Watching the world go round: Atrium culture and the psychology of shopping," *Lifestyle Shopping: The Subject of Consumption*, ed. Rob Shields (London: Routledge, 1992), p. 31.

35 Ivan Illich, 'L'Obsession de la santé parfaite', *Le Monde diplomatique*, March 1999, p. 28.

36 Barry Glassner, "Fitness and the postmodern self," *Journal of Health and Social Behaviour*, 30, 1989에서 인용.

37 Albert Camus, *The Rebel*, trans. Anthony Bower (London: Penguin, 1971), pp. 226~7.

38 Gilles Deleuze and Felix Guattari, *Oedipus Complex: Capitalism and Schizophrenia*, trans. Robert Hurley(New York: Viking Press, 1977), p. 5.

39 Efrat Tseëlon, "Fashion, fantasy and horror", *Arena*, 12, 1998, p. 117.

40 Christopher Lasch, *The Culture of Narcissism* (New York: W. W. Norton and Co., 1979), p. 97.

41 Christopher Lasch, *The Minimal Self* (London: Pan Books, 1985), pp. 32, 29, 34.

42 Jeremy Seabrook, *The Leisure Society* (Oxford: Blackwell, 1988), p. 183.

43 Thomas Mathiesen, "The viewer society: Michel Foucault's 'Panopticon' revisited," *Theoretical Criminology*, 1/2, 1997, pp. 215~34.

44 Paul Atkinson and David Silverman, "Kundera's *Immortality*: the interview society and the invention of the self," *Qualitative Inquiry*, 3, 1997, pp. 304~25.

45 Harvie Ferguson, "Glamour and the end of irony," *The Hedgehog Review*, Fall 1999, pp. 10~16.

46 Jeremy Seabrook, *The Race for Riches: The Human Costs of Wealth* (Basingstoke Marshall Pickering, 1988), pp. 168~9.

47 Yves Michaud, 'Des Identités flexibles', *Le Monde*, 24 October 1997.

48 Chris Mcgreal, "fortress town to rise on Cape of low hopes," *the Guardian*, 22 January 1999에서 인용.

49 Michel Pathe, Paul E. Mullen and Rosemary Puecell의 가사를 인용한 Sarah Boseley, "Warning of fake stalking claims," *the Guardian*, 1 February 1999 참조.

50 Sharon Zukin, *The Culture of Cities* (Oxford: Blackwell, 1995), pp. 38~9.

51 Richard Sennet, *The Fall of Public Man: On the Social Psychology of*

Capitalism (New York: Vintage Books, 1978), pp. 39ff.

52   Sennet, *The Fall of Public Man*, p. 264.

53   Liisa Uusitalo, "Consumption in postmodernity," in *The Active Consumer*, ed. Marina Bianchi (London: Routledge, 1998), p. 221.

54   Turo-Kimmo Lehtonen and Pasi Maenpaa, "Shopping in the East Centre Mall," in *The Shopping Experience*, ed. Pasi Falk and Colin Campbell (London: Sage, 1997), p. 161.

55   Michel Foucault, "Of other spaces," *Diacritics*, 1, 1986, p. 26.

56   Richard Sennet, *The Use of Disorder: Personal Identity and City life* (London: Faber & Faber, 1996), pp. 34~6.

57   Steven Flusty, "Building paranoia," in *Architecture of Fear*, ed. Nan Elin (New York: Princeton Architectural Press, 1997), pp. 48~9. Zygmunt Bauman, *Globalization: The Human Consequences* (Cambridge: Polity Press, 1998), pp. 20~1.

58   Marc Augé, *Non-lieux: Introduction à l'anthropologie de la surmodernité* (Paris: Seuil, 1992) 참조. Georges Benko, "Introduction: modernity, postmodernity and social sciences," in *Space and Social Theory: Interpreting Modernity and Postmodernity*, ed. Georges Benko and Ulf Strohmayer (Oxford: Blackwell, 1997), pp. 23~4.

59   Jerzy Kociatkiewicz and Monika Kostera, "The anthropology of empty space," *Qualitative Sociology*, 1, 1999, pp. 43, 48.

60   Sennett, *The Uses of Disorder*, p. 194.

61   Zukin, *The Culture of Cities*, p. 263.

62   Sennett, *The Fall of Public Man*, pp. 260ff.

63   Benko, "Introduction," p. 25.

64   Rob Shields, "Spatial stress and resistance: social meaning of spatialization," in *Space and Social theory*, ed. Benko and Strohmayer, p. 194.

65   Michel de Certeau, *The Practice of Everyday Life* (Berkeley: University of California Press, 1984); Tim Cresswell, "Imagining the nomad: mobility and postmodern primitive," in *Space and Social Theory*, pp. 362~3.

66   Daniel Bell, *The End of Ideology* (Cambridge, Mass: Harvard University Press, 1998), pp. 230~5.

67   Daniel Cohen, *Richesse du monde, pauvretés des nations* (Paris: Flammarion, 1997), p. 84.

68   Nigel Thrift, "The rise of soft capitalism," *Cultural Values*, April 1997, pp. 39~40. 드리프트의 논문은 그야말로 획기적이고 중요한 것이라 말할 수 있겠지만, 제목과 본문에서 쓰인 '부드러운 자본주의soft capitalism'라는 개념은 이름을 잘못 붙인, 다소 왜곡된 유형화가 아닌가 싶다. 가벼운 근대화의 소프트웨어 자본주의에 '부드러운' 것은 없다. 드리프트는 새롭게 체현된 자본주의의 속성에 가까운 비유로서 '춤추기 dancing'와 '서핑surfing'을 든다. 이 비유들은 잘 선택된 것인데, 이는 이동에서의 무게 없음과 가벼움, 용이함을 의미하기 때문이다. 그러나 매일의 춤추기와 서핑에서 '부드러운' 것은 없다. 춤추는 사람들과 서핑을 하는 사람들, 그리고 특히나 그 밀집된 무도회장에서, 높은 파도가 부서지는 해안에서 그것을 하는 사람들은 '부드러워야' 하는 게 아니라 거칠어져야만 한다. 그리고 그들은 거칠다. 가만히 정지해 있을 수도 있고, 표지판이 분명하게 잘 정비된 트랙을 따라 움직일 수 있었던 예전 선배들 중 그 누구도 그만큼 거칠 필요가 없었다. 소프트웨어 자본주의는 예전 하드웨어 자본주의가 그랬던 것 못지않게 견고하고 거칠다. 그리고 액체는 결코 부드러운 것이 아니다. 대홍수로 물이 범람하고 댐이 무너지는 것을 생각해보라.

69   Georg Simmel, "A chapter in the philosophy of value," in *The Conflict in Modern Culture and Other Essays*, trans. K Peter Etzkorn (New York: Teachers College Press, 1986), pp. 52~4.

70   Eileen Applebaum and Rosemary Batt가 *The New American Workplace* (Ithaca: Cornell University Press, 1993)에서 보고한 바와 같다. 여기서는 Richard Sennett, *The Corrosion of Character: The Personal Consequences of Work in the New Capitalism* (New York: W. W. Norton & Co., 1998), p. 50에서 인용.

71   Sennett, The *Corrosion of Character*, pp. 61~2.

72   Anthony Flew, *The Logic of Morality* (Oxford: Blackwell, 1987), p. 3.

73   Michael Thompson, *Rubbish Theory: The Creation and Destruction of Value* (Oxford: Oxford University Press, 1979)에서 특히 pp. 113~9 참조.

74 Lief Lewin, "Man, society, and the failure of politics," *Critical Review*, Winter ~ Spring 1998, p. 10. 비평이 된 인용문은 William C. Mitchell, Randy T. Simmons의 *Beyond Politics: Markets, Welfare, and the Failure of Bureaucracy* (Boulder, Col.: Westview Press, 1994), p. xiii의 Gordon Tullock의 서문에서 인용.

75 Guy Debord, *Comments on the Society of the Spectacle*, trans. Malcolm Imrie (London: Verso, 1990), pp. 13, 16

76 Hermann Hahn, Anthony J. Wiiener의 편저 《2000년 위원회》(The Year 2000)에 그가 의장직을 맡을 당시 붙인 서문. 여기에서는 I. F. Clarke, *The Pattern of Expectation, 1644~2001* (London: Jonathan Cape, 1979), p. 34에서 인용.

77 Pierre Bourdieu, *Contre-feux: Propos pour servir à la résistance contre l'invasion néo-liberale* (Paris: Liber, 1998), p. 97.

78 Alain Peyrefitte, *Du 'Miracle' en économie: Leçons au Collège de France* (Paris: Odile Jacob, 1998), p. 230

79 Kenneth Jowitt, *New World Disorder* (Berkeley: University of California Press, 1992), p. 306.

80 Guy Debord, *Comments on the Society of the Spectacle*, trans. Malcolm Imrie (London: Verso, 1990), p. 9

81 Peter Drucker, *The New Realities*(London: Heinemann, 1989), pp. 10, 15.

82 Ulich Beck, *Risk Society: Towards a New Modernity*, trans. Mark Ritter (London: Sage, 1992), p. 88.

83 David Ruelle, *Hasard et chaos* (Paris: Odile Jacob, 1991), pp. 90, 113 참조.

84 Jacques Attali, *Chemins de sagesse: Traité du labyrinthes* (Paris: Fayard, 1996), pp. 19, 60, 23.

85 Paul Bairoch, *Mythes et paradoxes de l'histoire économique* (Paris: La Découverte, 1994). 참조.

86 Daniel Cohen, *Richesse du monde, pauvretés des nations* (Paris: Flammarion, 1998), p. 31.

87 Karl Polanyi, *The Great Transformation* (Boston: Beacon Press, 1957), 특히 pp. 56~7과 제6장 참조.

88   Richard Sennett, *The Corrosion of Character: The Personal Consequences of Work in the New Capitalism* (New York: W. W. Norton & Co., 1998), p. 23.

89   Sennett, *The Corrosion of Character*, pp. 42~3.

90   *La Misère du monde*, ed. Pierre Bourdieu (Paris: Seuil, 1993), pp. 631, 628.

91   Sennett, *The Corrosion of Character*, p. 24.

92   Robert Reich, *The Work of Nations* (New York: Vitage Books, 1991).

93   Sennett, *The Corrosion of Character*, pp. 50~82.

94   Attali, *Chemins de sagesse*, pp. 79~80, 109.

95   Nigel Thrift, "The rise of soft capitalism," *Cultural Values*, April 1997, p. 52.

96   Pierre Bourdieu, *Sur la télévision* (Paris: Liber, 1996), p. 85.

97   Bourdieu, *Contre-feux*, pp. 95~101.

98   Alain Peyrefitte, *La Société de confiance: Essai sur les origines du développement* (Paris: Odile Jacob, 1998),pp. 514~6.

99   Bourdieu, *Contre-feux*, p. 97.

100   Attali, *Chemins de sagesse*, p. 84.

101   Philippe Cohen, *Protéger ou disparaître: les élites face à la montée des insécurités* (Paris: Gallimard, 1999), pp. 7~9.

102   Eric Hobsbawm, *The Age of Extremes* (London: Michel Hoseph, 1994), p. 428.

103   Eric Hobsbawm, "The cult of identity politics," *New Left Review*, 217 (1998), p. 40.

104   Jock Young, *The Exclusive Society* (London: Sage, 1999), p. 164.

105   Young, *The Exclusive Society* (London: Sage, 1999), p. 165.

106   Leszek Kolakowski, 'Z lewa, z prawa', *Moje sluszne poglady na wszystko* (Kraków: Znak, 1999), pp. 321~7.

107   Bernard Yack, "Can patriotism save us from nationalism? Rejoinder to Virioli," *Critical Review*, 12/1~2(1998), pp. 203~6 참조.

108   Bernade Crick, "Meditation on democracy, politics, and citizenship," 미간행 원고.

109 Alian Touraine, "Can we live together, equal and different?", European Journal of Social Theory, 2/1998, p. 177.

110 Richard Sennett, *The Corrosion of Character: The Personal Consequences of Work in the New Capitalism* (New York: W. W. Norton & Co., 1998), p. 138.

111 Jean-Paul Besset and Pascale Krémer, 'Le Nouvel Attrait pour les résidences "sécurisées"', *Le Monde*, 15 May 1999, p. 10 참조.

112 Richard Sennett, "The myth of purified community," *The Uses of Disorder: Personal Identity and City Style* (London: Fabre & Fabre, 1996), pp. 36, 39.

113 *Émile Durkheim: Selected Writings*, ed. Anthony Giddens (Cambridge: Cambridge University Press, 1972), pp. 94, 115.

114 Jim MacLaughlin, "Nation-building, social closure and anti-traveller racism in Ireland," *Sociology*, February 1999, pp. 129~51.

115 Jean Clair, 'De Guernica à Belgrade', *Le Monde*, 21 May 1999, p. 16.

116 *Newsweek*, 21 June 1999.

117 Chris Bird, 'Serbs flee Kosovo revenge attacks,' *the Guardian*, 17 July 1999 참조.

118 Daniel Vernet, "Les Balkans face au risque d'une tourmente sans fin," *Le Monde*, 15 May 1999, p. 18 참조.

119 Vernet, "Les Balkans face au risque d'une tourmente sans fin".

120 Eric Hobsbawm, "The nation and globalization," *Constellation*, March 1998, pp. 4~5.

121 René Girard, *La Violence et le sacré* (Paris: Grasset, 1972). 여기서는 Patrick Gregory, English translation, *Violence and the Sacred* (Baltimore: Johns Hopkins University Press, 1979), pp. 8, 12, 13에서 인용.

122 Arne Johan Vetlesen, "Genocide: a case for the responsibility of the bystander," July 1998 (수고본).

123 Arne Johan Vetlesen, "Yugoslavia, genocide and modernity," January 1999 (수고본).

액체 현대

초판 1쇄 발행 | 2022년 4월 30일
초판 2쇄 발행 | 2023년 12월 15일

지 은 이 | 지그문트 바우만
옮 긴 이 | 이일수
펴 낸 이 | 이은성
편   집 | 이한솔, 최지은
디 자 인 | 파이브에잇
펴 낸 곳 | 필로소픽

주   소 | 서울시 종로구 창덕궁길 29-38, 4-5층
전   화 | (02) 883-9774
팩   스 | (02) 883-3496
이 메 일 | philosophik@naver.com
등록번호 | 제2021-000133호

ISBN 979-11-5783-244-6 93300

필로소픽은 푸른커뮤니케이션의 출판 브랜드입니다.